作者介绍

刘行芳

1953年2月生，湖北省天门市人，徐州师范大学信息传播学院副院长、特聘教授，近年来出版著作、教材8部，发表学术论文50余篇，主持国家社科基金项目、省哲学社会科学基金项目多项，数十项成果分别获得全国、全省和全市一、二、三等奖，与刘修兵合著的《新闻编辑原理与实务》（武汉大学出版社2010年出版）2011年被评为江苏省精品教材。

刘修兵

1979年3月生，湖北省武汉市人，先后就读于华中师范大学文学院汉语言文学专业、湖北大学人文学院新闻学专业，文学（新闻学）硕士，现为《中国文化报》记者，发表论文10余篇，多项成果获全国广播电视协会等单位评选的优秀论文奖。

高等学校新闻传播学应用型系列教材

西方 新闻理论概论

第二版

INTRODUCTION TO WESTERN THEORIES OF JOURNALISM

刘行芳 刘修兵 著

武汉大学出版社
WUHAN UNIVERSITY PRESS

图书在版编目(CIP)数据

西方新闻理论概论(第二版)/刘行芳,刘修兵著.—武汉:武汉大学出版社,2011.10
高等学校新闻传播学应用型系列教材
ISBN 978-7-307-09205-1

Ⅰ.西… Ⅱ.①刘… ②刘… Ⅲ.新闻学—西方国家—高等学校—教材 Ⅳ.G219.5

中国版本图书馆 CIP 数据核字(2011)第 193089 号

责任编辑:易 瑛 责任校对:黄添生 版式设计:马 佳

出版发行:武汉大学出版社 (430072 武昌 珞珈山)
(电子邮件:cbs22@whu.edu.cn 网址:www.wdp.whu.edu.cn)
印刷:湖北鄂东印务有限公司
开本:720×1000 1/16 印张:25.75 字数:457 千字 插页:2
版次:2011 年 10 月第 1 版 2011 年 10 月第 1 次印刷
ISBN 978-7-307-09205-1/G·2286 定价:36.00 元

目　录

下篇　西方新闻理论的现代框架

绪论一 应该强化西方新闻理论的研究

2003 年，我国报刊开始试行“市场化道路”①。同年，广播电视总局发出通知，要求进一步实行广播电视节目制作和播出分离，允许社会力量参与广播电视节目的制作。

2011 年 3 月 9 日，新闻出版总署署长在谈到未来五年新闻出版业改革的方向时，强调要着重抓好五项改革任务：一是加快推进已转企改制企业间的重组联合步伐，真正组建起一批中国新闻出版业的“航空母舰”；二是进一步完善法人治理结构，真正建立起现代企业制度，确保实现健康、持续的发展；三是加快推进非时政类报刊的改革，这是 2011 年的一项重点任务，2011 年将首先基本完成党政机关所办报刊、大型传媒集团所办子报子刊和企业所办报刊的转企改制任务；四是加快推进党报党刊发行体制改革，建立起一个完全市场化的发行体系；五是加快投融资体制改革，创新出版传媒业融资的渠道，推动有条件的企业上市，推动一些企业实施跨国兼并、联合、重组，支持他们到境外去办报、办刊、办社、办厂。

走市场化道路，对于我国新闻界来说，是一个全新的课题。如何摆脱计划经济观念的束缚，如何按市场需要来配置传媒资源，是摆在我们面前的一个不容回避的现实课题。在认真研究我国多年来媒介发展的正反经验的同时，人们理所当然地要把眼光投向西方，希望从其发展的历史轨迹中获得一些启示。

客观地说，大众传播媒介是从西方社会里诞生的，新闻理论也发源于西方世界。要把握新闻事业的发展规律，建立科学严谨的新闻传播理论体系和健康有序的传媒运行机制，就不能不对西方的新闻媒介结构和西方新闻理论的发展轨迹进行认真的考察，从中找出带规律性的东西，作为发展我国新闻传媒市场的借鉴。

---

① 见《南方周末》2003 年 8 月 21 日第 1 版《中国启动最大报刊改革》。

一

对于传播媒介的认识，我们有一个逐步加深的过程。今天，我们不得不重新审视媒介的社会价值和地位，重新评价媒介的社会功能和作用。可以毫不夸张地说，在今天，无论哪个国家，哪个地区，哪个组织和公民，都不能离开媒介而生活，媒介已如同布帛粟菽一样不可须臾离开，已经具有了直接影响和决定人们生活的力量，并“难以用物理的方法来计算”①。正如罗杰·菲德勒所说：“我们正处在人类历史上最伟大的一场革命之中，对此再也不能有任何怀疑了。这是一场全球规模的革命，而且，它正在以史无前例的速度扩展。”②“在未来世界中，社会生活和媒介之间彼此实际上是难以区分。”③

媒介形态的任何变化，都推动着媒介理论的发展；而媒介理论的每一个进步，自然也会对社会历史的进程产生影响。

在我国，系统研究西方新闻理论的时间并不长。但随着世界一体化进程的加快，随着我国加入 WTO，随着人们走向世界的机会大大增加，特别是“9.11”恐怖袭击、伊拉克战事和 SARS 病魔的突然袭来对我国新闻传媒构成强烈冲击的时候，人们对西方世界了解的愿望日益强烈了，大家又一次地深感有认真研究西方新闻实践和新闻理论的必要，希望能够借鉴其中科学合理的成分，来改造我国新闻传播与现实需要不相适应的状况。这使得研究西方新闻理论的任务更显迫切。

所谓西方新闻理论，至少包括以下几方面的含义：

第一，西方新闻理论是一个政治学意义上的概念，而不是一个地域上的概念。

我们通常所讲的西方新闻理论，是按照政治学标准来划分的，是把它放在同马克思、列宁、毛泽东所创立的无产阶级新闻思想相对的地位来立论的，而不仅仅是指产生于西方或在西方发挥主导作用的新闻理论。马克思主义是从西方社会的土壤中孕育出来的，但源于马克思主义的社会主义新闻理论却不能划

① ［美］约翰·特贝尔，萨拉·迈尔斯·瓦茨著：《从华盛顿到里根》中文版前言，吉林人民出版社 1989 年版。

② ［美］罗杰·菲德勒著：《媒介形态变化：认识新媒介》，华夏出版社 2000 年版，第 89 页。

③ ［美］罗杰·菲德勒著：《媒介形态变化：认识新媒介》，华夏出版社 2000 年版，第 99 页。

入西方新闻理论的范畴；日本、韩国及东南亚国家从地理上来说，无疑属于东方，但它们国家的主流新闻思想很明显与西方新闻理论一脉相承，理所当然地应该划入西方新闻理论的范畴。

西方新闻理论，是世界多极新闻理论中的一极，而不是它的全部。要认识西方新闻理论的本质，就必须把它放在世界大背景下加以考察，进行比较分析，弄清其来龙去脉、结构体系，及其发生作用的机制。

西方新闻理论，自然是用来解释和阐明西方媒介运行规律的；而西方的新闻报道，从本质上讲又是为资本主义制度服务的。因此，学习西方新闻理论，必须运用马克思主义基本原理，客观分析西方新闻理论的优劣得失，是非曲直，既不能全盘接受，也不要轻易否定，而是要力求做到客观公正，实事求是，以便“取其精华，去其糟粕”。

第二，西方新闻理论是西方新闻实践的思想成果，又对西方新闻实践起着重要的指导作用。

西方新闻理论的形成和发展，经历了一个漫长的过程。如果把文艺复兴和思想启蒙时期出现在欧洲的“哲学上的自由主义”① 看做是西方近现代新闻理论的发端，那么，西方新闻理论从诞生到今天至少已经有了近四百年的历史。在数百年的发展历程中，它凝聚了一代又一代理论工作者的辛勤劳动和艰苦探索，是对西方新闻实践的理性概括，并随着新闻实践的不断进步而逐步完善的理论体系。

同其他科学一样，西方新闻理论一旦形成，就对西方的新闻实践起着重要的指导作用，西方新闻实践中出现的各种现象都可以从其理论中找到解释。

第三，西方新闻理论有着丰富的内涵，它涵盖了从传者到受众、从实务到法规、从运作到效果等各个方面、各个层面的理论表述，而不是个别的论断和提法。因此，在阐述西方新闻理论时不能对其作断章取义或为我所用的解释。

第四，西方新闻理论是一个不断发展变化着的理论体系，没有固定的、一成不变的所谓纯粹的西方新闻理论模式。罗素说：“教会威信宣称自己的论断绝对确实，万年更改不了；科学的论断却是在概然性的基础上，按尝试的方式提出来的，认为随时难免要修正。”② 西方新闻理论正是这样的一个不断进行着“尝试”和“修正”的理论体系。

从本书中，我们将看到，从早期出现的集权主义理论到源于文艺复兴和思

① ［英］罗素著：《西方哲学史》，上册，商务印书馆 1976 年版，第 124 页。

② ［英］罗素著：《西方哲学史》，下册，商务印书馆 1976 年版，第 4 页。

想启蒙运动的自由主义理论，再到20世纪40—50年代社会责任理论的最终形成，西方新闻理论一直处于不断发展变化的进程之中，并根据实践的需要随时进行着理论的优化和提纯，并大体遵循着满足社会需要、服务公共大众、促进社会进步的总体原则。

第五，西方新闻理论从来就呈百家争鸣、百花齐放之势，各种提法众说纷纭，难以用一种学说统领。一般新闻理论书籍只能对西方新闻理论的总体趋势和各种流派进行描述，尽可能系统地介绍在西方起主导作用的、被广泛认可的、代表西方新闻理论精髓的理论体系，而不能面面俱到，一一介绍或评价。

二

中国接触、了解、吸收和融合外来文化的历史可以追溯到两千多年以前的汉代。

西汉以来，在漫漫历史的长河中，我国本土的儒道文化不断地同外来的佛教文化发生接触、碰撞、冲突、交流与融会，这些外来文化不仅最终被中国文化所慢慢改造与同化，同时也为我国本土文化注入了新的活力，大大促进了本土文化的发展与进步。如果没有虚怀若谷的博大胸怀，不是积极主动地吸收外来文化中合理的因素，那么，我们今天可能就无法开口说话了。比如今天使用频率很高的“世界”、“时间”、“空间”、“干部”等词，有的来自佛教，有的来自日本。中国吸收外来文化的事例无以数计，如乐器中的琵琶、胡琴，哲学中的逻辑、推理，科学中的元素、方程，教育中的学校、班级等，至于现代科学技术的大量引入，则更是世人皆知、无人不晓。中国文化本身就是一个各种文化交融的产物。

其实，文化的意义就在于它具有可传播性、可交流性和可融合性。一个文化永不枯竭的生命原动力，就在于它能在保持自身特质的基础上，充分从外来文化中吸取营养，使自身更加丰富多彩，个性鲜明，充满活力，光彩照人。

西方新闻理论是一种文化。过去，由于我们对西方新闻传媒和西方新闻理论缺乏了解，甚至无意去了解，使得我们与西方新闻传媒和西方新闻理论之间的隔膜越来越大，形成一种互不认同、互相排斥和互相冲突的局面和状态，这在一定程度上消耗了人类宝贵的智力资源，延缓了人类从必然王国走向自由王国的历史进程。如今人们对它的认识越来越清晰，要求改变这种反常状况的呼声越来越高，于是，“地球村”、“全球传播”等新概念应运而生，并迅速得到全世界的认同。

三

文化的主体无疑应该是大众文化。所谓大众文化，就是将人类的生活方式视为一个文化整体，这一整体具有从物质到精神的文化两极，即通常所说的物质文明和精神文明。不过，在物质文明与精神文明之间，还存在着影响甚至决定这两个文明的中介因素。也就是说，在物质文明和精神文明之间，还有一个被称为制度文明的东西，在两个文明之间起着关键的联系作用。只有通过基于制度文明之上的社会调控，展现物质文明的物质生产与体现精神文明的精神生产，才有可能正常进行，从而成为推动社会发展和人类进步的合力。

辩证唯物主义和历史唯物主义告诉我们，文化具有器物层、制度层、心理层等三个层面，还具有与之相对应的物质文明、制度文明和精神文明等三个构成因素。从社会发展的纵向来看，文化所展示的是人类生活方式的历史性发展，成为人类生活方式的纵向延伸，形成了传统文化与现代文化；从社会发展的横向来看，文明所展示的是人类生活方式的现实性发展，是人类生活方式的横向显现，形成了具有时期性质的原始文明、渔猎文明、游牧文明、农业文明、工业文明。因此，文化是社会发展过程中人类文明的积累性成果，而文明则是社会发展过程中人类文化的阶段性成果。而任何文化和文明的成果，都与当时的制度密切相关。

早在1848年2月，马克思和恩格斯就在《共产党宣言》中揭示了社会现代化的世界大趋势，阐明了其大文化史观：在器物层上，现代大工业替代了工场手工业，推动着世界性市场的形成；在制度层上，适应自由竞争的社会制度，尤其是政治制度，保障着各民族之间进行从物质产品到精神产品的交换；在心理层上，与固定而古老的社会关系相关联的素被尊崇的观念和见解都将被消除，促进着各国人民之间的民族隔阂和对立的消失。①

从新闻事业在各国发展的不同历史进程中，可以看到的一个普遍现象是：一个国家新闻事业的生成与发展，与这个国家的文化转型保持着同步性；而文化转型的发生，又与文化交流的现实存在不可分离。

正如郝明工博士所说："各国之间进行文化交流的可行程度，与各国文化的现代转型的现实水平之间，具有着两种相关性：第一，在文化转型的现实水平差距不大的状态之中，文化交流一般呈现为双向互补的现实运动，因此西欧

① 参见《马克思恩格斯选集》，第1卷，人民出版社1972年版，第252～270页。

国家新闻事业在出现时间上的差异也就相应地缩小，彼此之间的时间差以十年为计算单位；第二，在文化转型的现实水平差距较大的状态之中，文化交流主要表现为单向影响的现实运动，西方国家与东方国家的新闻事业在出现时间上的差异由此而相应增大，彼此之间的时间差以世纪为计算单位。”①

由于文化转型水平的高低不平衡，在高位文化与低位文化之间就不可避免地形成了位势差。正是这一位势差在文化交流中表现出的“水往低处流”式的单向影响特征，导致了东西方文化交流中从最初被称为“欧化”到后来被称为“西化”的说法的一再出现。事实上，只要承认东方国家在文化转型过程中的滞后，就不得不承认西方国家在文化转型过程中的领先。东方文化的转型，从根本上看，是一种历史的进步，既不可能全盘西化，也不可能脱离世界独立完成。

许多年来，我们对于西方新闻理论，一直存在着两种尖锐对立的立场和态度：一种意见认为它是资产阶级的利益和意志的体现，是资产阶级欺骗和愚弄人民的一种手段和工具，因而主张全盘否定。另一种意见则认为，西方新闻理论是人类精神文明的重要成果，是医治西方各种现代社会病的灵丹妙药，主张全盘接受，或者叫做“全盘西化”。

今天看来，这两种看法都有值得商榷的地方。

四

作为普通读者，很长一个时期来，基本上没有机会了解西方传媒的真实情况，更没有机会接触到西方的新闻理论。就是专门从事新闻工作的同志和以新闻理论研究为职业的人，他们所接触的西方新闻理论也多为一鳞半爪的“语录”、断章取义的“引用”和有意无意进行篡改过的“节译”。

新闻学，首先是由外国传教士传来中国的。但国人在确认办报有利于推行富国强兵这一中国发展的政治主张的同时，更是强化了报纸作为舆论工具的功能，用其来自上而下地发挥政治影响。对于新闻自由的认识，主要以“对外报在华的垄断地位表示了强烈的不满”② 的认识为基础，表现为对外报垄断的

① 郝明工著：《无冕国度的对舞——中外新闻比较研究》，云南人民出版社 2002 年版，第 15 页。

② 参阅钟沛璋、钱辛波、宁树藩：《新闻学》，中国百科网，http：//www.chinabaike.com/article/sort05251/sort0542/2007/20070731156673_3.html。

抗争。在这样的大的政治背景下，系统引进西方新闻理论显然是不可能的。

我国对于西方新闻理论的学习和研究，走过了一条曲折而坎坷的道路。20世纪初，我国出现了第一批攻读新闻学的留学生，西方新闻学著作被陆续翻译出版，在北京、上海等地，大学中的新闻研究团体先后出现，中国人自撰的新闻学著作也相继出版，“监督政府”、“向导国民”的办报思想开始形成。但在军阀混战、外族欺侮的年代，这些主张只能是泡影。

中华人民共和国成立之后，我们把眼光投向了苏联，翻译苏联的著作，采用苏联的教材，出现了照搬照抄的教条主义倾向。1957年的反右扩大化，特别是其后连续十年的“文化大革命”，使中国新闻事业和新闻理论的研究备受摧残，国人更是无缘接触西方新闻理论的新成果。

直到1978年党的十一届三中全会后，中国新闻事业才进入新的历史发展时期，各地新闻学术团体和研究机构相继成立，高等院校的新闻院、系逐渐恢复或建立，新闻学研究日渐活跃。随着改革开放的日益深入，西方新闻理论方面的著述也陆续被译成汉文在国内出版，大大拓展了我国新闻界和新闻理论界的国际视野，也大大丰富了我国高校新闻专业教学的内容，受到普遍欢迎。

但是，从总体上说，我们对于西方新闻理论的注意和研究还是不够的，需要做出更多的努力和探索。

五

西方新闻理论是否能够及时进入中国人民的视野，应不应该了解、学习甚至借鉴西方新闻理论中的合理成分，不仅仅是一个简单的个人学术观点的问题，而是一个是否尊重学科发展历史、是否尊重学术研究规范甚至是否能够正确对待人类思想成果的问题。无论是从文化交流所产生的文化影响的角度来看，还是从文化背景所产生的文化影响的角度来看，西方新闻理论之所以能够进入国人的理论研究视野，既与中外文化交流中个人关注直接相关，也与新中国文化背景中存在着台湾、香港等区域文化现象间接相关，前者显示出在文化交流过程中，文化影响得以发生所必需的社会开放的广阔，后者展示出在多元文化背景下，文化影响得以发生所必需的社会现代化的深入。

毫无疑问，社会现代化程度与社会开放水平之间呈现着一种正相关：社会现代化程度越高，社会开放水平相应的也越高，反之则越低。但是，在社会开放程度的大小与社会现代化的快慢之间，所表现的只是一种或然性。也就是说，社会开放程度不过是社会现代化的一个充足条件，社会开放程度的大小，仅仅是社会现代化快慢的一个可能因素，而不是唯一的并具有决定性的现实因素。①

社会开放的一个后果，就是外来文化可能对本土文化产生冲击。外来文化强势越明显，对本土文化构成冲击的可能性就越大。以“新闻自由”这一口号为例，就可以看到不同文化在处理这一问题时的不同表现。

第一，从新闻传播活动的职业化的角度来看新闻自由，就存在宪法直接保障、专门法保障和政策保障等多种形式。实践证明，美英等国的宪法保障无疑显示出更大的保障力度，而采取政策保障方式的国家就不可避免地带有一定的人治的色彩。从根本上说，新闻自由是同人治背道而驰的。常常是立法主张新闻自由的国家要求开放，而通过政策调控的国家则反对开放，形成难以弥合的对立。

第二，从新闻传播活动的大众化的角度来看，是否容许新闻传播活动面向全社会，是否容许个人自由地表达意愿，呈现着垂直传播与水平传播两种类型及诸多变体。开放度高的社会，传播相对自由，在传播活动中各方地位对等，信息流动的量度和幅度由市场来调节；在较为封闭的国家中，社会精英传播活动的自由度高，社会下层公民在传播活动中一般处于被动地位，无法开展横向的或者是逆向的传播，信息流动呈现出从上到下的纵向特征。

第三，从传播活动的市场化角度来看，开放的国家任由传播的市场选择，媒介既可能在市场中越做越大，也可能在激烈竞争中自生自灭。而封闭国家多把媒介当做工具，因而不惜采取拨款扶植的办法——其结果，是媒介虽有生存保障，却不可能做大做强。

从新闻事业和新闻自由的关系来看，二者无疑呈现出正相关关系。也就是说，新闻事业自由发展的现实性有多大，新闻自由实现的可能性就有多大。所以，新闻事业的自由发展成为新闻自由的前提和保证。

新闻工作机构应该拥有什么样的权利，社会大众意志应该得到何种程度的反映，究竟如何引导社会公众认知世界和改造世界，如何看待新闻产业的价值及其实现方式，人类的新闻自由和新闻事业的自由究竟会向哪个方向发展，这些问题是全人类面临的共同问题，早认识，早有可能找到解决方案；迟认识，找到方案的时间就无疑会向后推；不认识，就永无解决这些问题的可能。

---

① 参阅郝明工：《无冕国度的对舞——中外新闻比较研究》，云南人民出版社 2002 年版，第 33～34 页。

六

学习、了解、研究和借鉴西方新闻理论，在今天有着特别重要的意义。而学习西方新闻理论，重点是找出其中带规律性的东西。

中国人民大学舆论研究所所长喻国明教授说，纵观美国报业发展之路，有多方面经验值得我们借鉴，诸如报纸内容的扩张，版面设计的革新，发行方式的多样化，分类广告的组织，报业资源的重组与合理分布，报纸间的兼并，报业集团的成长，报业的跨媒体扩张，现代化信息技术的广泛采用，等等。①

西方传媒的迅速发展，西方新闻理论的形成、发展和产生世界性的影响，不是靠几个“聪明人”关在家里想出来的，也绝不是某些人（按一般的说法，主要是指资产阶级政客）恶意操纵的结果，它是西方世界世世代代社会实践和理性思考的成果，饱含着人类对理想世界的追求，经受了历史的洗礼，尽管其中不可避免地塞进了唯心主义的成分和资产阶级的偏见，但也有不少思想闪耀着真理的光辉，为人类的发展与进步做出过重要的贡献，有些思想成为人类世代追求的目标。因此，我们要正确对待西方新闻理论的思想成果，应积极地学习和借鉴其中的科学成分，为加快我国新闻改革的步伐做出应有的贡献，这是历史赋予我们的使命。

实际上，西方日渐成熟的报刊理论，把西方的传媒推向了一个又一个新的高度，也大大地促进了西方各国经济的快速发展和社会的稳步前进，有人甚至认为美国不仅是一个车轮上的国家，而且是一个建立在传媒力量上的国家。②美国时刻在努力用传媒力量影响世界，而它自己又深刻地被传媒力量影响着。人们看到，试图影响美国的人们，也总是必须首先影响美国的传媒，通过传媒传递对自己有利的声音。英国报人马丁·沃克说，在各国大使馆里、政府办公室里、电视新闻编辑室里和全世界的其他报馆里，人们热切地阅读这 12 张报纸③……人们阅读这些报纸部分是因为它保持着提供新闻的传统作用（尽管电

---

① 喻国明：《走进美国大报·序一·来自美国报业现场的最新报告》，南方日报出版社 2002 年版，第 1 页。

② 陆小华：《美国人和他们的新闻——中文版序》，中信出版社 2003 年版。

③ 它们是：英国的《泰晤士报》，法国的《世界报》，联邦德国的《世界报》，意大利的《晚邮报》，苏联的《真理报》，日本的《朝日新闻》，美国的《纽约时报》、《华盛顿邮报》，加拿大多伦多的《环球日报》，澳大利亚墨尔本的《时代报》，南非的《兰德每日邮报》。另外，英国的《卫报》也极端重要，极受欢迎。

子宣传工具的反应时间比较快）；部分是因为它们致力于提供很大一部分的国际新闻……部分是因为它们的观点和社论，人们认为这些报纸在某些带有根本性的重要方面反映了官方（即使不是政府）在它们赖以建立的社会里所关心的事情和提出的主张；还有一部分是因为生活在公共社会中的人，都在谈这些报纸，它们是它们国家的统治阶级的家庭杂志，反映了人们每日共有的经验。“华盛顿的最高决策者没有一个不是在一天的开始先读《纽约时报》的……《华盛顿邮报》就是因为从总统到所有的华盛顿官员天天早晨阅读而变得重要起来。”①

西方早年的政党报纸并没有这样的社会影响。它们无不强调自己的政治立场和报道倾向，这同这些报纸在理论上是作为政党的喉舌而存在是分不开的。举凡西方国家政党报纸，无不站在政党与党派的立场上，公开捍卫自己这一派的利益，为自己政党的政治与经济口号呐喊，毫不犹豫、不遗余力地攻击对方的主张与政策。正如恩格斯指出的那样：党报的任务，“首先是组织讨论，论证、阐发和捍卫党的要求，驳斥和推翻敌对党的妄想和论断”②。

当西方报业进入廉价报纸时期后，报纸的社会形象得到了很大的改变。最早的四家廉价报纸③首先以超然于阶级和政党为标榜，同政党报纸明显地区别开来，并得到市民的广泛欢迎。显然，这主要是得力于这一时期的报刊思想和新闻理论有了重大的调整，人们对报纸的社会作用及其本质有了新的认识。

西方新闻理论强调消息和意见分开。为了显示报纸的公正，西方报纸还盛行“社论版对页”的做法。“在社论版对面刊登（公众）意见和评论，已成为报刊用以刊登不同意见的流行做法”④，“社论版的一部分版面刊登‘读者来信’，是民主程序的一部分，是把复杂的和专门性的问题提炼成为比较简单的道德和常识问题。人民不应该只是旁观民主程序，而应当参加进去。‘人民论坛’就是这一民主程序的一个重要部分”⑤。

西方新闻理论还把满足读者需要作为新闻工作重要的指导思想，作为评价新闻传播效益的根本标志。“读者需要论”，既是新闻传媒最重要的实务指导原则，又是新闻传播学的重要理论依据。

---

① 马丁·沃克：《报纸的力量》，新华出版社1987年版，第2页。

② 《马克思恩格斯全集》，第4卷，人民出版社1958年版，第300页。

③ 它们是《纽约太阳报》、《纽约先驱报》、《纽约每日论坛报》和《纽约每日时报》。

④ 《时代》周刊，1974年9月9日，第40页。

⑤ 《时代》周刊，1974年9月9日，第40页。

美国是当今世界第一大传媒大国。人们都知道美国的媒介发展迅猛是依靠美国经济带动的结果，却往往忽视美国媒介对美国经济乃至政治、军事的巨大影响和促进作用。

对西方的新闻理论，是完全拒之于门外，还是认真研究，合理吸收，科学采用，所带来的结果，无疑是截然不同的。我们应该坚持辩证唯物主义和历史唯物主义的立场和方法，一分为二地分析和评价西方新闻理论，既不全盘否定，也不全盘肯定，而是以平等的心态去认识它、了解它，以科学的精神去评价它，以对人类进步极端负责任的态度去取其精华，去其糟粕，在多样化的前提下促进融合，在一体化的总趋势下发展多样化，使世界新闻事业这一“上帝赐予的恩物”① 真正造福于世界，造福于人类。

西方新闻理论，头绪繁多，众说纷纭，要了解其真实面貌，需要全面考察其媒介发展历史、运行现状与各种理论阐述，才能准确把握其要义，而不至于被繁茂芜杂的各种学说所迷惑。因此，本书在结构体系上就形成两个部分，上篇为“西方新闻理论的历史演进”，主要回顾西方新闻理论发展轨迹，并尽可能探索其内在规律；下篇为“西方新闻理论的现代框架”，介绍西方新闻理论的体系结构和方方面面，使读者对其有一个总体把握和正确认识，为进一步研究打下基础。

---

① 《大公报》语。

绪论二　西方新闻理论的传入与反思

西方新闻理论在中国的传播经历了三次高潮，分别是戊戌维新、五四运动前后和改革开放以来。五四运动后西方新闻理论的命运大体形成三个三十年的格局，即三十年引进期、三十年空白期、三十年融合期。我国新闻理论的形成和发展受西方新闻理论的影响颇深，在我国新闻理论从萌芽到自成体系的一百多年时间内，它的每一步足迹都与西方新闻理论有着千丝万缕的联系，尽管这种联系时紧时松，时强时弱，有时甚至表现为尖锐的对立，但二者如影随形，从未真正割断过。

一、沙漠上的建筑：西方新闻理论传入的发轫期

1. 西方新闻理论的传入：发轫于“西力东渐”① 时期在华外报的兴起

戊戌维新和辛亥革命是西方新闻理论传入的第一个高潮期，它打开了中国学者睁眼看世界的一扇窗口。清末民初，政治腐败，国运衰微，看似铁桶一般牢不可破的泱泱大国，实则一盘散沙，腐朽没落，处于惶惶不可终日的境地。为了寻求救国救民的道理，许多学者和有志之士把视线投向了西方，于是开创了西方新闻理论传入中国的发轫时期。但由于中国当时的社会条件与西方新闻理论形成的社会条件大相径庭，西方新闻理论的引入注定水土不服，所以这时的西方新闻理论的传入，可以被认为是“沙漠上的建筑”。

1815年8月5日第一张中文外报《察世俗每月统记传》在马六甲创办之后，西方传教士在中国内地和周边国家先后办起了《特选撮要每月统记传》(1823.7)、《依泾杂说》(1827)、《天下新闻》(1828)、《东西洋考每月统记传》(1833.8)、《各国消息》(1838.10) 等第一批中文报刊，在宣扬宗教教义的同时，也开始了西方新闻思想和新闻理念在华人中的传播。

这些报刊无一例外地都以“阐发基督教义为根本”，但同时也会宣传伦理

① 吴廷俊教授在《中国新闻史新修》中，将传统的“西学东渐”说法改为“西力东渐”，这种说法更为准确。

道德，介绍各国情况及天文地理等科学文化知识，并在不声不响中带来了西方的办报经验和新闻理念。① 比如从办报实践来看，《察世俗每月统记传》的主办者马礼逊和米怜就极其重视研究华文读者的阅读心理，选择读者易于接受的表达形式，以提高传播效果；还注意尽量使文章写得短小精悍，通俗易懂，以适应华人的阅读能力。1827 年 11 月马礼逊在英文报刊《广州记录报》上发表的《印刷自由论》，是传教士向中国人介绍西方出版自由观点和天赋人权学说的发端。

1833 年 8 月，德裔传教士郭士立在广州办起了第一张在华中文外报《东西洋考每月统记传》，办报思想明确，目标清晰。1833 年 12 月，他在该报上刊载了《新闻纸略论》一文，全面论述了报纸的起源、新闻自由和当时一些主要国家的报刊出版情况。1835 年 12 月，郭士立又在《中国丛报》第二卷上发表文章，在阐述他与华人打交道的基本原则时讲道："编者采用摆事实的方法，让中国人确信，他们要向我们学习的东西还是很多的。"这清楚地表明了郭士立的新闻思想和办报主张，比较系统地传递了西方的新闻理念。

西方传教士艰苦细致、坚忍不拔而卓有成效工作的结果，使西方新闻理念逐渐为华人社会所认识和接受，有效推进了西方新闻理论在中国的传播。

2. 林则徐："开眼看世界的第一人"

林则徐是中国第一位认识到报纸巨大信息传播功能的朝廷官员。1839 年 3 月，林则徐受命赴广州禁止鸦片交易。初来乍到，人地两疏，加上"沿海文武员弁，不谙夷情，震于英吉利之名，而实不知其来历"，因而认为"必须时常探访夷情，知其虚实，始可定控制之方"。于是下令搜集外人在广州、澳门等地出版的各种报刊，招募英文翻译，摘录翻译这些报刊上关于中国的时事报道、评论及中外贸易情况，尤其是涉及鸦片生产和西方各国对中国禁烟的反应的文章，以备参考。起初，译员们是"零星译出"，林则徐认为这样不便查阅、保存，便改为按时间顺序译出，分期装订，名为《澳门新闻纸》。

尽管这张报纸仅供有限的几位官员参阅，不向社会公开传播，但作为一份官办的情报汇集，《澳门新闻纸》刊载的内容十分广泛，对林则徐了解"夷情"，办理"夷务"，指导反侵略斗争起到了很大的作用，客观上促使国人对源于西方的新闻传媒的巨大作用有了更加深刻的认识。因此，林则徐被历史学家范文澜先生称之为"是清代开眼看世界的第一人"。

在林则徐积极创办《澳门新闻纸》后不久，徐继畬也于 1848 年在福建印

① 吴廷俊：《中国新闻史新修》，复旦大学出版社 2008 年版，第 28 页。

行了《瀛寰志略》，分别介绍各国概况，明确阐明其出版目的是为了使国人了解“海外诸国”的“疆土之广狭，道里之远近”，使国人不再“愚昧于外情”。《瀛寰志略》所登载的内容，多取自西人的口译材料和文献纪录，还有一部分译自当时西人所出的地图册、报纸。

鸦片战争后，洋务运动随之兴起，译书译报成为洋务运动的一项重要举措，这在客观上也为西方新闻思想传入国内提供了条件。1848 年 9 月，魏源受林则徐之托，完成了《海国图志》50 卷的编撰工作，并且明确提出了“立夷馆”、“翻夷书”、“刺夷事”、“探阅新闻纸”、做到“夷情备采”，从而达到“师夷长技以制夷”的系列主张，这是西方新闻理念传入内地后形成的第一个重要思想成果。

3. 洪仁玕：完整构想中国新闻事业第一人

真正把新闻事业和国家政权相联系、从政权需要出发来设计和建构新闻体制的，当首推太平天国的洪仁玕。洪仁玕曾对西方政治制度和思想文化及新闻思想作过深入研究，后受洪秀全之托，“总理朝政”。为了救天朝于危难之际，确保“自大至小，由上而下，权归于一”，“内外适均而敷于众”，洪仁玕特地写了《资政新篇》(实际上是治国纲领）呈送洪秀全，提出了“设新闻馆以收民心公议”的著名主张，他认为，欲求“上下情通，中无壅塞弄弊者，莫善于准卖新闻篇或暗柜也”。他主张“兴新闻官”(即记者）收集全国新近发生的各种事实，“以资圣鉴”，新闻官的“官职不受众官节制，亦不节制众官，即赏罚亦不准众官褒贬”，从而使“奸者股栗存诚，忠者清心可表”。他主张新闻“只需实写，勿着一字浮文”，他要求新闻官（记者）应该由“性品诚实不阿”的人来担当，对那些沉没书札银信及伪造新闻者，“轻则罚，重则罪”。哪怕“朝廷考察若探未实者”，只要“注明‘有某人来说，未知是否，俟后报明’字样，则不得责之”。毫无疑问，洪仁玕是从维护中央集权的需要出发而系统考察西方新闻理论的第一人，也是系统思考和完整构想我国新闻体制第一人。

4. 学者们的探索与思考

中国学人早期对新闻学的了解有两个来源，一是日本，二是美国，而且这个时期主要来源是日本。明治维新以后，日本经过 20 余年励精图治，走完西方资本主义国家差不多用了 200 年时间才完成的资本主义近代化路程。日本的经验使中国知识分子如梦初醒。他们立即东渡扶桑，实地学习和考察，期待在中国实行维新改革。中国学人既从日本直接借鉴政治体制改革和现代经济发展的丰富经验，又以日本为“二传手”学习欧美现代新闻学思想，有力地推动了新闻学在中国本土的落地、萌芽、根植与繁衍。①

在从日本间接引进西方新闻思想和新闻理论的过程中，有三类知识分子做出了积极贡献。第一类是官派或自费去日本留学的读书人，如吴玉章、任白涛、胡政之、张季鸾、戴季陶、黄远生等；第二类是被迫政治流亡日本，在那里接受教育或自学成才，并在迫害略有放松的情况下回国投入新闻工作的，如梁启超、章炳麟、邵飘萍、于右任等；第三类是到日本打工谋生，顺便在那里为报刊撰写文章，逐渐成为报刊活动家的学人，如郑贯公等。他们利用日本较为宽松的出版自由环境，学习日本报业经验，了解西方新闻学理念，并将其以各种方式带入中国这一古老的国度。②

最早传入中国的新闻学著作是日本学者松本君平撰写的《新闻学》。《新闻学》大约成书于1898年前后，正式出版于1899年，4年之后即1903年由商务印书馆在上海译成中文出版。松本君平在这本书的“序论”中写道：“吾人试环游欧美文明之邦，莫不惊叹其新闻之势力，出人意外。于舆论则为先导者，于公议则为制造家，于国民则为役使之将帅，挟三寸管作全国之主动力。今日之新闻，几如日用之饮食水火，为文明国民一日不可缺之物矣。”③ 松本君平的朋友在为《新闻学》作的序中也指出：“君侧之权衰，移于政府矣；政府之权衰，移于议会矣；议会之权衰，移于新闻纸矣。君侧政府议会衰而新闻纸起，今之新闻纸殆古之《春秋》欤。”④

松本君平的《新闻学》“至论新闻、发行之术，详密周到，巨细无遗。观此乃可知古今大局与新闻记者之位置焉”，所以出版之后，尤其是中文版推广之后，很快受到我国新闻界普遍重视。“无论是资产阶级改良派还是资产阶级革命派，都一再引用书中的一些观点来阐述自己的办报思想。”⑤ 另一部较有影响的新闻学译著是美国人休曼（Edwin L. Shumon）的《实用新闻学》，

① 童兵：《东渡扶桑求学对中国新闻学发展的意义》，《新闻界》2005年第6期，第16页。

② 童兵：《东渡扶桑求学对中国新闻学发展的意义》，《新闻界》2005年第6期，第16~17页。

③ ［日］松本君平：《新闻学》，选自《新闻文存》，中国新闻出版社1987年版，第7~8页。

④ ［日］松本君平：《新闻学》，选自《新闻文存》，中国新闻出版社1987年版，第3页。

⑤ ［日］松本君平：《新闻学》，选自《新闻文存》，中国新闻出版社1987年版，第153页。

1913 年由上海广学会翻译出版。

20 世纪 20 年代初，《泰晤士报》社长北岩、密苏里大学新闻学院院长威廉等相继来华访问和讲学，美国学者开乐凯的《新闻学撮要》、安杰尔的《新闻事业与社会组织》也分别被戈公振、张友松翻译出版，西方自由主义新闻学观点、理论进一步在中国传播，对中国新闻学研究产生着一定的影响。①

5. 民国初年的报刊活动与对西方新闻思想的关注

辛亥革命时期的报人包括于右任、詹大悲等，他们对报刊的理解基本上是秉持西方新闻思想和基本理论的。于右任先后办过多种报纸，所谓“竖三民”即《民呼日报》、《民吁日报》和《民立报》，仅从报纸的刊名上就可以看出他的报刊主张，而他办报的主要目的就是为了“培育吾国民独立之思想”，这正是西方新闻思想的核心理念之一。辛亥革命的一个重要贡献就是推翻了帝制，建立了民国。但刚刚成立的中华民国百废待兴，尽管建立之初新闻事业曾经一度繁荣，而且《中华民国临时约法》也明确规定“人民有言论、著作、刊行及集会、结社之自由”，但这种繁荣由于缺乏必要的根基，因此仅是昙花一现，随后备受袁世凯的强权摧残，言论自由几乎丧失殆尽，靠言论吃饭的政论家被渐次逐出市场，报业走向凋敝和衰落，数量锐减，内容转向风花雪月，鸳鸯蝴蝶派和格调低下的文艺小报盛极一时。

期间，西方新闻思想在国内也曾有过一度的繁荣，这是在推翻帝制、建立中华民国后，经过革命的洗礼，清朝政府的诸多新闻法规被废止，新闻界争取新闻自由的斗争精神也有所增强，在“咸与共和”口号的鼓舞下，一时“昌言无忌”，新闻事业迅速发展。1912 年 3 月 4 日南京临时政府内务部急匆匆颁布《民国暂行报律》，“与报界约法三章”：不注册不准发行；不得有损共和国体；报道失实要更正，否则将“酌量科罪”。在社会一片反对声中，3 月 9 日孙中山发布《大总统内务部取消暂行报律文》称：内务部所布《民国暂行报律》三章，未经参议院决议，应作无效。11 日，南京临时政府又颁布《中华民国临时约法》，规定“人民有言论、著作、刊行及集会、结社之自由”，言论出版自由的原则以法律的形式确定下来，这是西方新闻思想第一次渗透到我国的法律制度之中。

《中华民国临时约法》促进了新闻事业的发展，也大大提升了报界和记者的社会地位，一时报纸特别是严肃大报被普遍认为是“舆论之母”、“舆论代

---

① 陈建云：《20 世界中国新闻学研究》，选自丁淦林、方厚枢主编：《20 世纪中国学术大典 · 新闻学、传播学、出版学》，福建教育出版社 2005 年版。

表"，是"四万万众共有之舆论机关"，记者被称为"不冠之皇帝，不开庭之最高法官"，应该担当起"监督政府，指导国民"的历史责任。各地军政当局也表现出一种尊重言论自由、重视报纸舆论的姿态，四川军政府还在其颁布的《独立协定》中明文规定："巡警不得干涉报馆。"这一时期是西方新闻思想和新闻理论引入中国最为耀眼的一刻，只可惜好景不长。

在中国的近代史上，言论自由总是和政治动荡相联系的。民国初期，在"政党政治"观念的影响下，党派林立，政局混乱，300多个政党都打着"言论自由"的旗号"咸与共和"，其实就是假借言论自由的名义结党营私，拉帮结派，党同伐异；一些报社老板也混迹其间，趋炎附势，助纣为虐，甘愿做党派犬马，为其张目传声，制造舆论，甚至进行人身攻击，造谣诬蔑；言论自由自此滑入歧途，声名江河日下。真所谓"播下的是龙钟，收获的是跳蚤"。

言论自由的滥用和质变，给了当局整肃新闻一个很好的口实。1913年11月，袁世凯下令解散国民党，1914年1月又下令取消国会，5月制定《中华民国约法》，改责任内阁制为总统制，开始实行专制独裁统治。随后，他又颁发"尊崇孔圣"的通令，开始了对报纸大规模的或收买、或镇压、或管制的行动，肆意摧残新闻事业。西方新闻理论在中国的传播受到严重阻碍。在袁世凯实行独裁统治时，也不乏一些文人继续为"新闻自由"奔走呼号，四处宣扬西方新闻思想。如黄远生主张报纸应"主持政论公理，以廓清腐秽，而养国家之元气"，在新闻报道中要"力变其主观的态度，而易为客观"，绝不可"逞异悬谈"，他认为"有所为报者，文明机关之一也"，"作报人之人，亦即文明人也"。这些言论，都可以在西方新闻理论中找到源头。

邵飘萍更是西方新闻理论的倡导者和实践者，他之所以"唯对新闻事业乃有非常趣味，愿终生以之"，就是因为他对新闻事业的巨大作用有独到的认识，他坚信新闻事业是"社会公共机关"，是"国民舆论的代表"，记者是"社会之公人"，是"布衣之宰相"、"无冕之王"，是居于统治者与被统治者之外的"第三者"。面对独裁统治，他抱着"报馆可封，记者之笔不可封；主笔可杀，舆论之力不可斫"的坚定信念，驰骋新闻界十余年，1926年4月26日为奉系军阀以"宣传赤化"的罪名杀害，年仅41岁。

二、北大新闻研究会成立是系统接受西方新闻理论的标志

1. 北大新闻研究会的成立是历史发展的必然

五四运动是西方新闻理论传入的第二个高潮期。中国尽管"是一个有着五千年以上文明历史的国度，两千年前就有了关于传播的概念，关于传播活动

的评价，关于传播技巧与传播思想的论述"①，但却一直未能在传播理论与实践上有所建树。追根溯源，那就是历代统治集团以孔孟之道为武器，严重阻碍了中国社会的进步，禁锢了中国新闻传播思想的形成。

五四时期系统而全面介绍西方新闻理论，北京大学新闻学研究会功不可没。

1915 年 9 月 15 日，陈独秀在上海创办了《青年杂志》②，高举民主与科学的旗帜，从思想启蒙入手，发动了一场以反对旧道德、提倡新道德，反对旧文学、提倡新文学为主要内容的新文化运动。这给中国的思想界带来了一次大解放，反封建的民主主义思想开始流行。1916 年 12 月 26 日，蔡元培被任命为北京大学校长。不久，陈独秀应邀担任北京大学文科学长，《新青年》迁至北大出版。随后，《每周评论》、《北京大学日刊》、《北京大学月刊》等刊物创立，一批学生刊物如《国民》、《新潮》等也先后出现，《晨报》、《京报》、《国民公报》、《民国日报》、《时事新报》等亦顺应历史潮流，结成宣传新文化运动的统一战线。

蔡元培至关重要的一个决定，就是将刚从美国密歇根大学学成归来的徐宝璜聘为教授。徐宝璜在美国学习经济学和新闻学，归国时 23 岁，蔡元培将他聘到北大后，请他开设了新闻学课程，系统介绍欧美新闻概况及理论，并于 1918 年 10 月 14 日正式组建北京大学新闻研究会，蔡元培亲任会长，徐宝璜任研究会主任，聘请著名记者邵飘萍为研究会导师。

1919 年 2 月 19 日，"新闻研究会"改组为"新闻学研究会"，其宗旨也由"输灌新闻知识，培养新闻人才"改为"研究新闻学理、增长新闻经验，以谋新闻事业之发展"；新简章对会内组织、活动、会费等作了新规定；蔡元培、徐宝璜分别被推选为正、副会长。4 月 20 日，会刊《新闻周刊》出版。同年 10 月 16 日，"北京大学新闻学研究会"第一次研究期满，蔡元培以会长名义发表了训词，还亲自为会员颁发了听讲证书。

1919 年 12 月 6 日，徐宝璜在研究会的讲稿《新闻学大意》正式出版并更名为《新闻学》。这是我国第一部由国人撰写的新闻学理论专著，也是系统介绍西方新闻思想的开山之作。蔡元培亲自校阅书稿并作序说，作者"根据往日所得之学理，而证以近今所见之事实，参稽互证，为此《新闻学》一篇，

① 童兵，林涵：《20 世纪中国新闻学与传播学 · 理论新闻学卷》，复旦大学出版社 2001 年版，总序。

② 第二卷开始更名为《新青年》。

在我国新闻界实为‘破天荒’之作”。邵飘萍在新闻研究会的讲稿也于1923年出版，取名为《实际应用新闻学》，是我国第一部研究新闻采访工作的专著。

在西方漫长的封建社会，极权主义同样一直占主导地位。无论是柏拉图的国家目标论、马基雅弗利的国家安全论、霍布斯的国家主权论还是黑格尔的国家意志论，无不强调对公众言论的监控和对意识形态的管制。在统治者和他们的代言人看来，普通公众根本不应享有言论自由等民主权利。现代新闻思想在西方出现，是与文艺复兴和启蒙运动时期形成的“天赋人权”、“主权在民”、“民主自由”和社会契约等现代观念紧密联系的，它既是现当代西方政治理论的重要组成，也是西方民主政治理念的重要载体，是对集权思想和集权理论的反叛。

在西方民主理念深入人心，社会改革如火如荼的时候，中国资本主义经济也有所发展，但整个社会依然处于小农经济的状态之中，民族资产阶级还没有形成，近代报刊出现的两个基本前提——资本主义的大市场和城市化水平的不断提高——尚未出现，长期经受封建统治压迫而变得麻木不仁、愚昧无知的国民对民主自由、言论、出版自由的现代权利完全陌生，毫无要求。特别是清朝末年，封建统治集团对社会的控制铁桶一般，残酷的文字狱、连坐制和自下而上的举报体制，使得人民群众噤若寒蝉，中国社会危机四伏。鸦片战争是中国历史的一个转折点，中国的战败使在华外报的发展有了可能。从1815年到1925年，外国人在华创办或发行的报刊多达48种。① 台湾学者李瞻先生在谈到这些报纸的意义时指出：“外报本为外人在华传教、经商之媒介，唯至鸦片战争前后，我国朝野对当时之世界，仍属懵懵懂懂。故外报入侵后，对我国社会及国人之观念，均有重大深远之影响。”②

外报在内地多个城市出版发行，带来了西方较为成熟的新闻思想和新闻理念。一批中文报刊先后问世，影响较大的如《万国公报》，名义为教会报纸，但它对传教并无兴趣，而是把“推广各国地理、历史、文明、政治、宗教、科学、艺术、工业及一般进步知识”作为宗旨，因此获得当时寻求救国道路的中国知识分子的赏识，特别是它先后发表李佳白的《改政急便条义》、《新命论》，林乐知的《中西关系论略》、《文学兴国策序》，甘霖的《中国变新

① 童兵，林涵：《20世纪中国新闻学与传播学·理论新闻学卷》，复旦大学出版社2001年版，第14页。

② 李瞻：《世界新闻史》，台湾国立政治大学新闻研究所1966年版，第948页。

策》，李提摩太的《醒华博议》、《新政策》等文章，大大提升了人们对报纸独特作用的认识，连光绪皇帝也不知不觉地接受了《万国公报》的某些主张。

此后，《字林西报》、《上海新报》、《申江新报》、《新闻报》等外报在上海陆续开办，带来了西方近代报刊的进步观念和先进技术，激励了国人的办报热情。一批民报也悄然出现，《昭文新报》(1873)、上海《汇报》(1874)、香港《环球日报》(1874)、《上海新报》(1876)、《广州广报》(1886) 等都是当时洞悉世界的学人所办，这也成为北京大学新闻研究会成立的一个重要背景和动力。戊戌维新和五四运动是中国新闻业发展的两次高潮，也是西方新闻理论传入中国的两次高潮，特别是五四时期开创了国人对西方新闻理论中国化解释的传统。

之所以把北大新闻研究会的成立看做是西方新闻理论在中国落地生根的一个标志，主要有三个理由。第一，它把过去文人个人对西方新闻理论的关注提升到了组织的层面，个人行为变成了组织行为。第二，它汇集了当时最有影响的新闻学者和新闻实践工作者，为中国学人深入研究西方新闻理论提供了有利的条件。第三，它不再是简单地介绍西方的新闻思想和新闻理论，或者仅仅是翻译西方新闻学著作，而是有了系统的研究、讲学和作品问世，特别是徐宝璜的《新闻学》和邵飘萍的《实际应用新闻学》已经在西方新闻理论基础上深深地印上了中国学者的思想烙印。

2. 北大新闻学研究会的悲怆结局

西方新闻理论是人类精神文明的重要成果之一，曾受到马克思、列宁的高度评价；但由于各种原因，我国对西方新闻理论的研究还存在种种缺失和不足，许多学人包括大学生对西方新闻理论缺乏兴趣，知之甚少，无意探究，甚至本能地抵制，严重地影响东西方文化的交流与相互借鉴，不利于我们吸收人类文明的优秀成果。

所谓西方新闻理论，至少包括以下几方面的含义：第一，我们通常所讲的西方新闻理论，是按照政治学标准来划分的，而不仅仅是指产生于西方或在西方发挥主导作用的新闻理论。第二，西方新闻理论的形成和发展，经历了一个漫长的过程。它凝聚了无数理论工作者的辛勤劳动和艰苦探索，是对西方新闻实践的理性概括，并随着新闻实践的不断发展而逐步完善。第三，西方新闻理论有着丰富的内涵，它涵盖了从传者到受众、从实务到法规、从运作到效果等各个方面、各个层面的理论表述，而不是个别的论断和提法。第四，西方新闻理论是一个不断发展变化着的理论体系，没有固定的、一成不变的所谓纯粹的西方新闻理论模式。第五，西方新闻理论从来就呈百花齐放、百家争鸣之势，各种提法众说纷纭，难以用一种学说统领。

可惜的是，长期以来未能深刻认识西方新闻理论的这些特性，在对于西方新闻理论的学习和研究上走过的是一条曲折而坎坷的道路。五四前后，以北大新闻学研究会为代表的一批新闻研究团体先后出现，中国人自撰的新闻学著作也相继出版，“监督政府”、“向导国民”的办报思想开始形成，但在军阀混战、外族欺侮的年代，这些主张只能是泡影。1919 年 5 月 9 日，因不满于军阀政府对学生运动的镇压和对民主科学的摧残，蔡元培愤然辞去北大校长职务离京出走；同年 8 月 12 日，邵飘萍为逃避军阀追捕流亡海外，徐宝璜又出任了民国大学校长，北大新闻学研究会就此收官。但它开创的研究西方新闻理论的学术风气和将新闻教育引入大学课堂的传统却影响着一代又一代中国人。

三、党报理论的兴起与西方新闻理论的式微

1927 年至 1949 年的 20 余年，是中国革命风起云涌、阶级矛盾、民族矛盾错综复杂并严重激化的 20 年，形成了共产党、国民党两大主要政治营垒和若干政治势力。在这种历史背景下，各种新闻思想、新闻理论并存，大都以政治需要为转移来构建各自的学理基石和理论框架，以专业主义为特征的西方新闻理论渐渐淡出社会主流力量的视野，逐步走向式微。

1. 以党报理论为核心的无产阶级新闻理论

五四运动后，马克思主义在中国得到广泛传播，马克思、恩格斯的新闻观点尤其是列宁的报刊思想和苏联党报经验被系统地介绍到国内。因为党的创始人大多是从办报纸开始的，他们深深懂得新闻蕴含的巨大力量，因此共产党始终特别重视对新闻事业的领导，强调报刊必须服从党的事业，并尝试建立自己的新闻理论，中国共产党党报理论由此萌芽。

1922 年 2 月，李大钊在北京大学新闻记者同志会上发表演讲，较早地运用马克思主义观点分析了新闻事业的一些问题。大革命时期，毛泽东写了《〈政治周报〉发刊理由》，阐述了新闻工作“用事实说话”的基本原则。瞿秋白、恽代英等分别发表文章，论述报刊在革命斗争中的任务和作用，批判西方资产阶级新闻观点和办报思想。1926 年，《论党的出版物与文学》(即《党的组织与党的出版物》) 被译成中文在《中国青年》上发表，列宁关于“报纸不仅是集体的宣传员和集体的鼓动员，而且是集体的组织者”的著名论断迅速成为中国共产党报刊工作的指导原则，对党的新闻事业产生了巨大而深远的影响。

大革命失败后，党在上海和苏区相继创办了报刊和通讯社，在宣传战线与

国民党反动派作坚决斗争，无产阶级新闻理论在不断探索中发展。1930 年 8 月 15 日，《红旗日报》发表题为《我们的任务》的发刊词，第一次提出“报纸是一种阶级斗争的工具”的主张。该发刊词指出，党报既是党的“机关报”，也是广大人民群众反帝反国民党的“喉舌”。这是关于报刊党性与人民性相统一的较早阐述。1931 年 10 月，进步新闻工作者发起成立“中国新闻学研究会”，在左联报纸《文艺新闻》上办《集纳》副刊（后扩版为《集纳批判》），尝试建立无产阶级新闻学，但未能如愿。抗日战争时期，我党先后在延安和国统区创办了《新华日报》、《解放日报》和新华通讯社、延安人民广播电台。1942 年至 1945 年，《解放日报》连续发表文章，阐述党报的性质和作用、党与党报的关系、新闻的本源、新闻的真实性、党的新闻工作作风等一系列重大理论问题，中国共产党党报理论至此基本定型并走向成熟。

1942 年 3 月 16 日，中央宣传部发出通知，指出必须使“党报编辑部与党的领导机关的政治生活联成一气”；4 月 1 日，《解放日报》发表社论，首次把“党性、群众性、战斗性和组织性”概括为党报的四大品质，强调《解放日报》不仅要成为真正战斗的党的机关报，同时也要成为天下人的报，即党性与人民性相统一的报。1943 年 9 月 1 日，《解放日报》发表了陆定一写的《我们对于新闻学的基本观点》一文，阐明新闻的本源是“物质的东西”，是“事实”，并提出了影响深远的新闻定义：新闻是“新近发生的事实的报道”，回答了“新闻如何才能真实”这一关键问题，代表了当时无产阶级新闻学的最高成就。解放战争时期，以《晋绥日报》反“客里空”为契机，重点对虚假新闻进行揭露批判，重申“新闻要真实”这一本质要求。1948 年 4 月 2 日，毛泽东发表《对晋绥日报编辑人员的谈话》，10 月 2 日，刘少奇发表《对华北记者团的谈话》，毛泽东、刘少奇的谈话，丰富了无产阶级新闻学理论，为党的新闻工作从农村转向城市，从革命战争阶段转向国家建设阶段确立了原则。

以党报理论为核心的中国无产阶级新闻学理论的形成和成熟，极大地丰富了马克思主义理论宝库，有力地指导、规定着党和新中国新闻工作的实践，至此，我国无产阶级新闻理论与西方新闻理论彻底分道扬镳。

2. 国民党三民主义新闻理论

1927 年，南京国民政府成立，完成国家形式上的统一。国民政府成立后，很快形成以中央通讯社、《中央日报》、中央广播电台为核心的全国新闻事业网。国民政府成立之初，曾许诺保障新闻言论自由，但实际上施行的仍然是“以党治报”的新闻统治政策。“九·一八”事变后，国民党效法法西斯“国家至上”原则，进行所谓的“民族主义的新闻建设”，实行所谓“科学的新闻统治”，取缔异己报刊，按法西斯主义改造新闻业。在此背景下，国民党治下的新闻学不可能有实质性的理论建树。

抗日战争中后期，国民党政府所辖西南地区相对平静，蒋介石和一些国民党报人开始对新闻事业的性质、作用和经营管理等进行研讨，形成了三民主义新闻学理论。

1940年，蒋介石在中央政治学校新闻专修班上先后做了题为《今日新闻界之责任》和《怎样作一个现代新闻记者》的两次讲话，他说，新闻事业和新闻记者在“抗战建国”的事业中负有重任，是国家的“喉舌”和民众的“导师”。他提出迅速、确实、面向经济建设是党报新闻言论应遵循的方针，新闻工作者应具“唯救国救世之抱负，兴日新又新之兴趣”的职业道德。此前，1939年9月30日，中央政治学校新闻系主任马星野在《青年中国》创刊号上发表了长篇论文《三民主义的新闻事业建设》，详尽论述了新闻与民族、民权、民生之间的关系，提出了“三民主义新闻思想”这一概念。马星野认为，西方自由主义新闻事业和苏联式新闻事业都不符合我国国情，中国应建立具有自己民族特色的新闻事业。

自此，西方新闻理论被全面放弃，代之而起的是共产党的“无产阶级新闻理论”和国民党的“三民主义新闻理论”。

四、西方新闻理论的空白期与重回学者视野

中华人民共和国成立之后，我们把眼光投向了苏联，出现了照搬照抄的教条主义倾向。1957年的反右扩大化，其后连续十年的“文化大革命”，使中国新闻事业和新闻理论的研究备受摧残，国人无缘接触西方新闻理论的新成果。

同时，毛泽东新闻思想逐渐形成体系，成为我国新闻工作的最高准则和评价依据，新闻学与政治学达到了有史以来最为紧密的融合。根据复旦大学顾潜教授的研究，毛泽东新闻思想主要包括报纸是阶级斗争的工具、报纸的基本功能是用来做宣传、报纸要坚持党性原则、报纸要发挥组织者的作用、报纸对敌对分子要实行舆论一律、要坚持政治家办报等几个方面。这一时期，刘少奇的新闻思想也趋于成熟，他的主要新闻思想包括：真实是新闻的力量所在，是党的政策生命力所系；报纸要反映人民的呼声；新闻工作要反对片面化、绝对化，不能报喜不报忧；要有以世界为参照系的开放视野。① 毛泽东和刘少奇关

① 参阅顾潜著：《中西方新闻传播：冲突、交融、共存》，第四章，复旦大学出版社2003年版。

于新闻工作的认识，尽管各有强调的侧重点，但显然他们都没有接受和采纳西方新闻思想。党和国家最高领导直接介入对新闻学的学术界定，造成了西方新闻学理论研究的长期空白。

“文化大革命”中，林彪、“四人帮”两个反革命集团操纵新闻媒体，我国新闻事业彻底异化，新闻学研究园地百花凋零，一片荒芜。从1966年5月至1976年10月，新闻类图书只出版过20余种，且大多是新闻单位内部编印的业务书籍，没有什么理论价值。1976年10月，“四人帮”被粉碎。新闻界通过拨乱反正，重新步入正轨。1978年中国社会科学院成立了新闻研究所（现为新闻与传播研究所）。随后，人民日报社、新华社等中央媒体和部分地方媒体、地方社科院都相继成立了新闻研究机构，进行新闻学理论研究和新闻志的编纂工作。新闻学研究机构的恢复和设立，形成了一批专业的新闻学研究人员队伍。

改革开放带来西方新闻理论传入我国的第三次高潮，大批西方新闻学著作的翻译出版，诸多国内学者的论著和学术论文先后出版和发表，各种国际交流与合作大大加强，有力推动了我国新闻传播学研究的深入，也有力促使我国新闻传播领域发生了深刻的变化。伴随着西方传播学的介绍和本土化，我国逐渐从单一媒介、一种声音走向多种媒介、多种声音，媒介格局不断向多类型、多层次转变，新闻的多重功能得到重新确认，灾难报道、批评性报道等传统禁区一个个被打破，媒介的准入退出机制正式起步，传播学研究注重受众调查、定量分析的实证研究方法也被引介到我国新闻学研究上来。1982年6月至8月，由北京新闻学会发起，中国社会科学院新闻研究所、人民日报社、工人日报社、中国青年报社等新闻单位组成北京新闻学会调查组，对北京市居民读报、听广播、看电视的情况进行了首次抽样调查。随后几年，我国新闻单位和研究机构又进行了多次全国规模的受众调查，并写出了调查报告。现在，我国新闻学研究已形成了问卷抽样调查、数据统计、内容分析等定量分析与比较研究、综合研究、逻辑推理等定性分析并重的较完善的研究方法。

五、关于五四以来西方新闻理论研究路径的反思

黑格尔说：“科学，作为服从其他部门的思考，也是可以用来实现特殊目的，作为偶然手段的；在这种场合，就不是从它本身而是从对其他事物的关系得到它的定性。”① 新闻学在中国的启蒙和创立，从逻辑上看，是纯粹的“西

① 黑格尔：《美学》，第1卷，商务印书馆1976年版，第10页。

化”过程。但在强大的中国舆论控制的观念体系面前，这个过程却几乎表现为完全的“东化”。尽管任白涛、张季鸾等人曾经努力维护西方新闻理论的纯正性，但在强大的传统文化的裹挟和政治局势的左右下，丝毫也不能改变这种“东化”的进程。

在这种研究路径的支配下，我国对于西方新闻理论的研究呈现出明显缺点和不足：

1. 强调新闻的政治属性，忽略新闻的商业属性

由于孙中山以暴力推翻清朝政府、建立资产阶级民主共和国的主张逐渐成为当时社会的思想主流，把鼓吹民族民主革命作为报纸的首要任务也就在所难免了。事实上，这个时期的学术研究大都陷入“唤起民众，救国救民”的氛围之中，而在中国本无传统的报纸及其学问的研究，更是非常自然地被纳入政治斗争的范畴。清政府一败涂地后，中国进步知识分子在把眼光投向西方的同时，也定下了向西方学习的基调：那就是希望借助西方文明来改造中国社会，实现救国救民的理想。由于对西方学术给予特别关注的往往是那些具有鲜明政治倾向的读书人，学术研究的政治化就顺理成章。西方新闻理论中的“新闻自由”、“民主政治”、“社会瞭望者”等思想被有意无意地忽略，而党报理论却被广泛接受。此外，强调政治属性，忽略商业属性，还出于我国悠久的“重农抑商”的儒学传统。

学术研究政治化的危害是显而易见的，直接导致了20世纪50年代初期对于苏联报刊理论的生吞活剥，最后形成新闻无学的社会偏见，至今难以肃清。

2. 强调报纸的党派属性，否定报纸的公益作用

学术研究，本应探讨客观事物的内在规律，对现实存在做学理分析，但我国新闻学研究从一开始就踏上实用主义的不归路，魏源的“放眼看世界”“师夷长技以制夷”，洪仁玕的“通上下信息，收民众公议，监督百官忠诚清心”，王韬的“议论时政，沟通上下，唤起民众，卫国攘夷”，康有为的“开风声，开知识”，梁启超的“去塞求通”，严复的“通上下之情”“通中外之故”，谭嗣同的“兴民权”，无不都是从主观愿望出发，从当时利益集团的实际需要出发，对报纸作主观主义的解释和为我所用的开发，研究目的非常现实，毫不掩饰。

3. 强调新闻活动的精英化，忽视新闻活动的大众化

长期以来，我们对西方新闻理论抱着漠视甚至敌视的态度，存有先入为主的偏见和本能的拒斥。新闻学学科特点被忽视，学术研究受限制，长期被定格在政治学范围之内任由人们随心所欲地定义和为我所用地解释。

哈贝马斯说，传播沟通是一切主体存在的前提，是任何具体主体存在的基本方式；传播沟通是“自我”与“他我”之间不断转换的过程，也是“自我”与“他我”理解的过程和意义在“主体之间”生成的过程。因此，有效的传播沟通必须遵守四项原则，即可领会性、真实性、真诚性和正当性。可领会性对应于“教化”、“灌输”，指“主体”应该以“理解”为向导，主动去获得关于信息意义的认识，而非任何外力的“强加”；真实性对应于客观世界，是各种事态的总和，不能虚构和放大，也不能刻意隐瞒；真诚性对应于自我世界，是说话者自己的感受和体验的总和，反对虚伪和逢迎；正当性对应于社会世界，是各种规则的总和，所有社会主体都平等地遵守，不存在规则之外的行为。这种有效性认定与各种“中心主义”或曰“精英主义”造成的权势认定有着根本的不同：在主体间性的“沟通”中，有效性是靠传播沟通双方或多方共同决定的；而在“中心性”的传播模式中，其实并没有“沟通”，而只有“灌输”、“教化”甚至是“强加”。

几千年来，人类解决矛盾冲突主要依靠武力和暴力。媒介诞生后，才有了通过对话和讨论来解决它们的可能。21世纪的今天，我们有理由相信，媒介完全有能力“推动实现全球人民，不分种族、宗教、信仰、国籍，都享有平等与尊严”①。借助传播媒介，全球共享的体验会帮助人们超越不同文化、不同社会制度之间的差异，最终走向“真正的相互信任与理解”，实现社会的长久和谐。②

---

① ［英］戴维·莫利，凯文·罗宾斯著：《认同的空间》，南京大学出版社2001年版，第15页。

② ［英］戴维·莫利，凯文·罗宾斯著：《认同的空间》，南京大学出版社2001年版，第16页。

上篇：西方新闻理论的历史演进

第一章　早期的西方传播理论及实践

人类发展的历史，是一部活动范围不断扩大、视野不断开阔、认识不断深化的历史，也是一部不断发现新的认知方法、形成新的思想和创立新的理论的历史。以新闻传播方式向人们提供世界变动的信息，为他们提供思想和行动的决策依据，无疑是人类最伟大的发明之一，是人类发展史上最伟大的历史事件之一。事实上，西方的新闻理论并不是由谁事先设计和安排好的，而是在西方社会和经济激烈的变动中，在各种思想的碰撞和较量中逐步发育和成长起来的。或者说，是在多极的探索中，经过不断筛选而逐步形成的。

陈力丹先生认为，现代报刊之所以起源于西方，是由以下五个条件决定的：(1) 世界地理大发现使得欧洲的商业和工业从地中海贸易转向全球贸易，因此造成对新闻传播的规模化要求；(2) 欧洲地理上正在形成连成一片的文明地区，地理上进行贸易的关卡减少，传递信息的障碍也随之减少；(3) 六个主要的欧洲国家（意、西、葡、德、法、英）经过文艺复兴运动，自然形成了各自的标准语言和文字，奠定了规模化新闻传播的语言文字基础；(4) 古登堡印刷术的发明，提供了规模化的报刊生产和传播的新技术条件；(5) 文艺复兴后，文化从僧侣阶层的垄断下逐步解放出来，转向世俗社会，为规模化新闻传播提供了一定的读者群。① 有了实践便不可避免地会出现解释它们的理论和思想，因此，用以解释和指导报刊实践的现代新闻理论，同样与上述五个条件不可分离。

第一节　西方早期的新闻理论

西方近代报刊诞生在文艺复兴和思想启蒙之后，西方新闻理论也出现在文艺复兴和思想启蒙之后。但这并不是说，在早期的人类文明（包括狩猎文明、

---

① 陈力丹：《世界新闻传播史》，上海交通大学出版社 2002 年版，第 10～11 页。

农耕文明）中没有新闻传播行为的存在，不存在新闻理论的萌芽。其实，在人类诞生和发展的历史长河中，新闻传播如影随形般地伴随着人类社会成长的每一步，虽然人们对此尚不自觉，所有传播活动都尚处于自在状态之中，但一系列规范新闻传播行为的思想和理论阐述依然不断得到孕育，并逐渐有了系统性。不过，早期新闻理论是一种集权主义的报刊理论，与现代以新闻自由为核心价值取向的新闻理论迥然不同。

一、集权主义制度是报刊集权理论的政治背景

在原始社会，生产力水平极度低下，人类物质财富极度贫乏，只有经过共同努力才有可能在同大自然的抗争中挣得生存和繁衍的机会，因此等级制度没有那么严格，人们大体平等地参与劳动，也大体平等地分享劳动成果，这就是所谓原始共产主义。但自从人类进入文明社会以后，集权主义的政治制度就迅速形成，并一直延续了几千年的历史。这一世代延续的集权主义政治制度，一个重要特征就是不容许有与当权者的主张相左的意见存在。弗雷德·赛伯特①指出，"在报刊与社会关系、报刊与政府关系的各种理论中，从历史上和地理上来说，集权主义理论是最有普遍性的。当社会和技术充分发展到足以产生我们今天叫做公众通讯工具的时候，这一理论就为许多国家所自动采纳了"②。在许多现代社会里，集权主义奠定了报刊制度的基础。弗雷德进一步指出，就是不采纳这个理论的地方，它仍然继续影响着一些在理论上信守自由主义原则的政府的实际行动。

在长期的奴隶制社会和封建社会的大背景下，普通公众连最基本的生存权都控制在统治者手里，"普天之下，莫非王土；率土之滨，莫非王臣"，"文死谏，武死战"，"君叫臣死，臣不死不忠"。王公贵族尚且如此，何况黎民！他们不仅没有与统治者唱反调的任何条件，而且只要当权者认为谁有"异心"，谁就会引来杀身之祸。在这种氛围下诞生的报刊，集权主义理论大行其道是在所难免的。

二、集权报刊理论体现的是统治阶级意志

在长期的奴隶社会和封建社会，当权者总是通过不断地培育和选择能够反

① 弗雷德·赛伯特，《报刊的四种理论》的作者之一。

② ［美］威尔伯·施拉姆等著：《报刊的四种理论》，新华出版社 1980 年版，第 3 页。

映中央集权意志的文人，来阐述中央集权的必要性，来对集权主义理论加以系统化、理论化，并论证集权主义的合法性与合理性。柏拉图、马基雅弗利、霍布斯和黑格尔，就是这些文人中的杰出代表，他们或从国家目标观点出发，或从国家安全学说出发，或从国家主权思想出发，或从国家意志理论出发，大谈中央集权的必要性和个人意志的不合理性。当印刷术在西方世界传播200年后，集权主义理论更是提供了决定大众报刊对于当代社会的作用和关系的唯一基础，它忠实地反映统治者的意识形态和政治主张。

弗雷德指出，英国都铎王朝，法国波旁王朝，西班牙哈布斯堡王朝，在当时的整个西欧，都用集权主义的基本原则作为报刊控制制度的理论基础，以此来保证统治者的意志得到贯彻。从16世纪、17世纪到其后的几个世纪，报刊的集权主义理论一直是大部分国家和地区的基本理论，日本、俄国、德国、西班牙和许多亚洲、南美国家的政府，都自觉不自觉地采用这一理论。在延续数百年的时间里，集权主义理论比任何其他理论更有力、更有效地决定了公众通讯的方式。①

三、报刊集权制度是集权政治制度的组成部分

人类社会的发展有这样一种趋势：一切人类社会都具有一种发展管理社会制度的本能，并且总是力图建立起一个大权独揽的中央集权制度。

在集权主义者看来，依靠这个管理社会的制度，就可以协调个人之间、群体之间的关系，可以满足全社会共同的利益与愿望。在集权主义理论体系中，这种管理制度可以分为两大类。第一类是从社会权力的共同认识中直接产生出来的管理社会的制度，它自动地起作用，并通过社会压力来执行。第二类是采取确定的组织形式产生出来的管理社会的制度，它通过法律命令来实施，并总是采用特别的刑罚来强制执行。第二类管理社会的形式，就是指广义的政府组织。管理报刊的集权主义理论就是从第二类管理社会的制度中生发出来的。按照这个理论，报刊作为一个机构，它的功能和活动，是受着有组织的社会通过其特别设立的机构（政府）所控制的。

---

① ［美］威尔伯·施拉姆等著：《报刊的四种理论》，新华出版社1980年版，第4页。

第二节 集权主义报刊理论的哲学依据

一、基本的理论假设

报刊作为一种上层建筑和意识形态，与其他形式的公众通讯工具一样，必然受到当时社会生产力发展水平的制约，受到政治经济和文化等诸因素的制约。报刊既然出现在一个已经具有高度组织性的社会里，它与那个社会的关系自然就要受到当时管理社会的一些基本原则的支配。当大众报刊出现时，大多数西欧政府都是建立在集权主义原则之上的，所以公众通讯与其他所属的有组织的社会之间的关系的任何理论，都是由人与国家关系的某些哲学原则（也可以叫做结论或者假设）来决定的。这些原则或假设包括以下几个方面：

①人的性质；

②社会与国家的性质；

③人对国家的关系；

④基本哲学问题：知识与真理的性质。

为了满足组织社会的需要而形成的集权主义理论，顺理成章地接受了其中的某些原则和假设。比如，集权主义理论认为，人类只有在作为社会一员的时候，才能发挥其全部潜在力量。作为个人，他的活动范围极其有限，但作为社会或有组织的社会的一员，他实现自己目标的能力就无限地增加了。这种假设对集权统治极为有利，成为统治集团控制社会成员、管理社会群体的合法性依据，理所当然地被统治集团所接受。根据这个假设作进一步的推论，就可以得出如下结论：团体比个人重要得多，因为只有通过团体，个人才能完成他的目的。在集权主义者看来，集权主义就是一种目的。

这个学说不可避免地发展出这样一个命题，那就是集体组织的最高形式即国家，在价值尺度上，完全可以代替个人。在集权主义者们看来，没有国家，个人就无从发挥一个文明人的特质。个人必须依靠国家，才能实现进一步的文明，这是一切集权主义制度共同的理论要素。他们不约而同地认为，只有在国家里或者是通过国家，人类才能实现它的目的，没有国家，人类永远只能处在原始状态。

集权主义者们坚持认为，国家是人类充分发展的基本要素。这一假设产生了有关国家性质的一些基本结论。国家除了个人成员之外，又是人类社会一切应有的特性的综合。国家有权决定它的目的和决定实现这些目的途径与方法。

至于这种权力的来源，集权主义者无法提供统一的答案，一般认为是通过一种还不能完全为个人所理解的过程，推论这个过程有时是神的引导，有时是依靠高度的智慧或领导的品质，有时是由于对于其他任何过程都缺乏信心。

对于知识的性质和真理的性质这些根本的哲学问题，集权主义论者也有同样明确的答案：那就是知识可以通过智慧来发现。人们利用智慧和发挥智慧的努力，是有很大差别的。集权主义理论指出，既然存在这种差别，在社会结构中，就应该加以承认。"聪明人"能分析，能综合，应该在有组织的社会中成为领袖，或者至少成为领袖的顾问。知识不是天赐的，而是靠人的努力获得的，这种努力可以通过国家很好地加以引导，来为所有的人服务。这样获得的或发展起来的知识，成为社会一切成员的准则，并且带有一种绝对性的气氛，这种气氛使变动成为不受欢迎的东西，而稳定和持久性却被认为是一种美德。

此外，集权主义理论还要求智力活动的高度统一，因为只有通过这种统一，国家才能顺利地实施管理和为公众的利益服务。集权主义派的理想主义者们假定，这种统一可以从实现个人对于社会整体的贡献得来；而集权派的现实主义者认为，这种统一总是要通过经常的监督和控制才能达到。

总之，在集权主义理论中，不同意见与异端邪说往往被看成是同义语，特别是在关于国家事务的讨论中是绝对不能容忍有不同意见存在的。

二、主要代表人物及其学说

在人类历史上，曾经产生过无数名震当时、光耀后世的思想家和哲学家，他们以其深刻的思想和严谨的论证阐述了他们对于所面临现实社会问题的看法和对人类未来的思考，影响着一代又一代的后来者。这里特别挑出几位对后世影响巨大的人物，仅仅从他们有关集权主义主张的角度加以介绍，不是阐述他们的完整思想。不过，仍然可以看到他们的基本主张。

1. 柏拉图的国家目标学说

在人类发展史上，有几位集权主义理论的代表者是必须牢牢记住的。

第一个是柏拉图。柏拉图（[英] Plato，[德，法] Platon）在他所著的著名的《理想国》、《法律》等书中，把贵族政体理想化为最好的社会制度。他认为，人的本性（包括他的物质利益和私欲）会使政府从贵族政体降低为富阀政体，降低为寡头政体，降低为民主政体，最后降低为暴君政体。他认为国家只有掌握在聪明的执政者手中才安全，这些人受道德权利的控制，而又用这种权力来约束社会基层分子。正如聪明人在理智的控制下，克制自己心理上的冲动和口腹的贪欲一样，执政者们也同样地在社会中使其他阶级的人不至于堕落成为混乱一团。根据柏拉图的想法，一旦国家权力平均分配，堕落就要跟随而来。

顺着这些基本假设，柏拉图设想了一个理想的社会，在这样的社会里，国家建立并实施政治目标和文化目标的一致。他的这一观点意味着必须对意见和讨论进行严格的控制。柏拉图想用一种严格的文化规范来“调整”公民生活，凡与他的主张不合的各种艺术和思想，都会被他判为异端邪说，不可给其提供生存的土壤。柏拉图在他所著的《理想国》里很不客气地说，他要把一切违反严格条例的艺术家、哲学家和诗人“遣送到其他城市”去。他在《法律》一书中，同样“有礼貌地”说：他要求诗人首先把他的作品送给执政者审阅，执政者可以判断那些作品是否有益于公民的精神健康。

关于合法执政者和个人自由的相互冲突的问题，柏拉图没有进行讨论。即使柏拉图有名的老师苏格拉底，也不能给出一个满意的答案。苏格拉底是一个自相矛盾的统一体，他虽然坚持个人有权离开雅典人文化生活的轨道，但他却仍然承认，在哲学上需要服从执政者。他曾坚决地反对那些判处他有诱惑本城青年的罪名的法规，因为他认为那些法规是错误的。但不管法规怎样错误，他还是承认执政者有权执行它们。他的唯一解决办法，就是接受刑罚。

2. 马基雅弗利的国家安全学说

在后来的社会和政治哲学家中，接受政府的权力原则即主张集权主义的著名人物，有马基雅弗利、霍布斯、黑格尔等人。尼科罗·马基雅弗利（Nicollo Machiavelli）1469年生于佛罗伦萨，是在文艺复兴运动中产生的“卓越无比的”① 政治哲学家。

和他以前的希腊、罗马的先辈（如柏拉图）不同，他不关心国家的目的和宗旨。他所关心的是取得政权和维持政权的手段。“拿他对事物的亲身经验作基础，力求说明为达到既定目的所需用的手段，而不讲那目的该看成是善是恶这个问题。”② 他持有一个基本上是消极的人生观。他的学说是，一切问题都服从国家的安全这个主要目的，而国家的安全只能由统治者或君主的现实的而不是道义的政策来实现。

根据这种学说，当统治者认为公众讨论威胁到它的主权的安全时，公众讨论就必须受到限制。马基雅弗利并不十分关心一个政府究竟是君主政体还是共和政体（事实上他表示过共和政体可能较为优越），但他相信，人性既然是这

---

① ［英］罗素著：《西方哲学史》，商务印书馆1976年版，第17页。

② ［英］罗素著：《西方哲学史》，商务印书馆1976年版，第18页。

样，那么，政治领袖的作用，就是要利用任何必要手段，以促进它的政治单位的利益。马基雅弗利的学说对 19 世纪德国和意大利民族运动的政治理论家们产生过重要的影响。

马基雅弗利的主张集中体现在《君主论》、《罗马史论》这两部著作中，他的思想包含了这样一个论点：以爱国的理由为政治行动的基础，严格控制讨论和控制消息的大量传播。国家的稳定和进步高于一切；公民的个人考虑是从属的。

3. 霍布斯的国家主权学说

托马斯·霍布斯（Thomas Hobbes）被认为是英国最著名的集权主义哲学家，他在《利维坦》(Leviathan）这部不朽的著作中集中表达了他的集权主义政治理想。在该书中，霍布斯怀着“要显示民主政体诸种弊害的露骨意图”,① 系统阐述了他关于集权主义是历史必然的有关思想。他从人类两种基本欲望（免除痛苦和获得权利）出发，发展了一个政治哲学的完整体系，他坚定地认为，为了公众利益而限制个人的权利是必要的。他分析道：国家权力主要体现在主权之上，而建立和维持秩序与和平的权力，就是主权。主权的特殊行动是否合理，不取决于私人意见，因为主权有裁决纠纷之权，而它的建立乃是以理性为基础的。

尽管霍布斯和柏拉图一样都是集权主义理论的创立者和坚定的支持者，也是集权制度的坚定拥护者，但霍布斯并不赞成柏拉图的观点。和柏拉图相反，霍布斯认为理性并非天生的，而是靠勤奋发展起来的。他认为，“意向”可以定义为动念的微小根芽，它如果趋向什么，就是欲望；如果趋避什么，就是厌恶。意志无非是深思熟虑中最后余留的欲求或厌恶。也就是说，意志并不是和欲望及厌恶不同的东西，它不过是在发生冲突的情况下最强烈的欲望或厌恶罢了。

霍布斯与大多数专制政治的拥护者不同，他不仅不赞成人是生来就不平等的说法，反而认为一切人生来平等。他解释说，在任何政治也不存在的自然状态下，人人都想保持个人的自由，但是又都想得到支配旁人的权利。这两种欲望都受自我保全冲动主使。由于它们的冲突，发生了一群人对另一群人的战争，把人生弄得“险恶、残酷而短促”。他说，在自然状态下，没有财产，也没有正义或不义；有的只是战争。而“武力和欺诈在战争中是两大基本美德”。为了避免这种状况，人类就必须结成若干个服从中央权力的社会，因此

① ［英］罗素著：《西方哲学史》，商务印书馆 1976 年版，第 68 页。

君主制（或曰中央集权制，它可以是一个人，也可以是一个议会，霍布斯称之为“主权者”，在霍布斯看来，主权者的权力是没有限度的）是不可避免的。

霍布斯的学说必然导致这样一个结论，即主权分离的学说；主权服从法律和主权的形式受到个人意见与良心的限制的学说，都是虚假的。巨富或享有一定自治权的行会和公司，只习惯于现行主权权利之上的普通律师，以及要求精神上忠于宗教而不是忠于主权的教会，都是对主权、国内和平和理性的威胁。霍布斯关于国家性质和人对国家关系的学说，目的是为17世纪的一些政府的集权政策作辩护。虽然他最伟大的著作《利维坦》既受到保皇派和克伦威尔派的攻击，又受到英国国教和清教徒的攻击，但在以后的几个世纪中，这本书却仍常常被引证来为政府的专断行为作辩护。

4. 黑格尔的国家意志学说

德国哲学家黑格尔（Georg Wilhelm Friedrich Hegel）被认为是现代集权主义政治学说的集大成者和主要代表人，许多学者认为，现代共产主义和法西斯主义都是起源于他的学说。

黑格尔最为人们所熟悉的，是他有关“现实的就是合理的，合理的就是现实的”（而不是人们所传说的“存在的就是合理的，合理的就是存在的”）论断。这一思想表现在他对人与国家关系问题上，就是将国家意志的绝对化。他写道：

> “国家是道德的具体化。这种道德精神阐明了它自身，并采取意志这一实质形式；意志是显示在世界面前的，是自觉的，它知道自己的目的，并且可以通过自己的认识以实现其目的。所以道德是国家内在本质的外表的和可见的形式；个别公民的自觉，可以在公民的态度中找到它的自由实质，而这种态度乃是他的自觉的要素、目的和成就。
>
> 国家是理智本身。这是由于国家是个人意志的体现，而这种体现不过是个人的自觉在其抽象形式中被假想出来的，并提高到一般高度。这个实质的、无所不包的统一体，本意就是一个绝对的、固定的目的。在国家中，自由可以获得最大限度的权利，而同时，国家本身就是目的，这就使它具有对于个别公民的最大权力，公民的最高义务，就是作国家的成员。”

引自黑格尔著作的这一段话，被认为是欧洲思想的重要内容之一。正如阿尔弗莱德·齐曼恩所指出的，每个字都意味深长……它们带着对过去哲学理论（从柏拉图和亚里士多德起）的许多回忆。黑格尔也很自然地把他有关国家至上的基本原则应用于公众通讯和公民参与决定公共事务方面，他嘲笑“所有的人都应该参与国家事务”这种想法。他说，个人需要被告知公共问题和关心公共问题，只是作为一个社会阶级、集团、社团或组织的一个成员，而不是作为国家的一个成员。在黑格尔的思想中，自由意味着个人有自由知道他是不自由的，知道他的行动决定于历史、社会，尤其是绝对观念，而国家就是绝对观念的最高表现形式。

黑格尔认为，真正的自由是在国家之内的自由，而不是不受国家拘束的自由。这一观念在德国政治哲学家和历史学家特雷契克写作的小册子《论自由》和后来的巨著《政治学》里面得到了更充分的发展。特雷契克由于对一般的民主制度和瑞士与美国的民主制度持悲观看法，因此他断言，多数人的统治既不能保证政治自由，也不能保证社会自由。国家在历史的自然演进中是个大的个人，在诸多自由诉求中，最重要的乃是国家的自由和生命。他对尼采一般来说是不同意的，但他又像尼采一样，以历史学家的身份作结论说，领导国家的英雄或领袖，能对公民福利做出最大的贡献。

从柏拉图以来，很多其他的社会和政治哲学家都直接或者间接地支持集权主义理论。其中有卢梭及其非世袭的专制政体的观念，托马斯·卡莱尔和他的关于英雄的理论，伯纳特·博山克的注重国家、社会的最后决定权，以及晚近的欧内斯特·特罗尔兹的对德国的自由概念的总结。

第三节　法西斯的集权主义

一、人类历史上最极端的集权主义

正如威尔伯·施拉姆所说，如果不是想入非非，谁都不会把墨索里尼和希特勒当做政治哲学家来看待。但只要细心研究一下他们所发表的文件和他们一以贯之的行动特点，就可以得出明确的结论，他们的主张是一种被歪曲了的集权主义学说的延续，法西斯把报刊的集权主义理论发展到了极限，发展到了登峰造极、无以复加的地步。他们对公众通讯工具的态度完全与专制主义的基本原则相符合。

美国学者卡特林曾经对墨索里尼的学说做出过概括，他认为法西斯主义包括如下主要特征：强调借武力、斗争、威胁以达到目的的观念；拒绝和平的观念；强烈反对自由主义和宽容态度；通过优秀分子或先锋队组织群众；领导和操纵群众运动；反对国际主义；代之以建立在中产阶级基础上的国家……并且强调作为完美道德生活的母体社会的重要性；证明这种社会就是有强制力的现代国家（或者武装的、有组织的国家）。

法西斯主义的国家至上论表现于“社团国家”这一观念，而社团国家就是国家高于国内的经济和社会团体的明显表现。社团国家虽然与私营企业联合起来保持资本主义的秩序，但它是以对经济和文化事务的干涉主义学说为基础的。

法西斯仇恨民主，拥护精英，反对社会平等，自然也反对公民参与国家和社会问题的讨论。墨索里尼说：“法西斯主义同民主主义思想的整个复杂体系作战，不论是对它的理论前提或实际应用都加以否定。法西斯主义否认多数人只是由于占大多数就能领导人类社会；它否定单是人数多就可以定期开会实行治理；它承认人类的不平等是不变的、有利益的和有实效的，而这种不平等如果只是通过像普选这样的机械程序，是永远不能根本消除的。”①

二、法西斯对媒体坚持实用主义

20 世纪 30 年代初，纳粹通过贿选攫取德国政权后，立即实行新闻传播业的一体化，规定只有雅尼安血统的胡根堡报团才可以存在，全国报纸很快从 1932 年的 4700 多家一下子减少到 1933 年的 977 家，且差不多都属于胡根堡报团所有。

曾经名列世界四大通讯社之一的沃尔夫通讯社也被政府接管，并被改造为德国通讯社，成为法西斯鼓吹战争的传声筒，所有采访和传播活动受到政府严格的钳制。

无线电波更是完全成为纳粹最得力的宣传工具，1941 年仅设在本土的对外宣传的电台就有 88 座，无休止地向世界推销纳粹的价值观，却强迫国内人民只准收听政府指定的电台节目，且专门设计了廉价的只能收听到国内信号的“人民的收音机”，以强化对人民的统治。

希特勒比其他集权主义论的代表更为极端，他用真理与宣传的合成学说来表达法西斯主义或集权国家的学说。他公开宣称，真理对于德国纳粹党人来说，其真正含义就是：“我们的真理——真理为我们。”简单地说，凡是能促

① 转引自［美］威尔伯·施拉姆等著：《报刊的四种理论》，新华出版社 1980 年版，第 24 页。

进德国的利益和巩固的就是真理。

意大利的情况与德国如出一辙。从1923年起，墨索里尼就公开而全面地实行新闻传播业的法西斯垄断。这年意大利政府颁布了“新闻记者登记法”，规定“凡不对法西斯效忠者，均不得从事新闻事业”。他不仅实行一城一报的政策，还把斯蒂芬电讯社改造成为国家通讯社，经费由国家负担，宣传受国家审查，以便全面控制。

三、在法西斯眼里人民就是群盲

以下是希特勒所著《我的奋斗》一书中经常被引证的一段话：

> “一切宣传应当通俗，它的文化水平要适合宣传对象中文化水平最低的接受能力。所以，宣传要吸引更多的人，就要更多地降低其智力水平。如果宣传要想使全国的人都受到影响，像战争时期中的宣传那样，就必须再三注意避免理智水平过高。群众的接受能力是极有限的，他们的理解力极低。另一方面，他们又是善忘的。既然如此，一切有效的宣传都必须限于只谈很少的几点。”

墨索里尼认为，报纸是仅次于教育下一代人民的学校，肩负着教育大众及启发人民获得知识的双重使命，必须成为政府工作的一部分。因此，他对各报的指示具体得无以复加，不仅是重要稿件，而且包括版面安排、标题字号和言论基调等。

四、法西斯集权主义的实质

纳粹的国家学说，强调种族歧视，盲目崇拜领袖，不容忍异议和一个主义思想，以及最重要的关于个人通过国家以求得满足的观念，所有这些都与集权主义的传统一脉相承，只是在形式上更为夸大罢了。纳粹德国之不可能不对公众通讯工具加以控制，正如它不可避免地要恢复和扩大德国的强大一样，墨索里尼所以严格控制新闻传播，也同样源于他做着古罗马帝国的美梦。

一切政府的集权主义理论都贯穿着一条共同的轴线——从柏拉图到希特勒都是如此。尽管这些理论并非都是以权力、贪欲和个人扩张为基础的，并且许多理论是真诚地想解决一些深奥的问题——国家的性质，人与国家的关系，真理的性质。不论采取的是什么学术方法，也不问动机如何，结果都是造成一个有组织的社会制度。在这个制度下，公众通讯工具被指派担负特殊任务，并且要受到控制，使它不至于妨碍国家实现自己最终的目的。

第四节 集权主义的控制制度

一、只允许国家掌握并使用公众通讯工具

集权主义的基本哲学在许多类型的政治组织中都有表现；它们的控制形式除去一些形式上的变化之外，还表现出若干本质上的共同特征。

当集权主义者注意到公众通讯工具的职能时，它已决定好了政府的基本目的。这些目的不可避免地支配着通讯工具在文化和政治方面的态度。像柏拉图一样，它通过自己的推理，得出一个结论：在社会成员中传播信息、思想和意见，必须对完成预定目标具有直接或间接的效果。因为他们明显地感觉到经营通讯工具的人们妨碍了国家目标的实现。而妨碍国家目标实现的人，就是那些从事公共通讯事业的人，是那些往往不能理解国家总的目标的人，是那些经常是不完全知道国家政策的人。

集权主义者主张，各通讯单位应当支持和促进政府的政策，以便政府能够实现它的目的。在公众通讯工具发展时期，这个目的一般是从消极的方面来实现的，那就是通过对通讯工具的控制以阻止其妨碍实现国家的目的的行为发生。在后期，就采取了一种相对灵活和较为积极的政策。根据这种政策，国家积极参加通讯事业，并利用公共通讯工具作为完成目的的一种手段。

不论在哪一种社会制度下，首先要解决的问题就是谁才有使用通讯工具的权力。这种联系每个市民的手段是应当由国家直接行使呢？还是让它们成为半独立性的机构而由国家加以监督呢？还是把这种手段公之于所有的人，只要它们过去的行为或现在的倾向能表明不会妨碍或公然反对政府政策呢？各个政府在不同的时代用不同的方法回答了这个问题，这决定于什么样的政策在当时最有成效。但历来的中央集权统治集团和集权主义的理论家们都有一个共同的基本的意见，那就是只有国家（既执政者）才具有最终的决定权，也就是说，只有国家领导人才有权控制并可以自由地使用公众通讯工具即大众媒介。

二、集权主义控制大众传媒的主要方法

1. 特许制（出版业公会制）

16世纪，随着文艺复兴运动的不断深人和启蒙运动的蓬勃兴起，各种手抄新闻开始在英国贵族中广为流传，在带给贵族们从未有过的兴奋体验的同

时，也使中央政府隐约感到这些信息对王权构成某种威胁。于是，英国都铎王朝决定只给予那些经过选择的驯顺的人以独占经营的专利权，只要他们不危害国家安全，他们就可以从这种独占事业中谋取利润。伊丽莎白一世也认为这是把王室利益同印刷商和通俗文艺出版人的利益统一起来的最经济的方法。为此，英国皇室还特地成立了专门用来审理非法从事印刷活动的皇家法庭，并颁发了星法院令，规定除伦敦和牛津、剑桥外，其他任何地方不得拥有印刷设备，伦敦各印刷所只允许招收不超过 2 名学徒，牛津和剑桥则只允许招收 1 名学徒。在同一时期，欧洲大陆上许多国家的政府也是用一种严格监督的制度来管制媒体，当然这种制度需要通过官方机构来执行。事实上，17、18 世纪，面对着来自领土内外的无数消息和意见，不少集权主义政府采取了积极参加公众通讯事业的政策。代表政府的官方报刊，在大多数西方国家内创办起来。它们声称要把政府活动的真相告诉给人民大众，而把那些来自政府控制以外的通讯工具的误解加以纠正。在西方许多国家内，私营报刊与官方报刊长期并存。不过，实际上在许多方面官方报刊竞争不过私营报刊。

西方私营媒体的迅速发展，事实上与国家强力推行的特许制密切相关。在数百年的历史进程中，西方国家试验了许多种方法来控制大众传播工具，而且各有不同程度的成功。但是可以说，没有一种控制的方法能长期行之有效。最早的一个保证公众通讯工具拥护政府政策的方法，就是前面已经提到过的，授给那些经过选择的人以经营印刷的特许权（或专利权）。在英国，这个方法不久就发展成为一个周密的印刷业管理制度。驯顺的印刷商被授予出版各种书籍的专利权，例如法律、教科书、宗教、历史、戏剧及其他书籍。有关国家事务的材料的印刷者，必须经过慎重的选择。最早的报刊问世时，也是授予个别的人以专利权。这些人为了报答这种独占的报道新闻的权利，完全同意只刊登那些推动国家政策的信息。由于特许公司为了谋求利益最大化，免不了会不断将熟练工人辞退，以防止他们在业务熟练后不断提出增加工资的要求。这些印刷工人别无所长，只懂印刷技术，于是被辞退后就不得不铤而走险，在英国境内偷偷办起了无数的地下印刷所，进而对特许制造成直接的威胁。大多数集权主义制度面临的主要问题，就是对于私营通讯工具建立有效的限制和控制。

专制制度在美国也盛行了约二百年之久。在这个时期，这种控制方法似乎比别种方法更成功。英国的这一制度发展成为一个由专利人或特许印刷商组成的组织——出版业公会。这个公会的职员和成员可以监督印刷业，而国家几乎可以不用负担开支。皇家许可这个组织有权接受和开除会员，并对那些轻微违反行规的人施以较轻的处罚。这个公会一般很努力地执行这个控制权，因为它的独占地位，有赖于能否使政府满意。到17世纪末期，出版专利制度破产了。这一方面因为它本身原来带有缺点，另一方面也由于各项生产范围内私营企业的发展。17世纪英国印刷事业的垄断者急于扩大他们的生产和利润，训练了大量徒工。但是当徒工达到正式工人水平以后，他们发觉只能在政府特许的印刷商那里找职业，因为政府的法令限制了印刷商的数目，新的印刷业不能创办。这些苦恼的印刷工人就被迫或忍痛接受垄断商人所出的工资，或是甘冒被逮捕和处罚的危险，从事秘密的印刷业务。在17世纪，印刷商很容易找到宗教界或政治团体资助的秘密地攻击政府的小册子。

教育的普及和随之而来的要求更多的出版物，各种生产范围内私营企业的成长，以及新教派的宗教学说和民主制的政治学说的传播——所有这一切，都使国家最终不能继续垄断印刷业。

2. 许可制（检查制）

当特许垄断被打破以后，西欧许多国家在应变中探索和发展出来另一种控制办法，这就是对个别印刷品实行许可制。这一制度是受16世纪非宗教人士的赞助而发展起来的，因为当时独占的和官方印刷商时常不能够或不愿意遵循政府的政策。这种制度在17、18世纪被称为检查制，它有时也允许特许的或独占的报刊存在；有时是使私营印刷业和印刷所接受官方管理。出版商通常不能参与国家事务，因此不能正确判断一些有争议的问题。为了补救这种欠缺，国家要求将一些特殊方面的出版物如宗教类或政治类出版物，送交国家的代表人检查，而这些代表人被认为是熟悉国家意图的。在16世纪时，执行这个任务并不十分困难，因为当时出版品的数目较少，检查工作可以交给教会和政府的秘书来做。

17世纪末，随着各种印刷单位（合法的和非法的）不断增加，印刷品数量急遽上升，充分检查报刊上的大量材料有了明显的困难。政治问题一天天多起来，也复杂起来，这都加重了检查员的负担。印刷者和出版人对因这个制度造成的耽搁和延误十分恼火，并且经常公开表示不满；检查员本身对这种职责也不愉快，因为他们要负责满足国家政策和政府官吏的随时变化的要求，而要做到这一点是极为困难的。无论他是多么高明的书报检查员甚至检察官，想预先判断政府的目的和策略的发展以及某些公告刊登后的效果，几乎是一种无法做到的事情。一个一心想往上爬的滑头政客，一定会躲避这种工作，而让他的属员来作决定，并承担其后果。

检查印刷品上个别项目的制度的实施也越来越困难，因为报纸这时已演变成为公共消息的供给者。检查的期限很紧迫，起初是一周，后来是当天。出版物篇幅庞大，聪明而不失狡猾的记者又常常迷惑检查人员，所以没有一个重要的人愿意干这种工作，有政治野心的人就更不用说了。17 世纪末，英国的这个制度被废弃，这固然因为它太繁重，而更重要的是因为当时的政党已按民主的传统组织起来了，这些政党都不愿意把这样一种可以取得和维持政权的重要工具交给别人来管理和控制。

在英国的法律传统中，检查制度意味着这种法律要求：一切要印制和公开传播的材料，必须取得官方允许或许可证，罗马天主教会称之为出版许可。在集权主义理论下，这种管理办法最为流行。法国、德国、西班牙、意大利和美国早期殖民时代的政府都采用这种办法。

3. 提起公诉

集权主义国家所采用的第三种控制报刊的方法，是通过法院对于违反公认的既定的法律条例的行为提起公诉。这种方法比以上两种方法发展稍迟。它通常是在国家垄断和特许制度不能完成必需的控制时才被采用。这种方法的实行表现了一种进步，因为法院允许被控有罪的人利用合法的保障。英国就是一个突出的例子。英国法庭多年以来已经建立起一套保护无辜的人的程序法。

对散布不利于政府的消息或意见的人，提起公诉的法律根据是法律上的两个传统范畴：叛乱罪和煽动罪。在任何有组织的社会中——集权主义或其他类型的体制——叛乱罪都是反社会的大罪。在大多数的法律体系中，制裁叛乱罪乃是支持政府的法律结构的基石。

构成叛乱罪的行动范畴有三：（1）企图颠覆国家的叛乱罪；（2）从事可能导致推翻现政府的活动也是叛乱罪；（3）在许多国家中，提倡可能导致推翻政府的政策，也可以被证明是叛乱罪的一种活动。凡是企图通过公众通讯手段以煽动群众的个人和团体，都可以包括在上述的第二种或第三种范畴之内。攻击政府的报纸或传单的出品人，很容易被控告“可能导致推翻政府的活动”。

在 16、17 世纪，叛乱罪的另一方面也威胁着印刷商和发行人。在大多数欧洲国家中，特定的统治者或君主就是国家。威胁君主就是威胁国家的安全，因此就是叛乱罪。叛乱罪的刑罚，通常处死刑，这种刑罚在历史的某些时期中成为对付反对派的特别有力的武器。在有的时期，有一种不同的舆论气氛，死刑成为定罪的障碍，因为在有些情况下，对于一个政权或者执政的君主进行偶然的和无害的批评就被处以死刑，是不合理的。事实上，在英国，从未广泛地使用叛乱罪来惩处或迫害印刷商和出版人。许多现代国家都用宪法的或法律的限制，审慎地划定叛乱罪的界限，使得不至于用它来压制舆论。不幸的是，二战以后直至近年来，无论是自由主义还是集权主义的政府都恢复了这一罪刑。对于在战争时期使用敌人广播材料以帮助敌人和涣散本国人民斗志的人，都以叛乱罪论处。

在法律上使用煽动性的诽谤罪或煽动罪来对那些大胆发言者实施制裁，便利了集权主义政府控制报刊。叛乱罪用来惩处那些企图动摇国家基础的活动；煽动罪则被用来对付反对派和持异议的人们的较轻罪行。

当集权主义盛行时，西欧各国都发展了一种司法程序，使一切企图用公开议论或鼓吹来更换政府人员或改变政府政策的人，受到法律审判。根据17世纪形成的君主政体学说，统治者乃是司法与法律的制定者，他的行动不应该受到人民群众的批评。既然统治者被看做是臣民的主宰，他所处的地位的性质就决定了他必然是明智的、善良的。这就一定要推论出，公开地指责他是错误的，即使他有错误，也只能用极礼貌的形式指出来；无论他有无错误，都不能加以谴责或企图降低他的威信。

在许多国家里，煽动罪案件的审理没有任何像现在关于刑事审讯的保障。英国斯图亚特王朝时期，以煽动性诽谤罪提起诉讼很流行，但在审讯时，则受刑事司法程序的限制。这些保障的发展，乃是为了反对英国星法院任意对政治犯罪提起诉讼。

在斯图亚特王朝时期，以煽动性诽谤罪来提起诉讼是对付印刷商和出版人的主要武器。王室是这一司法行为的全程操控者，他们发动起诉，任命法官，并且提供证人。法律规定的这种犯罪包括各种方式的公开批评和指责。凡属当局所不喜欢的事情，都可以被当做煽动罪或诽谤罪起诉的根据。国王裁判所的大法官霍尔特在他的文告里就肯定了这种学说：

> “有人企图让人民认为政府是由贪官当权，如果说那不是对政府的诽谤，这真是一个奇怪的理论……说贪官当政当然是对政府的诬蔑。如果对于那些使人民对政府怀恶感的人不加责问，就没有一个政府干得下去。因为一切政府都需要人民爱戴，企图使人民仇视政府的措施，那是对政府最坏的事情。这应当认为是一种犯罪，不这样，政府就不会安全。”

18世纪时，政府中的许多集权主义的原则废弃了，政党兴起了，民主主义的学说传播了，这都使得煽动性诽谤罪的法律难以执行。虽然检察官对于批评政府和官员的人继续加以逮捕，并进行审讯，法官也坚持按集权主义原则解释法律，但是陪审团却坚决反对并拒绝判决有罪，陪审官的这种做法，迫使英国和美国殖民地当局寻找别的武器来对付日益增加的报纸和小册子出版人的活动。

在整个18世纪，集权主义处于防守地位，而自由主义的原则却向前发展了。防止妨害政府的传统武器，如国家垄断、特许制和检举起诉，都不大有效了。必须寻求别种办法以保护国家的权力。但是想出来的办法目的不够明显，执行起来偏差更多。政府不是派人经营报馆，而是收买私营报刊或用公款给予津贴。在英国的第一个首相瓦尔伯利长期执政时期，政治作家名字常被秘密地列入薪俸册中，把报刊与政府联系起来；对于反对政府的编辑，不是用起诉来恫吓，就是用贿赂来引诱。现代独裁者政权趋向于继续使用这些办法，拿它们当做减少公众批评和维持政权的有效的手段。

这些间接控制公众通讯工具的方法，有一个好处，就是它可以缓和来自自由主义者方面的攻击，因为追查贿赂的来源即使不是不可能的，也是比较困难的。而且即使被追查出控制的事实，政府当局也可以退而辩解道，由于私人都是利用报纸谋求他们的利益，政府也应当有权利用现有的任何手段，取得人民对政府政策的好感。

4. 征收印花税（知识税）

当前面所列举的那一些办法逐渐失效，而统治集团又突然发现经营报刊有利可图时，一种新的控制报刊的办法就被发明出来，这就是在18世纪和19世纪时盛行的另一种间接控制报刊的方法，即规定一种特别税制度，来限制印刷品的发行和利润。特别是一个报纸如果主要靠发行来获得利润，它就会不大在乎政府的津贴，因此它对政府事务的态度就会较为强硬。征收广告税和发行税，可以不必干涉报纸内容，直接使报纸减少利润。英国的“知识税”成为19世纪上半期一个激烈的政治争端，但终于在1861年因一条“多兴办一份报纸，少建设一座监狱”的建议，最终被取消了。

三、禁止大众传媒参加国家大事讨论

根据集权主义关于国家性质和功能的哲理，国内一切工具都应该致力于促进国家的目的和政策。作为社会信息传播重要手段的公众通讯工具，理所当然应该符合这个总的原则，其内容的评价与考察，是按它对于实现既定目标贡献大小来决定的。公众通讯工具的功能不是去决定或怀疑这些目标。那种功能是属于运用政治权力的个人或团体的。

集权主义者并不反对使用广泛的哲学术语来讨论政治制度。他们并不要求完全遵循一套理论原则。只要公众通讯工具避免直接批评当前政治领袖及其措施，他们就不会特别地加以限制。而且他们具有一种为法西斯所没有的度量，这就是允许对他们制度所依据的政治原则抱有不同的意见。他们所不容许的只是明显的要推翻他们政权的企图。对于政治机器来说容许提出异议，但对掌握这个机器的人来说则不容许有不同意见。16世纪时，伊丽莎白一世准许并且有时鼓励人们广泛讨论当前重大问题，只要不怀疑她有权作最后决定就行了。

社会的各团体像个金字塔，越往上去，数目越少，许可讨论的问题范围则越广泛。一般公众，即人民大众，被认为是不懂得政治问题的，因此在这一集团中任何讨论都应受限制。以这一社会阶层为对象的公众通讯工具，必须严加监视，因为它可能蛊惑群众，或者使群众去关心那些他们既不能理解又无法承担责任的事情。有些会议可以进行范围较广的讨论，因为这些会议往往是集权主义政治机构的一部分，这个集团的成员负有社会责任。因此，从理论上讲，可以相信他们会把讨论限制在协助政府当局达成目标的方法上。但是即使在这些会议中，也时常发生错误，而君主也时常要告诫这个集团说，它侵犯了王权。最重大的问题应该留给枢密院顾问来讨论，因为他们信任中央权力当局，所以可以信托以“国家机密”。

有关政府事务的消息与有关政府政策的讨论是完全不同的，但是也以同样的办法来对待。在大多数集权主义的国家里，中央顾问团体所讨论的问题，几乎都不予以刊布，唯一公布的事项，是要公众遵守或支持的一些决定。即使一般会议也严加防范，不让公众知道他们讨论的内容；会议成员在会外讨论议程，就常常受到处罚。因为这种会议并不是民主主义传统的代议制，所以没有理由说公众的压力会使他不守口如瓶。在这一点上，社会责任的理论发生了作用。因为这种会议是一个富有传统责任的团体，应该让它自由行动，不受那些没有这种责任的个人或团体的干涉。

第五节 集权主义的其他理论

西方主流理论认为，集权主义理论和马克思主义——苏维埃理论相似之处最多，而集权主义理论和自由主义理论的共同之点最少。

一、西方人眼里的社会主义报刊理论

在西方人看来，马克思主义政治理论是从早期的集权主义理论中发展出来的，又根据产业革命及由产业革命所产生的问题而对它加以了某种修正。共产主义为了实现它的目的，就强调必须通过共产党建立无产阶级专政。依照共产

主义理论，无产阶级专政只是资产阶级残余被消灭以前的一个过渡阶段，而无产阶级专政在理论上与历史上别种专制形式是一致的。因为与一般集权主义理论一样，社会主义报刊理论派也认为，公众通讯工具有义务拥护国家。它们应当通过协助国家实现它的目的，从而也实现自己的目的。

但他们也认为，苏维埃制度在两方面与其他集权主义制度不同。第一，共产主义者极其注重积极地使用公众通讯工具，以鼓动世界革命。在共产主义制度下，国家不以限制公众通讯工具干涉国家政策为满足；它还积极地利用公众通讯工具实现其目的。第二个不同点，也是最重要的不同点是，在共产主义制度下，国家垄断一切公众通讯工具。过去，其他独裁政体还容许公众通讯工具或其中大部分作为私营资本主义企业掌握在私人手中。但在共产主义制度下，国家不仅经营国内的通讯事业，并且严格控制国外宣传品的进口，以尽可能地在通讯方面实行完全的垄断。实施的办法，是限制外国印刷品的进口，并严格控制无线电讯收报机，因此包括社会主义理论在内的集权主义制度与新闻自由的自由主义理论最无共同之处。自由交流思想的全部哲学基础，对于社会主义思想都是陌生的。在社会主义者看来，权力属于国家，并且有了权力就有了解决公共问题的责任。报刊的第一个义务就是避免妨碍国家的目标。这些目的是由一个统治者或卓越人物来决定，而不是像自由主义论者所说的由“思想市场”来决定。报刊可以监督政府的观念，对于社会主义论者来说是没有意义的，不被接受的。因为他们会立即反对——那么谁来监督报刊呢？

二、标榜自由主义的集权主义

另外一种情况是，在现代社会，许多除社会主义体制以外的其他集权主义性质的政府，也会在他们的组织上点缀了一些自由主义的装饰，正如今天大多数民主主义国家还保留着专制主义的遗迹一样。而集权主义和自由主义的国家在许多情况中又都含有许多社会主义的特征。希特勒认为需要使国民知道国家所面临的重要问题，并且准许特别选择的一些报刊在资本主义自由企业的基础上来经营。另一方面，集权主义国家又总是把通讯工具特别是新兴的广播、电视国有化和社会化。现代集权主义的政府对广播，总是加以垄断的。

集权主义理论与在20世纪40年代后期发展起来的报刊的社会责任理论有一些共同之处。二者都认为不能容许报刊降低国家的文化，二者也都主张社会固定目标一旦确定，就不允许公众通讯工具不负责任地阻碍这些目标的完成。两种制度都承认责任与行动是互相联系的，但二者却从相反的观点来对待这个问题。集权主义论者否认报刊有责任来决定社会的目的或实现这些目的的方法：既然报刊没有这种责任，它就不应该承担那些属于中央权力机关的事务。而社会责任论者仍然保留着公众作最后决定的传统，他们要报刊负责任地对于有意义的讨论进行报道，并指导群众。报刊有责任使群众耳聪目明，而不把公众的注意力或精力引导到无关紧要的或并无意义的事情上去。集权主义者和共产党人都相信国家必须控制这个过程。自由主义者却认为，政治当局越少管这个过程越好。社会责任论者主张，虽然自由主义原则可能是健全的，但是在现代社会的复杂情况下，实施自由主义的原则就需要有某些控制的方式，最好是由通讯工具自行控制；而仁德的政府，只是在背后对于基本准则加以检查就行了。

三、现代社会的集权主义

集权主义在今天已经名声不佳，已越来越不受欢迎，以致许多本质上仍坚持集权主义的国家在对外宣传上也不得不反复强调自己国家实行的是“新闻自由”。

但是，任何人都明显地感觉到，集权主义在今天仍有很大的势力，其影响至今还有相当大的市场，在许多地区还决定着公众通讯的形式和效率。

毫无疑问，集权主义论者不得不承认新闻自由原则在世界各国都占有优势。他们也总是以新闻自由的支持者甚至是实践者自诩。但实际上，他们口头上讲的新闻自由往往只不过是一种装饰罢了，一些政府在它后面实行集权主义的措施。联合国调查报告表明，新闻自由的信念在各国人民当中是如此的普遍而坚强，以至所有那些垄断通讯工具的国家，都自称有新闻自由。可是在许多国家中，言论自由已经发展得同西方的民主主义概念很少有共同之处了。有些国家（如东南亚各国）则经常在自由主义和集权主义之间来回摆动。

20世纪50年代，萨尔瓦多·罗佩兹就曾经应联合国社会经济理事会之邀请，写了一篇报告，其中叙述了民主主义原则和集权主义实践之间的冲突。报告里有这样的话：

> “在一个为思想意识的争论和反抗的民族主义所苦恼的世界里，人们的思想斗争日趋尖锐了。人们都是用高度的技术来报道、宣传和说教的。”
>
> “在这场斗争中，思想自由和言论自由的基本人权，在世界许多地方都不可避免地受了损害。在集权主义国家里固然如此，就是在别的国家里，这个权利也时常受到威胁。这个结果是一个复杂的社会和政治问题，

滥用自由与纠正滥用自由的努力互相作用着，限制自由和扩大自由也相互作用着。”

这个报告还有一个附录，它是由总部设在苏黎世的国际新闻研究所秘书处编写的，它对于当时世界上自由主义和集权主义的实践的范围作了一个估计：

“在41个国家的248名编辑中，大多数指出在民主国家和非民主国家里，都有一种日渐增长的限制自由采访合法新闻的趋势。”

“消息的自由今天特别受到威胁。各国政府在第二次世界大战期间，都有报刊必须接受对它的自由的严加限制的经验，以及其后在冷战中，又特别需要强调安全。这点可以部分地说明限制自由的趋势的原因。有些国家从技术上说仍未结束战争状态的这种情况，使它们不仅有理由在本国，并且在邻国实行控制。而且，当两个邻国发生争端，一个是集权国家，一个是民主国家，也将使民主国家要限制言论自由。”

正如前面所指出的，世界上多数国家在舆论的压力下，关于公众通讯工具的地位的官方文件中，都倾向于至少在口头上承认自由主义的原则。但仍有少数几个国家公开承认集权主义立场，如葡萄牙宪法第12条就有下列规定："舆论乃是国家政策和行政的一个基本要素；国家有义务保护公众舆论，使得有些通讯工具不能违反真理、正义、贤明政治和公共福利的原则，对舆论加以歪曲。”葡萄牙宪法第23条还规定报纸既然有公共职能，因此它就不能拒绝登载政府所送来的关于全国性问题的篇幅不太大的官方公告。

厄瓜多尔宪法认为：“新闻事业的主要目的是保护民族利益，它乃是值得国家重视和支持的一种社会服务事业。”

埃及政府对报刊的政策是：“为了国家的安全，只规定一个总的新闻检查制度，它将在埃及领土领海内实施，直到另有通知时为止。这个检查制度适用于一切进口以及在国内流通的手抄件或印刷品、照片、邮件和包裹；一切通过有线、无线电报、电话所传送的文电；一切新闻消息或其他广播材料；戏剧演出，电影影片，留声机唱片，或其他任何可以听的和看的复制品。（但）埃及皇家政府所发出的或收到的一切东西，均免受检查。”

虽然印度和巴基斯坦按西方自由主义的传统，在宪法中对保护言论自由作了明文规定，但两国均感到很难避免集权主义的实践。他们解释说，是基于国家的安全才采取这些做法的。印度最高法院曾判决，言论自由的宪法保证容许立法机关要求被控发行恶意材料的出版人交纳保证金。1952 年巴基斯坦通过一个法案（第 25 号法案），“规定一些特别措施来对付那些具有损害巴基斯坦的国防、外交和安全的行为的人们”。这个法案许可中央政府驱逐任何外国人出境，也可以用于政府法令所指定的本国人民。这个法案所赋予政府的权力中有一项是，一切材料在出版前均应送法令所指定的当局加以审查。中央政府也授权在特定期间禁止任何报纸、期刊、传单或其他印刷品的出版。

在有些自称遵循自由主义原则的国家，有一种通行的做法，即在特定时期内，宪法保障公民权利的规定暂停生效。例如萨尔瓦多立法会议 1952 年的命令，就停止实行宪法第 54 条、60 条、158 条第一项和 159 条 30 天。这些条款是保证言论自由、出版舆论的自由、通讯秘密和结社自由的。

电影历来是作为消遣和传布消息的手段的，它的发展，对于集权主义国家和自由主义国家均引起了有关管理和控制的特殊问题。在实行集权主义的国家，问题仅是发展机械和技术以完成预期目的罢了。在自由主义的国家里，电影提出了一大堆新问题，一直到今天，还没有完全解决。可以说几乎在所有的国家里，剧院都受到某种方式的监督。因为早期电影在功能上、演出上都与戏剧有密切的关联，所以政府对于这两种演出形式，采用同样的理论和同样的管理办法。但不久就发生一些差别，例如教育片、纪录片和新闻片的发展，最重要的是电影对于大量的教育程度低的观众的巨大影响。

在集权主义原理下，这个基本问题不是很复杂的。电影应当与别种公众通讯工具同样看待。电影和书籍、杂志、报纸一样，不应当妨害国家目的的实现，唯一的问题只是这些目的完成得多么好就是了。有些政府在某一部中设立一个机构，负责监督和检查电影。在许多国家里，官方监督机构或者附属在教育部，或是由政府各部人员联合组成一个独立的组织。

电影无论是故事片、纪录片或新闻片，无疑都对于公众态度和舆论具有巨大影响。第二次世界大战前夕，纳粹德国和法西斯意大利都严禁美国影片进口。理由是它宣传自由主义观念和美国政策。

集权主义政府对于控制和管理新型的电子公众通讯工具问题，给予同样的答案。两个因素决定国家对于这些工具的政策趋于管制。第一，集权主义的一般原则为对这些通讯工具实行管理提供了有力的根据。广播和电视像旧有的通讯工具一样，必须增进政府的利益，必须协助促进中央政府的文化和政治目标。第二个原因是这个工具的电子通讯工具的性质。各种类型的广播都要使用电磁波，而这种电磁波资源的供应是有限的。这些波道是国家的财产，因此使用它们就要受国家的控制。

大多数集权主义国家对于广播事业建立了完全的国家垄断。无线电与电视的经营和规划节目都属于一个国家机构的权限，它负责实现政府的目的。所有集权主义国家都不会采用英国的国营公司制度或美国的私营的自由企业制度。

因为各种类型的广播都不能把它的信号限制在本国领土疆界之内，于是就发生了几个特殊的控制和管理问题。第一，哪个国家应当使用哪一部分电波呢？这个问题具有国际的复杂性，结果促成召开了几次关于频率登记的世界会议。世界大部分地区国家内部使用电波，受国际协定的限制，这些协定是在国际电讯联盟的主持下议定的。但国际广播短波频率的使用则不在内，这仍是几个主要国家还不能达成协议的问题。

由于广播的性质所产生的第二个问题，是在国内对于国外发出的信号控制的问题。书籍、杂志、报纸和电影都能被阻止在国境之外，或通过严格检查其有无恶劣内容之后决定是否放行。无线电讯因无国界限制，成为许多政府的一个伤脑筋的问题。一种解决方法就是不顾国际协定，“干扰”邻国的长波。另一种方法就是严格控制收音机的持有和使用。

还有一个问题值得注意，就是许多国家在新闻自由问题上实行双重标准。如东南亚许多国家，对英语、法语、西班牙语等外来媒介给予了充分的新闻自由，但对华人所办的华语报刊则给予许多限制。不仅限制华语媒介，而且限制华语教育，从20世纪50年代起，成批的华语报刊因此消失。从50年代到80年代，中国政府陆续与东南亚各国政府确定了一人一个国籍的原则，在多数华人加入到当地国国籍之后，以往的“华侨报刊”几乎不复存在了，仅存的几家“华人报刊”，在强大的“同化”环境下也不断改变其面貌，成为传播当地文化的大众媒介，而与传统上的“华文报刊”有了很大的差别。

◎ 思考题

1. 现代报刊和新闻理论为什么会起源于西方？
2. 为什么西方早期的新闻传播理论是集权主义理论？
3. 报刊的集权主义理论的主要观点有哪些？
4. 简述报刊集权主义理论代表人物的观点。
5. 简述集权主义制度控制报刊的方法。

第二章　为创建当代新闻理论而不懈求索

同任何其他事物一样，西方社会的新闻事业以及西方的新闻理论始终处在不断地演进变化之中，它凝聚了西方各国几代人的艰苦探索和不懈追求，是人类智慧的结晶之一。

第一节　拓荒时期的艰苦探索

在摆脱封建统治的残酷压迫的过程中，当资本主义处于上升时期，即资本主义社会化大工业通过自由竞争和商品生产使社会生产力迅速发展时，作为新的生产力代表的资产阶级在同腐朽的封建统治阶级争夺政治权利的那段历史时期，新闻事业成为资本主义商品经济运行的信息传感器，它把企业、市场、消费者联系起来，因而可以说，新闻事业的产生对于资本主义商品经济的顺利发展起到了不可或缺的作用。

一、新闻自由口号的提出

与在经济领域发挥的积极作用相适应，新闻事业的发展还在政治层面上提出了“新闻自由”的口号。这一口号最初是资产阶级受到反抗宗教神权即封建专制的文艺复兴思想的启发而提出来的，经过资产阶级启蒙思想家的不断完善，进而不仅成为资产阶级用以最终击败封建专制主义的最有力的思想武器，而且也成为当时人们所执著追求的一个具有进步意义的政治目标。

最初意义上的新闻自由是指出版自由和言论自由。为了冲破宗教神权、封建专制对人们的言论思想的禁锢和压抑，资产阶级提出言论出版自由，并通过各种形式的斗争，最终使封建势力控制的报刊的出版发行以及对出版物实施检查的制度得以废除。资产阶级争取言论出版自由斗争的胜利，对于解放人们的思想，促使科学、民主精神深入人心，无疑起到了非常积极的作用。对此，列宁曾给予高度评价：“出版自由”这个口号从中世纪末到十九世纪，在全世界成了伟大的口号。为什么呢？因为它反映了资产阶级的进步性，即反映了资产阶级反对僧侣、国王、封建主和地主的斗争。①

最早提出“出版自由”口号的是利尔本，第一个全面阐述出版自由思想的是弥尔顿。1643 年 6 月 13 日英国恢复出版特许之后，弥尔顿连续出版了两本未经许可的关于离婚问题的小册子，因此于当年 11 月 24 日被传唤到国会出版委员会接受质询。在国会，他发表了著名演说辞《论出版自由》，全面阐述了他的出版自由思想。

该演说辞于 1644 年正式出版，成为世界新闻理论史上的一个里程碑。该演讲内容丰富，高瞻远瞩，至今闪耀着真理的光芒。

第一，该演说辞揭示了书报检查制度中存在的无法解开、不能自圆其说的矛盾，从而说明人在接受智慧方面应有的“知”的权利。他认为，书报检查和许可制即使是为了查禁坏书也是无用的、有害的。他反诘道：如果一本坏书对读者是不宜的，那么，就可以信任检察官本人不被腐蚀吗？书不在于好坏，而在于读者。一个蠢人拿不拿书都是笨蛋，我们没有理由因为要限制蠢人而剥夺聪明人增加智慧方面的便利条件。书报检查制度会使人民除了用斗衡量过的东西以外就不知道旁的东西。

第二，强调革命者决不能因为集团利益而自食诺言，重复封建王朝钳制出版的政策。弥尔顿说，你们自己英勇而又指挥如意的谋划给我们带来了这种自由，它解放了、扩大了并大大提高了我们的见识。现在除非培育我们的诸位议员对于纯正自由的爱已经不如往昔，否则就无法使我们在能力、知识和追求真理的热情上倒退。我们可能再变成诸位当初所发现的那种愚昧、粗暴、拘泥而奴化的情况，但那时诸位就首先必须变成旧统治者一样的暴虐、武断和专横。

第三，弥尔顿在这篇演说辞中第一次提出，言论出版自由是一切自由中最重要的自由权利，他呼吁，让我有自由来认识、抒发己见，并根据我心做自由的讨论，这才是一切自由中最重要的自由。②

在这个时期，逐渐成长起来的工人阶级及他们的思想领袖，也充分利用了新闻自由的契机，通过报刊阐发无产阶级革命和科学社会主义的思想。马克思、恩格斯的理论工作，在很大程度上便是在新闻自由的宏观氛围下，利用报刊这一新闻媒介手段而开展起来的。

---

① 参见《列宁全集》，第 32 卷，人民出版社 1958 年版，第 492 页。

② ［英］弥尔顿：《论出版自由》，商务印书馆 1958 年版，第 44～45 页。

二、早期拓荒为西方新闻理论的诞生打下基础

1. 文艺复兴运动的不朽贡献

文艺复兴运动之所以发源于意大利，是与意大利当时的政治情势密不可分的。从1250年弗里德里希二世去世后，直到1494年法兰西王查理八世入侵意大利之前，意大利就大体上讲没有受到外国干涉。在意大利，有五个重要的城邦，它们是米兰、威尼斯、佛罗伦萨、教皇领地和那不勒斯。米兰在12、13世纪时就发起反抗封建制度的斗争，当时米兰最重要的财阀政治势力的代表是维斯孔提家族，这个家族统治米兰长达170年之久（1277—1447年）。从1494年起，米兰成为法兰西人和西班牙人交兵的战场，到1535年，米兰被查理五世兼并。

威尼斯则从来没有被蛮族征服过。由于这个传统，加上威尼斯的贸易又多半是和东方的贸易，使它得以独立于罗马的控制以外。但由于种种原因，威尼斯人感到有必要在意大利本土获得大片领地，于是免不了对邻近的城邦进行领土入侵，结果在14、15世纪与各方结下仇恨，终于在1509年被刚布雷同盟击败，直到被拿破仑剥夺独立。威尼斯的政治制度原本民主，逐渐变得不民主。1297年以后建成了一种排他性的寡头政治。作为政治权力基础的“大议会”的成员只能世袭，而且必须是名门望族。行政权属于“十人议会”，十人由大议会选举。邦中的正式元首“督治”(Doge）选任终身。“督治”名义上的权柄有限，但实际上他的势力通常具有决定性。

佛罗伦萨当年是世界上最文明进步的都市，它是文艺复兴的主要发祥地。文艺复兴时期的文学作品里面几乎所有的伟大名字，及文艺复兴时期艺术中前期的以至某些后期的大师的名字，都和佛罗伦萨连在一起。从政治上看，13世纪时，在佛罗伦萨有三个对立争衡的阶级，它们是：贵族、豪商和平民。贵族大多是皇帝党，另外两个阶级是教皇党。皇帝党人在1266年最后败北，14世纪平民派又占了上风。然而斗争并没有带来稳定的民主政治，却促使一种希腊人所谓的“僭主制”逐渐抬头。梅狄奇家族终于成了佛罗伦萨的统治者，他们以民主派方面的政治牵线人起家。梅狄奇和他的孙子罗伦佐先后执掌佛罗伦萨大权，他们的地位都是仰赖财力得到的，他们不仅知道自己如何致富，还懂得怎样使佛罗伦萨富足，所以在这两人的治理下，佛罗伦萨城繁荣昌盛。

但是权力之争远未结束。无休止的权力之争，使得佛罗伦萨也和意大利其他部分一样，到1737年时，贫弱了下去。

教皇崇尚俗权，其欲望在文艺复兴时期得到极大扩张；但是，教皇们为达

此目的而采取的那些方法（如伪造“君士坦丁赠赐”），却断送了教皇职位的宗教威信。

意大利南端归那不勒斯王国拥有。那不勒斯和西西里原先是弗里德里希二世皇帝的特别私人王国，他创建了一种回教国式的君主专制，开明但是独裁，不给封建贵族容留半分权力，这自然会引起错综复杂的纷争。从1495年以后，有三个法兰西王力图征服那不勒斯，最后被阿拉贡的斐迪南收入囊中。法兰西人多次入侵意大利又多次被西班牙人战败，宗教改革从兴起到反反复复，不仅见证了文艺复兴的历程，同时也见证了文艺复兴最后的寿终正寝。

但是，文艺复兴运动在传播学上的意义是不能低估的。首先，文艺复兴运动摧毁了死板的经院哲学体系，打碎了人为地强加给人类智力上的种种束缚。同时，文艺复兴运动恢复了对柏拉图的研究，因此要求人至少也得有在柏拉图和亚里士多德之间进行选择所必需的独立思考。文艺复兴促进了人们对这两个人的直接的真正认识，摆脱新柏拉图派和阿拉伯注释家的评注。更重要的是，文艺复兴运动鼓励这种习惯：把知识活动看成是乐趣洋溢的社会性活动，而不是只在保存某个前定的正统学说的遁世冥想。

文艺复兴不是民众性运动，它只是少数学者和艺术家的运动，这一运动受到了一些慷慨的文艺奖励者，特别是受到梅狄奇家族和崇尚人文主义的教皇们的赞助。假如当初没有这些奖励者，它取得的成功说不定会小得多。因此，对文艺复兴的理解也要防止绝对化。

2. 美国早期的新闻自由与曾格案件

“曾格案件”是美国新闻史上关于争取新闻自由的著名案件，影响深远。美国争取新闻出版自由的斗争开始于此。

1733年，纽约发生着一场温和的革命，北美本土势力派主张要对殖民地事务享有更大的控制权，但其无法将自己的意见传播开来，当地仅有的一份报纸《纽约公报》(New York Cazette) 由当地的一位印刷商威廉·布雷德福拥有，但他是个坚定的保皇派，并且被殖民地当局所控制，因此本土势力派急需媒介帮其作宣传。此时，正好布雷德福过去的一位学徒约翰·彼得·曾格（John Peter Zenger）在纽约开办了印刷厂。1733年秋，商界经过和曾格磋商，1733年11月5日，曾格的《纽约新闻周报》(New York Weekly Journal) 创刊。

风格犀利的《纽约新闻周报》一开始就把矛头对准殖民政府，受到公众的欢迎和好评，但却使得当局极为不满，总督威廉·科斯比爵士（Sir William Cosby）指控曾格“对政府进行无耻中伤和恶毒谩骂，试图煽动反政府情绪”，并命令其一手提拔的首席法官德兰西对曾格提出起诉。1734年11月17日

（星期日）下午，曾格以“煽动闹事”罪名被捕。

审判于1735年8月4日开始。曾格的辩护问题吸引了费城一位80岁高龄的律师安德鲁·汉密尔顿（Andrew Hamilton）的关注，他主动要求做曾格的辩护律师。按照当时英国和北美的惯例，凡是对政府进行批评，不管内容是否真实，一律视为诽谤，若言论属实，其煽动作用更为明显，所以事实是比谎言更大的诽谤。汉密尔顿从两个方面对指控进行了反驳：首先它指出诽谤罪只有在言论不实时才成立，每个公民都有“陈述无可非议的事实真相的自由”，政府所谓诽谤的实质，正是那些人伤害和压迫在他们统治下的人民，激起人民的呐喊和控诉，然后再将人民的控诉作为新的压迫和起诉的根据。汉密尔顿义正词严地指出：“在宣布我的当事人是一个诽谤者之前，你还得做一些事情——你须说明：那些言论本身确实是诽谤性的！也就是说，是假的、恶毒的、煽动性的，否则的话，我们就是无罪的！”其次，汉密尔顿坚持陪审团不仅有权进行事实判断，还有权进行法律判断，裁决应由法庭和陪审团共同做出。最后陪审团不顾法官的阻挠，判曾格无罪。

汉密尔顿引用弥尔顿、沃尔温、利尔本等关于出版自由的言论，力促陪审团成员们作为一个自由人，根据自己的良心来行动——即：除非他们发现曾格刊登的言论本身确实是假的、恶意的和妨害治安的，否则就应裁定曾格无罪，因为这是涉及殖民地所有人民出版自由的重大的原则问题。

汉密尔顿充满感情地说：

> “法庭，还有你们——陪审团的先生们所面临的问题并非无关紧要或是仅仅关系到个人的私事。你们再次审理的并不是这可怜的印刷上的事业，也不仅仅是纽约的事业。不是的！它的后果会影响到美洲大陆上生活在英国政府统治下的每个自由人！这是最重要的事业，是自由的事业。我毫不怀疑，你们今天的行为将不仅赢得你们同胞们的爱戴和尊敬，而且将为每一个宁要自由而不要奴役生活的人们所赞美和钦佩。因为你们挫败了暴政的企图，你们的公正、廉洁的裁决将奠定一个崇高的基础，保证我们自己、我们的后代、我们的朋友应享有的那样东西，即大自然和我们国家的法律赋予我们应有的权利：自由——这就是把事实真相讲出来、写出来，以揭露和反抗专断权利的自由和真理。”

汉密尔顿出色的辩护最终赢得了胜诉，陪审团成员一致作出“无罪”裁决，迫于法庭的气氛、群众的压力，法官被迫宣告曾格无罪、当庭释放。曾格遂成为美国新闻史上的英雄人物，而安德鲁·汉密尔顿也一起因为自由事业所作的这场著名答辩而名垂青史，为后人所崇敬景仰。

此后，宾夕法尼亚于1790年在州宪法中写下如下原则：事实真相可以作为辩护及陪审团有权就与案件有关的法律和事实做出裁决。纽约州到1805年接受此原则。英国1792年制定的《福克斯诽谤法》(Fox's Libel Act) 授予陪审团裁决权，而1843年制定的《坎贝尔勋爵法》(Lord Campbell's Act) 也承认，事实真相可作为辩护。

曾格案件确立了一项原则，即对政府官员进行批评的权利是新闻自由的支柱之一，这一原则对我们今天关于言论自由和新闻自由的学说是至关重要的。从心理方面看，曾格案件确实促进了这一效果的实现：从1735年后，再未出现殖民地法庭以煽动性诽谤罪审判印刷商的案例。虽然也有印刷商被法律机关或政府认为犯了蔑视法律罪，但当局并未再进行过一次类似审判，民意显示出了它的力量。曾格案件作为后来事件的前奏无愧于它在历史上所处的位置。

汉密尔顿辩护中提及的两项原则，即“每个公民都有陈述无可非议的事实真相的自由”和“陪审团不仅有权进行事实判断，还有权进行法律判断”，半个世纪后被美国政府制定的诽谤法案采纳。而曾格案件是殖民地人民争取新闻自由的第一次重大斗争，取得了一定的成果。《美国的新闻事业》中说，曾格案件的广大意义到后来变得明显了，因为它是这种感觉的开端：人们觉得英国制定的法律，除非得到殖民地人民的同意，是不能适用于美洲英国殖民地的，这种革命性的观念后来在美洲各人民领袖的言论和写作中都有所表现。

3.《纽约太阳报》的贡献

欧美早年的报刊都经历了一个称为党报时期的阶段，由于党报原本就是为了维护集团利益而出现的，所以不可避免地要陷入无中生有、添油加醋、造谣生事、相互攻讦、不讲信用的恶性循环之中，最终在公民心目中威信丧尽，日渐步入没落，为公民所抛弃。不过，当西方报刊最终脱离政治团体，作为一个独立的社会角色出现的时候，顿时表现出勃勃生机，并迅速赢得广大公众的欢迎和信赖。当本杰明·戴于1833年9月创办的《纽约太阳报》以一美分的价格面世时，立即对长期被奉为经典的“政党报刊”和“贵族报刊”理论形成巨大冲击。它不仅价格便宜，而且在大量刊登法庭审讯、灾难事故、谋杀案件和其他耸人听闻的消息而很少刊登政治新闻和评论时，便最终找到了大众传媒和广大公众的最佳结合点。公众对这类报刊表现出极大的兴趣和热情，仅两年时间（到1885年)，该报发行量就从1000份剧增到30000份，成为当时世界新闻界的一个奇迹。初版于1954年的《美国新闻史》高度评价了该报的实践和主张的示范作用，它说："《太阳报》及其许多仿效者证明，如果以轻松活泼的方式将新闻发表出来，那么，新闻就是很有价值的商品。"①

当然，这类报纸也有不好的一面，如为了扩大发行量，不惜使用大号字煽情标题，经常对不重要的新闻加以渲染、夸张，整个报纸版面给人以耸人听闻的虚假感；滥用照片，甚至偷窃和伪造照片；采用种种欺骗手法，如捏造访问和新闻报道，制作歪曲性标题，报道假科学、假学术；星期日增刊登载彩色滑稽连环画和肤浅的文章；标榜同情"受压迫者"，发动运动为民请命。通过这些手法，使报纸的作用从宣传时代进入了鼓动时代。

4. 普利策和赫斯特

约瑟夫·普利策（J. Pulitzer，1847—1911）是一个雇佣军人，在军队就表现出杰出的新闻才能。退伍后，他义无反顾地投入新闻事业，并卓有成效。1883年，普利策买下《世界报》(The World)，开始了他的报业人生。他注重用严肃的社论抨击时弊，反映民情，提倡改革；又采用煽情主义和耸人听闻的手法，大量刊登社会新闻、警事新闻来吸引读者。赫斯特于1896年1月出版《纽约新闻报》，他从《世界报》挖来原班人马，与《世界报》同时出版《摩根小巷》"黄孩儿"连环画，讽喻世俗人情，弘扬煽情主义，时称"黄色新闻"。

普利策的成就远在赫斯特之上，他以其卓越的才能对美国乃至西方新闻理论的确立和新闻事业的发展做出了里程碑式的贡献。

普利策出身于匈牙利的一个小康之家，受过良好的家庭教育和学校教育。1864年应募来美从军，参加过当时的南北战争，退役后做过各种杂工，业余时间自学英语、法律、新闻写作，1868年被德文报纸《西方邮报》聘为记者，从此开始报业生涯。他以"工作、工作、工作，思考、思考、思考"为座右铭，靠顽强拼搏的精神和特殊的采访本领，为报界所赏识。1869年1月被选为密苏里州议会的共和党议员。

普利策买下纽约《世界报》后，立马在发刊词中表明了他的办报理念，他宣称：要用与过去完全不同的经营管理方法，使《世界报》以新的宗旨、方针、信息和兴趣面向读者。他指出，在日趋发达的大都市里，应当有这样一种报纸，不仅报价低廉、内容丰富、篇幅巨大，而且是真正民主的，它将站在人民一边，不依赖财富势力，它将揭露一切欺骗与无耻行为，反对一切公共弊端，为人民的利益而奋斗。他在报业经营活动中明确要求他手下的记者采访

① ［美］埃德温·埃默里，迈克尔·埃默里：1954年版《美国新闻史》，新华出版社1983年版，第164页。

"与众不同的、有特色的、戏剧性的、浪漫的、动人心魄的、独一无二的、奇妙的、幽默的、别出心裁的"题材①，鼓励人们实践资产阶级的新闻价值理论，并获得了很大的成功。

普利策从两个方面加强对该报的影响力：第一，注重严肃的言论和报道，不断揭露贪污行为，攻击不正当财富的拥有者，提倡在资本主义制度范围内进行改革。在社论中还提出过为解决社会不公问题的"十大纲领"：征收奢侈品税；征收巨额收入税；征收垄断企业税；向特权公司征税；严惩贪官污吏；严惩在选举中左右雇员选票的雇主；改革文官制度；征收遗产税等。《世界报》的发刊词和"十大纲领"引起了人们对它的注意和尊敬。第二，该报能迅速打开局面的原因还在于，大量刊登刺激性报道，采用煽情主义和耸人听闻的手段扩展销路。但同时他意识到自己喜爱有声有色的故事和新闻，难免会助长编辑、记者们添油加醋的作风，因此他命令在城市版编辑部的墙上贴了一幅标语："精确，精确，再精确！"虚报数字的记者会遭到斥责和罚款，甚至辞退。

美国新闻史学者莫特把普利策的办报特点归结为六项：（1）以国内外重大新闻为骨干，添加大量轻松的、有刺激性的新闻，增加读者对报纸的兴趣；（2）借发起全国性运动之机，提高报纸的声誉，如为筹建纽约港自由女神像台座发起的募捐活动；（3）高质量的社论版，有力地论述、倡导、支持新闻栏倡导的社会改革运动；（4）篇幅大，报价低；（5）率先使用插图（木刻图画）；（6）重视报纸的推广工作，用各种奖励办法扩大销路。

普利策十分重视对编辑记者的专业训练，他在遗嘱中宣布捐赠250万美元用来作为建立新闻学院的费用。遗憾的是，当1912年哥伦比亚大学新闻学院落成时，他却与世长辞了。他还留下50万美元设立"普利策奖"。奖项有优秀的文学、历史、音乐和新闻作品，其中以新闻奖的比例最大，影响也最深远。最初评选对象是5项，后增至14项，包括：为公众服务成绩优秀奖、地方新闻报道奖、全国新闻报道奖、国际新闻报道奖、社论写作奖、漫画创作奖、摄影作品奖等。"普利策奖"被认为是美国新闻界最荣耀的奖赏，已成为美国新闻界众望所归的最高荣誉。

威廉·蓝道夫·赫斯特（William Randolph Hearst，1863.4.29—1951.8.14），美国报业大王、企业家，赫斯特国际集团（Hearst Corporation）的创始人。赫斯特是一位在新闻史上饱受争议的人物，他在20世纪初掀起的黄色新闻浪潮，对后来的新闻传媒产生了深远影响。

---

① 转引自彭菊华：《新闻学原理》，湖南师范大学出版社1996年版，第89页。

赫斯特出生于1863年4月29日，从小就对报纸有浓厚兴趣。1885年，赫斯特进入哈佛学院，担任幽默杂志《讽刺文》(Lampoon) 的经理，潜心钻研过报纸的煽情手法，还前往普利策的《纽约世界报》当过一个假期的见习记者。

1895年，赫斯特以750万美元卖掉了阿纳康达铜矿的家产，并携带之前《考察家报》所获得的利润，前往纽约，从麦克莱恩手中买下了由普利策的哥哥创办的《晨报》，并改名为《纽约日报》(New York Journal)，开始大量刊登耸人听闻的新闻和引人入胜的内幕，尤其致力于凶杀暴力方面的报道。

为了与普利策《纽约世界报》一拼高下，赫斯特利用《考察家报》在《纽约世界报》大厦租用的办公室，私下里出高价收买《纽约世界报》星期刊的员工，包括连环画“黄孩子”的作者奥特考尔特。结果一天之内，《纽约世界报》星期刊的员工全员倒戈，投入赫斯特门下。普利策忙用赫斯特所出高价将他们重新请回。不料赫斯特又出更高的价钱，终于把这批普利策精心挑选的骨干全部挖走。除了向普利策的编辑部门发动突然袭击外，赫斯特还请来在旧金山的旧部，包括钱柏林、麦克尤恩、达文波特、安妮·劳里。他还用金钱收买达纳《太阳报》的名记者朱利安·拉尔夫、理查德·哈定·戴维斯和爱德华·汤森。作家斯蒂芬·克兰等也成了赫斯特的雇员。

普利策没有善罢甘休，他先将赫斯特及其部属赶出《纽约世界报》大厦，收回租给他们的办公室。接着在法院控告《纽约日报》侵犯《纽约世界报》版权。最后，为了与赫斯特较量，普利策又雇用一名画家乔治·B. 卢克斯(George B. Luks)，继续主持《星期日世界报》的“黄孩子”专栏。于是，纽约就上演了一出“黄孩子”的“双包案”。为了争夺读者，两家报纸都以“黄孩子”为旗号，展开一场声势浩大的竞赛：两家竞相刊登“黄孩子”大幅广告，两报推销员到处张贴“黄孩子”的招贴画，戏院里上演了“黄孩子”的歌剧。一时间“黄孩子”铺天盖地，笼罩在纽约上空。“黄色新闻”也由此得名，“黄孩子”这个漫画主角也成为一种象征，象征着普利策《纽约世界报》和赫斯特《纽约日报》竞相追求的那种高度耸人听闻的煽情作风。

20世纪初，赫斯特除了原有的《旧金山考察家报》、《纽约美国人报》(改名后的《纽约新闻报》)、《纽约新晚报》之外，又创办或购买了《芝加哥美国人报》、《考察家报》、《洛杉矶考察家报》、《波士顿美国人报》、《每人广告报》、《记录报》、《佐治亚人报》、《旧金山呼声报》等8家报纸，形成一个集团经营的报系。

1898年，赫斯特为与《纽约世界报》竞争，大量通过煽情主义手法，责难西班牙并鼓吹美国宣战的舆论，迫使威廉·麦金莱总统在西班牙已与古巴调停的情况下，发动美西战争。

赫斯特的一生都与黄色新闻结下不解之缘。说到黄色新闻的由来与发展，总要涉及赫斯特其人，赫斯特被称为黄色新闻大王，他的名字成为黄色新闻同义语。赫斯特在业界臭名昭著，历史上恶评如潮，但无论如何评价其人和黄色新闻，赫斯特在美国乃至全球新闻传媒史上的显赫地位已经确立无疑，对于新闻传媒事业，赫斯特和他所掀起的黄色新闻浪潮始终是美国和世界传媒绕不过去的事实。

5. 奥克斯和《纽约时报》

阿道夫·奥克斯（A. S. Ochs，1858—1935）出生于辛辛那提德国犹太移民家庭，从小在印刷所当学徒。1878 年他买下一家地方小报，办得颇为成功。1896 年，当《纽约时报》由于创始人去世陷入经营危机时，奥克斯勇敢地接管了该报。他与股东达成协议，如果他能在四年内使报纸恢复元气，该报将由他控制。

他的挽救计划是：出版一份新闻全面、社论稳健、供不喜欢过分强调性材料和特写的读者阅读的报纸。他在接手时的办报宣言“我的殷切目标”中说：《纽约时报》要用简明动人的方式、用文明社会中的慎重语言来提供所有的新闻；即使不能比其他可靠途径更快地提供新闻，也要一样快；要不偏不倚、无私无畏地提供新闻，不论涉及什么政党、派别或利益；要使《纽约时报》的版面成为研讨一切与大众有关的重大问题的论坛，并为此目的而邀请各种不同见解的人参加明智的讨论。他的报上不刊登连环漫画，把“刊载一切适于刊载的新闻”刊登在每日头版报眼上，以“本报不会玷污早餐餐巾”为广告，树立庄重、严肃的报纸形象。《纽约时报》的特稿很有特色，报道每天的地产交易情况，增加美洲金融评论，专设刊登法院案件和记录的专栏、书评专页，报道重点放在政府新闻上。详细刊载政府文件、重要演说、外交协定，并有以评述为主的星期日增刊。这些措施极大地迎合了读者的口味，满足了读者的要求，使《纽约时报》在读者中的威信迅速提高，并迅速确立了该报在美国传媒界的领头羊地位。

二、西方新闻理论的历史性贡献

1. 利尔本的出版自由主张

约翰·利尔本（John Lilburne，1614—1657）是英国资产阶级革命时期的平均派领袖，也是杰出的出版自由战士；他曾因将在尼德兰出版的清教徒小册子偷运到英国，被英国星法庭判处终身监禁。1640 年，在革命风暴中，利尔本被释出狱。内战中，他积极参加革命斗争，成为平均派领袖。

平均派是城市小资产阶级和农村中下层农民利益的代表，是第一次内战结束后兴起的英国资产阶级革命中的激进民主派，曾在内战中冲锋陷阵。围绕着国家政权形式和普选权问题，平均派与独立派之间展开了激烈的斗争，其主要代表人物是约翰·利尔本。利尔本是卓越的宣传家，他坚信天赋人权，其著作从人民主权的观念出发，提出取消国王和上议院，呼吁自由、民主，明确提出实现信仰自由的要求。他被称作是“生而自由的约翰”。

平等派运动首先是在国会军士兵群众中开展起来的，1647 年 8 月，军队开进伦敦后，独立派发表了《军队提案纲要》。对此，平等派很快做出反应，于同年 10 月提出《人民公约》，在 10 月底召开的军队会议上，围绕着政体问题和选举制度问题，平等派代表同独立派代表展开了非常激烈的辩论，但遭到独立派军官的严厉镇压，克伦威尔当场逮捕 14 人，枪决 3 人，平等派运动被暂时平息。后来，平等派分裂为许多小的派别，逐渐衰落。

1645 年，约翰·利尔本在一封信上说，出版自由是英国人民的天赋权利。并于次年 11 月出版了《贵族暴政的剖析》一书，主张立法权力只能源于人民，只能由人民公共意志所选择的机构行使，不分贫富贵贱，在法律面前人人平等，并反复强调出版自由的重要性。1647 年他在《约翰的呼声》中指责国会和从前的国王一样是暴君。

平均派的思想家们主张颁布成文宪法，限制权力，建立分权制度，实现出版自由。1648 年和 1649 年，平均派两次公布《人民公约》，但克伦威尔置之不理。利尔本认识到克伦威尔实行独裁的真面目后，于 1649 年 8 月发表《弹劾克伦威尔及其女婿爱尔顿的叛国行为》，指责克伦威尔的野心，号召伦敦手工业者和商店雇员为实现《人民公约》而斗争。

国会以叛国罪的名义逮捕了利尔本。他在答辩中驳斥了指控，法院不得不宣布利尔本无罪，并由此确立一条原则，即在出版物上发表批评政府的文章不算犯罪。但是法庭上的胜利，并未带来相应的现实成果，克伦威尔镇压了平均派领导的农民和士兵起义，平均派运动宣告失败。英国进入了克伦威尔军事独裁时期。

2. 弥尔顿的出版自由思想

如前所述，弥尔顿为建立西方新闻自由理论做出了重要贡献。

约翰·弥尔顿 1608 年 12 月 9 日出生于伦敦一个富裕的清教徒家庭。父亲爱好文学，受其影响，弥尔顿从小喜爱读书，尤其喜爱文学，他先后学习了多种文字，自 12 岁起，每晚读书必至深夜方才就寝。1625 年 16 岁时入剑桥大学，通览了古代和文艺复兴时期的文学，深受人文主义思想的影响，并开始写诗，1632年取得硕士学位。因目睹当时国教日趋反动，他放弃了当教会牧师的念头，闭门攻读文学6年，一心想写出能传世的伟大诗篇。1638年，弥尔顿为增长见闻到当时欧洲文化中心意大利旅行，拜会了当地的文人志士，其中有被天主教会囚禁的伽利略。弥尔顿深为伽利略在逆境中坚持真理的精神所感动。翌年听说英国革命即将爆发，便中止旅行，仓促回国，投身革命运动。

1639年，受英国国内形势逼迫，他终止旅行，提前回国。日益尖锐的斗争使弥尔顿渐渐卷入到革命的浪潮之中。在后来的20年里（1641—1660），他把年轻时创作史诗的计划搁置一旁，写了大量政论文章和小册子。

1641年到1642年，弥尔顿发表了《反对教会管理的主教制》等五篇政论文章，指出主教统治造成了腐败，要求按民主原则改革国教。这些文章的发表引起了公众对他的注意。1644年，他因违禁出版书籍引起国会愤怒，被传至国会出版委员会接受质问。他在国会做了长篇演讲，系统阐述了他的关于出版自由的思想。11月，弥尔顿故意不征求书刊检察机构的同意，印刷了这篇演讲词，以此表达对书刊检查制度的蔑视，这个演讲词就是著名的政论小册子《论出版自由》（AREOPAGTTICA，A Speech for The Liberty Unlicensed Printing）。① 他在演说中义正词严地指出：

> “关于书籍出版许可的那一条……我要痛切陈词，首先向诸位说明，这法令的订立者是诸位不屑于承认的。其次要说明不论哪类书籍，我们对阅读问题一般应持有看法。同时也要说明，这法令虽然主要想禁止诽谤性的和煽动性的书籍，但达不到目的。最后，我要说明这一法令非但使我们的才能在已知的事物中无法发挥，因而日趋鲁钝；同时宗教与世俗界的学术中本来可以进一步求得的发展，也会因此而受到妨碍。这样一来，它的主要作用便只是破坏学术、窒息真理了。”②

1649年，查理一世被处决。两周后，弥尔顿发表了《论国王与官吏的职

① 英国国会上、下两院相当于古代雅典的最高权力机关“阿瑞帕克斯大会”，因此弥尔顿的这篇讲演词又称《阿瑞帕吉蒂卡》，汉译尚有《最高审判庭》、《爱理俄巴格斯法庭成员》等名称。

② 张国良主编：《20世纪传播学经典文本》，复旦大学出版社2003年版，第37～38页。

权》，引圣经和罗马政治学说为依据，指出君主权力来自人民，人民有权废除甚至处死滥用职权的暴君。一个月后，他被聘为共和政府的外交秘书。不久便投入了更激烈的论争。针对保皇派伪造的《神圣君主的偶像》，弥尔顿写了《偶像破坏者》一文加以反击，以消除人们对于弑君的恐惧。保皇派接着发表了更富煽动性的《为查理一世申辩》，弥尔顿此时虽然左眼已经失明，但为捍卫共和体制，依然扶病撰写了《为英国人民申辩》(1651）和《再为英国人民申辩》(1654）两篇檄文，驳斥保皇派的谎言。1600 年 3 月，复辟征兆已十分明显，他发表了最后一篇政论文《独立自由共和政体之简易方式》，再一次表明自己深切痛恨封建专制的态度。

1600 年 5 月，斯图亚特王朝复辟，弥尔顿一度入狱。晚年，他双目失明，过着困顿的生活，但矢志不渝，口述了三部光辉诗篇：《失乐园》(1667)、《复乐园》(1671)、《力士参孙》(1671)。

弥尔顿的政论小册子《论出版自由》1644 年获准正式出版，但该书在当时流传不广，影响不大，直到 1778 年才第一次再版。法国大革命时，米拉波译出该书的法文本。至此，它才得以于 18 世纪在英、法、美等西方国家广泛流传，影响日益扩大，至今在西方仍被认为是关于出版自由理想的经典论述。

他写道，如果我们想依靠对出版的管制，以达到淳正风尚的目的，那我们便必须管制一切消遣娱乐，管制一切人们赏心悦目的事物。除端肃质朴者外，一切音乐都不必听，一切歌曲都不编不唱。同样舞蹈也必设官检查，除经获准，确属纯正者外，其余一切姿势动作俱不得用以授徒；但要想对家家户户的古琴、提琴、吉他逐一进行检查，此事确乎非动用 20 个以上检察官莫办；这些乐器当然都不能任其随便絮叨，而只准道其所应道。但是那些寝室之内低吟着的绵绵软语般的小调恋歌又应由谁去制止？还有窗前窗下、阳台露台也都不应漏掉；还有坊间出售的种种装有危险封皮的坏书；这些又由谁去禁绝？20 个检察官够用吗？村里面自也不应乏人光顾，好去查询一下那里的风笛与三弦都宣讲了些什么，再则都市中每个乐师所弹奏的歌谣、音阶等等，也都属在查之列，因为这些便是一般人的《理想乡》与蒙特梅耶脱离现实世界而遁入那些碍难施行的“大西岛”或“乌托邦”式的政体中去，绝不会对我们的现状有所补益；想要有所补益，就应当在这个充满邪恶的浊世中，在这个上帝为我们所安排的无可逃避的环境中，更聪明地去进行立法。

他辩解道，言论自由之利正像在躯体方面，当一个人的血液活鲜，各个基本器官与心智官能中的元气精液纯洁健旺，而这些官能又复于其机敏活泼的运用中恣骋其心智的巧慧的时候，往往可以说明这个躯体的状况与组织异常良好。同理，当一个民族心情欢快，意气欣欣，非但能绰有余裕地去保障其自身的自由与安全，且能以余力兼及种种坚实而崇高的争论与发明的时候，这也向我们表明了它没有倒退，没有陷入一蹶不振的地步，而是脱掉了衰朽腐败的陈皱表皮，经历了阵痛而重获青春，从此步入足以垂懿范于今兹的真理与盛德的光辉坦途。我觉得，我在自己的心中仿佛瞥见了一个崇高而勇武的国家，好像一个强有力者那样，正从其沉酣之中振身而起，风鬓凛然。我觉得，我仿佛瞥见它是一头苍鹰，正在振脱着它幼时的健翮，它那目不稍瞬的双睛因睁对中午的炎阳而被燃得火红，继而将它的久被欺诓的目光疾扫而下，俯瞰荡漾着天上光辉的清泉本身，而这时无数怯懦群居的小鸟，还有那些性喜昏暗时分的鸟类，却正在一片鼓噪，上下翻飞，对苍鹰的行径诧怪不已；而众鸟的这种恶毒的叽叽喳喳将预示着未来一年的派派系系。

弥尔顿对报刊检查的深恶痛绝，对出版自由的衷心欢呼，由此可见一斑。

威尔伯·施拉姆在《报刊的四种理论》中对《论出版自由》给予了高度的评价，赞扬它“在自由主义传统上写出了主张思想自由的光辉的论点”。施拉姆说：

> “虽然这篇文章没有全面论述言论自由和出版自由的原则，但是在当时提出了反对集权主义控制的强有力的论点。弥尔顿个人对于清教派检查他的作品感到恼火，他谴责了检查制度的理论和实践。作为他的论点的基础的假定是，人们运用理性就可以辨别正确与错误，分辨好坏，而要运用这种才能，人们就必须不受限制地去了解别人的观点和思想。弥尔顿相信真理是肯定的，是可以表达出来的，并且只要让真理参加‘自由而公开的斗争’，真理本身就具有战胜其他意见而存在下来的无可比拟的力量。从弥尔顿这种思想出发，形成了现代关于‘观点的公开市场’以及‘自我修正过程’的概念，那就是让所有想说什么的人都自由地表达自己的思想。真实的、正确的思想会保存下来，虚假的和错误的思想会被克服。政府不应该参加战斗，也不应该协助其中的一方。虽然虚假的可能取得一时的胜利，但真实的意见通过吸引了新的力量来维护自己，会通过自我修正过程最后战胜其他意见而保存下来。”

值得注意的一点是，弥尔顿在倡导出版自由的同时，“承认对自由讨论的权力可以加以限制，但是避免谈到作为这种限制的基础的一般性原则。他要求的是那些虽然有分歧的意见，但却是诚实的和认真严肃的人，应该享有不受政府检查的自由。弥尔顿认为罗马天主教徒和当时影响很小的新闻工作者不符合他的诚恳标准，所以拒绝给这些人以充分的自由"①。

美国新闻学者认为传统的报刊理论是"自由主义理论"，现代报刊理论是"社会责任理论"。究其实质，社会责任理论不过是在传统理论上新思想的接枝，它仍是打着"出版自由"的旗帜。"正如资产阶级在政治上是资产阶级的民主的代议制，它在新闻制度上就一定要标榜出版自由，在新闻理论上就要标榜自由主义和新自由主义（社会责任论）。因而，弥尔顿的《论出版自由》乃是资产阶级新闻理论的基石。"②

3. 洛克对自由主义的哲学思考

约翰·洛克（John Locke，1632—1704），英国资产阶级革命时期杰出的唯物主义哲学家和激进的政治思想家，西方自由主义理论的创始人之一，是全面系统地阐述宪政民主基本思想的第一位作家。他的思想深刻地影响了美国的开国元勋及法国启蒙运动中的许多主要哲学家。

与弥尔顿一样，洛克也出生于一个清教徒家庭。1632 年洛克出生于英国灵顿，1652 年进入牛津大学，1656 年获得学士学位，1658 年获硕士学位。青年时期的洛克对科学产生了十分浓厚的兴趣，36 岁被选入英国皇家学会。他与著名的化学家罗伯特·波意耳过从甚密，晚年又同艾萨克·牛顿结成好友。他还对医学感兴趣，得过医学学士学位，但只是偶尔行医。

在家庭和学校的熏陶下，洛克青年时代就萌发了反对封建专制的豪情，以笔做武器，为资产阶级革命呐喊。1667 年，成为新贵族代表人物艾利希勋爵的秘书。1683 年，为躲避复辟派的迫害，随艾利希逃往荷兰，光荣革命后返回英国，并在新政府中任职。1691 年后，完全退出政界，专心研究和写作。洛克的成名之作是《人类理智论》(1690)，在该书中他论述了人类知识的起源、性质及局限性。洛克的观点基本上是经验主义的，弗朗西斯·培根、勒内·笛卡儿对他的影响较大。洛克的思想反过来又影响了诸如乔治·伯克利主教、戴维·休姆和伊曼纽尔·坎得这样的哲学家。之前，他还发表了《论信仰自由书》(1689 年初次发表时未署名)，认为国家不应干涉宗教信仰自由，他提出的拥护宗教信仰自由的有力论证赢得公众普遍的支持。洛克坚称："邪教

① ［美］威尔伯·施拉姆等著：《报刊的四种理论》，新华出版社 1980 年版，第 51 页。

② 张隆栋，傅显明著：《外国新闻事业史简编》，中国人民大学出版社 1998 年版，第 21 页。

徒、伊斯兰教徒都不应该因其宗教而被剥夺国家规定的民权。”

洛克最重要的著作是《政府论》，在该书中他提出了自由宪政民主的基本思想。它对所有讲英语的国家和地区的政治思想的影响更为深刻。洛克坚信人人皆有与生俱来的权利，这些权利不仅仅包括人生，而且还包括个人自由和拥有财产的权利。洛克认为政治的主要目的是保护个人及臣民的财产，这种观点有时被称为“更夫政治”。洛克毫不留情地批驳王权神授的观念，主张政府的权威只能建立在被统治者拥护的基础之上。“人在社会中的自由只受根据国家的意志而建立的立法权的限制而不受任何其他立法权的限制……”洛克强调社会契约论，一针见血地指出，“每当立法者竭力掠夺和毁坏人民的财产或竭力把人民变成独裁统治下的奴隶时，他们就使自己处于与人民对抗的局面，因而人民不会进一步屈从而是被迫进入上帝为所有的人提供反抗武力和暴力的普通避难所”。无论情况发生什么变化，“人民仍保留有一种至高无上的权力，当他们发现立法机关的行为与其职责相违背时，就会将其取消或改组……”洛克为革命权力所做的申辩强烈地影响了托马斯·杰斐逊和其他美国革命家。

洛克相信权力分散的原则，坚信应由大多数人统治，但是他同时又清楚地表明，政府不能拥有无限的权力。大多数人决不能破坏人们与生俱来的权利，也不能随意剥夺他们的财产权。政府只能根据被统治者的意志来合法地没收财产。在美国，这种思想最终用一个口号来表达：“不许选代表，就不许征税。”

哲学上，他继承培根和霍布斯的学说，论证知识起源于感觉，是英国唯物主义经验论的创始人。政治上，反对君权神授，主张权力分解，保护私有财产，拥护代议制。其主要著作有《政府论》、《人类理解论》、《论宗教宽容》等。他的自然法思想后来发展为“天赋人权”和“自由、平等、博爱”的资产阶级口号，成为法国《人权宣言》和美国《独立宣言》的理论依据；其社会契约论主张被孟德斯鸠发展为三权分立的国家学说，成为法、美等资本主义民主国家的立法原则。伏尔泰称赞他说：只有洛克才算是同封建社会相对立的资产阶级社会的法权观念的经典代表者。

洛克关于思想言论自由的具体观点是：（1）人的自然权利有四项内容，即生命、自由、财产和惩罚权。自由是其余一切的基础，但离开思想、意愿、意志，就无所谓自由。只有人能凭头脑中的思想，自由地说话或保持沉默，才算获得了言论或保持安宁的自由。（2）任何人都有一种不可侵犯的自由权利，即任意使用词汇来表达自己的思想。（3）从道理上讲，我们不能指望任何人摒弃自己的观点，盲从于不可理解的权威。无论人们的理解怎么错误，但理解仍是其唯一的向导。在不同的见解中保持和平，履行人类的职责和培养友谊，对所有人有益。

洛克对哲学和政治哲学界产生了极大影响，尤其是自由主义的发展。现代的自由意志主义者也将洛克视为其理论的奠基者之一。洛克对于伏尔泰有极大影响，而他在自由和社会契约上的理论也影响了后来的亚历山大·汉密尔顿、詹姆斯·麦迪逊、托马斯·杰斐逊以及其他许多的美国开国元勋。洛克的理论激励了后来的美国革命与法国大革命。洛克在知识论上也有极大贡献，他提出了“主观性”或称之为“自我”的定义，查尔斯·泰勒等历史学家认为洛克的《人类理解论》一书是现代哲学中有关自我的概念的奠基者。

4. 约翰·斯图尔特·米尔和《论自由》

在19世纪中叶资本主义全面发展时期，新闻自由思想理论又增添了新的内容。英国哲学家、政治思想家和改革家约翰·斯图尔特·米尔（John Stuart Mill，1806—1873）集欧洲思想启蒙精华之大成，写下了《论自由》(On Liberty）这部不朽的光辉著作。在该书中，米尔全面论述了封建专制的严重危害，以及言论思想自由与个性解放对于人类社会发展的推动作用。该书被认为是世界新闻史上为自由主义辩护并进行充分论证的经典作品。他集中探讨了公民自由或者说社会自由的命题，深刻阐述了如何调节个人与社会的关系问题，他强调，要防止多数专制；自由不仅是真理的保障（手段），也是幸福的要素（目的）；个人的言论和行为只要不妨碍他人，就应该享有充分的自由。米尔最经典的语录是，所谓自由，意味着一个成年人想要做什么就可以自由地做什么，只要他在行使这种自由时不要损坏了他人同等的权利。他所阐述的主要观点如下：

（1）每个人在意识形态领域中，都应享有良心的自由、思想的自由、发表意见的自由。在只涉及本人的那部分，他的独立性，在权利上则是绝对的。对于本人自己，对于他自己的身和心，个人乃是最高主权者。只有涉及他人时，人们才可以干涉他的自由。但也要有一个限度，使个人的独立性不受侵害。

（2）对于思想、意见是否正确的判断，人们永远不能确信他们力图窒息的意见是谬误；即使能够确信，要窒息它也仍是一个罪恶。权威压制某个意见“可能是正确的”，但是权威者“不是不可能错误的”。对任何意见的十分确定性正是人们易犯的错误之一。

（3）对于不同意见，必须兼顾双方、无所偏重，仔细辨别冲突双方的理由，才能获知真理。人们往往只能掌握“部分真理”。部分真理之间的猛烈冲突不是可怕的祸患，可怕的是“半部真理的平静压熄”。米尔深刻地指出，如果全体人当中除一个人之外都持有相同的意见，仅一人持有相反的意见，那么，人类要使那一人沉默并不比那一人要使全人类沉默更称为正当。迫使一种意见不能发表是“特殊罪恶”，“是对整个人类的掠夺”。因为，假如那意见是对的，那么他们是被剥夺了以错误换取真理的机会；假如那意见是错的，那么他们是失掉了一个差不多同样大的利益，那就是从真理与错误冲突中产生出来的对于真理的更加清楚的认识和更加生动的印象。

(4) 关于对真理压制的后果，米尔说，真理的真正优越之处在于一个意见只要是正确的，尽管可以一次再次或甚至多次被压熄下去，但在悠悠岁月的进程中，一般总会不断有人把它重新发现出来，直到某一次的重现恰好情况有利，幸得逃过迫害，直至它头角崭露，能够抵住随后再试图压制它的一切努力。但封建专制使思想家们不敢秉笔直言，请问谁能计算这世界受到何等的损失？倡导精神自由的主要目的并不是为塑造一个伟大的思想家，而是为了产生智力活跃的人民。①

三、16 世纪初期的乌托邦思想

早期乌托邦的代表是托马斯·莫尔（Thomas More，1478—1535），英国空想社会主义者。他出生于伦敦一个法官家庭，14 岁就进入牛津大学攻读拉丁古典文学，后改学法律。毕业后当律师，他庇护贫弱，主持公道，蔑视权贵，受到伦敦市民的尊敬。1504 年，他当选为国会议员。亨利八世即位初期，一度受到重用，历任国王枢密顾问官、财政副大臣、下议院议长等职。1529 年被任命为英国大法官，因在宗教政策上与国王发生分歧，1534 年拒不承认亨利八世是英国国教首领，以叛国罪被处死。

莫尔一生著述甚多，最著名的是 1516 年写成的《乌托邦》。这是欧洲第一部空想社会主义杰作。该书猛烈抨击圈地运动造成了“羊吃人”的悲惨结果，要国王关心人民的福利，而不是自己的财富，认为“战争是唯一适宜于野兽的活动，然而任何一种野兽都不像人那样频繁地进行战争。因此乌托邦人憎恨战争”。但他们并不放松军事训练，为的是保卫本国领土，驱逐来犯之敌；莫尔对私有制的弊病进行了比较深刻的揭示和批判，“私有制存在一天，人类中绝大多数的一部分也是最优秀的一部分将始终背上沉重而甩不掉的贫困灾难的担子。达到普遍幸福的唯一道路是一切平等享有”。他反对君主专制、要求法律简明而公正，实行宗教信仰自由。在书中他塑造了一个没有私有制、

① 参阅张国良：《20 世纪传播学经典文本》，复旦大学出版社 2005 年版，第 63～98 页。

没有暴政、人人劳动、和睦共处的理想社会，客观上反映了无产阶级领袖对理想社会的向往，为科学社会主义的创立提供了思想准备，也为社会主义新闻自由思想的形成打下了理论基础。

四、北岩勋爵的报刊思想

北岩（Lord Northcliffe，1865—1922）是英国报刊史上的一位重要人物，他分析了英国社会的需要与报纸的积弊，一改当时一般英国报纸只报道片断的政治、社会生活的做法，不断开阔读者的视野，使读者看到社会完整的图像。他高薪聘请第一流的记者，常驻世界一些重要城市，迅速报道在各地发生的重大事件，并以清新、简洁的版面在读者中赢得了信誉。他制定了满足新时代读者需要的新闻原则：解释、简洁、清晰。标题简明、版面新颖，扩大报道面，经常改进内容，以便长期吸引读者。他还注重、善于培养和训练记者编辑，注重健全报业管理。

他主张文章写短一些，要写得更有力量，少些温文尔雅，要多一些争论，少摆一些庄严面孔。

他认为，反常的事物就是新闻。在他看来，掀起社会和政治上的运动是报纸的神圣天职。面对压力，他坚持主张报纸应该揭露事实真相，提醒国人警觉，并支持少数具有远见的官员从事彻底改革。

北岩爵士确立的办报的一些基本原则，至今仍显示出强大的生命力。

五、法国启蒙思想的传播及其代表人物

伏尔泰（Voltaire，1694—1778），法国著名哲学家、历史学家、作家、启蒙思想家。出生于公证人家庭，青年时代读了大量启蒙学者的著作，因反抗封建专制制度，两次被囚于巴士底监狱。出狱后流亡英国，深受牛顿、洛克思想的影响。回国后一度任王室史官，国王侍臣。1746 年当选为法兰西科学院院士。由于他的主张与当时的主流思想和统治阶级的意志格格不入，为避免迫害，晚年蛰居法国和瑞士边境的费尔内，直至去世。

伏尔泰认为天主教是罪恶的根源，其教义是卑劣欺骗的产物。在哲学上，他持理性主义和怀疑主义；在政治思想上采纳自然法学说，认为自然赋予人们以自由平等的权利；他主张以资产阶级的私有制代替封建农奴制；起初拥护开明专制制度，后来赞成通过改良途径转变为君主立宪制。其主要著作有《哲学通信》、《牛顿哲学原理》、《路易十四时代》、《论通史及各国习俗和精神》。

后人评价伏尔泰的思想说，它“不仅深入到18世纪法国第三等级人们的心里，为1789年的资产阶级革命准备了思想条件，而且对19世纪欧洲许多国家争取独立自由的斗争起过很大作用”。

历史还将永远记住如下几位伟人：孟德斯鸠（Montesquieu，1689—1755），资产阶级法学的主要奠基人；狄德罗（Denis Diderot，1713—1784），启蒙主义哲学的优秀代表；卢梭（Jean Jacques Rousseau，1712—1778），在《社会契约论》中宣扬“主权在民”理论，是最著名的激进民主主义思想家；博马舍（Carrion de Beaumarchais，1732—1799），杰出的启蒙戏剧家，代表作《费加罗的婚礼》。

启蒙思想家们继中世纪文艺复兴之后，掀起了又一次伟大的思想解放运动。自然科学和哲学的发展，人类对外部世界及自身认识的提高，为理性学说的腾飞插上了科学的翅膀。思想家们吸吮了人文科学和自然科学等各个方面的乳汁后，向封建王权、神权和特权提出了挑战。博马舍在《费加罗的婚礼》中，以冷嘲热讽的笔调对新闻特许权制度进行了无情的谴责：

> “只要我的写作不谈当局，不谈宗教，不谈政治，不谈道德，不谈当权人物，不谈有声望的团体，不谈歌剧院，不谈别的戏园子，不谈任何一个有点小小地位的人，经过两三位检察员的审查，我就可以“自由地”付印一切作品。我因为想利用这个可爱的自由，所以宣布，要出版一种定期刊物，我给这个刊物起的名字是“废报”，以为这样就可以不和任何报纸发生竞争了。哎呀，不得了！我看见无数靠报纸为生的可怜虫起来反对我。我的刊物被取消了，这一下，我又失业了！”

启蒙思想家们不仅将旧制度批判得体无完肤，而且对将“理性”社会化为现实充满信心，认定理性的力量是最强劲的，必将赢得胜利。博马舍在《费加罗的婚礼》一剧中让仆人费加罗代表平民小人物，看似不可一世的贵族在和他较量时，却常常被他的机智搞得狼狈不堪。费加罗对伯爵老爷的嘲讽实际上折射出新兴资产阶级要求废除等级制度的愿望。

聪明、智慧和向往自由的费加罗的形象深深地留在了法国人民的心中。今天，在法国深受欢迎的《费加罗报》就是为纪念这一文学形象而创立的报纸。

启蒙运动最直接、最伟大的功绩是为摧枯拉朽的法国大革命铺平了道路。他们的反封建主张一度成为革命中居支配地位的革命思想。

值得一提的是，在18世纪，办报还是一种被人轻视的职业，社会和知识界上流人物常把新闻看成是一种没有价值、缺乏魅力的次文学。连伏尔泰都曾认为报纸无非是“一些鸡毛蒜皮的琐事的记叙”。所以报纸只是消极被动地反映客观世界，并没有真正参与社会斗争。启蒙思想家们表达思想的主要手段是书籍和小册子。直到大革命爆发后，报刊才开始积极地投入反封建斗争。

第二节　新闻自由体制的确立

一、杰斐逊的伟大贡献

托马斯·杰斐逊（1743.4.13—1826.7.4），美国著名政治家、思想家、哲学家、科学家、教育家，第三任美国总统。1776年，他和约翰·亚当斯、本杰明·富兰克林等组成五人宪法起草委员会，起草了美国《独立宣言》。此后，他先后担任了美国第一任国务卿，第二任副总统和第三任总统。他在任期间，保护农业，发展民族资本主义工业，被普遍认为是美国历史上最杰出的总统之一。他终身信仰并始终实践的一句名言是：“维持公正，哪怕天塌下来！”自1776年以来，《独立宣言》中所体现的原则就一直在全世界为人传诵。美国的改革家们，不论是出于什么动机，不论是为了废除奴隶制，禁止种族隔离或是要提高妇女的权利，都要提到“人人生而平等”。不论在什么地方，当人民向不民主的统治作斗争时，他们就要用杰斐逊的话来争辩说，政府的“正当权力是经被治者同意所授予的”。

杰斐逊生于弗吉尼亚一个富裕的家庭，父亲是一位测地学家、成功的农场主，母亲也拥有很高的社会地位。他少年时代就酷爱学习，博览群书。他曾就读于威廉与玛丽学院，然后读法律，并于1767年在弗吉尼亚获得律师资格。1769年，他当选为弗吉尼亚下院议员，并积极参加独立运动，并代表弗吉尼亚出席大陆会议。他1779—1781年为弗吉尼亚州州长，1784年出任驻法公使，1789年任国务卿，1800年当选美国总统。

杰斐逊一生贡献卓著。他是美国独立革命运动的积极领导者和组织者，是美国独立战争期间的主要领导人之一，前后从事政治活动近60年之久，在美国人民的心目中是一位伟大的英雄。杰斐逊是资产阶级民主主义思想家，主张人权平等、言论、宗教和人身自由。他起草的《废止限嗣继承法规》，沉重打击了从英国带到美洲的封建主义残余。他起草了《弗吉尼亚宗教自由法规》，并使这一法规在州议会获得通过，实现了政教分离。1800年杰斐逊当选总统后，立即废除了令人生厌的许多联邦法令。在两届总统任内废除了前届亚当斯政府所颁布的《归化法》、《客籍法》、《敌对外侨法》和《镇压叛乱法》，保障了人民的基本权利。他积极推行扩展政策，于1803年从法国人手中“购买”了路易斯安那地区，使美国领土扩大近一倍。他还派遣远征队西行，使美国的西部边界伸向太平洋海岸。他执政期间进行了一系列民主改革，领导了反对亲英保守势力、争取保持资产阶级民主的斗争，起了积极和进步作用，为美国资本主义的迅速发展创造了条件。

杰斐逊博学多才，兴趣广泛。他是土地测量师、建筑师、古生物学家、哲学家、音韵学家和作家。他懂得拉丁语、希腊语、法语、西班牙语和意大利语。他还对数学、农艺学和建筑学，甚至提琴等感兴趣。人们称他是天资最高、最多才多艺的美国总统。杰斐逊一生著述很多，涉及问题很广，后人为纪念他而出版了他的文集，共20卷，杰斐逊作为美国资产阶级民主派杰出代表，与华盛顿和林肯齐名。

杰斐逊对人类最大的贡献，莫过于他对民主思想的积极倡导与全力维护。杰斐逊深受自然权利学说的影响，早在1770年他就公开声称：在自然法则下面，一切人生来都是平等的。后来他在《英属美利坚权利概观》中又谈到自然权利，尤其在1776年他草拟的《独立宣言》中，他对自然权利作了正面的阐述：“我们认为下面这个真理是神圣的和无法否认的：人人生下来就是平等和独立的，因而他们都应该享有与生俱来的、不能转让的权利，其中包括生命的保存、自由和追求幸福的权利。”马克思在致美国总统林肯的信中曾经指出，《独立宣言》是第一个人权宣言。

杰斐逊不仅继承、发展、丰富了前人的自然权利学说，更重要的是，他以自然权利为依据，为争取人民的自由、平等权利而进行了坚强的斗争。他是第一个把自然权利学说写入官方文件的人，他对1787年修改的联邦宪法中缺少保障人民的自由权利的条款非常不满，要求把保障人民自由的“权利法案”加到宪法中去，主张在法案中规定一系列人民的自由，主要包括：

第一，人民言论自由。他认为，一个共和政府必须尊重人民的言论自由，并从法律上加以保障，人们如果没有思想自由及表述思想的自由，人就只能是一架肉的机器，只能靠外力活动。他主张人民有权批评政府，不管这个批评是对是错，政府不应该干涉意见的表达。他相信人是有理性的，有良知良能的，如果享有言论自由和思想自由，真理会愈辩愈明。

第二，出版自由。他认为出版自由甚至比言论自由更为重要，因为后者只影响少数人，而前者可以影响社会各个角落。他指出，出版自由的益处很多，特别是它可以防止野心家篡夺国家大权，虽然出版有时会引起伤害或产生有害作用，但他认为，一个政府只要本身公正廉洁，是不怕报纸攻击的，更不会因为恶意攻击而倒台。

第三，宗教自由。在殖民地时代，宗教极其不自由，政府强迫人民信仰国教，政教合一，国教残酷迫害异教徒。对此，杰斐逊提出宗教自由要求。他认为：信仰纯粹是个人事情，国家不得干涉。他有一个名言："我的邻居说上帝有二十个或者没有上帝。这对我来说，并没有什么损害。既没有掏我的腰包，也没有打断我的腿。"

1787 年在费城召开的美国联邦制宪会议制定的美国宪法，没有将新闻出版自由等公民权利列入其中。该宪法生效后，引起公众的普遍关注，并由此引发了激烈的争论。特别是不主张将这些权利列入宪法的联邦派和主张列入的民主共和派之间展开了激烈的争论。

杰斐逊在同联邦派的斗争中，捍卫《独立宣言》规定的人民民主权利，就出版自由与亚历山大·汉密尔顿（Alexander Hamilton，1755—1840，联邦派领袖）进行了激烈的辩论。

汉密尔顿认为，出版自由是依靠舆论、公民和政府维系的，毫无写入宪法的必要。新闻出版必须接受检查，应当受到严格限制。加强新闻立法，以杜绝言论诽谤；而对诽谤的认定，也不能只凭是否说出了事实。新闻出版自由要以确凿的事实和良好的动机为保证，陪审团有权对此进行考察。必须对人民的言论严加管束。

杰斐逊的看法正相反，他认为，世界上每个政府都有人类的弱点和腐化堕落的胚芽，为了防止政府蜕化，必须由人民来监督。为了防止犯错误，就必须通过报纸让人民充分了解公共事务。虽然他们有时也会被引入歧途，但将会迅速纠正自己。民意是政府存在的基础，要向人民提供关于他们自己事务的全部情况，并且力争做到使这些报纸深入到全体人民之中，而不是在政治贵族中传播信息。杰斐逊说，我们的第一个目标是给人们打开所有通向真理的道路。迄今为止，找到的最好的办法是新闻自由。言论出版自由与政府的秩序是一致的，正派的政府不会被言论打倒，我们决不能限制出版自由，除非直接对公民的名誉造成损害。

他当选总统后，毫不犹豫地指出，《人权法案》没有明确宣布言论自由，实在是令人不能容忍的疏漏，必须在今后的立法中予以纠正。他要求新宪法应该包括一个声明，即联邦政府将永远不限制报纸发表任何他们高兴发表的东西，也不减轻出版商对于所发表的错误事实承担的责任。对诽谤不必恐惧，说实话就不是诽谤，即使是纯粹的诽谤，也要由人民做出公正的判断。面对党派控制的报刊接连不断的恶毒攻击，1778 年 8 月 22 日，他在给他的朋友塞缪尔·哈里森的信中说："早年我就决心不在任何报刊上发表一句话（回答报刊上的中伤）……我一直认为，还是相信我的同胞的判断。"

他说，"如果一定要我在没有报纸的政府和没有政府的报纸之间做出选择，我宁愿选择后者"。他强调，"离开了对新闻出版自由的保障，就无其他自由的保障可言，当公众舆论允许自由表达时，其力量是不可抗拒的"。他指出，"每一个政府都有与生俱来的腐败的胚芽"，"没有监察官就没有政府，但是，哪里有新闻出版自由，哪里就可以不需要监察官"。①

争论的结果是，1789 年国会通过了宪法前 10 条修正案（又称《人权法案》），明确规定国会不得制定关于下列事项的法律：确立宗教或禁止信仰自由；剥夺人民言论或出版自由；剥夺人民和平集会及向政府请愿的权利。

尽管杰斐逊当政时曾受到报纸最猛烈的攻击，但杰斐逊坚信，造成这种状况的真正原因在于报纸不是独立的，而是隶属于党派和政客的，这些攻击是政治斗争的缩影，而非新闻报道。他相信，只要新闻独立后，这种情况就会得到改变，公共舆论将会纠正报刊对其自身权利的滥用。

正如杰斐逊所料，1810 年后，美国的报刊的性质开始有了变化。

杰斐逊对后世的影响是极其巨大的。在 1962 年一个宴请 49 位诺贝尔奖得主的晚宴上，约翰·肯尼迪对满堂社会菁英致词说："我觉得今晚的白宫聚集了最多的天分和人类知识——或许撇开当年杰斐逊独自在这里吃饭的时候不计。托马斯·杰斐逊是位美国最有学识的总统，他是美国最伟大的总统，是美国的父亲。"

二、最早的新闻自由法

1776 年，瑞典公布了人类社会的第一个新闻自由法。该法规定，禁止政府对报纸的印刷、出版和销售设置障碍，还规定禁止对报纸进行事先检查。这是世界上最早的具有真正意义的新闻自由法。

三、第一部完整的《新闻出版自由法》

人类世界的第一部关于保护新闻出版的完整法律《新闻出版自由法》1881 年诞生于法国。

---

① 李永明：《世界新闻传播发展史》，台北大华晚报社 1985 年版，第 312 页。

经过长期的艰苦斗争甚至残酷的战争，1875 年，法国国民议会终于通过宪法，确立共和体制。1881 年 7 月 29 日，法国议会通过《新闻出版自由法》，废除了特许制与保证金。

该法第一条规定："印刷、出版享有自由权；任何报纸、期刊之发行，仅须向政府声明由谁负责即可。既无需事前申请许可，亦无需缴纳任何财务保证，只要向政府申报报纸、期刊的负责人的姓名。"

《新闻出版自由法》1889 年得到重要补充，法院原则上禁止政府未经法院裁决就直接查封报社。此后，除 1894 年轻罪法庭对报刊宣传无政府主义进行过一次起诉外，法国再未发生过报刊因发表反政府观点被起诉，或被政府直接查封的事件。

这部法令是《人权宣言》宣告的言论出版自由的具体化，并对法国此后的报业发展产生了重要的影响。它促进了现代报业的产生，直至现在，仍为法国自由报业的基石。

四、美国的《权利法案》

1789 年，经过一番斗争，美国宪法得到各州的接受。1791 年，美国国会又通过了对宪法第 10 条的修正案，后来被称为《权利法案》，成为宪法的一部分。

《权利法案》第一条郑重声明，国会将不制定任何法律，剥夺言论或新闻出版自由。此前不少州就在本州的《权利法案》里提供了这样的宪法保护，称"新闻出版自由是自由的强大堡垒之一；除非那些专制暴君的政府，这一自由是永远不能被限制的"。由于此项规定对美国后来的新闻自由（实质上是美国人民的政治自由）影响深远，所以被学术界称为"宪法第一修正案"。

法案规定了一系列个人的自由权利，包括宗教信仰自由、言论出版自由、和平集会和请愿自由等，至此，新闻出版自由作为宪法的重要补充得以在书面上确立下来，从而得到了宪法的直接保护。

五、意大利 1848 年宪法

1848 年至 1849 年，在法国革命胜利的鼓舞下，马志尼等领导意大利人民进行了第一次独立战争。这场战争迫使意大利境内最大的萨丁王国开始实行民主政治，并于 1848 年公布了新宪法。宪法第 25 条规定：新闻事业应予自由，但法律应限制自由之滥用。这就从根本上废除了在意大利实行多年的书报检查制度，给民主派报刊的出版创造了有利的条件。

第三节 马克思、恩格斯的新闻思想

马克思、恩格斯新闻思想的诞生和形成，无疑得益于当时欧洲和美洲言论自由和出版自由的民主气候。

马克思、恩格斯的新闻思想有一个发展过程，以 1848 年的马克思创办《新莱茵报》为界，可以划分为前后两个历史阶段。

一、马克思、恩格斯早期的报刊思想

在前一个阶段，作为革命的民主主义者，他们新闻思想的核心是自由报刊理论。

马克思认为，报刊是统治者与被统治者之间的一种仲裁力量，即社会的“第三种因素”。他进而指出，报刊应当是政治因素，但不是官方因素，不以官方意志为出发点；它是市民的因素，但不直接和个别人的利益纠缠在一起。它具有“公民的头脑和市民的胸怀”，能够理智地从全体人民的利益出发考虑问题。在自由报刊上，统治者和被统治者同样可以批评对方，此时双方不是“从属关系”，而是“权力平等的关系”。它可以不通过官方的中介，原封不动地将人民的怨愤传送到国家权力机构面前。

马克思对资产阶级的出版自由给予了充分的肯定。他认为，出版自由乃是人类精神的特权，是资产阶级议会民主的前提条件。没有出版自由，其他一切自由都将成为泡影。他极为憎恨专制统治者的思想压制，认为书报检查是一种“拙劣的警察手段”。他还指出，因为检查的结果，使每一本被禁的书，不管是好是坏，都成了“不平凡的作品”，从而对读者更有诱惑力，这自然与专制统治者的主观意愿背道而驰。

马克思还认为，要想完整地反映客观事物的面貌，需要各种报刊的相互配合与补充。因此他提出应当允许各种报刊独立自主地发展，允许它们有自己的报道，不要压制人们的精神自由。

马克思赞美出版自由、追求出版自由，并把自由报刊看做是社会的仲裁力量，这与上升时期资产阶级革命家的主张是十分接近的。

二、成为共产主义战士后的报刊思想

1848 年以后，随着欧洲大陆资产阶级革命的兴起，随着各国工人运动由幼稚逐渐走向成熟，马克思、恩格斯也由革命的民主主义者转变为共产主义

者。伴随着这一变化，马克思恩格斯早期的自由报刊思想也为无产阶级党报观念所取代。

实事求是地说，马克思、恩格斯自己并没有将自己的报刊思想分为前后两个时期，更没有在后期对前期的思想加以否定。从现在的观点来看，只不过在前期，他们的主张更为理想化，而当他们把主要精力投入到革命实践中后，他们的报刊思想就趋于务实。

马克思、恩格斯党报思想的主要内容如下：

关于报刊的党性原则，马克思、恩格斯认为，无产阶级党报必须遵循以科学共产主义为指导的党的政策纲领。在他们看来，党的纲领“是一面公开树立起来的旗帜”，是党报进行宣传的最高准则。无产阶级政党的机关报必须坚持党的立场，宣传党的策略、纲领，贯彻党的路线。他们还指出，报刊不能放弃政治，绝对放弃政治的报刊是不存在的。无产阶级首先需要的是政治机关报，而党的机关报要由在党的队伍中进行斗争的人来编辑。

关于报纸的使命，马克思、恩格斯认为，报刊是社会的捍卫者，是针对当权者的孜孜不倦的揭露者，是无处不在的耳目，是热情维护自己自由的人民精神的千呼万应的喉舌。它和人民共患难，同甘苦，齐爱憎。人民的信任是报刊赖以生存的条件。

关于报刊的作用，马克思、恩格斯认为：报纸的最大好处，就是它每日都能干预运动，能够成为运动的喉舌，能够反映出当前的整个局势，能够使人民和人民的日刊发生不断的、生动活泼的联系。他们同时指出，与报纸相比，杂志能够更广泛地研究各种事件，详细地科学地研究作为整个政治运动基础的经济关系，剖析正在进行斗争的各政党的性质，以及决定这些政党生存和斗争的社会关系。

三、如何理解马克思前后主张的差异

由于马克思恩格斯在论述报纸的作用和地位时前后用语不一，带给读者理解上的不小困难。那么，是不是马克思恩格斯思想真的是泾渭分明地分为前后两个阶段、他的主张前后不一或自相矛盾呢？毫无疑问，回答是否定的。我们知道，在马克思恩格斯早期的理论研究中，他们的主要着力点在于对现实社会的批判和对未来社会的构建之上，到1848年《共产党宣言》出版时，他们最终完成了对未来理想社会的理论建构，重新回到对实现理想社会的现实路径探索上。当他们在对未来社会进行建构时，他们深深懂得，新闻自由对于保证社会稳定运行是多么的重要，因此他们对新闻自由给予高度评价，从内心深处发

出赞美。但是，当他们回到现实社会时，他们发现在现阶段实现新闻自由还不具有主客观条件，共产党还必须利用它来为实现人类现阶段的历史使命提供帮助。于是，党报理论被马克思创造出来，并得到一定程度的强调。其实这些只不过是在消灭资产阶级、实现无阶级社会之前的过渡性理论，马克思恩格斯新闻理论的核心依然是自由理论，这个结论我们可以从马克思的《评普鲁士最近的书报检查令》等一系列著作中深刻地体会到。

第四节　希特勒法西斯的新闻管制

一、德国法西斯对新闻事业的垄断

1933 年 1 月 30 日，希特勒通过贿选登上德国总理宝座。由于希特勒是办报纸出身，深知报刊的巨大力量，所以在他上台后不久，就对报业举刀相向。1933 年 2 月，纳粹政府制造了国会纵火案，并以此为借口大肆捕杀共产党人，封闭了 50 多家共产党报纸和 130 种社会民主党人的报纸。与此同时，《魏玛宪法》规定的出版自由条款也被宣布停止施行。

同年 3 月，政府设立国家宣传部，戈培尔博士出任部长，统管宣传文化事务。从此，宣传部每天都要举行记者招待会，由戈培尔或他的助手发布各种具体得无以复加的指示。3 月 18 日，戈培尔发表了关于新闻界任务的讲话，他说，正如我早已强调指出的那样，新闻界不仅要发布消息，而且还必须发布指示。他说，在这里，我首先要奉劝已公开声称为国家的报刊：先生们，你们将会看到这样一种理想的状况——新闻界被组织得那么好，以至于它在政府的手里可以说是可以随意演奏的一架钢琴，是能为政府效劳的影响群众的极为重要、极为有意义的工具。

同年，希特勒政府还颁布了《新闻记者法》，规定编辑部成员必须经戈培尔接见才能任用，一般记者必须是雅利安人种的德国公民，凡信奉马克思主义或有其他“政治上有害行为者”不得从事新闻工作。《新闻记者法》不但把犹太人远远排除在新闻活动之外，同时还将所有的新闻记者都变成了统治当局政治意志的执行者。

1933 年 7 月，希特勒政府以暴力手段强行夺取了莫斯报团的所有报刊和财务，随后又强制没收了乌尔·斯泰因报团，负责接管这两家报团的是纳粹党下属的埃耶出版社。该出版社以低廉的价格收购了许多出版社，成为一家庞大的纳粹报业康采恩。原三大报团之一的胡根贝格报团因属雅利安人所有并支持希特勒政府而被保留下来，经过改造后，成为纳粹党的御用工具。

纳粹统治时期，德国报纸数目锐减。1934年报纸总数为1200家，仅为魏玛共和时期的1/4，到1945年再次减至1000家。与此同时，纳粹报刊则大为发展，发行量占全国总量的82%，纳粹机关报《人民观察家报》成为全国头号大报。

同报刊相比，广播电视系统与政府思想一体化的进程更为迅速。希特勒把广播看做陆海空军之后的第四条战线，利用它来宣传纳粹的政策，向本国和欧洲各国人民发动心理攻势。

通讯社也被纳入法西斯政府的统辖之中。沃尔夫通讯社1933年即被政府接管，改名为德国通讯社，成为正式的官方通讯社。

纳粹时期，法西斯政权对新闻事业实行了全面控制。这时垄断资产阶级为了侵略扩张，镇压人民，运用国家机器强制实行的对新闻业的垄断，是资产阶级新闻事业垄断的特殊形态。

二、墨索里尼对新闻的控制

与德国法西斯相呼应的是意大利墨索里尼政府。它们对新闻控制的手段更为严酷，乃至成为法西斯阵营的“榜样”。

第一，实行一区一报制。墨索里尼认为，全国报纸太多，不便实行统一管制。于是下令颁布了“新闻法”，规定各地报纸必须合并，一个地区只准许一家报纸发行。这个办法不仅可以使言论趋于一致，而且是消灭反对派报纸的最好的办法。二战期间，德国、日本等国均仿效过这种办法。

第二，制定《新闻记者登记法》。此法颁布于1925年，是世界上最早的记者法。该法规定：凡违反国家利益之行为者，即撤销记者之资格。同时规定：凡不对法西斯效忠者，均不得从事新闻事业。根据这一法令，一百多名记者被关在新闻队伍之外，拒绝给他们登记。《晚邮报》主编阿尔伯蒂尼也被迫辞职。

第三，向新闻界直接发布宣传指示。墨索里尼认为，报纸是政府事务的一部分，不能由私人自由经营。他要求新闻媒介“凡对政府有益的事就积极报道，反之就拒绝报道”。在他执政期间，各报总编辑或代表要经常到新闻宣传部接受口头或书面指示，这些指示包括每天的版面安排、标题字号和言论基调。1932年海军演习时，新闻宣传部指示各报夸大事实，说明参加演习的舰艇有100艘，潜艇30艘，并强调，在这次演习中海军部分是最重要的，罗马的任何报纸只能将最大的标题给予海军部分。

第四，实行新闻检查。1924 年，社会党议员马蒂奥特因发表反法西斯演说而遭暗杀，全国大小报纸群起攻击法西斯党。墨索里尼感到这样下去对法西斯政权威胁甚大，于是决定实行新闻检查。政府规定，国内新闻由地方长官负责，外籍记者由邮政总局负责。新闻检查人员可随意延长检查时间，使新闻失去效力；亦可删改或扣押新闻。外籍记者如不服从，可判处 5 ~10 年的徒刑。

第五节　苏联党报体制及其教训

一、苏联党报体制及其特点

苏联新闻体制是在列宁去世后，斯大林领导社会主义建设的近 30 年的时间里逐渐形成的，是斯大林集权统治制度的一部分。其特点是信息来源单一，言论高度集中，没有新闻法规，实行新闻检查，建立编委会制度。

在错误路线指导下，苏联全境长期大张旗鼓地开展意识形态领域的批判运动，批判对象波及整个文化界、知识界，以后又发展为肃反扩大化，使大批知识分子和干部遭到逮捕、监禁和杀害。在此过程中，苏联新闻媒介起到了推波助澜的作用，从根本上背离了列宁的新闻思想。

赫鲁晓夫时期，意识形态僵局有所打破，但到勃列日涅夫时期，报刊作风又重回到 20 世纪 50 年代初盛行的那种掩盖问题、粉饰太平、阿谀逢迎的老路上，报纸远远脱离人民。之后，安德罗波夫曾给国内带来一些新气象，但由于他只在任一年多时间就不幸去世，其改革只是初步的。

二、戈尔巴乔夫的改革

1985 年，戈尔巴乔夫当选为苏共中央总书记。在他上任之前，苏联潜藏着的矛盾就已逐渐显露：国家政权机构臃肿，腐败现象泛滥成灾，劳动纪律松弛，经济发展缓慢，社会生活保守、僵化，缺乏活力。与之相应，苏联新闻业也处在一种僵化停滞的状态之中。戈尔巴乔夫当选为总书记后，下决心对此大动手术，以挽救日薄西山气息奄奄的苏联共产党。他在新闻界大力倡导“公开性”、“透明度”，指出舆论工具是“实行公开的最有代表性和群众性的讲坛”，“报纸应当支持公开性原则”，“应当将更多的事实公之于众”。根据戈尔巴乔夫的要求，从 1985 年底到 1986 年初，苏联新闻媒体在宣传方针和内容上进行了大幅度的调整。各家报纸、杂志、广播电台、电视台竞相拓展报道范围，扩大信息量，对苏联社会的各种问题公开揭露，大胆抨击，一时间媒体炙手可热，人们的视、读兴趣陡增。但是，由于最初的控制不力，调整出现了一些副作用。

这一时期苏联新闻的重大改革如下：

首先，公开揭露社会生活中的阴暗面。

过去，苏联强调正面宣传和正面教育，对社会的阴暗面大都避而不提。二十七大以后，在戈尔巴乔夫“公开性”原则的鼓舞下，新闻界开始突破“禁区”，矛头直指党内不正之风和社会上存在的各种问题。《真理报》报道了阿塞拜疆石油部长、区委书记因滥用职权被开除党籍、绳之以法的情况；《共青团真理报》披露了招生考试中院长、教授、招生人员接受贿赂，营私舞弊，最后被送上法庭的消息；《青春》月刊也报道说，切尔诺贝利核电站发生爆炸后，乌克兰高级官员对当地居民秘而不宣、隐瞒真相，却暗自把自己的孩子送到克里米亚别墅，任由当地居民面临核辐射危险。1988 年苏共第十九次全国代表会议召开期间，《星火》杂志刊登了在苏联总检察长领导下负责处理特殊重大案件的高级侦察员格德良和侦察员伊万诺夫合写的一篇文章，其中说道：苏联现有数以千计的“地下百万富翁”，他们甚至标价出卖官职。文章同时指出，此次代表大会选举方法不完善，代表中仍然有少数贪污受贿者。

与此同时，新闻媒体还公开触及苏联人民闻所未闻的吸毒、卖淫、走私等社会问题。有的报纸还详细介绍某地区妓女人数及活动的情况。

一时间，苏联新闻媒体上充满了对社会弊端的揭露，记者笔触所及，无所不包，而且各媒体在报道这类事件时，似乎在比谁揭露的最多，谁揭露的消息最惊人，谁的用语最尖刻，谁的鞭笞最猛烈。

其次，大量触及历史、敏感问题。

随着改革全面展开，随着“公开性”向各领域的渗透，苏联新闻媒体从公开暴露社会普遍存在的矛盾、问题，发展到组织人们对党和政府的大政方针、对已有定论的历史事件和人物进行重新审视和评价。为此，中央电视台开设了“问题、探索、解决”栏目，请观众就自己感兴趣的问题参加讨论、对话，并就人们提出的亟待解决的问题向有关领导质询。《苏维埃文化报》也开设了一个新栏目，取名“直言”，号召人们畅所欲言，各抒己见。于是，一些过去严密封锁的隐情开始在报端披露：如当年斯大林是怎样处决红军将领的，斯大林的妻子阿利卢耶娃为什么饮弹身亡，末代沙皇尼古拉二世及其家属是怎样被处决的，赫鲁晓夫子女回忆父亲的生活，布哈林绝笔书的内容等。一些报纸和其他媒体甚至把批判的矛头直指斯大林。《更多些真实》(纪录片）中说：“所有的成就只与一个人的名字联系在一起，开始了对斯大林的个人崇拜。斯大林几乎成了上帝。遗憾的是，直到今天还有人已经忘记这是怎么一回事，党，国家和人民为此付出了多少代价，多少人无辜被镇压、流放，其中受害最深的是苏联红军。”

再次，不同观点的激烈交锋。

改革以后，苏联媒体对社会敞开大门，成为观点的自由市场。最初是普通民众的不同声音，随着改革的推进，不同声音的范围越来越广，包括民族主义分子、立宪民主党人、无政府主义者甚至纳粹分子，都可以在报纸上发表言论。自1990年2月实行多党制以后，不同党派的声音不绝于耳。许多党派纷纷出版自己的刊物，这些报刊大都反对社会主义，其中有的主张复辟君主立宪制，有的希望建立无政府社会，有的鼓动民族分裂。

在“公开性”原则的指导下，在新闻媒体的积极推动下，苏联新闻舆论完成了从统一到分散、从有序到无序的转变，为苏共解体、苏联解体埋下了伏笔。

三、列宁对新闻体制的深层次思考

在论及苏联新闻事业的经验教训时，我们有理由反思列宁对新闻体制的深层次设想。

十月革命刚刚胜利，列宁亲自签署了新闻出版法令。这个法令在规定了封闭敌对势力报刊的同时还决定：一旦新秩序确立，对报刊的各种行政干预必须停止，并在对法律负责的范围内对出版实行充分的自由。1920年内战基本结束后，列宁认为新秩序建立的时机已到，主张报纸要全力关注经济建设问题。1922年，路标转换派分子创办了《新俄罗斯》杂志，该刊出了两期即被苏共有关部门封闭。列宁写信给当时的负责人捷尔任斯基，指出这样做不妥。之后，联共（布）中央做出决议，允许该刊继续出版。

列宁还认为，报刊具有舆论监督的潜在功能。他多次撰文指出，党报应当揭发党的工作中的错误、违纪事件和坏人坏事，1921年9月1日，列宁在给《经济生活报》编辑部的信中指出，该报要成为一张“战斗的机关报”，这种战斗性的表现之一就是要“更严格地监督”官僚主义的拖拉作风，“把疏忽的人登在黑榜上”。

总之，列宁的设想是：在社会主义建设时期，党对报刊的管理应由行政干预转变为法律制约，同时应加强报纸对党的工作的监督作用。

遗憾的是，列宁关于社会主义报刊的这些设想和论述没有得到应有的重视，相反，他在某些特殊的历史条件下提出的报刊思想却被绝对化和模式化，成为不同历史时期内普遍适用的原则。这也许就是苏联报刊最后失去社会净化功能、造成苏联最后解体的重要原因之一。

◎ 思考题

1. 试说明出版自由口号的意义。
2. 简述弥尔顿有关出版自由的主要思想。
3. 简述洛克有关出版自由的主要观点。
4. 简述米尔的自由主张。
5. 简述杰斐逊新闻自由的思想。

第三章　自由主义新闻理论的确立

自由主义理论和其他关于公众通讯工具在社会中的地位和职能的理论一样，是哲学原理的发展，它为报刊所在的社会和政治结构提供了基础。

自由主义，首先是作为一种观念和信仰，随后又作为一种社会的和政治的制度，逐渐形成为一种固定的体系，各种机构都在它的轨道范围内活动。报刊和其他社会机构一样，也受着这些原则的影响。

19 世纪，西方世界的大部分国家都承认遵循自由主义的原则。今天除了少数国家外，大多数国家至少在理论上是以自由主义作为社会和政治的组织的基础的。

第一节　自由主义报刊理论的哲学依据

如果要了解民主主义政府下报刊的管理原则，就必须了解 17 世纪和 18 世纪发展起来的自由主义的基本哲学。今天民主国家的产生，根源于许多思想家的理论探讨而逐渐发展起来的原则。而这些思想家的论据，又受他们所处时代的社会、政治和经济事件的直接影响。

一、自由主义关于人与国家的关系的论述

自由主义思想的原则与集权主义的原则，都是以有关人的性质、社会的性质、人与社会的关系以及知识与真理的性质等问题的答案或者假设为依据的。只不过自由主义的答案与集权主义的答案正好相反。

自由主义者认为，人是理智的动物，人本身就是目的，个人的快乐与幸福就是社会的目的。人作为有思想有智慧的有机体，能够组织其周围的世界，能够做出促进社会利益的决定。虽然人并不经常运用上帝所赋予的解决人类问题的理性，但从长远来说，他们凭借个人决心的积累，对文明事业仍起促进作用。人所以有别于低级动物，就在于他有思想、有记忆、有利用经验和做出结

论的能力。由于这种不平常的本领，所以人也是不平常的。人是文明世界的基本单位，也是它的推动者。因此，个人的成就成为最终目标——人的目标，社会的目标和国家的目标。

自由主义各派对于社会起源有着各种不同的说法与解释，但大家都同意社会的主要功能是促进每个成员的利益。许多自由主义的拥护者注意到人并没有受到文明世界的副产品的妨害。毫无疑问，社会对于人的幸福是能够有许多贡献的，但是对于社会应当自居于重要地位并把它本身变成日的这种倾向，是必须加以反对的。自由主义的哲学家虽然在某种程度的怀疑下，承认国家是有用的或者甚至是必要的工具，但是他们强烈地否认国家是人类奋斗的最高表现。国家的存在，是为了供给一种社会环境使个人能够发挥他自己的潜在力量。当它不能进一步完成这个任务时，它就变成了阻碍，而必须加以废弃或进行剧烈的改变。自由主义哲学对于社会是比组成它的个人成员还要重要的独立实体这个命题，是不接受的。

二、自由主义关于知识和真理性质的认识

知识和真理的性质的自由主义理论，和早期基督教的神学理论极为相似。自由主义理论认为，推理的能力是上帝所赋予的，这和神学关于善恶的知识是上帝所赋予的说法是一致的。

自由主义理论认为，人从他的造物主那里接受这样的遗传，就能够通过他自己的努力，认识它周围的世界。在这个基础上，自由主义者建立一个上层结构，它和中世纪哲学家所发展的上层结构有着很大的不同。在自由主义理论中，人的继承变得并不重要，而它的解决宇宙问题的能力却变得更加显著。在意识实践中运用理智的时候，不像前人一样一味盲从权威，而是作为寻求权威解释的唯一途径。真理和前人所说的也许有所不同，但它仍然是一个确定的、可以探知的实体，并且可以展示在一切有思想的人的面前。

由机械论的实验和观察中发展起来的所谓对自然现象只有一个基本的、无懈可击的、证据确凿的解释的观念，被自由主义哲学家奉为圭臬，并且扩大到一切知识领域中去。虽然在走向真理的道路上可能存在争辩和分歧，但是对有理性的人们来说，道路尽头上的真理却是确实的、可以证明的和可以接受的。

第二节　自由主义思想的形成

一、自由主义理论发展的历史因素

拉斯基的著作《欧洲自由主义的兴起》是最早叙述西方自由主义历史并加以分析的一本书。作者指出，社会哲学总是历史的产物，如果不和产生它的各种实践结合起来观察，是不能理解的。16世纪的地理上的发现给予人们的思想以新的广阔的天地。这些发现直接推动了贸易的发展，导致其后的保护贸易；也由于对外国民族和风尚的更多了解，而改变了传统的态度。16世纪为自由主义理论的创立积累了经验，17世纪发展了自由主义的哲学理论，18世纪把这些理论付诸实践。

科学上的发现也和地理上的发现一样影响了人们的思想，加强了整个宇宙的合理性，以及有可能通过耐心的分析来理解宇宙。在17世纪，大家深信宇宙间的一切事物都是受着一系列规律控制的，而这些规律可以减缩到一项严格的数学公式。牛顿、哥白尼、凯普勒、推霍·勃拉海奠定了建设一个新的机械论的宇宙观的基础。在西方意义上的进步，具有一种新的重要意义。这是一个具有新的思想方法的新时代。在这种新旧交替的时刻，笛卡儿成为一个最为重要的人物。他坚持理性的至高无上，从而向整个权力和权威的信念发出挑战。在他的哲学中，隐含着一种和神学观点相对立的对宇宙解释的世俗观点，认为理性是高于一切的。人们被迫不得不依靠自己，而不是依靠神圣的上帝。

二、宗教革命的推动

虽然宗教革命是一场既是神学上的又是政治上的论争，却成为产生西方自由主义的根源，不过不是一下子就产生的。英国清教徒拿圣经作为权威来反抗教会的权势，但是他们不久就发现，原来对神学也是可以有不同解释的，这样做是在鼓励每个人养成自己做出判断的习惯。宗教上的理性主义不可避免地引导到宗派主义、有神论和世俗主义。宗教革命也带来了一种和当代相适应的论辩方式，而由于宗教和政治相互交织在一起，这种论辩方式很自然地就转到纯粹世俗的领域中去了。

三、新兴中产阶级的贡献

另一个对自由主义发展起作用的因素是中产阶级的兴起。在西欧大多数国家中，在成长中的商业阶级要求结束宗教上的争论，同时也需要限制所谓国家主权和贵族的特权。资本主义企业和中世纪关于身份和安全的概念是不相容的。当时的社会经济发展要求有经济上的自由主义，其基础就是自由契约。不论是教会还是国家都不允许过问一个在积累财富的社会集团在道德上的好坏，这一集团在忙于供应和满足人们的需要。

四、哲学家的理性思考

英国是17世纪政治哲学的主要策源地。17世纪初期集权主义原则在达到全盛后即开始衰落，到17世纪末期自由主义最终取得了完全的胜利。1688年英国革命的结局是国会凌驾于主权之上，产生了一种政党制度，而最主要的是使诉诸革命的权力合法化。约翰·洛克是英国这种历史发展的辩护者和理论家，他的政治哲学思想深深影响了其后所有西方的自由主义者。

洛克根据经验主义的方法论得出结论，形成一种人民主权的学说，认为权力的中心在于人民的意志。政府和人民不过是一种契约关系，政府是受人民委托办事的人。人民赋予政府这种权力，同时也可以撤回这种权力。他的政治哲学为限制君权、用法律形式固定人民的权力、容忍宗教的意见分歧和政治统一两者并存，以及保障个人企业自由的经济制度等提供了理论根据。自然法则和社会契约是洛克哲学的主要学说。他论断说，人们在理性的外衣下，把自己个人的某些权力交给了国家，以换取国家保证承认和维护他的天赋权利。洛克否认教会政府在政治上的合法性和有效性，并且有力地论辩了容忍不同宗教意见的必要性，但有害于国家的因素当然要除外。洛克的革命的一面使他成为鼓舞美国和法国革命的源泉，而很多洛克用过的词句渗入了美国的独立宣言和法国的人权宣言之中。

17和18世纪的启蒙运动对于接受和传播自由主义理论有巨大贡献。启蒙运动的基本目的是要使人们在运用自己理性的能力去解决宗教、政治和社会问题时，摆脱一切外在限制。“贯彻启蒙运动各种倾向的基本思想是相信人们能够依靠自己的力量，而不是借助于超自然的力量去理解整个世界，并且相信这种新的理解会带来一种掌握整个世界的新的方法。启蒙运动力求使这一原则在自然科学和人文科学，在物理学和伦理学，在宗教学、法律哲学、政治哲学中得到普遍的承认。”

第三节　成为共识的报刊自由主义理论

有了这样的背景材料，我们现在就能够来讨论自由主义哲学对公众通讯工具的地位和作用的影响了。

一、从争取自由到保护自由

自由主义在这方面的重要贡献，是坚持个人的重要性，依靠个人的理智活动能力，以及关于天赋人权的思想，而宗教、言论和出版自由都是天赋权利的一部分。卡尔·贝克尔教授扼要地叙述了各种基本的假设论点：言论和出版自由的民主学说，不论我们是否把它们看做天赋的、不可分割的权利，都是基于某些假设的。假设之一是人们想认识真理，并且愿意接受真理的指导。第二个假设是，归根结底真理是通过在公开市场上各种意见的自由竞争中而出现并被人们获得的。第三个假设是，既然是个人的意见必定会有分歧，就必须允许每一个人自由地，甚至强烈地坚持自己的意见，只要他同时给别人以同样的权利。最后一种假设是通过这种互相容忍和不同意见的比较，看起来最合理的一种意见就会出现而被大家普遍接受。

“在18世纪，报刊就完全从集权主义原则转到自由主义原则。在18世纪初期，集权主义的报刊制度正在死亡之中。国王放弃了管制报刊的权力，教会作为一种管制机构也被取消了，国家垄断出版事业的现象废止了。到18世纪末，自由主义原则已经通过保护言论和出版自由的宪法条文而被认为是各国基本法的神圣原则了。对于这一转变，至少有三个英国人和一个美国人做出了卓越的贡献，那就是17世纪的约翰·弥尔顿，18世纪的约翰·厄斯金和托马斯·杰斐逊，19世纪的约翰·米尔。”①

正如施拉姆所说，弥尔顿在1644年发表的《爱理俄巴格斯法庭成员》中，在自由主义传统上写出了主张思想自由的光辉的论点。虽然这篇文章没有全面论述言论自由和出版自由的原则，但是在当时提出了反对集权主义控制的强有力的论点。弥尔顿个人对于清教派检查他的作品很恼火，他谴责了检查制度的理论和实践。

作为他的论点的基础的假定是，人们运用理性就可以辨别正确和错误，分

---

①［美］威尔伯·施拉姆等著：《报刊的四种理论》，新华出版社1980年版，第31页。

辨好坏，而要运用这种才能，人们就必须不受限制地去了解别人的观点和思想。弥尔顿相信真理是肯定的，是可以表达出来的，并且只要让真理参加自由而公开的斗争，真理本身就具有战胜其他意见而存在下去的无可比拟的力量。从弥尔顿这种思想出发，形成了现代关于观点的公开市场以及自我修正过程的概念，那就是让所有想说什么的人都自由地表达自己的思想。真实的、正确的思想会保存下来，虚假的和错误的思想会被克服。政府不应该参加战斗，也不应该协助其中的一方。虽然虚假的和错误的意见可能取得一时的胜利，但正确的和真实的意见通过吸引了新的力量来维护自己，会通过自我修正过程最后战胜其他意见而保存下来。

弥尔顿承认自由讨论的权利可以加以限制，但是避免谈到作为这种限制的基础的一般性原则。他要求的是那种虽然有分歧意见，但却是诚实和认真严肃的人，应该享有不受政府检查的自由。

在弥尔顿以后直到米尔之前，期间没有出版过任何全面论述政府和报刊之间关系的著作。然而由于报刊管理的实际问题的压力，产生了一些对弥尔顿原理的补充论点或详细阐述的著作。如卡姆登爵士，约翰·威尔克斯，朱尼厄斯和汤玛斯·潘恩等个性极不相同的人物，都对新闻自由思想的理论和实际运用做出了贡献。

在英国，18世纪的一批人中最著名的是厄斯金。在为触犯法律的发行人潘恩作无罪辩护时，他提出了关于言论自由和新闻自由的自由主义原则。18世纪中叶，潘恩因出版《人权》一书而被控触犯了法律。厄斯金在为其做辩护时清晰地说明了他的立场：“我要把它作为新闻自由的基础来加以辩护，而取消了这一点，新闻自由就会成为一句空话。我的论点是：任何一个人，只要他想用自己的理性和良心告诉他是用真理的思想去启发别人，而不是意图欺弄别人，那么即使错了，也可以就政府的一般性问题或本国政府的特殊问题把自己的意见公诸全民族的理性之前。”

米尔从实用主义者的观点来考察权威和自由之间的问题。对于米尔来说，自由意味着成年人想干什么就可以自由地干什么，只要在行使这种自由时不伤害别人的同样的权利。米尔说，人类的一切行为都应该是为最大多数人创造幸福，维护幸福，增加幸福；因为最美好的社会是这样的一种社会：其中最大多数的人享受着可能有的最大限度的幸福。社会要保证其成员为此做出最大贡献，主要的办法之一就是给予其成员自己去思想和行动的权利。

米尔用这些关于自由的一般观点说明特殊的表达思想的自由时，提出了四大论点。首先，如果我们压制某种意见，那么就我们能看到的结果来说，就等于压制真理。其次，错误的意见可能包含着为发现整个真理所必需的那一点点的真理。再次，即使大家接受的意见是全部真理，但是他们往往习惯于把它作为一种先入之见而不是在理性基础上来掌握的，除非他们被迫来维护这种真理。最后，如果大家接受的意见不是常常和别的意见发生争执，就会失去活力，对于行为和性格不起作用。

杰斐逊是一个哲学家，又是政治家，既是一个富有理想的人，又是一个实践家，他企图把自己的理想付诸实践。他把英国的立法主义、传统主义和更为激进的法国理性主义这两种自由主义潮流汇合起来，企图建立一个既能保障安全又能保障个人机会的政府。杰斐逊坚信，在运用理智时，个别的公民可能发生错误，但大多数人作为一个整体，必然会做出正确的决定。为了促进这一过程，社会上的个人必须受教育，必须了解情况；这就是杰斐逊为什么关心教育手段的理由。对于成年人来说，报刊是了解情况和取得指导的主要来源，而报刊为了在民主国家中执行任务，就必须摆脱国家的控制。杰斐逊的结论是，政府的主要任务是建立并维持一种制度，在这种制度下，个人能追求各自的目标。报刊的主要任务是参与对个人的教育。

虽然杰斐逊作为一个政治人物，深受当时报刊对他的诽谤之苦，但他坚持自己的信仰，即不管报刊有多大错误甚至大肆谩骂，联邦政府还是应尽量少地加以干涉。在他第二次当选总统后的就职演说中，他甚至宣称如果一个政府在批评面前站不起来，就应该倒台。而联邦政府的真正力量在于愿意允许公众的批评，并且有能力抵挡批评。杰斐逊关于报刊任务的观点概括如下：没有一种试验让人感到比我们现在正在进行的更有兴趣了，而我们相信最终会证明，人是可以受理性和真理支配的。因此我们的第一个目标是给人打开所有通向真理的道路。迄今为止，找到的最好的办法是新闻自由。人民以坚韧的态度忍受了最近那些滥用报刊的情况，以及人民表现出来的对于真理和虚假的洞察能力，这些都说明可以安心信任人民听到真实的和虚假的一切意见，而在两者之间作出正确的判断。因此我认为，必须肯定，打开通向真理的门户，巩固用理性来考验每一件事情的习惯，是我们能传给我们的继承者的最有效的约束物，以这种约束来防止他们用自己的意见来约束人民。

公众通讯工具从集权主义转向自由主义原则，在英国和美国都不是一夜之间实现的，而是经过了好几个世纪。1689 年英国的权利法案根本没有提到报刊。然而，新闻自由包含在承认坚决要求保护个人不受独裁权力的迫害之中。争取公众通讯工具的自由的主要斗争，是在 18 世纪进行的，而报纸的印刷人和发行人站在这一斗争的最前列。在 1694 年检查制度取消后，报刊发行受到煽动叛国罪的迫害，也受到更为简洁的例如特别税、津贴、禁止采访国会活动条例等的限制。后来，这些阻挠一个一个地被打破了，不过是经过长期论争的结果，有时还受到政府官员及其支持者的猛烈反对。

二、政府对报刊控制方式的转变

在18世纪，有两次为确立自由主义原则而进行的主要斗争对于报刊的运行产生过深刻的影响。第一次和反对所谓煽动叛国罪有关，另一次是关于报刊发表国会活动的权利的争论。

在很长一段时期内，英国政府以及在美洲的殖民政府都企图用煽动叛国罪的罪名来对报刊进行迫害，以控制对政府活动的公开批评。国王任命的法官往往同情政府，不允许报刊有煽动公众的做法。在18世纪，法院遵循这样的原则，即只要发表攻击政府政策和政府人员的材料，就算是有害于国家，因而是非法的。根据英国的司法制度，已经发表的文章是否有危险性或煽动叛国的问题，是一看就清楚的，因此可以由法官来裁决。至于文章是否由受审者所发表的，则是可以由陪审团来裁决的事实之一。早在18世纪，英国和美国的陪审官就起来反对过这种分工。结果是陪审团受了发行人和自由主义政治领袖的激将法，拒绝作出判决词。直到1792年，福克斯的诽谤法庭案授予陪审团裁决权，以裁决出版物的有害倾向，才解决了这一争论。

一个有关的问题引起了更严重的争论，即发行人是否可以拿“内容是真实确切的报道”为理由来为被认为是有害的文章进行辩解。在整个18世纪，法学家主张损害政府的文字不管真实或虚假，都应受到惩罚。但自由主义原则最后取得了胜利，在美国通过宪法条文，在英国则通过1843年国会的一项法令，都确立了真实性可以作为辩护的手段。

自由主义为争取其主张占上风而进行斗争的另一场所是国会。几世纪以来国会都不让外人进去，并且禁止写字条，怕民众干涉讨论。18世纪末，最后一次冲突的结果，民主取得了胜利。当时的报纸论述说，既然国会代表人民利益，国会辩论应该向公众公开。报刊是通向公众的工具。因此，报刊不仅有权利而且有责任向公众报道国会中发生的事情，所以国会无权对报刊发挥这一职能加以限制。英国传统的官僚对这种论点惊恐万分，但是经过一系列的冲突后，报刊取得了胜利。

三、自由主义理论地位的最终确立

经过长期斗争，自由主义理论最终被以法律的形式确立。

美国率先草拟并通过人权法案，其中确立了新闻自由原则。新闻自由在很多文件中是和言论自由及宗教自由并列的。在早期的美国人权法案中，关于新闻自由的词句放在言论自由和宗教自由之前，并且在早期的大部分讨论中，新闻自由比宗教自由更少引起争论。在不到20年内，保护新闻自由的条文被列入美国大多数州的宪法以及联邦宪法。

实际上，人权法案中关于新闻自由的措词是含糊的，可以作各种不同的解释。只有一点是各种解释都一致的，就是新闻自由并不是绝对的，而是可以加以限制的。究竟对报刊可以加上哪些正当的限制，则成为自由主义制度下争论的主要问题。

18世纪的英国法学家最先企图规定新闻自由的界限。英国两位著名的法官曼斯菲尔德爵士和首席法官布拉克斯东根据英国的保守传统，提出了一种解释。他们两人都断言法院和国会规定的法律比新闻自由的概念重要。两人都认为颁发执照这种检查制度是不合法的。他们不愿意说的比这更多，他们认为控制滥用报刊是法律的正当任务。在美国各州广泛流传的布拉克斯东的论点，总结了18世纪的宗法立场：

> "新闻自由对于一个自由国家的性质而言，当然是重要的，但是这是指对出版物不加时限的限制，而不是指已经发表了的犯罪的内容可以有逃避检查的自由。每一个自由人具有无可置疑的权利：他想对公众吐露什么心情就吐露什么；禁止人们吐露就是破坏新闻自由；但是如果发表的内容是不正当的、恶意的或非法的，他就必须对自己的狂妄的后果负责……这样，个人意志仍然是自由的，只是滥用这种自由意志才是法律惩罚的对象；私人的感情仍然有自由，社会要加以纠正的罪行是散布和公开有害于社会目的的不良感情。"①

厄斯金和杰斐逊关于宪法上保护报刊不受政府控制的解释，比曼斯菲尔德和布拉克斯东愿意接受的要广泛得多。厄斯金的论点是：即使发表了的作品的内容是错误的，甚至即使不利于国家的利益，只要发行人的目的和动机是忠诚真挚的，就不能加以惩罚。杰斐逊论辩说，如果报刊损害了个人，就该受惩罚，如果损害了政府的名誉，就不必负什么责任。

① ［美］威尔伯·施拉姆等著：《报刊的四种理论》，新华出版社1980年版，第37页。

确定对这种工具的自由可以有哪些正当的限制，是自由主义原则的支持者们面临的最伤脑筋的问题。即使在今天，在民主派之间对于政府控制和管理各种类型的公共通讯工具的正当范围，还是不能取得一致的意见。

第四节　报刊自由主义理论的基本主张

有了以上背景资料帮助我们理解自由主义的原则，我们就可以理解报刊的自由主义理论关于民主社会中公众通讯工具的基本主张了。

一、报刊的地位

在以自由主义原则为基础的社会中，报刊的地位成为一个适应民主的政治机构和民主的生活方式的问题。也就是说，报刊是一个国家政治是否民主、一个国家内人民生活是否民主的一面镜子。在一个民主国家中，政府是人民的公仆。这样，政府和它的追随者之间的关系就大大不同于集权政府及其追随者之间的关系。然而即使政府如一般所说为大众服务并对大众负责，也不能完全相信政府的目标和公民的目标完全一致。在民主国家中，已经有种种办法来防止政府回到集权主义的做法以及破坏每个公民的不可剥夺的权利。如前所述，自由主义的报刊制度的基础已为弥尔顿和洛克在 17 世纪时奠定了；18 世纪制定了各种细节，并付诸实施；而在 19 世纪，当自由主义达到顶峰时，这种制度传遍了全球。几乎世界上所有的民主国家都采纳了这些自由主义原则，并体现在各国的宪法或根本法中。

二、报刊的作用

根据自由主义思想，公众通讯工具的作用在于报道情况和提供娱乐。第三个作用的形成，是和前两个作用有关联的，那就是要提供一个经济支持的基础，从而保证财政上的独立。这就是出售和广告的作用。从基本上看，这种工具的最主要的目的，是通过提供作为决定的基础的各种证据和意见，来协助发现真理，协助解决政治问题和社会问题。这一过程的主要特点在于不受政府的控制或操纵。政府及其官员往往就是直接关心某一争端的结局的一方。因此政府不应该享有外加的权利，那就是只让政府去接近公众，因为最后的决定取决于公众。政府也不应该有权利或权力去干涉对于反对派论点的报道。这样，报刊作为一种政治机构的作用就规定得更精细了。报刊有责任防止政府行为超出它的职权范围。用杰斐逊的话来说，报纸要对政府提供一种其他机构无法提供的监督作用。

自由主义派理论家认为在报纸上的无数意见中，公众所接受到的某些报道，会是虚假的和不健康的。然而国家无权去限制它认为是虚假和不健康的东西。如果这样做了，不可避免地会形成压制那些批评国家或政府官员看法不一致的意见。自由主义者提倡的办法是让公众听取一大堆各种各样的报道和意见，其中某些可能是真实的，某些可能是虚假的，某些则有真又有假。最后我们可以信任公众会把它们都消化了，抛弃那些不符合公众利益的东西，接受那些符合个人及个人所属社会的需要的东西。这就是著名的“自行修正”的过程。自由主义者也认为在民主社会中，公众可以听到各种各样的意见，即使没有实际听见。每一个人想就有关公众的问题说什么话就让他说，不管他说得对还是错，并且让公众来作最后的决定。这种假设在历史上从来没有和实际情况符合过。有些人说话的表达力强一些；有些人有利害关系，有精力也有一种推动力要来表达自己；有些人则比别人有更多接近广大公众的机会。但是在理论上，所有的人的机会是均等的，虽然能力和接近公众的方法不相同。

自由主义者反对政府垄断通讯的手段。他们主张不论是本国公民或外国人，只要他有这种倾向，就该享有不受限制的机会去拥有并管理一套公众通讯工具。这一领域是对所有的人开放的。他们也认为在以自由主义为指导原则的资本主义社会中，这样的公众通讯工具是会起作用的。这意味着，人人可以拥有这种通讯工具，并且可以在公开市场上进行竞争。任何人只要有足够的资本，就可以创办一家通讯企业，他的失败或成功，则要看他所创办的通讯企业是否具有获取利润的能力。事实上，获取利润要靠这个企业是否有满足顾客需要的本领。总之，企业的成败决定于企业的服务对象，即公众。

自由主义派的理论家从来没有正视过公众通讯工具的经济支持问题。他们反对政府给予支持，因为这样会形成操纵；他们相信私有企业的资本主义制度会找到办法的。各种不同的工具在历史过程中找到了不同的方法。最早的印刷品，特别是书籍，几乎完全依靠把成品卖给顾客。买主提供了经济基础。这种办法一直继续在书籍和电影企业中使用。早期的报纸和杂志很快发现出卖图书戏剧评介和广告是很赚钱的收入来源，这就形成了报刊的一个附加作用，就是刺激消费和出卖成品。广告的增长作为报刊的经济支持的重要来源，在英美特别显著，而在这两个国家中，报纸和杂志也最自由，不受政府的操纵。在世界其他地区，工业没有那么发达，消费品没有如此广泛地流通，要发展广告收入就困难得多。文化上的差异对于发展公众通讯工具的销售作用也有影响。因此，在某些国家，经济支持主要来自向消费者出卖成品，或者在某些情况下接受外界利益集团的津贴。根据自由主义的理论，任何人只要有经济条件，就可以参加到通讯领域中去，但它是否能够生存下来，就决定于面对着与别的单位竞争寻求同样市场的情况下，它是否有能力满足消费者的需要和要求。

三、控制和限制方式

在一个民主社会中，对于公众通讯工具起作用的主要控制力量是什么呢？尽管如前所述，国家通过各种机构不可避免地要参与一些通讯的过程，自由主义者承认这一事实，但是他们说，政府越少牵涉在内越好。这就引起了究竟允许政府参加到何种程度的永难解决的问题。国家一般管理着邮政体系，某些通讯工具是通过邮政传递的。在很多国家中，国家也管理电话和电报系统，国家通过这些系统，有机会颁布一些规章。国家控制着进出口，而最主要的，国家要征税。国家通过任何这类机构都可以对公众通讯工具加以特别的限制。在绝大多数民主社会中，主要的控制工具是司法体系。在美国，法院十分重要，因为法院不但执行国家有关报刊的法律，并且当政府其他部门越权实施一些可能违反宪法保障的限制时，也由法院来裁定。结果在美国的宪法制度下，由法院来决定政府对公众通讯工具运用权力的限度。在其他民主国家中，实施这一职能的是传统或立法机关。

自由主义理论主张用一种更加非正式的控制，那就是通过自行修正过程以及通过消息、评论和娱乐市场的自由竞争来代替国家监督。国家的主要任务是保持一个稳定的体系，使个人主义的自由力量得以相互起作用。有时候，这种相互作用是混乱的和不能产生什么结果的。然而归根结底，这种过程比集权主义的指令好些。

对于民主社会来说，长期存在的问题是要决定公众通讯工具发表意见的自由的限度在哪里。如前所述，所有自由主义的哲学家都同意自由发表意见不是绝对的，而是有限制的。那么在民主范围内施加什么样的限制才算不违反自由原则呢？不幸至今还没有形成一种有助于解决这些问题的一般性原则。唯一的指导性准则是历史形成的某些特殊限制，而不求助于统一的概念。

齐卡里亚·查菲教授列举了一些控制或压制公众通讯工具的办法：比如要求书籍或其他出版物必须事先领取执照，在出版前或出版过程中对于含有触犯当局内容的作品进行审查，没收含有触犯当局内容的作品，对出版某种报纸或书籍或其中的某些内容提出警告，对于诽谤或其他含有触犯当局的内容的出版物处以罚金，强迫媒体公布所有作者的姓名，对含有不正当内容的出版物在出版后予以刑事处分，并在民事上承担赔偿，对于新闻来源和设备的利用区别对待，对外文报刊有特殊禁令和限制，在使用通讯设备和发行系统方面区别对待或不准使用，对于进口、版权都加以干预，禁止征税和不正当的津贴，并对人们购买、阅读或收听加以干预。

某些对新闻自由的限制已经被公认为是符合自由主义原则的。所有的民主政府都承认国家有保护个人名誉的职责，只是某些国家在执行这一职责时比其他国家殷勤，但是所有国家都承认有必要限制公众通讯工具用诽谤来伤害社会中的成员。对个人的保护一般由法律来规定，并由法院执行。关于破坏名誉的法律，有无数微妙之处，结果在很多场合很难执行这一法律。文化上的差别也可以影响有关破坏名誉的法律的执行情况，在某一特殊的文化中，常常依赖某些代替办法来保护个人名誉，特别困难的问题是当破坏性的言辞加在一个同时是政府官员的个人身上时——根据自由主义理论，作为个人，他应当得到保护，但作为一个政府官员，他应该公开接受大众批评。在这方面，19 世纪早期的法院企图作出几种实际上行不通的区别。最后的结果是，在美国不论是政府官员或是公职的候选人，在破坏名誉的法律方面很少能得到保障。

另一种普遍接受的对报刊的限制是禁止传播淫秽和不体面的内容。至今还没有形成健全的基本原则来支持法律反对淫秽出版物，而这种限制对于保障道德是必要的。道德本身是很难下定义的，因而法院和立法机构好几世纪以来都竭力设法给淫秽出版物下一个大家能够接受的定义。关于淫秽出版物的定义，常常是由自以为是的少数人来决定的，或者是由某些法官根据对当前道德情况的估价作出的。虽然某些自由主义者主张反对基于淫秽而施加的任何方式的控制，但是他们中的大多数同意国家有义务保护社会，或至少保护社会上的某些部分不受淫秽和不体面的出版物的毒害。关于国家是否有权为了保卫自己而对传布可能有害于国家或在其信仰者之中破坏其威信的报道和意见这一问题，已经辩论了两个多世纪。集权主义者对于这个问题给出了一个直截了当和毫不含糊的答案，但是对于自由主义来说，解决起来并不那么简单。如在前面指出的，集权主义者承认国家有权保护自己的名誉，正如自由主义者保护自己不受破坏名誉的出版物危害一样。

虽然英国的普通法对于诬蔑政府罪的惩罚提供了基础，但是这种法律不符合美国人的胃口。美国的独立是借助于对英国殖民当局的说理斗争和责骂攻击而取得的，很多著名的美国人参加了这一行动。正是这些美国人，当他们要自己组织政府时，早就倾向于承认对政府官员和公共事务的不受限制地开展批评的价值。革命家们一般理解到关于煽动叛国诽谤罪的旧法律，在新共和国中早就无效了。然而当这些领袖人物在一个地域广阔、人口不集中的国家里安定下来，处理政府的困难的日常工作的时候，为了维护权力就使官员们倾向于重新回到传统的态度和办法上去。

很多新成立的州政府恢复了关于煽动叛国和诽谤罪的普通法，特别是在政治运动中的党派斗争紧张时期。由于美国政府的联邦性质，中央政府无法使用英国刑法。因此在紧急和动乱时期，联邦政府就转向于用立法手段来保护自己。1798 年的《外侨和煽动叛国罪法令》就是企图给政府以权力，来保护自己免受无根据的批评的伤害。联邦主义者运用这一法令来达到政治上的党派目的和在美国公众间深入人心的民主原则是矛盾的。因此在整个 19 世纪，在这方面没有定出更进一步的办法。个别的州放弃了英国的关于煽动叛国诽谤罪的学说，而到杰克逊式的时代，这一法律就过时了。

自由主义关于报刊在社会上的作用，在于报刊有权利和责任作为一种司法范围之外的对于政府的监督力量。报刊要督促国家官员不滥用或超越他们的权利。报刊要作为执行民主制度的监护者，时刻警惕着去发现并揭露任何独断的或集权主义的做法。要很好地完成这一任务，报刊必须完全不受控制或统治。自由主义对集权主义进行的几个世纪的斗争完全是被迫的，因此政府往往被认为是最大的敌人。然而，如果能找到强有力的和有效的办法来抑制政府权力的运用，那么政府的权力也可以用来为自由主义服务。报刊加上其他的保证，就能成为完成这一任务的工具。在传统的集权主义制度以及在苏维埃俄罗斯制度下，人民的利益和国家的利益在理论上是一致的。因此自由主义者所谓“对政府的抑制”，对于集权主义来说，不过是对于国家实现其职能的阻挠的企图而已。

虽然美国政治制度的创始人认为报刊的政治职能是最重要的，但是也给这种公众通讯工具规定了其他职能，目的在于保证民主社会的正常运行，这种通讯工具也被当做成人教育的主要工具。联邦邮政系统一建立起来就下令降低邮资，以鼓励报刊的发展。民主制度的成功建筑在明智而了解情况的选民的基础之上，所以公众通讯工具和公立学校就负担着向公众提供教材的责任。这种公众通讯工具要对发展艺术、科学，提高公众的兴趣水平和改善日常生活中的具体事务做出贡献。集权主义者并不反对给报刊以教育的任务，因为在集权主义制度下，教育机构和公众通讯工具一样都受同一原则指导，那就是完成国家的目标。

第五节　自由主义理论下运行的报刊

我们现在从自由主义原则下报刊作用的理论转过来讨论在现代社会中公众通讯工具的运用问题。英国、美国、某些英国的自治领地都遵循一种前面提到过的英、美传统的一致的方式。有些新起的民主国家，在设法模仿或抄袭这种传统，但成功的程度不一样。关于它们的成败，在后面再谈，现在我们来看看公众通讯工具在美国是如何运用的。

一、两次世界大战对自由主义主张的挑战

20 世纪面临着如何在公众通讯工具中运用自由主义理论的现实问题。目前已经做出的贡献，来自两次世界大战期间的经验，来自诸如电影和广播这些新的公众通讯工具的发展。

在两次世界大战中，迫切的问题，是要建立一些原则来指导可能会干涉政府刻不容缓的目标的那些意见的传播，以赢得战争的胜利。纯粹的自由主义理论事先对于全世界规模的战争或局部战争的动荡影响并未规定应付的办法。自由主义者过去模糊地允许政府有权在特殊情况下保护自己不致被消灭，但是他们对于国家在战争时期可以削减表达意见的自由到什么程度，并未作理论上的分析。在第一次世界大战期间，美国政府在美国领土范围内建立了一个检查来往电讯的制度，但是并未企图窒息公众通讯工具。一种取得主要是报纸、杂志这些公众通讯工具的合作的自愿送审制度曾经被实行过。在第二次世界大战期间，实行了同样的制度，不过手续改进了，这时包括广播电台在内。

由战事经验产生的一个重大贡献，是美国最高法院企图规定民主社会中自由讨论的限度。法官们承认在特殊情况下，例如在大战期间，个人的传统自由必须让位给刻不容缓的目标。问题在于要找到一个方案可以使国家执行计划不受不必要的干涉和阻挠，而同时又能尽可能多地保留自由主义概念下的自由。集权主义政府当然不关心这种问题，但是对于自由主义政府来说，这是一个严重而使人难以解决的问题。在战争时期，最高法院的立场是：如果某种讨论有“一种合理的倾向”，会阻挠战争，那么可以宣布这种讨论是犯罪行为，而参加者就要受到惩罚。自由主义思想家和法学家群起而批评法院离开了传统的自由主义原则，因此在战后不久，法院就改变了态度，采纳了原来由布兰迪斯和霍尔姆斯两个法官提出的方式。霍尔姆斯法官在斯申克案件中提出这样一个方案：“在每一个案件中，问题在于使用的语言是在这样的环境中使用的，并且

属于这样一种性质，即造就了明显而现实的危险，足以带来大量恶果，国会就有权加以防止。这是一个近似和程度的问题。”

这一方案后来被称为“明显而现实的危险测验”。霍尔姆斯和布兰迪斯都认为在全国紧急时期有必要对言论自由作某些限制，他们的方案是企图提供一个原则，即一方面规定自由讨论的极限，另一方面规定政府的限制权力。他们拒绝了合理的倾向的测验，而赞成一个能允许有更大的自由幅度的测验。他们同意政府有权惩罚任何一个超越了自由极限的人，而把这些极限规定为包括一个尽可能广泛的范围。它们的解决办法是限制政府对自由发表言论的干涉，除非有确实对国家的目标发生紧急的危害的情况。不但这种危险性必须是紧迫的，同时这种讨论对国家产生不利影响的可能性必须是直接的。“明显而现实的危险测验”成了第一次大战以来判别绝大多数限制言论自由和报刊自由的行动是否有效的基础。

二、新闻自由不能对民主政治制度构成威胁

美国最高法院曾经批准立法议案对于主张以武力和暴力推翻民主政府制度的讨论加以处罚的规定。自由主义理论中要解决的问题，是要对共产主义和资本主义制度的相对厉害的讨论与企图以革命方法颠覆现存国家的鼓动和主张二者之间划一界线。“以武力和暴力”一语已经被联邦政府和许多州政府使用于禁律之中。此项法律也已经被用来禁止一些共产党负责人发言，但并未用来封闭共产党的机关报如《工人日报》。这种法规与“明显而现实的危险测验”结合起来，已经经最高法院承认为一种宪法上的方法来对付那些企图推翻民主的资本主义制度的人。

最高法院在有关公众通讯工具的自由的许多决定中，都是遵循自由主义的基本原则的。最高法院宣布为违背宪法的限制中，有明尼苏达州禁止出版政治丑闻录和路易斯安那州对于反对惠·朗王国的大报的总收入课税办法。后来最高法院限制下级法庭不得因报纸刊登可能干预裁判的文章而作为侮辱法院罪加以处罚，并且推翻了限制刊载犯罪与流血的出版物的立法企图。

在美国制度下，最高法院独有的任务是评定政府方面对言论和出版自由所作的限制。此外似无其他民主政府采取这种方法来保护公众通讯工具不受政府的侵害。

三、客观报道的产生

印刷的通讯工具是首先出现的，在确立自由主义的自由原则的斗争中曾经

最为活跃。尤其是报纸，带头反抗作为集权象征的国家，企图降低它的地位并且限制它的作用。

随着现代表达自由概念的理论基础的确立，报刊发展了所谓客观报道的理论，来完成其作为一种报道工具的任务。这个理论起源于19世纪，在美国和英国广泛地被称赞为20世纪前25年中对于新闻学的独特贡献。它在美国的起源，可追溯到新闻采访合作协会的兴起，这些协会把州、全国和国际方面得来的消息集中后再供给地方报纸。那时大部分的报纸都是极端党派性的，而且对于刊布有利或倾向于敌对党的资料是有反感的。代替的办法是尽可能消除新闻中的一切政治偏见。新闻通讯社指示记者和作者记住他们所写的东西要被送给民主党和共和党的主顾，而且必须为双方所接受。作者都变得善于写作没有党派色彩的报道，而由于这种实践，就产生了直到今天还在美国新闻界通行的客观报道的概念。

在美国新闻界中，客观报道的加速发展，是由于报刊中政治党派性的衰落以及报纸由传播意见的刊物变为传播新闻的工具所造成的。广告的增加和销路的扩大，有利于报纸处于客观的理想地位。报纸记者认为他们的工作需要一种超然的态度。他们成为当代争论的旁观者而不是参加者。他们小心地避免党派色彩或评价的任何表现。新闻是单纯的记事，意见必须与新闻明确地分开，在大部分美国报纸中，意见仅在社论版中表示。

客观报道的理论成为美国新闻工作者职业上的骄傲，他们认为报道当日的事实，是他们的唯一职责。在许多宣称遵行自由主义原则的国家内，这个理论未能得到普遍的接受；在报刊成为政党附属的国家内，客观性的理想更没有可能盛行起来。

在后来，客观的报道受到严厉的批评，其理由是说它忽略了报道全部的真实情况，并且未能给予读者以充分的根据以便对于新闻加以评价。

四、难以争取的从政府获得消息的权利

新闻学的另一个涉及自由主义概念并且是近年来报刊热切研究的问题，就是接触政府的消息来源的权利。

早期的美国立宪会议的内容对于公众和记者都是不公开的。19世纪以来，报刊能够指出根据民主的理论，把政府的活动向公众进行完全的报道，是逻辑上所必需的。虽然逻辑上的理论支持新闻工具，但运用理论的实际问题却提出了种种障碍。

全国范围的这种报道尤其困难。在全国范围内，政府的活动已经以惊人的

速度进行扩展。由集权主义的先例所产生的秘密传统，总是在外交方面表现得最为显著。外交通常属于中央政府的管辖范围。虽然记者和通讯员几个时代以来都被允许参加立法机构的会议，但他们接触行政官员或团体的程度并不相同。新闻代表很少被允许列席外交会议。不幸的是还没有拟定出一般的原则，来表明何时何地公众对于公共事务有合法的兴趣，因此新闻记者很少得到这样的指导。国务院或外交部既然可以拒绝透露其活动，政府的其他机关为什么不可以这样做呢？如果联邦政府可以拒绝采访消息，州政府或地方政府又为什么不可以这样做呢？自由主义理论假定政府的事情就是公众的事情；但是那些动人的辩论却可以成为拒绝公众或其代表采访某些政府议事和记录的理由。

第二次世界大战以来，对于可能影响国家军事安全的情报加以限制的问题，是政府官员和报界代表都极感棘手的事。哪种情报应该保密以及由谁来保密的问题仍待辩论。对于保密者加以何种限制，才能保证他们在执行职务时不至于操之过急？当决定不许发表对于一个潜在敌人可能有用的科学情报的时候，这个问题变得特别尖锐。而且许多政府活动侵犯了个人的私人权利。一般民众是否有权知道某一个别公民付多少所得税？新闻记者是否有权参加国务院的会议或国会的委员会？是否应该允许他们出席县委会和教育局的会议？

自由主义理论还不能回答这些复杂的问题。公众通讯工具通过他们的职业组织，认为一切政府的事情都应该对他们公开，而且，他们既然是公众消息的供给者，就既有义务又有权利来采集和传播关于各级政府活动的新闻。

第六节　自由主义理论下的电影

一、电子传媒出现提出一个难题

新的通讯工具包括电影和各种形式的广播，它们的发明给自由主义理论家提出一堆新奇而复杂的问题。最初对于公众通讯工具的作用问题的民主主义解答大部分是根据印刷物在政治上的贡献做出的。当政治作用上增加了文娱作用的时候，而且当传达给公众所用的方法不是通过印出的文字而是以电子传播方式的时候，自由主义理论就有加以调整的必要。

电影是20世纪的产物。作为一种公众通讯工具，它与合法的戏院有许多相似之处，而且有联系，它在社会结构中的地位就和戏院的地位大体相同。集权主义理论曾经假定国家完全控制戏剧。16和17世纪的政府确立了根据政治、宗教和道德上的理由而严格管制文娱活动的权利——虽然并不经常实行。

新教改革并未像约翰·弥尔顿要求出版自由那样提出重大而有说服力的论据，来主张戏剧自由。因此，自由主义理论若不是把这个问题置之不理，就是因其有非政治的特点而假定其不重要。电影能接触广大观众，而且能对这些观众产生深刻的影响。有了电影以后，对于自由主义理论的根据，就不得不重新加以研究。几代以来，剧院都领执照，剧本都经检查；电影只是戏剧的扩展，因而需经主管当局的许可与检查。这个道理适用于最初企图设立官方检查局的想法，并经美国最高法院于1919年同意。

自从第一次世界大战以来，电影除有文娱作用外，显明地尚有提供新闻和意见的作用，公众常常据以确定他们的态度和信念。而且他们的举止行动也部分地以此为根据。电影新闻简报是一种报道的工具。纪录影片现在大量摄制，起着报道和教育两方面的作用。电影由于扩展其提供新闻和意见的作用，以减少其与戏剧的类似之处，而增加其与报刊的相似之处。电影也不像报纸，并无竭力争取其权利的意图——至少直到最近还没有这样做。制片者与官方和非官方的管理机构合作，整个制片业设法通过在美国电影制片者和分配机构主持下制定的一种资源的制片法规，来管制它的比较顽强的成员。

为什么电影必须领执照和接受检查，而印刷的传播工具却不受这些限制呢？这是政府和自由主义理论家所面临的问题。即令电影能败坏道德标准，难道电影不是民主社会中一个重要的机构而不应该根据自由主义原则来衡量吗？如露丝·英格丽斯女士所指出的：“关于电影的问题，只是几世纪以来哲学家和政治家感到困惑的一般问题的个别事例，怎样能使公众的意志占优势以及秩序得以维持，而同时又能使持不同意见的少数人对变革有他们的适当的影响？这个问题必须建立社会机构才能获得结果。”

二、美国对电影审查的解禁

以罗伯特·梅纳德·哈钦斯①为首的新闻自由委员会在对民主社会中的电影问题加以深思熟虑的研究以后，提出如下建议：新闻自由在宪法上的保证，应该被认为包括电影在内，纪录片的日益重要，更加强了这种必要性。

---

① 罗伯特·梅纳德·哈钦斯（Robert Maynard Hutchins，1899.1—1977.5），美国著名教育哲学家，1947年他以芝加哥大学校长身份受《时代》杂志老板卢斯之托，组成“新闻自由委员会”(Commission on Freedom of the Press，又名“哈钦斯委员会”)，经过两年的深入研究，提出一份著名的“哈钦斯报告”，即《一个自由而负责的新闻界》(A Free and Responsible Press)，对建立美国报刊的社会责任理论有深刻的影响。

但是，给予电影在宪法保障下的地位，并没有最后解决问题。纵令承认电影应该享受传统的自由主义的自由，但在对这个工具加以任何管制时，应该如何办理的问题仍然存在。美国最高法院曾采取一个重要步骤来答复这个问题，就是去除官方电影检查工作所依据的一些比较受到反对的标准，理由是这些标准过于含糊而难以满意地执行。至少在美国，电影已被列为是传统的自由主义出版自由概念的一种工具，并且正向着这个目标迈进。

第七节　自由主义理论下的广播电视事业

一、相同功用、不同待遇引发的思考

广播包括无线广播和电视，它不仅是最现代化的公众通讯工具，而且给自由主义理论提出了许多错综复杂的问题。

在最初阶段，无线电传播消息，在很多方面与电话和电报系统相似。后者只是两地直接的传送系统，不考虑其传送的内容和性质，因此一般认为它们不包括在公众通讯工具的范围之内。电话和电报在性质上是专利的，因此作为一种公共传递者，要受政府条例的管制。自由主义学说在“为公众的利益”的前提下，承认由政府来管制或经营这些传送工具的专利地位。当两地之间的无线电传播产生时，它也自动地具有了一种公共传递者的特点，因此也就要受到同样的控制。

可是，广播不像无线电报和电话那样只传送两点之间的消息。事实上，广播是同时能够传播到广大听众的一种新的公众通讯工具。它不仅关系到消息的传送，而且关系到这些消息的内容。在这个范围内，它和报纸、杂志和电影有相似之处。另一方面，它利用电磁波，而电磁波的供应是有限的——显然，不是人人都能设立一个无线电广播电台而不造成空间电波的混乱；因此，就是为了分配频率，管制也是必要的。

作为公众通讯工具，它理所当然地应该具有“自由传播”的权利；但因为上述各种原因，它又不得不接受政府的管制，于是，在如何对待广播的问题上，出现了两难的局面。

二、西方对广播电视的管理

难题不能不解，自由主义社会设计了各种方法来解决广播问题。在较早时期，法国等国家依照电话和电报的先例，建立了由政府掌有和经营的专利。而

英国等国家则采取由官办公司来经营，只间接地对执政政府负责。在美国，解决办法是实行在国会所设的联邦委员会的分配和管制下的私有制。加拿大则采用双重制度，即官办公司经营全国性电台，私营企业经营地方性电台。不过，自进入20世纪80年代以来，政府已基本退出这一领域。

虽然美国的广播制度比其他国家更符合自由主义原则，但它所面临的问题，则是调整通常的自由学说，使其适应广播的具体情况。美国的办法是设立一个政府机构，来解决分配频率问题。但在什么基础上来进行分配呢？所用的标准和一般公共传递工具所用的标准相同，就是“公众利益、方便和必需”的标准。这是一个含糊的标准，但显然是美国国会在当时情况下所能提供的最好的标准。这个标准曾用来管理铁路、电力公司以及电话和电报公司；对于广播来说，也是唯一可取的标准。

联邦通讯管理委员会继承联邦无线电管理委员会（1927），于1943年成立，负责保证标准付诸实施。这是一个很不容易找到答案的难题，因为实在是无法认定，把一部分电磁波分配给申请者甲，比分配给申请者乙或丙更符合“公众利益、方便和必需”。

其他的公众通讯工具是根据企业主的意愿而设立的私人企业。事实上，政府发给营业执照的制度是与自由主义的原则不相容的，这种制度破坏了通讯工具监督政府及其官员的有效基础，所以不受欢迎，最后在强大的舆论压力下被废止。但是广播没有其他显然可以采用的办法；委员会面临颁发执照的必要，不得不寻求某种合理的根据来作为决定的基础。它几乎不可避免地采取这样的论点：既然空间电波是一种有限容量的天然资源，其分配至少一部分要根据节目的内容；如果所有各界人民都能收到最好的广播和电视节目，就符合公众利益。一个政府机构现在确实对于这个通讯工具的内容进行监督。广播事业极力反对这种做法，认为委员会的这种解释，违反了自由主义理论有关言论和出版自由的传统原则，并声称广播与电话公司不一样，它更接近报纸或杂志，并且在某些地方，具有戏剧和电影业的特征。广播界以广播和报纸一样自由的口号，论证政府的作用只是分配频率，而不是管制节目内容。

委员会的立场已在著名的蓝皮书中表明。在这个文件中，委员会断言内容的标准有必要在频率分配中加以考虑，否则占用者就会在公共财产中取得不当利益。委员会并规定适当安排节目的某些要求。蓝皮书出版以后，即展开了全面的辩论，但是没有得出永久性的结论。国会和最高法院也都感到难以解决这个争端。法院指明广播受到宪法上保证表达自由的保护，但是法院也认为政府通过联邦通讯管理委员会，不仅有权监督空间电波的使用，而且有权决定这些电波所传送的内容。

三、广播电视的经济来源问题

经济上支持的问题更增加了广播问题的复杂性。在西方有些自由主义的民主国家，规定政府对于广播可以给予补助；有些国家如英国制定一种对于使用收音机的征税制度；有些国家如美国则依靠广告的收入。由于经济上的因素能够严重影响一个公众通讯工具的内容，因此依赖国家支持就成为一个严重的问题。电视经营费用很高，因此在这个问题上，其趋势是更加严重。一个依赖国家资金支持的通讯工具如何能保持不受政府的影响？广告收入是另一条出路，但广告商对广播和电视的影响也是不言而喻的。

自由主义理论尚未最后解决电影和广播的问题。它们形成一个广大的系统，在这个范围内，它们进行自我调节。通过实验和经验，通过尝试与错误，以及通过对这些新的通讯工具理论上的探索，也许可能找出答案。自由主义的哲学正如其在过去一样，是在摸索前进，在它不明确是否走上正轨时，任何最后的决定是不易获得的。

第八节　各式各样的自由主义报刊

一、多种形态的自由主义主张

美国和英国一百多年来是自由主义原则的主要保持者，但世界上其他国家也不同程度上采用了同样的原则。随着民主形式的政府扩展到全世界，言论和出版自由的概念也成为自由主义理论的一个组成部分。在某些国家内，这个概念获得了肥沃的土壤；在许多其他国家内，这个概念虽然获得繁育而且颇有希望，但在短期内就枯萎而死。在另外一些国家内，这颗种子产生了变种，和英美很少有相同之处。

世界上许多欠发达国家和地区感到特别难以移植西方的自由报刊的理想。在许多情况下，这个理想被热情地接受着，但是内部的情况显然无助于民主原则的充分发展。民族主义的压力、内部的安全以及经济情况，都是难以实行自由主义理论的主要因素。

第一次世界大战以来建立的新的民主国家，已经普遍地采取了宪法上保护公众通讯工具自由的办法。菲律宾的宪法（1935）有一项简单的规定：第八条，不得通过法律剥夺言论或出版自由，或人民和平集会及向政府请愿要求救济的权利。以色列的宪法（1948）规定更为细致：第十六条，保证言论自由及用书面或任何其他形式自由表达意见这种宪法上的保证，不得推及发行诽谤的或淫秽的或者旨在煽动种族或宗教仇恨的，或旨在鼓动暴行或犯罪，或者主张压制人权或民主政府制度，或者泄露国防秘密等的出版物。预防性的检查制度，除在战时或国家紧急时期外，是不合法的，而且需要经过特别立法手续，并继续受议会的管制和审查。

二、"自由"和"集权"只有一墙之隔

虽然民主原则普遍传播，但有些正式采用自由主义的保护以防止政府控制报刊的国家，每当国内发生政治危机时，就又恢复集权主义的做法。阿根廷和哥伦比亚两国都对报刊采取了传统的宪法上的保护，但两国有时都忽略了这些规定，并且压制提反对意见的出版品。

在第二次世界大战的后期中，自由主义者抱有很大的希望，认为战争结束和有效的国际组织建立的时候，言论和出版自由的民主原则就会传遍于全世界，他们相信在国际范围内，这些原则可以有效地对付集权主义和共产主义的原则。成立联合国的推动力量之一，就是全世界承认自由主义传统中的基本人权。在基本人权中，表达自由就是其中之一，或者按照后来美国专家所提倡的说法，就是所谓通讯自由。

规定这些人权并在全世界予以实施的任务，交由联合国大会、经济暨社会理事会和一个特设的人权委员会负责，人权委员会设立一个通讯和出版自由分组委员会，来处理公众通讯工具的特殊问题。在1948年日内瓦举行的联合国通讯自由会议中，集权主义者、自由主义者和共产主义者对于公众通讯工具在社会中的作用，都为他们各自的理论提出了论据。虽然调和这些分歧的观点显然有种种困难，但联合国的领导人却希望可以达成某种协议。分组委员会在以后的各种会议中，还研究了一些特殊的问题，如对全世界人民提供足够的新闻的问题，消息流通中的障碍问题，通讯人员的国际道德法规问题，无线电广播的干扰问题，新闻影片的自由传播问题，新闻纸张的供应问题，以及外国通讯人员的差别待遇问题等。

但是，在很多国家里，总是在新闻自由和国家主权之间来回跳舞。实际上，在这些国家里，自由主义和集权主义只有一墙之隔。

三、夭折的尝试

1948年日内瓦大会草拟了一个国际交换新闻及更正权利的公约，并获得

通过，但由于等待通讯自由公约草案的完成，没有送请各国签署。工作不得不就此暂停下来，因为分歧的观点无法得到调和。当时主要的敌对者是美国和苏联，后来则变得更加复杂；一些国家，他们对于自由主义和共产主义的原则都不愿意接受。在过去几年中，对于解决建立世界性通讯机构的问题，没有任何明显的进展。

经济暨社会理事会通讯自由问题报告员在1954年报告中，分析所遭遇的种种困难的原因时写道：

> 关于新闻自由的辩论的大部分基本问题及阻碍进展的主要因素，是关于新闻自由概念中所涉及的权利和自由（对比义务和责任）的显著意见分歧。如果把这种分歧说成是两种论点的冲突，即一种论点认为无限制地出入于观念的市场最能有效地促进有组织的社会的利益，另一种论点认为国家的控制和指导能够更好地保障这种利益，这样的看法就未免把问题过于简单化了。世界上的实际情况，可以更正确地形容为一种“连续的意识上的光谱”，所有不同的国家，分布在两极之间。这个光谱从1946年以来的新闻自由的历次讨论中可以看得很清楚。

民主社会中公众通讯工具的作用的自由主义理论，有长久而陡峭的历史。这种历史是与政治的民主原则和经济学中自由企业的发展相平行的。这个理论本身可以追溯到古代哲学家中著名的祖先，但它受到的最大推动力却是16世纪和17世纪中西欧的发展。从弥尔顿到霍尔姆斯，这个理论一直是强调个人自由和个人判断原则的优越性以及真理若不受约束就能战胜一切谬误的原理，其口号是自我校正过程和观念的自由市场。这个理论是西方民主思想的巨大进展的一个构成部分，按自由主义者的说法，其结果是导致人类幸福的巨大增进。这个理论是两百多年以来西方文明的指导原则。

近年来，自由主义理论受到尖锐的批评。有人指出这个理论的某些基本原理是极其站不住脚的。唯理主义受到攻击，尤其受到现代心理学家的攻击；天赋权利的理论曾被人揭露为只是一种动听的口号，而没有基本的政治的或社会的根据；自由企业作为一种经济哲学，也曾被人怀疑；个人权利危害多数人福利也受到强烈的攻击。

但是，自由主义已经显示出它在理论上和实际上的优点。它已经消除人们心灵中的桎梏，并且为人类开辟了新的远景。它的最大的缺点，就是对公众通讯工具的逐日进行的工作未能提供严格的标准、检验值，即区分自由和滥用自由的固定公式。它是含糊的、不确定的，而且有时是不一致的。然而它的最大的资产也就在于它的伸缩性、适应性，而更重要的，是它继续信赖用个人自我引导来促进人类的利益和幸福的能力的信心。

对于新闻自由的解释，帕尔默·科尔顿有一段经典的言论："人们在谈论自由主义以前，就已经酷爱自由了。"① 对帕尔默这一论点的有力支持莫过于裴多菲那首著名的小诗了："生命诚可贵，爱情价更高。若为自由故，两者皆可抛！"

自由是什么？自由就是任何人都可以按自己的意愿去想，去说，去做。

新闻自由是什么？新闻自由是"公民的一种民主权利，宪法规定的公民言论、出版自由在新闻活动中的体现。新闻自由同任何自由一样，从来不是抽象的而是具体的，不是绝对的而是相对的。新闻自由也具有阶级性，不同的阶级有不同的新闻自由观，对新闻自由作不同的解释。世界上有许多种语言对新闻自由和出版自由使用同一个词汇（如英语中用 Freedom of the press）来表达"②。

我国传统的理论对新闻自由持政治学解释，把新闻自由分成为两大类，即"资产阶级新闻自由观"和"无产阶级新闻自由观"。

那么，人类应不应该有一种大家都能接受的普遍的新闻自由观呢？这是值得研究的一个现实而极其重要的问题。新闻自由作为一种民主权利不仅存在于各国宪法之中，而且无疑存在于一般人的感觉和追求之中。在资本主义国家政治集团的派系斗争中，在法律允许的范围内，新闻记者有揭露、干预某些政治事务和社会问题的权利，被认为是可以凌驾于其他三个阶级（贵族、僧侣、平民（即资产者））之上的"第四等级"，称为 18 世纪时期英国的"无冕之王"，其传统一直延续至今。

1644 年，约翰·弥尔顿因为出版书籍引起纠纷，被传唤到国会答复咨询，长篇大论地阐述了他关于出版自由的思想，这就是后来出版的举世闻名的《出版自由请愿书》(中译本为《论出版自由》)。弥尔顿指出，"我们所希望获得的自由，并不是要使我们的共和国中从此怨声绝迹，世界上没有人期望这种自由。我们所希望的只是开明地听取人民的怨诉，并深入地思考和迅速地改革，以便达到先哲们所希望地最大限度的人权自由"。弥尔顿将出版自由视为人权自由的一种表现，一个基础，一个前提，而人权自由的实现必须通过前所

① 帕尔默·科尔顿著：《近代世界史》，商务印书馆 1988 年版，第 580 页。
② 《中国大百科全书·新闻出版》，中国大百科全书出版社 1990 年版，第 421 页。

未有的英勇斗争来争夺，因此，反对专制主义的集权统治与思想禁锢，也就成为争取从出版自由到新闻自由的基本前提。

弥尔顿并不认为出版自由是一种绝对的自由，而是一种能够不断表达“人民的怨诉”的自由，是一种“根据良心作自由的讨论”的自由。他深情地说：“给予我自由吧，给予我自由来认识、抒发己见，并根据良心作自由的讨论，这才是一切自由中最重要的自由。”在弥尔顿看来，出版自由是一种个人表达思想的自由权利，没有表达思想的自由，也就没有自由的实现；所以，出版自由的边际，就是个人思想自由，这是一种以“良心”为边际的自律性边际。在弥尔顿看来，“只要心灵纯洁，知识是不可能使人腐化的，书籍当然也不可能使人腐化”。但是，“在我们这个世界上，关于恶的认识和观察对人类美德的构成是十分必要的。既然如此，如果我们想探索罪恶与虚伪的领域，又有什么办法比读各种文章、听取各种理论更安全呢?”他把出版自由的重要性和自由思想的批判性紧密地联系在一起，使出版自由成为表达思想的个人权力保障，这就是他对“个人良知为出版自由的边际”的界定。

弥尔顿对出版检查制度深恶痛绝。他说：“杀人只是杀死一个理性动物、破坏了一个上帝的造像；而禁止一本好书则是扼杀了理性本身，破坏了人们瞳仁中的上帝圣像。”在对于出版自由的屠杀中，“杀死的不止是尘世间的生命，而是伤及了精英或第五种要素——理智本身的生气。这是杀害了一个永生不死的圣者，而不是一个尘世间的生命。”他引用培根的话说，“责罚一种智慧就将增加它的威信；禁止一种写作，就会让人认为它是一种真理的火花，正飞在一个想要熄灭这种真理的人的脸上”。

1651年，英国哲学家托马斯·霍布斯在其出版的《利维坦》一书中，对如何避免滥用自由权利提出了一个思路。他认为，只有在自由的国家里个人才能享受最充分的自由。而所谓自由国家，就是一个由人民通过契约创造的、主权属于人民的和平国度。

霍布斯并不反对主权，相反地，他是主权的积极倡导者和真心维护者。他说：“决定哪些学说和意见有害于和平，哪些有利于和平，决定对人民大众讲话时，什么人在什么情况下和什么内容应受到信任，以及决定在一切书籍出版前，其中的学说应当由谁来审查等都是属于主权范围。”“因为人们的行动来自意见，为了他们的和平协调起见，良好地管理人们的意见就是良好地管理人们的行为。在学说的问题上所应尊重的虽然只是真理，但并不排斥根据和平来管理。因为与和平相冲突的学说就不能成为真理，正像和平与协调不能与自然法则相冲突一样。”

从表面上看，霍布斯与弥尔顿意见相左；但霍布斯所主张的出版审查，首先是根据人民授予的“合法权力”来进行的民主管理，所有审查都必须有“合法权力的根据”；而具体从事审查工作的人必须是“有充分研究成为够格的真理判断的人”。①

约翰·洛克的名言是“哪里没有法律，哪里就没有自由”。1689 年，他出版了《人类理解论》，指出“任何人都有一种不可侵犯的自由权利，即任意使用各个词汇表达自己的思想”。洛克是这样表明自己的看法的：“尽管人们的观点可能不一致，可我们所有人都应当维护和平、博爱和友谊。我们没有理由期望任何人甘心抛弃自己的观点，带着屈从于世人无法理解的权威的盲目性而接受我们的意见。尽管人们可能经常会犯错误，可只能屈从理性而非其他，更不能盲目屈从他人的意志和命令。”② 在这里，洛克阐明了理性自律和权威他律两者之间的关系，从而使洛克为出版审查与出版自由之间的关系给出了理论上的启示：为了保障出版自由，出版审查只能在出版之后进行，而不能在出版以前进行。这一点，正是洛克对弥尔顿的“良心”自律与霍布斯的“管理”他律的创造性综合。

曾格案件的胜诉给新闻自由从思想实现向实践的跨越带来了曙光。杰斐逊则从法律上和政治制度上为出版自由提供了基本的保障。

美国著名的资产阶级政治家、哲学家托马斯·杰斐逊早在 18 世纪就指出，“出版事业应当是自由的。除非报纸犯了损害名誉的罪，才能对它提出私人控诉”。杰斐逊下决心要将“出版自由”写进宪法，他认为，“只有人民才是政府官员们唯一的监察官，即使是他们的错误之处也有助于保持其制度中的正确的原则。如果过于严厉地惩罚这些错误，就会给仅有的公众自由的保障造成压力。对人民中不同意见给予保护的办法，就是通过公共报刊的渠道，向他们提供关于公共事务的全部情况，并使那些能够深入人民中去的报纸得以发刊。我们政府是建立在人民意见的基础上的，而政府的首要任务就在于保持人民的这种权利。而在这个原则指导下，我们便可决定，我们是要政府呢，还是要报纸。要是我来决定，我会毫不犹豫地选择后者。”③

---

① ［美］莫蒂默·艾德勒，查尔斯·范多伦著：《西方思想宝库》，吉林人民出版社 1988 年版，第 1013 页。

② ［美］莫蒂默·艾德勒，查尔斯·范多伦著：《西方思想宝库》，吉林人民出版社 1988 年版，第 1017 页。

③ 《外国新闻事业史参考资料》，中国人民大学出版社 1989 年版，第 56 页。

1788年2月12日，杰斐逊在另一封信中再次表明了自己的态度："坚持在新宪法里附上一项人权法案，也就是说，在这一法案里，政府必须宣布：（1）信仰自由；（2）出版自由；（3）一切案件均由陪审团审判；（4）取缔商业垄断组织；（5）取消常备军。"①

正是由于杰斐逊等一批政治家坚持不懈的努力，1789年美国国会制定了宪法修正案，即我们所说的"人权法案"，规定美国"国会不得制定关于下列事项的法律：确立宗教或禁止信仰自由；剥夺人民言论或出版自由；剥夺人民和平集会及向政府请愿的权利"②。

1789年8月26日，法国正式发表了《人权与公民权利宣言》，使"出版自由"的思想在法国生根。该宣言指出："思想与言论的自由交流乃是人类最宝贵的权利之一，因此，任何公民都有言论、写作和出版的权利，但在法律限制内须担负滥用此项自由的责任。"③

新闻自由是出版自由的切实体现，是公民思想自由和言论自由的切实体现，正如杰斐逊所说的那样："离开了对新闻自由的保障，就无其他自由的保障可言，当公众舆论允许自由表达时，其力量是不可抗拒的。"④ "只有拥有了从政治生活到日常生活等一切领域内的所有自由权利的个人，才可能真正成为公民。"⑤ 人们拥有了自由，他才能拥有尊严；当他拥有了尊严，才可能去尊重他人的自由权利，因为只有这样他才能保护自己的自由权利。正是这种以彼此尊重对方自由权利为基础的普遍的宽容，才成为建设法治社会的民主精神的基石，才构成安定社会的最牢固的基石。不平等的社会，就不可能有永久的稳定可言；没有言论自由、新闻自由的社会，就永远也别想人民同心同德。

集权主义者担心实现新闻自由后国家就失去了统一的目标，就没有了统一意志，就会变得四分五裂。因此，他们在权衡了两者的利害得失后，认为为了国家利益，还是对新闻传媒实行集中控制的好。但他们忽视了一个简单的事实，那就是，集权主义的管理在保证了国家舆论统一的同时，却造就出不肯思

---

① 杰斐逊1787年1月16日给国会的一封信，见［美］莫蒂默·艾德勒，查尔斯·范多伦著：《西方思想宝库》，吉林人民出版社1988年版，第1023页。

② 徐耀魁：《西方新闻理论评析》，新华出版社1998年版，第178～181页。

③ 董云虎，刘武萍编著：《世界人权约法总览》，四川人民出版社1990年版，第285页。

④ 徐耀魁：《西方新闻理论评析》，新华出版社1998年版，第178～181页。

⑤ 郝明工：《无冕国度的对舞——中外新闻比较研究》，云南人民出版社2002年版，第197页。

索、不会思考的国民，培养出没有主见、智力低下的公众，从国家的长远利益来看，显然是南辕北辙。

◎ 思考题

1. 简述报刊自由主义理论的哲学依据。
2. 试析报刊自由主义理论的内涵。
3. 谈谈你对报刊自由主义理论的理解。

第四章　当代西方传媒圭臬
——社会责任理论

20世纪中叶，即40年代前后，报刊的社会责任理论渐渐地上升成为美国新闻界的主流理论。西奥多·彼德森在由威尔伯·施拉姆主编的《报刊的四种理论》中，对此作了详细的阐述。他说："今天，在报纸的出版者们谈到他们的职业时，往往流露出公众有获得消息的权利和报刊有对于公众的责任等词句。这种思想以及由这种思想所产生的报刊经营方式，表现出传统的自由主义理论有了一个重要的改变，因为自由主义理论并没有建立起公众有获得消息的权利，也没有要求出版者有道德责任。"①

"在自由主义理论中，关于出版者地位的最流行的说法要算华尔街日报威廉·彼得·汉密尔权的说法了：报纸是一种私人企业，社会既没有给它任何特权，它对社会也不负任何义务。因此它不受社会利益的影响。报纸很显然的是企业主的财产。报纸业主是自负盈亏地出售其产品的……"②

第一节　社会责任理论及其内涵

社会责任理论的萌芽最早可以追溯到两次世界大战期间，人类面临的前所未有的生存挑战使报刊不得不重新考虑新闻自由的问题。于是，一个新的思想日渐明朗，这就是被后来称之为社会责任理论的新的思想体系。

一、什么是社会责任理论

我们知道，集权主义理论是产生于西方早期集权主义政治背景下的控制传

① ［美］威尔伯·施拉姆等著：《报刊的四种理论》，新华出版社1980年版，第54页。

② ［美］威尔伯·施拉姆等著：《报刊的四种理论》，新华出版社1980年版，第54页。

播媒介和信息传播方式的一种占主导地位的报刊理论，它的基本思想是，国家决定社会的发展目标，以及确定实现这些目标的途径和方法；作为大众通讯工具的传播媒介应该服从于这一总的目标。当国家（其代表者就是政府）认为媒介的活动和其传播的信息对实现国家的目标或者对保证国家的安全构成威胁时，国家就有权加以限制、禁止甚至惩处。在价值尺度上，集权主义理论认为国家利益是个人利益的集合，它本身就包含了个人利益，所以当二者发生冲突时，个人利益应当无条件地服从国家利益。

自由主义理论是对集权主义理论的反叛，是在文艺复兴和启蒙运动的背景下迅速生长起来并影响西方新闻传播史300余年的一种报刊理论。这种理论认为，人是有理性的动物，人就是目的，个人的快乐和幸福就是目的，个人的成就应该成为最终目的。人们要获得真理，就必须以理解为先导，在公开的意见市场中去了解各种不同的观点，然后凭借他的思想、记忆、利用经验和做出结论的能力，去明辨是非，分清正确与错误。在他们探索真理的道路上，凭借的是个人智慧，无需国家的引导。国家存在的意义在于保证公民的安全，维护社会的公平，促进个人的幸福和提供社会环境能够使个人发挥他的潜在力量。如果国家不能满足上述要求，它就变成了阻碍，就必须废弃或进行剧烈的改变。政府是受公众委托办事的社会公仆，他们的行为必须无条件地接受公众的监督，而媒介就是公众用来监督政府的哨兵。自由主义理论对于国家比组成它的个人成员还要重要的命题是不接受的。

那么什么是报刊的社会责任理论呢？

报刊的社会责任理论，是在上述报刊理论的基础上产生和发展起来的，按照施拉姆的说法，报刊的社会责任理论是报刊的自由主义理论的“新思想的接枝”。那么，究竟哪些思想成为报刊的社会责任理论的思想根源呢？

在前面的论述中，我们已经系统讨论了报刊的集权主义理论和报刊的自由主义理论，特别是对其哲学依据进行了比较，现概括如表4-1。

经过比较，我们就可以来深入讨论社会责任理论形成的思想根源及其原因了。

1. 社会责任理论形成的思想根源

(1) 间接根源。西方历史上各个时期的伟大的思想家的学说为社会责任理论提供了间接的思想根源。

柏拉图：国家目标学说。国家的责任是“建立并实施政治目标和文化目标的一致”，并“确立实施这些目标的方法”，这个观点意味着对意见和讨论实施严格的控制。

表 4-1　**两种报刊理论哲学依据的比较**

内容	报刊的集权主义理论的有关思想	报刊的自由主义理论的有关思想
对于人的性质的认识	人类只有在作为社会一员的时候，才能发挥其全部力量；作为个人，他的活动范围极其有限，但作为社会或有组织的社会的一员，他实现自己的目标的能力就无限地增加了。因此，团体比个人重要得多，因为只有通过团体，个人才能完成他的目标。国家是社会团体的最高组织形式	人是有理智的动物，人本身就是目的，个人的快乐与幸福就是社会的目的；人作为思想的有机体，能够组织其周围的世界，能够做出促进社会利益的决定；人是文明世界的基本单位，也是它的推动者，因此，个人的成就成为最终目标——人的目标、社会的目标和国家的目标
对于国家性质的认识	国家在价值尺度上可以代替个人，因为没有国家，个人就无从发挥一个文明人的特质。没有国家，人类只能永远处在原始状态	社会的主要职能是促进每个社会成员的利益，自由主义理论强烈地否认国家是人类奋斗的最高表现，反对社会比组成它的个人成员还重要的命题
对于人与国家关系的认识	国家有权决定它的目的和实现这些目的的方法，它的权力是通过一种还不能完全为个人所理解的过程，推论这个过程有时是神的引导，有时是依靠高度的智慧或领导的品质，有时是由于对其他任何过程都缺乏信心	国家的存在，是为了供给一种社会环境，使个人能够发挥他的潜在力量；当它不能进一步完成这个目标的时候，就必须加以废弃或进行剧烈的改变
对于知识与真理的认识	知识可以通过智慧来发现，聪明人能分析、能综合，应该在有组织的社会中成为领袖，或者至少成为领袖的顾问；知识获得可以通过国家很好地加以引导来为所有的人服务。因此，变动是不受欢迎的，稳定和持久性才是一种美德	人的推理能力是“天赋”的，继承并不重要，反对盲从权威；人可以依靠自己的努力认识周围的世界，寻求和获得真理。尽管在寻求真理的道路上可能存在争辩和分歧，但对于有理性的人们来说，真理是确定的，是可以证明的和可以接受的

马基雅弗利：国家安全学说。他不关心国家的目的和宗旨，他所关心的是取得政权和维持政权的手段。他认为，“一切问题都应该服从国家的安全这个主要目的”，“国家的安全只能由统治者或君主的现实的而不是道义的政策来实现”，“当统治者认为公众讨论威胁到他的主权的安全时，公众讨论就必须受到限制”。

霍布斯：国家利益学说。他认为人类有与生俱来的两种欲望：免除痛苦和获得权利，因此他主张：“为了公众利益而限制个人的权利是必要的”，“职权的特殊行动是否合理，不取决于私人意见”。

黑格尔：国家意志学说。他说，国家是道德的具体化，是理智的本身，是个人意志的体现，是绝对观念的最高表现形式，国家本身就是目的，“公民的最高义务，就是做国家的成员”。在黑格尔的思想中，“自由意味着个人有自由知道他是不自由的”。因此，他嘲笑“所有人都应该参与国家事务”这种想法。

这些理论从反面激活了人们的思考，开始了探索出版自由和社会责任的历程。

（2）直接根源。近代思想家们对于人的意义的思考和论述为社会责任理论提供了直接的思想根源。

约翰·利尔本：出版自由的思想。“出版自由是英国人民的天赋权利”，“立法权力只能源于人民”，“在法律面前人人平等”。主张颁布成文宪法、限制权力，建立分权制度，实现出版自由。

约翰·弥尔顿：真理只有和谬误进行斗争才有意义的思想（主要著作：《论出版自由》、《失乐园》、《复乐园》、《力士参孙》）。“人运用理性就可以辨别正确与错误，分辨好坏，而要运用这种才能，就必须不受限制地去了解别人的观点和思想”，“真理是肯定的，是可以表达的”，“真理本身具有战胜其他意见而存在下来的无可比拟的力量”（在此基础上形成了“观点的公开市场”、“自我修正过程”等自由主义报刊理论的核心概念）。

约翰·洛克：天赋人权的思想（主要著作：《政府论》、《人类理解论》、《论宗教宽容》）。人有四项权利：生命、自由、财产和惩罚权。自由是其余一切的基础；任何人都有权任意使用词汇来表达自己的思想；理解是人类获得真理的唯一向导，不能指望人们摒弃自己的观点。

约翰·斯图尔特·米尔：自由主义思想（主要著作：《论自由》）。“每个人在意识形态领域中，都应有良心的自由、思想的自由、发表意见的自由”；“我们永远不能确信我们力图窒息的意见是谬误，对任何意见的十分确定性正是人们易犯的错误之一”；“人们只能掌握部分真理，部分真理之间的猛烈冲突不是可怕的祸患，可怕的是‘半部真理的平静压熄’”。“真理的真正优越之处在于一个意见只要是正确的，尽管可以一次再次或甚至多次被压熄下去，但在悠悠岁月的进程中，一般总会不断有人把它重新发现出来，直到某一次的重现恰好情况有利，幸得逃过迫害，直至它头角崭露，能够抵住随后再试图压制它的一切努力。”

报刊的自由主义思想形成后，关于社会责任理论的思考也就是情理之中的事情了。

2. 报刊的社会责任理论形成的主要原因

在西方，当16、17世纪报刊的自由主义理论创立并战胜集权主义理论而登上历史舞台时，受到社会的普遍欢迎，同时也赢得无产阶级导师们的赞扬，列宁称“出版自由”是19世纪资产阶级革命时期“最伟大的口号”。

但是，进入20世纪后，报刊的自由主义理论遇到了前所未有的挑战，这些挑战便成为报刊的社会责任理论形成主要原因。

（1）技术进步和工业革命。

18、19世纪，德国工匠古登堡、俄国物理学家波波夫和意大利物理学家马可尼先后发明了自动印刷机和电报收发装置，给媒介的信息传播带来了两个巨大的变化：一个是印刷速度的大提高、印刷成本的大降低和印刷质量的大改观；另一个是媒介信息的大为丰富、准确和全面。同时，这两个技术也打破了长期自由竞争的格局，加快了大众传播媒介向少数传媒精英集中的步伐，社会对言论自由是否还能得到保障的疑虑急剧增加。

（2）知识气候的根本性改变。

报刊自由主义理论产生于启蒙时期的世界观，它主要由四个部分组成：牛顿的世界永恒运动学说，他认为世界按照不变的自然法则永久运动着；洛克的自然权利哲学，他认为人的自由是与生俱来的，人是有理性的动物；以圣西门、傅立叶为代表的古典经济学学说，强调政府不要干预经济，应该发展自由市场；弥尔顿的自我纠正法则认为，只要思想自由地公开交锋，真理就会出现，人们就会放弃错误，接受真理。

但是，达尔文、爱因斯坦分别创立的进化论和相对论学说，使社会知识界的思想发生了深刻的变化，牛顿、洛克、放任主义的经济学学说和自我修正法则要么被彻底推翻，要么遭到摒弃，要么被人们所怀疑。西方奉行了近300年的自由主义的报刊理论面临“自我修正”的考验，新思想、新理论的出现已不可避免。

（3）公众对自由主义报刊理论的批评。

在20世纪40年代，美国社会对报刊的批评日益尖锐，《一个自由而负责任的新闻界》将这些批评归纳为7个方面：

①报刊为它自己的目的使用其巨大的力量，报刊老板特别在政治和经济问题上传播自己的意见，损害反对者的意见。

②报刊为大商业效劳，并且有时让广告客户控制其编辑方针和编辑内容。

③报纸曾对抗社会变革。

④报刊的时事报道，时常更多地注意肤浅的和刺激性的事件，而不注意当前发生的重要事件。它的文娱材料常常缺乏积极内容。

⑤报纸已经危害了社会道德。

⑥报纸无理地侵犯了个人的私生活。

⑦报纸被一个社会经济阶级——笼统地说即商业阶级——所控制，后来者就无法厕身这一事业，因此，这就危害了自由而公开的思想市场。

3. 学界和政府对社会责任理论的阐述

（1）普利策的论述。

1940年，约瑟夫·普利策在《北美评论》上撰文，为他成立新闻学院的建议作辩论时指出：只有最高的理想、兢兢业业的正当行为、对于所涉及的问题具备正确知识以及真诚的道德责任感，才能使得报刊“不屈从商业利益，不寻求自私的目的，不反对公众的福利”。

（2）《公园区回声》的宣言。

19世纪初期，一张小报在纽约市公园区诞生。报纸虽小，但品格却很高，下面是他们自己给自己定下的追求目标：

> 我们从开始就必须承认，一个真正伟大的报纸必须是比它的任何一个编辑或全体编辑的集体良心要伟大。它的伟大表现在：当它立论时，它的言论是这样一个人的言论，它比那些受了人类弱点和欠缺所腐蚀的执笔者要更聪明、更有理性、更公正、更富于同情心、更富于理解力、更正直……一个真正伟大的报纸必须是不受任何和一切特殊利益集团的束缚。

（3）美国国会的政策

为了应对大量诞生的无线电传播机构带来的混乱，美国国会成立了无线电委员会，该委员会认为：

> 无线电是公众的言论自由的工具，而不是作为特许经营者纯私人利益的工具。电台只是无线电广播的受托人而不是所有者。因此，他们的传播必须对全社会负责。

4. 报刊的社会责任理论对责任的限定

以芝加哥大学校长哈钦斯为首的美国新闻自由委员会归纳了社会责任理论下报刊的职能，主要有以下六项任务：

（1）提供关于公共事务的消息、讨论和辩论，为政治制度服务；

（2）启发公众，使他们能够实行自治；

（3）作为监督政府的一个哨兵，以保卫个人利益；

（4）主要通过广告媒介，沟通商品和服务的买卖双方，为经济制度服务；

（5）提供娱乐，丰富公众的业余生活；

（6）维持财政的自给自足，使报刊能够不受特殊利益团体的压迫。

社会责任理论主张者们一般接受这六项作用，但是不满意某些报刊所有者和从业人员对于这些作用的解释，不满意报纸执行这些作用的方式。社会责任理论接受报刊有为政治制度服务、启发公众和保卫个人自由的作用，但是它认为报刊在执行这些任务时有缺欠。它承认报刊有为经济制度服务的作用，但是它不愿意把这一任务置于促进民主和启发公众的作用之上。它也接受报刊有供给娱乐的作用，但是附有条件，即这种娱乐必须是好的娱乐。它承认报刊作为一个机构需要保持财政上的自给自足，但是它以为在必要的情况下，某些个别的通讯工具可以不必一定要在市场上寻求出路。

5. 报刊的社会责任理论的内涵

根据上面的分析，我们可以对报刊的社会责任理论做出概括：自由是伴随着义务的；享有政府特权地位的报刊，就对社会承担当代社会的公众通讯工具的某种主要职能。在这个范围内，报刊承认它的责任，并且用这些责任做它的业务政策的基础；报刊所不负担责任的领域，就必须由其他机构来执行公众通讯的主要职能。

二、社会责任理论的形成机制

正如自由主义理论是许多观念的综合体一样，新出现的社会责任理论也是从许多人的思想中生长出来的。那些为这一理论提供过思想智慧的人们，对于这一整个理论则可能不尽同意。但是，社会责任理论还是在美国等西方世界逐渐成为指导报刊运行的主流理论。

1. 报刊自由主义理论的新发展

根据施拉姆的说法，社会责任理论主要是在自由主义理论基础上的一个新思想的接枝。但是，第二次世界大战以后，美国新闻自由委员会在它的各种出版物中尽力要使社会责任理论成为一个新的完整的学说，而不是传统理论的一个附属物。

系统阐述社会责任理论特别重要的著作是新闻自由委员会的那个著名的报告：《一个自由和负责的新闻界》，以及该委员会的一个委员威廉·霍金所著的《新闻自由：原则的纲要》。这个委员会是由《时代》杂志的老板卢斯资助成立的一个临时性组织，但委员会的成员个个德高望重。委员会的委员们的意见并非完全一致，他们有的坚持传统，有的则加以反对。不过，全体都同意那个综合报告和简要的“原则的纲要”。

正在发展中的社会责任理论，像它所逐步代替的自由主义理论一样，都是英美的概念。大概是在新闻自由委员会开始在美国出版它的报告的时候，英国在全国新闻工作者协会倡议下成立的皇家新闻委员会也在研究英国报刊的垄断问题，考虑改进英国报业的办法。这个皇家委员会的报告，可以说支持和补充了美国新闻自由委员会的那些著作。

2. 社会责任理论的产生源于媒介的自觉

根据施拉姆的说法，社会责任理论现在主要的仍然是一个理论，并非普遍的实践，记住这一点是很重要的。但是，作为一个理论，它也是很重要的，因为它指出了新闻自由思想的发展方向，并且这一理论的某些方面已经见诸实行了。

在英国，在皇家委员会的建议下组织了一个报业总理事会，以提倡报刊的社会责任和社会服务。这一机构的主要任务是谴责或揭露报刊的某些成问题的做法，对控诉进行调查。如果控诉属实，则设法纠正，如果控诉不实，也要予以答复。它的公开发行的第一届年度报告中包括了若干对于个别报纸的控诉，以及对整个报业趋势的概述。

在美国，有些报纸发行人——《圣路易邮报》、《路易斯维尔信使日报》、《密尔沃基新闻报》、伊阿华和明尼苏达州的考尔斯报纸系列等——似乎感觉到对于他们所服务的社会有一种强烈的责任感。电影工业，在自己规定的制度下，就自己的认识所及为社会利益服务。广播、电视和网站，按照为社会利益服务的法律要求，根据它们所能认识到的什么是社会利益而各尽其责。

当然，很多人无疑地会指出，在真正的社会利益和电影、无线电、电视所认为的社会利益之间会有很大的距离。这不是重要问题。重要之点是，电影界

自己的规章和政府的广播规章表现出与报刊传统理论的显著分歧。这些规章对于社会责任理论要比自由主义理论接近得多。

当联邦宪法起草人要在宪法上加上修正条款以建立新闻自由原则的时候，他们还没有意识加给出版者以某种责任以换得新闻自由。查尔斯·比尔德说过，新闻自由意味着有在新闻栏和社论栏里出现公正或不公正、支持党派或超党派、真实或虚伪的权利，但真实报道同它是很少有或者根本没有关系。的确，在新联邦共和国初成立时报刊的特点是党派色彩，攻讦、诋毁、肆无忌惮。弗兰克·卢瑟·莫特认为19世纪党报时期是美国新闻“最黑暗的时代”。

后来的情况发生了变化，因为舆论已经要求取消对于报刊的限制了。在媒介有了完全的自主权后，媒介则深刻认识到自身的使命，主动承担起为社会服务的责任，党报时期的种种不端行为大大减少。

3. 社会舆论是重要因素

当时对于宪法给予出版者以自由，还有一个更深刻的理由，那就是宪法的起草人都是启蒙的先驱，他们关于人性以及人同政府的关系的假想都包含在他们所草拟的宪法中。他们相信，报刊必须有自由来做一个反对政府侵犯个人自由的卫士。如果报刊是自由的，人们就愿意说话。的确，他们可能说谎，诽谤，歪曲，但是亚当·史密斯所想象的“看不见的奇异之手”，和约翰·弥尔顿所看到的“自我纠正方法”都会使得事情得到纠正。人能在市场上五花八门的思想中找出真理；因为人是具有理性的，所以人能够辨识真和假，善和恶。

但随着时间的推进和人们认识的变化，对于绝对自由和人性含有对于报刊的天生解毒剂的乐观想法却逐渐减少了。很大一部分美国人开始要求报刊具备一定的业务准则。他们威胁说要制定有关法律，如果报刊不符合某些标准。

出版者主要是出于自愿，但也在某种程度上是迫于社会压力，开始把责任和自由联系起来。他们制定报业道德法规，以关心社会利益——至少如他们所认为的社会利益——的态度来经营报刊。在这个过程中，社会责任理论开始发展了，新闻专业主义思想也逐渐形成。

第二节　新学说的法规建设

一、反映社会责任理论的早期法规

随着社会责任理论的正式提出和被广泛认同，各种通讯工具的道德法规也

发生重要改变，表现出全社会关于人性和道德行为原则观点的变化，并通过法律形式加以固化。

在美洲，最早的一个“新闻法规”是美国报纸主编人协会在1923年制定的。它号召报纸要对公众福利、真诚、公平、节制、尊重个人私生活负责。也许因为当时在法规起草时，报纸已经有了近三百年历史的传统，因此这个法规之于自由主义理论，不像电影、广播和电视等这些20世纪通讯工具的法规那样显著地脱离它的影响。法规中隐含着下列思想：相信人类是有理性的动物，能够发现真理，并能用理智来明辨是非；相信自我纠正法则；相信报纸主要是一个启发工具，诉诸读者的理智。法规认为，报纸应当发展自我纠正法则来促进民主政府。报刊可以努力成为正义和公平的典型，来帮助自我纠正法则起作用。法规的制定者实际上认为，报刊是应该并且可以对公众福利负责的。

1930年的电影事业法规，1937年的广播事业法规和1952年的电视事业法规，都反映出这种改变了的知识气候。

这些法规的制定，与公众对于这些通讯工具在一个时期以来产生恶感密不可分。电影法规的制定，就是为了走在政府管理的前面。广播法规和电视法规也是由受政府监管并要求按公众的利益、便利和需要来经营的企业所制定的。电影法规认为，影片主要是娱乐品，虽然它对于“正确思想”也能有所贡献。广播和电视法规认为广播电视主要是娱乐工具，虽然它能以播送广告的方法为经济制度服务。所有这三个法规都把通讯工具看成是普及的，可以不去行使批评的作用。因此，这三个法规所反映的人的写照，和报纸法规所反映的大不相同。所有这三个法规都把人看成是不成熟的，他的道德容易被腐化。所以这三种工具的道德实践和报纸不大相同。电影法规所表明的道德行为包括促进公众道德。广播和电视法规把道德当做促进民主政府的方式，包括：启发公众；提倡公众道德；保持广告的适当比例和高尚标准等。而根据新闻委员会的看法，这些法规都不足以保证报刊能符合社会的需要。

二、新闻法规的自律性特征

与前三个法规不同，报纸法规是雇员而不是企业主所制定。电影法则是消极的——它只定下可以被接受的起码标准，而不是负责的标准——并且美国新闻自由委员会认为它的目标也不够高。广播法规也没有任何制裁办法。因为广播有争取最大的可能听众的愿望，这就妨害了它更好地为社会需要服务。因此，报纸如果要满足社会需要，就要主要靠自律了。

社会对于报刊有什么要求呢？新闻自由委员会说：“今天美国社会对报刊

的要求，在种类上、数量上都比以前任何时代和任何社会的要求高得多。”有一个理由就是美国公民对于报刊有了很大的依靠。人们不能直接地亲身经历社会上很多事情，而在都市化的社会里，他们又失去了许多像为早期社会所特有的面对面讨论的机会。堪萨斯州的农民要想了解底特律城的罢工情况，底特律的汽车工人要想了解政府关于原子能的政策，华盛顿的政府工作人员要想了解堪萨斯州的干旱的影响——他们都必须依靠公共通讯工具。而在思想方面，也像在新闻方面一样，美国公民们必须在报刊上进行讨论，以代替面对面的小型讨论。

可是，就在美国公民处理公众事务上越来越依靠报刊的同时，这种工具的所有权却集中到了少数人手里，任凭掌握这种工具的人们支配。

第三节　对报刊工作的新要求

为了应对报刊的日益垄断，保证公众通讯的权利，美国新闻自由委员会列举了现代社会对于报刊的五项要求，这五项要求合起来就构成了报刊工作的准绳。这些标准并非委员会首先提出来的；如委员会所表明的，它们大部分是从新闻的实践中得来的。

一、提供准确的新闻

委员会认为，现代社会对报刊的第一项要求，就是供给“真实的、概括的、明智的关于当天事件的记叙，它要能说明事件的意义”。这就要求报纸提供的新闻必须准确，不能说谎。委员会认为，提供准确的新闻，就意味着报刊必须把事实当做事实，把意见当做意见，两者不能相混同。报刊本身大都同意委员会的意见，同样认为报纸应当是准确的，应当把新闻和意见区分开来。赫伯特·布鲁克认为客观报道的发展，是美国报纸最突出的成就之一，而客观报道正是报刊同意这项要求的最好证明，正是报刊日益忠于公众利益的最好证明。在19世纪初期，党派报纸把新闻当做政治武器，为了满足当时的这方面的需要，新闻就受到歪曲，充满偏见，以及被压抑限制。在19世纪晚一些时期，报刊开始只限于在社论栏发表意见，它们努力客观地记录新闻，不掺进个人的意见和评论，并且力求反映各个方面，不只反映一个方面。客观报道的发展，除了日渐增长的职业意识以外，还有它的经济原因和哲学基础。由于报刊区分新闻与评论，反映各个方面，它就有利于促进自我纠正法则，便于有理性的读者发现真理。事实上，到1947年委员会发表这一报告的时候，客观性已经成为美国新闻业界一个崇拜的对象了。

客观性报道首先要求传播的新闻是真实的。然而仅仅是“真实的”新闻报道是不够的，委员会说，“只是真实地报道‘事实’，已经不能令人满足了。现在必须报道‘事实的真相’”。这就提出了一个新的问题：报刊是不是已经发展出来一种奇怪的客观性——即“不真实、不完全、不概括”而产生出来的假客观性？报刊为了遵循客观报道的原则，必须反映事物的各个方面。但是报刊在这样做的时候，实际上既没有告诉读者各种消息来源的可靠性如何，也没有提供足以彻底了解这种情势的必要条件。委员会认为假客观性是存在的，因此，报刊应该寻求“全部真实”，以代替两个“半真实”就构成“一个真实”的想法。

在这一点上，报刊也和委员会的意见大体一致，虽然它并不完全同意通讯工具应该刊布真实情况，并把事实和意见分别开的说法。无线电评论员爱尔默·戴维斯说道：

> “好的报纸，好的新闻广播，必须在两大深渊中间踩软索——一方面是假的客观，它从表面现象上看事情，使得公众为厚颜无耻的骗子所欺哄；另一方面是‘解释性’的报道，它不能在主观与客观之间、在合理的确凿事实与记者或编辑所认为的事实之间画出一条明显的界线。说起来容易，做起来就困难了。”

像戴维斯一样，黎曼基金①的研究员们也承认，真实是不容易捉摸的，而且出版一份日报，时间紧迫，这就使记者难以取得进行全面报道所必需的一切事实。他们说，“然而，在一天的报纸里，总有几十条有争论之处，而其中有些争论之点可以确定是近似真实”。如果一方面参议员伯德说，解雇一百万名政府工作人员不致影响政府工作的效率，另一方面总统又说“那是胡说”，那么谁对呢？“显然这就是民主国家报刊的任务，他要回答这样的问题，而且要忠实地回答。”在过去20年里，日报中解释性材料的增加，以及像广播员爱德华·莫罗那样讲明新闻来龙去脉的做法，都显示越来越多的从业人员赞同单纯报道新闻是不够的看法。

---

① 由美国黎曼基金会资助的美国新闻自由研究项目。

二、传递公众的意见

根据新闻自由委员会的意见，对报刊的第二个要求是：它应当成为“一个交换评论和批评的论坛”。这一要求意味着，大的公众通讯机构应当把自己看成公众讨论的公共传递者。尽管法律没有强迫它们接受一切请求刊登的稿件，政府也没有规定它们必须刊登一定比例的来稿，社会公民也是事实上没有权利要求通讯工具来无偿地散播他的思想，但大的报刊无疑应当刊登一些与自己见解相反的意见，而并不放弃自己的主张。报刊应当设法表达一切重要的观点，而不仅表达出版者或从业人员所持有的观点；并且在这样做的时候，他要仔细地说明一切消息的来源。要求这样做的理由是，报刊的控制权已经掌握在越来越少的一些人手里。一个有话要说的人，不能再用自己的喉舌诉诸它所需要的听众，不再能创办报纸和杂志，以及不再能在和公众通讯工具享有同样威信的小册子中来表达他的思想了。

在这一点上报刊从业人员也大体与委员会的意见一致。《路易斯维尔时报》编辑主任和美联社编辑主任协会主席罗曼·艾萨克斯就曾说道：“我们的首要任务是传递消息。我们是公共信息的传递者。新闻自由赋予了这个目的——只是这个目的。新闻自由不可能是不让人民知道的一种特许；并且总是在我们后退和妄自尊大地办报纸时，我们才会使人民得不到应有的消息。”电影法规也建议广播电台“关注那些实际上影响——大部分公众生活或福利的问题，要公正地反映持异议的方面”。

三、全面反映社会的状况

新闻自由委员会对报刊提出的第三项要求，是要描绘出“社会各个成员的典型画图”。这一要求与前两项有密切联系，它要求报刊正确地描绘每个社会集团，因为人们都惯于根据平时的好印象或坏印象来作判断，一幅不正确的图画，会影响人们作出正确的判断。在原则上，而不是在实践上，多数通讯工具的从业人员同意委员会的意见。电影、广播和电视的法规中也都有一些条款，督促这些通讯工具尊重民族情绪以及种族集团和宗教集团的敏感。

四、阐明社会的目标和美德

委员会所提出的第四项责任，是要求报刊负责介绍和阐明社会的目标和美德，新闻从业人员毫不迟疑地接受了这一要求，他们会说，好的社论版的一项职能正是符合这样的要求的。电影制片商和广播商也拿出他们的经营法规，要求通讯工具尊重公认的美德，以及描绘传统的美德。

五、不断改进报道方法，提高报道质量

委员会所提到的第五项要求，就是报刊要使人们“便于获得当天的消息”。委员会解释说，因为现在公民要比过去任何时期都需要更多的最新消息，所以新闻和意见必须广为传播。对这项要求报刊普遍表示同意。除开报刊力图得到尽可能广大的读者的做法之外，从消息自由这一概念的演进上，也可以看出报刊同意这一要求。由于报人怀有责任感，所以他们主张公众有权利获得消息，有被告知的基本权利，并且说，报刊是破除新闻自由流通障碍的公众代理人。

这一思想表现了现代报刊理论与传统学说的决裂。传统学说只是通过保障言论自由来保证公民获得当天的消息。传统学说没有提供任何合法的工具来撬开沉默的嘴巴。可是在第二次世界大战期间，特别是战后新闻界常常抱怨越来越多的地区、州和联邦各级政府官员拒绝发布对某些官员不利的消息。为了维护公众取得这样的消息的权利，美国报纸主编人协会和其他报业团体组织了一些委员会，以促使开放消息的来源，并不断地对检查和压制新闻的危险提出警告。这在很大程度上保证了公众的知情权的实现。

第四节 报刊业务的改进

上面那些要求是哈钦斯委员会经过两年多的努力所制定的报业的准则。虽然大多数报刊都接受这些准则，然而委员会发现，在报刊对于这些准则的承认与实践之间还有一大段距离。为了改进报刊的实践，委员会指望三个方面共同努力，来使报刊业务得到提升。这三方面的力量是：报刊本身、公众和政府。

一、报刊的责任

谈到媒介的责任，威尔伯·施拉姆对委员会的观点做了简要的概括。他说，“根本而言，它应竭尽所能提供素质最高的成品”①。施拉姆解释说，媒体应该随时留意到阅听人需要与兴趣的深度与广度，维护意见的自由市场与以真理为鹄的一种自我矫治过程，即使在媒体的所有权日益集中时，还是应该主

① ［美］威尔伯·施拉姆著：《大众传播的责任》，见张国良：《20世纪传播学经典文本》，复旦大学出版社2003年版，第287页。

动地以负责任的态度来处理自己的成品。

施拉姆还认为，传播人的责任，可在下列两种形态的行动中实现：其一为自律制度，也就是制定行为守则或规范、建立执行机构，并规定对违反者的惩处方式。另一为教育，即提高从业人员的素质，实行自我批评，制定工作标准，培养专业精神。他认为，在任何情况下，促使大众传播的专业化，首先应采取的一个重大步骤是强调“个人的”责任感，而不是“机构的”责任感。他说，传播人应负起作为一个公仆与一个专业人员的责任，而非他对所受雇的商业义务。雇主们应鼓励受雇者在言行上表现出专业精神来，当后者如果有希望发挥专业精神时，就应加以支持。受雇者应以非常严肃的态度承担起责任。

新闻自由委员会在谈到报刊的责任时指出，报刊在提供公众所需的消息和讨论内容的数量和质量时，应当具有职业谨慎。委员会解释说：“无论对于像法律和医学那样较古老的职业中的个别成员的行为有什么看法，这些职业的全体都是接受该行业的业务责任的，并且一个真正的职业者，不会为金钱而去做某些事情。”特别是报刊应当担负起消息和讨论的公共传递者的责任，应当刊登一些在经济上得不到直接报偿的高尚内容，应当互相进行严格的批评，并且应当设法提高工作人员的才能。广播机构应当取消广告客户对节目的控制。

在充分体现报刊责任时，必须由专业人员和报刊机构共同负责，良性互动。

二、公众的义务

毫无疑问，公众对于报刊也有一定的义务。哈钦斯委员会认为，公众的第一个义务是需要了解公众通讯工具具有的巨大力量，而这种力量是掌握在极少数人手里的。同时，公众要了解报刊不能满足社会需要到了什么程度。一旦公众知道这些情况，他们就可以在三方面行动起来，以改造报刊。这三个方面是：第一，非营利机关应当帮助报刊来执行其任务。例如，大学可以为商业通讯工具无兴趣服务的听众开设广播电台或摄制电影。第二，教育机关应当在公众通讯领域内创立进修、研究和批评性的出版物等中心；现有的各新闻学院应当使学生受到广泛的教育。第三，应当建立一个独立的机构来鉴定报刊活动，并且每年提出报告。

关于媒体与公众的关系及其意义，美国新闻自由委员会作出了如下两个结论：(1) 媒体与阅听大众愈能出来确保一个自由而负责任的传播体系，政府愈是不必出来干预和过问其事；(2) 法律与舆论等“外来力量”尽管能够节制媒体的不良表现，但媒体的良好表现仍要靠自身来完成。① 这两点结论在强调媒体的自身作用的同时，特别注意了公众在建立良好的传播体系中的重要作用。

施拉姆在谈到报纸的责任与公众的义务时指出，媒体假如不能为公众提供所需要的服务，势必招致政府的干预，迫使自己出面有所作为。因此，他建议：

第一，政府应给予报纸以充分的自由，尽可能不插手干预；

第二，政府应抑制任何诱惑，不要以为只要政府出面干预，就能使局面焕然一新；

第三，政府在采取与大众传播事业有关的任何行动时，都应该严格地划定界限，绝不可轻易逾越；

第四，政府即便是要采用行动，也主要应该是给予媒体方便，而决不能专门对媒体有所约束。

施拉姆的这些建议，是建立在“寄望于媒体与阅听大众身上的责任，实较该委员会所期望的为重”的基础之上的。他认为，媒体必须承担一个中心责任，克尽应负的使命，而阅听大众应以传播动力（communication dynamic）主要的推动者自任。他指出，归根究底来说，媒体的格调是由阅听大众来决定的。因此，大众是一种平衡力量，可决定传播的制度与对他们所提供的服务。这就是说，大众的基本责任，是运用一切可能性，使自己成为机警而又有鉴别能力的阅听大众，鼓励对媒体展开睿智的批评。②

三、政府的作用

施拉姆在谈到政府的责任时，提出了一个命题：“政府对于大众传播事业所应负的第一个责任是，不插手其间。”他特别强调，“我们这样主张，绝非矫饰、幻想或故作吊危之语”。他说，如果政府不插手其间，大众传播事业本身就要自我要求，作更大的约制，与对原则的服膺。他指出，政府所能做的事情，再没有比媒体的自我约束，亦即无需滥用权力，更为重要的了。

也许有人会说，今天大众传播媒介的规模如此之大，力量如此之强，与阅

① 美国新闻自由委员会：《一个自由而负责的新闻界》，展江等译，中国人民大学出版社 2008 年版，第 79、105 页。

② 参阅张国良：《20 世纪传播学经典文本》，复旦大学出版社 2003 年版，第 303 ~ 313 页。

听人的距离又如此之远，除开政府，已没有别的机构能出面管制。因此，他们感觉到情形势在必变，典型的办法，是转而向权力中心求助，以使媒体的力量有所收敛。

施拉姆坚决反对这一主张。他认为，借助一种直截了当的力量，这一种理论并不可取；我们应运用我们的一切智慧与力量，来加以阻止。因为那样做实在太危险，“这种治疗比疾病本身更是可怕”①。在施拉姆看来，除非我们怀疑民主的政治哲学，改信某种形式的极权主义，才可请政府来担任大众传播事业的看守者。

但施拉姆并非说政府对媒体作为不须负任何责任，而是要担当如霍京所说的“剩余责任的承受者”，即责任中尚未由媒体本身或阅听大众充分承受的部分，让授给政府。举凡节制与促使变革的责任，各方所担责任的次序是：首先要由媒体自身来承受，其次由大众来承受，最后才轮到政府。

根据美国新闻自由委员会的报告，施拉姆提出了政府促进报刊的一些具体责任，它们是：首先，政府要依据反托拉斯法来维持大单位之间的竞争，尽量地做到维护意见自由市场的理想。其次，政府于必要时应对现存的大众传播事业数目的不足加以补充，来弥补私营媒体不愿或不能做的事情。第三，政府应对新的传播事业给予种种方便，促其建立。总之，政府是一个“剩余责任的承担者”，它最好尽可能不干预大众传播事业内部的事务。

《报刊的四种理论》中有一段关于政府责任的论述：政府虽然承认报刊必须继续作为一项私人的商业而存在，但它仍然可以使公民得到他们所需要的那种通讯体系。例如，政府可以鼓励人们创办新的通讯工业。它可以采取新的法律手段来制止长期地、公然地滥用新闻自由。并且还可以创办通讯工具从事通讯活动，以补私人通讯工具的不足。

四、消极自由和积极自由

报刊的社会责任理论是建立在一种更为积极的思想基础之上的，这一思想认为报刊的从业者都具有积极的生活态度，有某种程度的社会责任意识。这种判断补充了自由主义理论中的某些基本说法，而更多地拒绝自由主义理论的一些消极说法。它所代表的自由的概念，基本上不同于传统学说所代表的思想。自由主义理论是从消极自由的概念里诞生出来的，这种消极的自由概念，我们

① ［美］威尔伯·施拉姆著：《大众传播的责任》，见张国良：《20世纪传播学经典文本》，复旦大学出版社2003年版，第276页。

可以概括为“免于……的自由”，或者说，就是“不受外界限制的自由”。社会责任理论则很不相同，它是以积极的“有做……的自由”为基础的，它要求有能达到所希望的目标的必须手段。

总的说来，消极自由就是让一个人自由地去创造他自己的命运。这一思想假设，一个人要是不受外力的束缚，他就能凭借自己的理智来发现支配宇宙不变的自然法则，这样他就能够创造自己的命运。这就是说，只要取消对于人类的限制就够了，并且只要取消对于报刊的绝大部分限制就够了。因为，如果报刊是不受束缚的，它就会向市场供给消息和思想，而从各种消息和思想的交流中，就会胜利地出现真理。

社会责任理论虽是以这一思想为基础的，但有了重大的调整。这个学派认为，纯消极的自由是不够的，是没有实效的。从这一观点看，消极自由是一项空洞的自由，这好像告诉一个人，他可以自由走路了，可是没有首先弄清楚他是不是瘫子。如果是真正的自由，必须是有效的。只对一个人说，他可以自由地去达到某项目的是不够的，还必须向他提供足以达到这些目的的适当手段。

有实效的自由有积极的一面，也有消极的一面。新闻自由委员会说，“像一切自由一样，新闻自由意味着‘免于……的自由’和‘有做……的自由’”两种不同的主张。一个自由的报刊是不受一切限制的，虽然在实践中它还不能免除一切的压力。它有自由去争取达到它的道德意识和社会需要所指出的目标。而为了达到这一目标，它必须有技术条件、经济力量、取得消息的权利等等。但是委员会所关心的不只是那些掌握着通讯工具的人们的自由；它也关心那些只有消极的言论自由的公民们。委员会说，新闻自由对于一个不掌握通讯工具的人来说，是相当空洞的权利。它的自由必须由具有与他相似观点的报刊来履行；必须由政府或非营利机构所经营的通讯工具来履行。

甚至报刊本身也由于越来越重视“消息自由”，而逐渐放弃了消极自由的概念。报刊认为，消极自由的体系没有提供一种从守口如瓶的政府官吏处获得消息的手段。美国各州的报刊都百折不回地为通过一种法律而努力，这种法律要求某些官方团体在公开会议上处理事务，并且容许报刊查阅其纪录。

这个问题到 1967 年、1977 年得到了根本的解决。1967 年，美国国会通过了“情报自由法”，1977 年，美国国会又通过了“政府公开法案”，前者规定各级政府部门的记录如无特殊情况，应向任何公民开放，公民可就不理会或拒绝查阅政府资料的事实向法院起诉。后者规定政府各部门属于讨论性质的会议向社会公开，各部门首长确定不能公开的秘密会议要征得该部门首席法律官员的同意才具有法律效力，公民认为某一秘密会议应当公开者，可以向法院投诉。

这类法律虽然是面对一般公民的，但实际上真正查阅资料和旁听会议的主要是新闻记者，因此，这两个法律实际上给了记者更大的采访权利。

第五节 报刊与政府的关系

一、政府既要保护自由，更要促进自由

社会责任理论在对于政府的性质和作用的观点上，也和传统的理论有所不同。自由主义理论是在把政府看做自由的主要敌人的时期发展起来的。当时认为，所谓自由就是意味着不受政府控制的自由，而且最好的政府乃是无为而治的政府。政府必须维护国内外的安全，例如维持秩序，防御侵略，这样就提供了自由能够存在的环境。政府关心的目标应该是个人自由，有了个人自由，也就保证了社会的自由。

社会责任理论则主张，政府不能只允许自由，它还必须积极促进自由。在自由主义理论下，政府的一项任务就是维持秩序和保障个人安全，但这是一项消极的任务，因为它对于人们行使自由，总是听其自然。在现代社会里，这就不够了。实际上，独占大权的政府是唯一强有力的机构，它与社会一道足以保证自由的有效运用。所以，在必要时，政府应当采取行动以保护和促进公民的自由。

霍京说："政府应使报刊做得尽量完善。"但是政府自身对报刊尚未能做到之处，仍负有责任。如果自我约束的报刊和社会生活中的自行纠正特征，不足以保证社会从公众通讯工具取得它所需要的益处，那么政府就应当加以帮助。政府可以采取几种步骤。例如，政府可以制定法律，禁止报刊的造谣诽谤（这是在往舆论之井里投毒），或者政府参加通讯工作，来补充现存的通讯工具。

虽然如此，报刊仍然必须有私人企业的基础。政府应当只在特别需要和利害交关时，才出面干涉，并且还要谨慎从事。政府不应当以与私营通讯工具竞争或是消灭他们为目标。

二、政府要防止侵犯公众的自由

在促进自由的时候，政府不应当采取过激手段。任何能促进自由的机构，也能消灭自由。因为言论自由是政治自由的核心，所以应当特别加以保护。甚

至一个民主政府也能侵犯公民的自由。政府官员的保全官职期限，主要是依赖舆论的，这就会引诱他们去控制言论。所以，如果报刊的自由是要得到真实的情况，政府必须限制它的干涉、管理或扣检新闻的权利，并且限制它的控制公众判断所据以形成的资料的权利。

"政府必须限制自己，不仅因为言论自由是社会重要利益的反应，并且还因为它是一项道德权力。说它是一项道德权力，因为它有义务的一面。"

第六节　发表言论的权利

一、言论自由与道德责任

根据社会责任理论，言论自由是负有义务的道德权利。这样，这一理论在权利的性质上，就与自由主义理论有所不同。因为在自由主义理论下，言论自由是一项自然权利，一项人类与生俱来的权利，一项无人能剥夺的权利，虽然这一权利的行使可能有时会受到阻碍。这一权利并不负有任何义务，如我们已经见到的，这个假定是自由的人们可以发表他们的意见，而其余的人们可以自由听取。有意见的人们没有必须说的义务，而其余的人们也没有必须听的义务。但是既然人性是这样的，那么他们不愿说或不愿听，乃是不可想象的。自由发表意见是一种权利，同时它也是以实用为基础的。言论自由之所以是正当的，是因为言论自由和出版自由能够在思想市场上促使真理战胜虚假。

在社会责任理论下，言论自由是以个人对于他的思想、对于他的良心的义务为基础的。它是一项道德的权利；用霍京的话来说，一项道德权利就是"我不能像我自由放弃个人利益那样，自由放弃一种有价值的东西"。如果一个人要求自由发表意见的权利，他也就同时为别人要求了这一权利，并且他有义务尊重别人行使这一权利；如果他放弃这个要求，他也就削弱了别人的要求。言论自由不是一个人为自私目的要求的东西。它与个人的精神存在和成长联系得如此密切，以至于他"应当"要求这一自由。它对于个人和社会双方都有价值。它是个人通过他的思想使自己不朽的手段。它是社会智慧的唯一源泉，是产生进步的种子。

二、意见应得到充分的表达

言论自由除开对于个人和社会都有价值以外，它还负有一种义务，因为任何人只要有意见，就在道义上有义务说出来。委员会说，如果一个人怀有意见，他不仅希望发表出来，而且应当发表出来。他对于自己的良心和公共利益负有义务。发表意见的不可缺少的作用，是对于社会的一种义务，也是对于超乎社会之上的真理的义务。它是科学家对于他的研究成果的义务，是苏格拉底对于他的预言的义务，是每个人对于他的信仰的义务。因为这个义务的对象是超乎国家之上的，所以言论出版自由是国家所不应侵犯的道德权利。

这个对于自己良心的义务，乃是社会责任理论下自由发表意见的权利的主要基础。它是委员会认为在逻辑上比以实用为理由的言论自由的传统主张更早些的一个基础。因为，不管从言论自由里产生了什么样的讨论，它都是个人对于自己良心负责的结果。

三、言论的自由与有闻必录

虽然言论是一个普遍的权利，可是公民不能要求有权诉诸任何公众通讯工具的读者或听众。他不能作为一项权利来要求一个报纸或一个广播电台来传播他的发言。

在社会责任理论下，言论自由不像在纯自由主义理论下那样，不是一项绝对的权利。委员会说："这种无代价的、无条件的、为造物主所赐予的、与生俱来的权利的概念，乃是一个反对专制政府的不平凡的战斗原则，并且也有它的历史使命。但是在已经实现了政治自由时，显然就有加以限制的必要。"一个人的言论自由权利必须与别人的个人权利以及主要的社会利益相平衡。就这一点而论，在新闻自由委员会成立以前，传统的理论就早有了改变。

在 1919 年，在申克对美国一案中霍尔姆斯法官制订了"明显的当前的危险"的测验，以决定什么时候可以剥夺言论自由。他写道："每一案件中的问题都是，所使用的文字是否在足以引起明显的当前的危险的那种情况和那种性质下使用的，以致它们会造成一些国会有权加以阻止的严重危害。这是一个分寸和程度的问题。"报刊本身承认，对于公众福利的考虑，可以使自己放弃自由发言权，像在两次世界大战时，报刊就曾自愿接受检查。

根据委员会的论证，言论自由是有条件的，它的性质是在言论自由权的基础上产生出来的。言论自由是以人对于他的思想负有义务为基础的。如果一个人不负担起这个对于他的良心的义务，如果他反而运用言论自由去煽动仇恨、诽谤、说谎，如果他故意利用言论自由来玷污真理的源泉，那么他就没有要求言论自由的权利。只有在他负起相伴随的道德义务时，他才有道德权利。

言论自由的道德权利，的确也带来了犯错误的权利，容忍犯错误，至少有两个理由。第一个是，社会责任理论像自由主义理论一样，认为要寻求真理和传播真理，就需要给以相当的自由。正如委员会所说的："自由是实验性的，实验就含有尝试与错误的意思。"第二个理由是，每一个人都有权确信他找到真理是通过自己的自由发现，而不是由某一个权威给他的。但是道德权利只是包括无心的错误。一个人虽然是错了，但他必须是问心无愧地在寻求真理。任何人都没有故意地、不负责任地犯错误的权利。

在权利与义务相联系这一点上，从表面上看，社会责任理论与苏联的理论或者说社会主义新闻理论要比与自由主义理论更相像一些。苏联的理论像社会责任理论一样，表明要在接受所伴随的义务的基础上来行使权利；但是在这两个理论之间，存在着深刻的区别。苏联理论是对无产阶级负有义务的；社会责任理论是对自己的良心负有义务的。

并且，苏联理论认为，一个人要是忽视了言论自由权所依靠的义务，他就要丧失对言论自由权的合法要求。社会责任理论就不是这样，纵使一个人牺牲了他的言论自由的道德权利，他仍可以要求言论自由的法律权利。法律不是一个最精密的工具，能衡量出究竟一个人对于他的良心负责到什么程度。法律必须假定，人们发表意见，一般是态度忠实的，是真诚地为了寻求真理的；即使法律能够使自由言论负责，但也不能这样做，否则，就要成问题。正如霍京所说的，对于许多人来说，说谎是在道德上的一种实验，并且社会对它有一些纠正的办法。人们是由于自愿和自制而不是由于外界的力量而负起责任的，这和自由社会的精神是相吻合的。所以，法律必须保护那些没有负起道德责任的人，和保护那些负起道德责任的人一样。

但是，言论自由的法律权利，在社会责任理论下，不是没有条件的。甚至自由主义理论也对言论自由加以最少量的限制，例如关于诽谤、淫秽、煽动暴乱和叛乱的法律。委员会说，所有这一切限制，是以一个共同的原则作基础的，即"言论或出版物以严重的、露骨的、可证明的方式侵犯了公认的个人权利或主要的社会利益"。因此，他辩解说，如果在这个范围内有了新的恶行，对于新闻自由的法律限制就可以加以扩大。

第七节 人性的观点

一、对传统人性观点的怀疑

社会责任理论在人性的观点上，与自由主义似乎有基本的不同。在传统理论下，人被看做主要是一个有道德的有理性的人，他倾向于寻求真理，服从真理。每个人由于天性都希望帮助寻求真理，每个人都能为真理服务，因而即使最荒诞的意见也是值得发表的。只有在所有的人都把心里所想的——可笑的和高尚的——都自由地说出来，才有希望发现真理。既然赋予了言论和出版自由，人们就会愿意发表自己的意见。他们愿意有节制地、而不是放任恣肆地发表自己的意见。不需要提醒出版者注意他们的社会责任。他们无须劝勉就会负起对社会的责任，因为道德感给了他们自尊心。任何人也不必忧虑，偶尔有一个出版者由于意志薄弱而造谣歪曲，一定会被其他出版者辨识出来的，因为公众将用理性对其言论加以严格的检查。

在另一方面，社会责任理论是在20世纪中叶发展起来的，它反映了现代社会学和现代思想对于人类理性的怀疑。不过，这一新兴理论并不否认人类的理性，虽然它远不如自由主义理论那样相信人类理性。可是它似乎否认人类天生地有一种动力去寻求真理和服从真理。在社会责任理论下，人只是被看做不是那样冥顽不灵地没有理性。他能够运用他的理性，但是他厌倦这样做。结果，他就变成了野心家、广告商以及那些为达到自私目的而操纵他的人们的俘虏。由于思想上的懒惰，他就沦为无所用心的盲从状态。他的智力已经变成可笑的愚蠢，并且有退化的危险。如果一个人要保持自由，他必须依靠理性来生活，而不只是被动地接受他所见、所闻和所感的东西。所以社会上的明智之士，就激励他运用理性。要是没有这样的激励，人是不会被推动去寻求真理的。社会责任理论假设，人类的目标不是寻求真理，而是满足他的直接需要和欲望。

除报刊法规以外，其他通讯工具法规中所表现的怀疑人类的观点，要比委员会的文件中所表现的更为明显。电影和广播工业的法规，把保卫公共道德看成是他们主要关怀的事情。这些法规丝毫没有反映出弥尔顿的观点——人类通过理性能够分辨出正确和错误；人类要没有经受过引诱的考验，不能说他是真正有道德的；人类通过通讯工具，能够更好地辨识罪恶。

委员会对于人类的道德的信心，要比这些法规更大一些。的确，表面上看起来，委员会似乎和传统理论同样地相信人类道德。但是，委员会所认为的道德，同自由主义理解下的道德是不相同的。传统理论是根据这样的假定：作为上帝或某一造物主的儿子的人，是一个有尊严的能够自治的动物，他是坚守某些道德行为的绝对原则的。粗略地说，他对自己是忠实的；他对他的同伴们也是忠实的。社会责任理论下的道德，它不是主要的对于一个人自己的义务。作为一个社会动物，人对于他的同伴们负有义务，对于社会利益负有义务。

二、义务和权利的平衡

自由主义理论中所含蓄的道德义务，在社会责任理论中变得显露了。在自由主义理论下，公民有不被告知或被错误的告知的权利，但是这里有个默契，即他的推理能力和他的求真理的欲望能够使他不至于这样。委员会特别指出，公民在道德上不再有不读报、不听广播的自由了。一个积极负责的公民，他有被告知的社会义务，这不是说，一个人必须听或读某一部分或某一全部材料。像传统理论一样，新理论也认为，公民的赞成或不赞成是对于通讯工具的有效控制。公民在道德上有被告知的义务，至于他应当怎样地被告知，则由他自行地选择。

委员会说，如果一个人在道德上有被告知的义务，那么我们可以合乎逻辑地主张，他也有被告知的权利，以履行其义务。所以，像传统理论所说的仅仅保护公民的充分的自由发表的权利，那就不够了；就有必要来保护公民的充分被告知的权利了。

以规模庞大、家数很少、成本昂贵为特征的报刊，实质上是受全民信托而掌握着新闻自由。这样，通讯工具的所有者和从业人员就没有权利只发表他们自己所喜欢的东西。言论自由既然是一项道德权利，他们就有义务一定要把公民的重要观点在报刊中表达出来。当然，他们不必发表每个荒诞的观念，但是他们应当注意使“一切值得公众听取的意见必须被公众所听取”。公众也像报刊编辑和报刊所有者一样，应该了解什么意见值得公众听取。

但是委员会认为，报刊听任不受约束的首创精神来经营，这是很成问题的。公民有被告知的道德权利，并且也迫切地需要它。如果报刊不能主动地满足他的要求，那么社会和政府就应当来保护他的利益。社会和政府可以采用上文所提到的种种办法，以保障公民利益。

第八节　自我修正法则

一、对自我修正法则的怀疑

社会责任理论远不如自由主义理论那样相信自我修正法则的功效。弥尔顿除了基本的设想以外，愿意让一切都接受自由辩论的考验，而米尔和杰斐逊则愿意包括一切，就是基本原则也不例外。他们相信，真理将会从思想的交锋中昂然地站立起来的；社会责任理论的创始人却认为，他们的这种信念，在现代社会里简直无法证明是正确的。霍京问道："如果一个人确立了一个原则，即要把一切原则都放到辩论的熔炉里，结果什么是给辩论做结论的原则呢？他又有什么办法从一些臆说的无休止的反复交锋中摆脱出来呢？总之，辩论是得不到结论的。"如霍京所说的，没有一个人能宣布自己是胜利了或是失败了。

进而言之，霍京继续说，实际情况并不支持传统的主张。第一，不能确信在现实的讨论中，观点要同观点冲突。第二，很少公民真的会寻找那些攻击他们意见的意见。霍京说："现行办法所能做到的是，启发参加讨论者的智力和胸襟，开扩他们，而不使他们受到挫折和遇到困惑。只要寻求真理的意志是不屈不挠和有生命力的，自由言论就有助于锻炼出更坚强、更自觉的公民。我们所能指望的是它对人有贡献，而不是它对真理有贡献。"

我们只能对委员会所认为的真理的性质加以推测，因为"真理"一词在委员会的文件中很少出现。我们可以推断出，委员会不认为自由言论的主要目标是发现绝对真理，像在自由主义理论下那样。传统理论重视自由言论，因为它能导致真理的发现。当然，对于那一理论的创始人们，真理在不同时期意味着不同的东西。对于弥尔顿，真理是清教徒上帝的意志；对于杰斐逊，真理大概是对宇宙借以运行的神奇计划的理解。对于他二人，真理都是绝对的，是能够通过自由交换意见而发现的。

二、对言论自由理由的新探索

委员会之重视自由言论，似乎主要因为它能促进和谐的幸福的社会。正如米尔所提示的，人要是自由地发表自己的意见，自由地与邻人交换意见，他就变得有品格，他的才能就会得到充分的发展。如果说自由言论不能导致绝对真理的发现，至少它能导致发现一些较小的真理、暂时的真理、起作用的真理，这些真理能使人过富裕、和平的生活。自由言论的价值就是，像委员会所说的，它把社会冲突从"暴力的水平"提高到"讨论的水平"。

这就是新闻自由委员会所发展了的社会责任理论。有人说委员会的报告是不现实的。就他们的某一些特别建议说，它们很可能是不现实的。但是，有一个重要之点却被忽视了。委员会接受了通讯工具的革命和20世纪的复杂生活，并企图以此为根据来解决问题。进一步说，它的那些建议大部分都适应新兴的世界观，适应由此而产生的各种思想。就一种意义来说，很少其他批评家是这样现实的；大多数批评家，像莫里斯·厄恩斯特在《最重要的自由》一书中所说的，就像在20世纪的环境中重温18、19世纪快乐理想的旧梦。如果与委员会意见相同，这一点是足以令人安慰的；如果意见不同，这一点是很使人烦恼的。

无论是否同意委员会的意见，有一个结论则是非常明显的，纯自由主义的理论是被废弃的东西了，就如同整个报界实际上所已经承认了的那样。代之而起的是一个新兴的日益强调报刊责任的理论，尽管要看出这一新理论的成熟形态将是什么样子为时尚早，但仍然把新闻自由说成是纯粹个人权利的人，是日渐减少、孤立和不合时宜的了。

◎ 思考题

1. 什么是报刊的社会责任理论？
2. 试析报刊的社会责任理论形成的主要原因。
3. 为什么说社会责任理论的产生源于媒介的自觉？
4. 报刊的社会责任理论对报刊工作提出了哪些新要求？
5. 谈谈你对报刊社会责任理论的理解。

下篇　西方新闻理论的现代框架

第五章　新闻和新闻价值

——讨论问题的基点

美国著名学者詹姆斯·赖斯顿说，19世纪是小说家的时代，20世纪是新闻记者的时代。这是一个具有深邃眼光的学者作出的判断，他的话是意味深长、耐人寻味的。

小说勾画典型的社会图画，憧憬人类理想的未来，使人们超脱于现实生活；新闻告诉人们真实世界发生的情况，给人们提供赖以抉择的“生活地图”，二者的作用是很不相同的。

新闻学诞生的历史虽然不长，但却成为当今世界上最为活跃、对社会生活和历史进程最具影响力的科学；而新闻和新闻价值则是这门学科最基本的概念，构成研究这门学科的基本出发点。

第一节　西方新闻学对于新闻的定义

新闻是什么？

沃尔特·李普曼把报纸描述为是永无止息的、不会长期停留在某一点上的、覆盖面不断扩大的探照灯，而《芝加哥论坛报》的出版商杰克·富勒则认为：“事实上，报纸读者的兴趣才是探照灯，它照到哪里，我们的记者就跟到哪里。”①

杰克·富勒给新闻下的定义是：所谓新闻就是一个报社最近了解到的对所服务的社区有重要意义的或他们感兴趣的某一问题的报道。但他同时指出，尽管这个定义缩小了关于新闻的价值争论的范围，但并没有达成统一的认识。②

---

① 杰克·富勒：《新闻的价值——信息时代的新思考》，新华出版社1998年版，第6页。

② 杰克·富勒：《新闻的价值——信息时代的新思考》，新华出版社1998年版，第6页。

一、关于新闻的传统定义

西方关于新闻的传统定义，大都以描述性的方式进行。

19 世纪 70 年代，《纽约太阳报》的编辑部主任约翰·博加特提出该报的价值取向和选择标准，他说："狗咬人不是新闻，人咬狗才是新闻。"(If a dog bites a man, that's not news; if a man bites a dog, that's news.)①

1954 年出版的《美国新闻史》高度评价了该报的实践和主张的示范作用，实际上也是给新闻下了一个定义："《太阳报》及其许多仿效者证明，如果以轻松活泼的方式将新闻发表出来，那么，新闻就是很有价值的商品。"②

普利策要求他手下的记者采访新闻时，要采访"与众不同的、有特色的、戏剧性的、浪漫的、动人心魄的、独一无二的、幽默的、别出心裁的"题材。③

在美国，关于新闻定义的问题，不同时期不同的记者、学者、媒体业主有过不同的说法。普利策的说法是："永远为进步与改革而斗争，决不向不公或腐败妥协；永远与所有党派的哗众取宠者斗争，决不从属于任何党派；永远与特权阶层和压迫阶级作对，决不失去对穷困者的同情；永远为大众福利而奉献，决不满足于仅仅印刷新闻；永远旗帜鲜明地独立，决不因怯懦而不敢攻击错误，无论这些错误是因为权势还是因为贫困。"

查尔斯·代纳，1869 年至 1897 年间任《纽约太阳报》的老板，他曾说：新闻是"任何可以使一个社区中的一大群人发生兴趣的、他们从来不曾了解过的东西"。

斯坦利·沃克，20 世纪 30 年代任《纽约导报》的编辑，他曾说：新闻是建立在 3 个 W 之上的，即"Women（女人）、Wampum（钱）和 Wrongdoing（犯罪）"——这些是人们暗地里想知道的。

进入 20 世纪 70 年代后，艾夫·威斯汀，ABC 晚间新闻的总制片人，他曾说，新闻就是要回答人们关心的问题。他指出，美国人希望他们的新闻回答下列问题：世界安全吗？我的房子和家庭安全吗？如果安全的话，那么过去 24

---

① 埃德温·埃默里，迈克尔·埃默里：1954 年版《美国新闻史》，新华出版社 1983 年版，第 385 页。

② 埃德温·埃默里，迈克尔·埃默里：1954 年版《美国新闻史》，新华出版社 1983 年版，第 164 页。

③ 彭菊华：《新闻学原理》，湖南师范大学出版社 1996 年版，第 89 页。

小时中发生了哪些事可以让它们变得更好？我的钱包安全吗？

1996 年，罗兰 · 德沃克教授说："新闻是有趣的，重要的。"

罗兰教授的定义看似平常，但实际上却暗示了新闻与受众的双向关系，"有趣的"说明新闻在追踪读者的兴趣，"重要的"说明新闻在引导读者认知世界。

美国大众每天所获得的新闻被认为是对社会、对生活的反映，但这种反映绝不是一对一的映照。没有一个"狗咬人的故事"成为新闻，即使它每天发生一千次。相反，记者和编辑们调查、了解并猜测受众的兴趣点，于是有了充斥电视屏幕的性和暴力犯罪；于是有了"最坏的消息就是最好的消息"、"你可以利用的新闻"(news you can use) 等说法——每天充斥媒体的不仅有性、凶杀、暴力和阴谋（最坏的消息），也决不会没有诸如医药界的新发现，买房要注意什么（可以利用的新闻）等。于是，编辑们发现人们不仅需要了解现实，有时也需要逃避现实；于是，在每天编发的新闻中总会夹杂一条诸如一个可爱的小动物的感人故事。

翻开美国的报纸，或打开美国的电视和收音机，看到或听到的几乎都是坏消息。从婴儿患艾滋病又有毒瘾到环境污染严重、臭氧层遭到破坏，从街上的无家可归者到暴力和犯罪，从价格上涨到公司裁员，从华盛顿的腐败内幕到争吵不休的两党斗争，等等等等，无奇不有，无所不包。如果只看新闻报道，人们完全可以说美国社会已陷入困境。美国有句成语叫 No news is good news，即没有消息就是好消息。① 而新闻从业人员遵循的仿佛是这句话的逆命题——Only bad news is news，也就是说，只有坏消息才是新闻。

其实，现代新闻的这种价值取向与斯坦利 · 沃克提出的 3W 没有实质区别。或者说，只不过是在 3W 的基础上又加上了 2 个 C——Crisis，Celebrities，即危机和名人。

美国的媒体钟爱危机，而且爱到了无以复加的地步，数不胜数的报道前都被冠以 Crisis 一词：海湾危机、中东危机、石油危机、东南亚金融危机、俄罗斯政治危机等等。似乎只有危机才有报道价值，而一旦报道了，它就一定是一场危机。

---

① 南北战争时期，许多年轻人被征入伍。由于当时通讯极端困难，无法经常与家人取得联系，于是就在出发时约定，如果收不到来信（即没有消息），就表示是安全的；而如果收到来信，则表示可能是受了伤或已战死。这样，人们反而害怕收到来信，"没有消息就是好消息"一语从此而来。

美国的公众特爱名人，爱一切有关名人的种种传闻。于是，走过任何一家超市摆放杂志的货架，都仿佛置身于一条名人走廊之中。有本杂志干脆就叫《人物》，专门报道各色名人的最新专辑、巨片，乃至婚丧嫁娶、增磅减肥。在此类报刊中，《人物》被认为是最有权威性的，因为无论它对新闻内容如何选择，至少仍坚持了新闻的真实性原则，不有意捏造新闻。

但美国新闻人知道，新闻不仅应该被动地告诉读者和观众他们所想知道的，还必须主动告诉他们所应当知道的——或者说，编辑认为大家应该知道的。如果说读者或观众决定什么内容有趣的话，编辑则决定什么内容重要。

总之，传统的新闻定义强调的是传媒的中心地位，受众在接收信息时总是处于相对被动的位置。

二、信息时代赋予新闻新的含义

20世纪下半叶，正当美国媒体由新生时的品种繁杂、选择多样走向权力集中、论调也集中的时候，互联网的诞生及广泛使用却对传统的主流媒体造成了根本上的冲击和震撼。其主要的影响是改变了媒体的中心地位，改变了传者主动、受众被动的传统，至少是形成媒体与受众的互动格局。

在互联网上，任何一个人都可以有自己的网页，可以在自己的网页上向全世界发出声音，畅所欲言。每一个读者也都可以自由地选择阅读任何一个网页或任何一条信息。传统的媒体是把制作好的新闻通过报纸、电台和电视台传送给受众，受众即使抱怨新闻快餐制作粗糙、营养价值不高甚至差强人意也别无选择；而互联网提供的却是真正的新闻自助餐。现在美国及大多数发达国家的每一家报纸、杂志的文章，每一家电台、电视台的新闻稿都可以在网上查到，不同的读者可以根据不同的口味和需要，选择自己感兴趣的内容。即使并非每一篇都制作精良，但至少读者可以自己做出选择。

同时，受众在传播结构中的地位也许会从此改写。

一个典型的例子如下。

31岁的迈特·查治在互联网上办了一个新闻摘要网站——《查治报道》，靠着他好莱坞附近一个小寓所里的一台廉价计算机，查治“率先发表”了有关克林顿总统与凯瑟琳·威利有染的消息。他还“率先发表”了日后危及克林顿总统职位的报道——克林顿与莫妮卡·莱温斯基的关系。

查治的“率先发表”与传统意义上的发表有所不同，因为他所发表的并不是自己采访来的第一手材料。实际上，他只不过是通过互联网将他所得到的消息告诉给了成千上万的人们——在查治之前，《新闻周刊》已经得知了有关克林顿与威利和莱温斯基关系暧昧的消息，但却一直压着不发。查治还公布了一些他自己发掘的事实，反响强烈。这迫使《新闻周刊》和其他一些主流媒体开始报道这些消息。查治在 1998 年 1 月扔下的这颗炸弹导致了美国新闻史上最大的一场混乱。上网看《查治报道》的人数以百万计，克林顿本人对查治也熟知并痛恨。

查治并没有上过大学，也并非新闻圈中人，但他从 1994 年 7 月起，就干起了“新闻个体户”的业务，率先公布了杰里·侯因菲尔德为他的情景喜剧要价每集 100 万美元、著名主持人钟毓华被 CBS“晚间新闻”炒了鱿鱼、NBC 和微软公司联合创办有线新闻网 MSNBC 等重大新闻。1996 年总统大选时，查治开始涉足政治，并抢在所有媒体之前率先发表了鲍勃·多尔选择杰克·坎普做副总统候选人的决定。

在《新闻周刊》不知该如何处理收集到的有关克林顿丑闻的消息时，查治抢先在互联网上把这一消息捅了出去。在此后长达一年多的发展进程中，各大媒体争相发表每一步的新进展，而查治又常常比其他媒体抢先几小时。查治本人的消息来源中有政界、媒体界的高层人士。这些不愿透露姓名的人之所以提供消息，或者是出于政治需要，或者是不满于自己所从业的媒体因为种种原因不敢或不愿发表已有的信息，还有一些则是抱着对查治这样的新生事物的赞赏态度。查治的另一个消息来源是互联网上各大报纸的网页和其他相关网址。一次又一次，查治通过一人一机的操作，抢在庞大的主流媒体前发表了大量的“独家新闻”，让那些自以为是的媒体丢尽了脸面并恼羞成怒。《巴尔的摩太阳报》驻华盛顿的资深记者朱尔斯·威特卡佛骂他是“一个散布流言飞语的家伙”，哈佛硕伦斯坦新闻中心的马文·卡尔称之为“小道消息的传播者”，《哥伦比亚新闻评论》的发行人琼·考纳说他“根本就不是为公众服务”。

但人们对查治的网站偏爱不改，而主流媒体对查治的批评也可以被用来写照他们自己。

查治后来被白宫以诽谤罪起诉到法院，索赔 3000 万美元。但查治的事例预示了互联网作为一个新的、另类的新闻媒体将会成为冲击美国大权力机构的催化剂。

互联网给传统媒介带来的最大挑战在于使它们意识到必须改变。受众需要不加过滤的新闻，也需要视觉广、挖掘深的评述，但这些评述必须是真正高质量的深入报道或评论分析。受众有了选择，这意味着拒绝改变的传统媒体将遭到淘汰。

这样看来，传统定义新闻的方式也需要改变。

在各种技术的发展日新月异的信息时代，新闻的消费者们也变得越来越聪明，越来越挑剔。从某种意义上说，公众选择机会的增加正是历史进步的表现。在新时代赋予他们的万千选择面前，他们当然会择优而选。对于新闻业来说，这意味着新闻的深度、准确性、公正性和时效性。那些像现在的一大批地方电视台那样指望观众是一群只会被动接受暴力和台风消息的傻瓜的媒体，是不会在这种环境里能够持续生存多久的。

读者和观众对质量上乘的新闻的鼓励最终还是以经济的形式体现出来：好新闻意味着发行量和收视率的上升，也就意味着广告收入的增多。这会吸引更多的媒体向着做好新闻的方向努力。从这种意义上说，互联网带来的新信息时代产生了一批挑剔的媒体消费者，而这也许正是拯救美国和世界媒体于危难的契机。

美国未来学者艾尔文·陶福乐在20世纪80年代早期就曾做出过类似预言："一个真正的新时代——一个非大众传媒时代"将出现，"它不是一大群人都接受同样的信息，而是由较小的、非大众群体将他们自己的图像相互传递"。

这大大影响了西方世界对于新闻定义的固有观念。那么，在国际互联网传播条件下的西方媒体有了哪些变化？还会有哪些变化？

清华大学国际传播研究中心主任李希光教授（2000）在其所写《互联网与下一代美国主流媒体》一文中对以美国为代表的西方媒体在互联网条件下的发展作了分析。

他说，传统的美国人生活是在早餐桌上看报纸，晚餐后与家人朋友看电视。互联网出现后，这一平衡被打破，美国一个普通网民每周至少上网5小时，55%的被调查人在家里或办公室里有上网条件，43%的美国家庭上网。这还是2001年以前的数据。

人们在互联网的虚拟世界里呆的时间越长，他们与现实世界里的人类在一起的时间就越短。互联网在美国掀起了一个个人与社会隔绝的新浪潮。一个没有人际接触和人情味的新世界正在出现。早在2000年2月，由斯坦福大学社会定量研究所发表的题为《孤独的群体》分析报告就认为，美国人正在远离以家庭、社区和大众传媒为中心的社会生活。这项报告特别强调，互联网正在导致人们迅速地走出大众传媒世界。60%的网民说，他们已经减少了看电视的时间。1/3的网民说，他们很少看报纸了。1999年年底的调查表明，1/5的美国人说因为上网减少了他们看报纸的时间，近一半的人说上网减少了他们看电视的时间。

美国报纸协会的一项调查表明，大多数的美国年轻人是不读报纸的，但是网络报纸进入了年轻人的世界。25%的25岁到34岁的读者阅读网络报纸，仅有19%的年轻人读印刷报纸。

2001年年底，全世界有互联网用户2.75亿人，有7500万个网址。而这个数字每年都在以80%的速度增长。2010年全球互联网用户则达到20亿以上，全球网络在线交易数额高达10万亿美金。① 美国著名网络传播公司思科公司日前发布的年度报告中预测称，到2015年，全球将会有近30亿互联网用户，占到世界预计人口的40%之多。全球互联网流量的总量将增加四倍，网络互联设备的数量将会超过150亿台。② 互联网已经成为世界经济发展的重要引擎，对社会发展和人们生活方式的转变产生了深远的影响，传统的新闻学将受到严重的冲击。

在美国，由于传统记者高质量的专业化声誉，他们已成为互联网吸纳的主要目标。像《华盛顿邮报》这样的报纸，每流失一个记者，就要花好几个月的时间在上百份简历、推荐信和外调中寻找好几个候选人。然后帮他们买飞机票、将他们接到华盛顿，安排住宿、宴请并面试，最终才有可能挑选出一个，成本非常昂贵。如果要请猎头公司代为招聘，质量能否保证不说，还必须付相当于记者年薪35%的报酬。

美国南加州大学传播学院《网络新闻学评论》的执行主编拉里·普莱尔说，一个掌握了基本网络技能的优秀新闻学毕业生在当记者的第一年里的收入将比在印刷媒体工作的同学高出一倍。当《纽约时报》的记者看到他的同龄人，甚至年龄还比他小许多的人尽管写稿子还需要查字典，手指在键盘上也还不熟悉，但已成为百万富翁时，他是不可能不为之心动的。

1990年，美国在线曾因资金短缺，提出向《时代》出让11%的股权，以换取500万美元，遭到《时代》的拒绝。但到2000年，美国在线与时代华纳合并时，付费用户超过2100万户，其总资本已达到3000亿美元以上。

互联网是一座采掘不尽的金矿。1999年美国互联网头三个月的广告收入比1998年同期增长了148%。这实际上是从传统媒体口中夺食。

于是，传统媒体不得不“屈尊俯就”，纷纷与互联网“联姻”。如《华盛

---

① 《2010年全球约有20亿互联网用户》，http：//www.eol.cn/hang_ye_zi_xun_2218/20110527/t20110527shtml，2011/7/22。

② 《2015年全球将会有近30亿互联网用户网速提高4倍》，http：//www.webkaka.com/info/archives/news/2011/06/191032/，2011/7/22。

顿邮报》与MSNBC结盟，《纽约时报》向一家只有三年历史的金融网站The Street注入1500万美元资金，换取该公司6.36%的净资产。2000年1月20日，美国两大传媒巨头美国广播公司（ABC）与《纽约时报》宣布结成新闻联盟，携手制作互联网新闻节目，务求趁美国总统大选之际，抢占互联网新闻战场，他们联合推出一个长15分钟的名为《政治观点》的新闻节目，每周一至周五在两家机构的网站同时播出，节目经过一套共同的编辑标准、经双方审阅后始上网。两家机构的记者均会在这直播节目中讨论时事及进行现场采访等，而内容会暂时围绕总统选举进行。两家机构均视这个节目为一项实验。尽管ABC与《纽约时报》的上述合作还是有限的，但这件事的意义在于，任何一方均很难在互联网新闻领域上独自称雄，因为电视媒体和印刷媒体均有自己的传播劣势。这次结盟对双方来说无疑是一次突破，并获得一次网络传播的学习体验。正如《纽约时报》所指出的那样，“我们正进入新纪元，必须学习一些新手段”。将报刊、广播电视、网络媒体的优势结合起来，相信必然会出现传播的新局面。

有学者指出，在互联网时代，要求得到发展和壮大，传统媒体必须具备四样东西：即第一流的新闻和信息产品；一个影响面极广、可靠的内容发布系统；一个迅猛增长的市场；与合适的媒体结盟。①

从美国主流媒体来看，它形成新的联合体，无论是“旧旧联合”(如《纽约时报》与美国广播公司)，或是新旧联合（如美国在线与时代华纳)，或是新旧新联合（如《华盛顿邮报》、微软公司和全国广播公司)，目的只有一个，即为了扩充市场，而不是仅仅死守内容和信息。

传统媒体与新媒体的结盟或合作，打破了美国传统新闻学的等式，很可能改变人们对媒体的最基本的看法。人们会问：究竟该如何定义新闻？谁代表下一代美国的主流媒体？网络媒体的逐渐称霸将如何影响传统媒体的新闻报道、编辑和传播方式？

可以预见的是，传统新闻学的等式将被打破。

第一，为了追求产品和市场的规模效应，美国主流媒体开始从竞争走向联合，这种媒体间的合并与合作趋势，必将直接影响到媒体新闻采编的独立性。

《华盛顿邮报》母公司的员工都知道，MSNBC最大的股东是微软公司，

① 李希光：《互联网与下一代美国主流媒体》，见顾耀铭主编：《我看美国媒体》，新华出版社2000年版，第335页。

他拥有这家网站的一半股份。那么，《华盛顿邮报》和《新闻周刊》的编辑记者们在遇到一篇批评微软公司的报道时该怎么处理？《新闻周刊》的头版头条敢不敢刊登批评微软老板比尔·盖茨的文章？无论《华盛顿邮报》或全国广播公司如何信誓旦旦地保证要保持新闻报道的独立性，但被商业巨头控制的媒体不受商业巨头利益的影响和干涉几乎是不可能的。

第二个问题就是新闻学定义如何改写。

传统的新闻学的定义是：新闻是对新近发生的事件的报道或是社会信息与意见的传播。强调新闻的事件性、政治性、重要性和社会影响性。而美国一项调查发现，在互联网时代和新媒体时代，报纸和期刊的新闻报道和选题的趋势在朝生活方式、社会名流、娱乐、名人趣事、丑闻方向发展，而开始远离国内政治、政府活动和外交事务的报道。

一项对《纽约时报》、《洛杉矶时报》、《时代》周刊和《新闻周刊》的内容分析表明，二三十年前，美国的新闻充斥着当天或头一天发生的事件性新闻和对新闻事件的深度分析，这些新闻事件多半与政治进程、战争与和平、决策过程的内容更新有关。冷战后的社会和经济变化使受众对传统的新闻话题不再像以前那样关心。1977 年，事件性新闻占美国媒体新闻版的 52%，到了 1997 年下降到 32%。今天的美国媒体报道偏重于在新闻中强调人的故事和有人情味的内容，以及对读者直接有用的东西。此外，今天的美国媒体比过去更关注丑闻、隐私和耸人听闻的故事。1977 年硬新闻与软新闻的比例是 2∶1，而今天硬新闻与软新闻各占的比例分别是 32% 和 15%。

美国媒体中关于政府活动的新闻与新闻报道总量的比例从 1∶3 下降到 1∶5，国际新闻与新闻总量的比例从 1∶4 下降到 1∶6。与此同时，关于新闻名人、娱乐界或名人犯罪的新闻比例则明显上升。

这一切表明，在一个分化了的受众群体面前，新闻话题和主题的报道面正在变得越来越宽泛。这种变化是对美国新闻媒体标榜的新闻自由体系的严重挑战：美国公众在一个信息社会里，获得的越来越多的信息是软性的、娱乐性的，而不是严肃的，这给美国的民主决策和民主制度带来消极影响。

第三，在公众选择多样化、自主性大大增强的情况下，最终由谁来决定新闻价值和新闻选题？

无论是新媒体还是旧媒体记者，首先摆在他们面前的一个最基本的问题是：有多少人阅读你的新闻作品、观看你编制的电视节目、收听你制作的广播节目？作为一家报纸，可以通过报纸发行数审计公司来确认报纸的实际读者数目；作为一家电视台，可以由电视媒体研究机构来调查收视率。但是报纸杂志的发行数都不是读者数的真实反映，比如，中国有很多大报是公费订阅，但公费订阅的报纸是很少有读者看的。此外，自费购买和订阅报纸的购订者也不见得每天或每版都看。因此，唯有网页的点击量是真实的。

世界上只有少数网站靠付费来登录（如《华尔街日报》网站），多数的互联网公司没有固定资产，没有房地产，更没有印刷厂。他们最有价值的商品是网站的访问量，访问量是他们与广告商和投资者讨价还价的最重要的砝码。对于网站老板来说，掌握准确的网页阅读量是为了吸引广告商和确定广告价格。而对于网络记者们来说，网页阅读量能够使他们了解有多少读者读了他们的文章，可以促进网络新闻的繁荣和记者间的竞争。

但是，网络新闻的内容不能完全由网页阅读量来引导，而是应该由严肃的资深编辑和记者来决定。美国著名的网络杂志站点《沙龙》(Salon) 的一项调查发现，凡是标题里有“性”(Sex) 这个字眼的文章，阅读量比其他新闻高出两倍；标题里有“口交”(oral sex) 这个词的文章，阅读量比其他文章高出三倍。如果依照阅读量来引导网络编辑出选题，就会把记者引到写猥亵好色的新闻报道上去。

三、新闻的定义应该由实践来决定

无论旧媒体怎么变，新闻媒体怎么新，良好的新闻判断力、鉴别力和洞察力是任何媒体的编辑记者必不可少的。如果一个网站被网民牵着鼻子走，势必影响对重大主题的新闻和信息的报道和传播。从本质上说，后者才是与公众生存与发展关系重大信息。然而，这一切能不能被实践认可，还需要由历史来检验。

人们可以想象，如果新闻失去了重要性、真实、公平和客观，那将是怎样的一种情况啊！

但是，社会发展到了今天这样一个水平，还仅仅强调新闻的重要性、真实性、客观性和公正性，似乎已经不能满足读者的需要了。“对所报道的内容给出解释、判断和背景材料，已成为新闻记者的职责。”① 美联社资深记者伯卡第说：“如今的信息量如此之大，规模是几年前难以想象的。”“时代要求我们

---

① ［美］杰里·施瓦茨著：《如何成为顶级记者——美联社新闻报道手册》，中央编译出版社2003年版，第17页。

去帮助读者处理这些信息，因为凭借个人的能力任何人都是无法应对的。”①

在美国，几年前类似死亡这样的事件算是特大新闻，人们想知道死者是谁，尤其是在交通事故中。但随着一系列的变革，死亡事件已不再那么重要了，“如今，交通事故早已不是密西西比州内众人皆知的新闻”，“任何人想得知有关美国议会的详细情况，他完全可以在网上看到”，“新闻报道的级别已与以往大不相同”。②

不过，新闻必须依旧是公平和客观的，虽然今天的记者必须在如实报道事件与发表个人见解之间蹚出一条自己的路。作为一个被各种性质的报刊所共同拥有的合作团体，它不可能根据某种观点或偏见报道事件。这最终也成为整个新闻行业的行为标准。

第二节　西方对于新闻功能的几种典型理论

给新闻作定义遇到的第一个问题是如何认识新闻的功能。西方对于传媒的性质的认识不仅在特定时期呈千姿百态的状况，而且在不同时期又有各种不同的理解和描述，难以“一言以蔽之”。

根据童兵教授的归纳，西方对于传媒功能和性质的认识大体可以概括为如下几种。

一、传媒论

传媒论的核心是指新闻所具有的两种功能，即传递信息的功能和获得利润的功能。

童兵列举了下列著作中的一些观点：勃莱纳在《报纸的特殊地位》一书中说，报纸有两重性。报纸一方面是一种以营利为目的的企业，另一方面也是在我们民主社会和政府之间能够存在的必不可少的一种多元性质的事业。甘塔尔在《新闻学探微》一书中指出，报纸既是一种社会组织，又是一种商业组织。读者希望于它的是为社会服务，股东希望于它的是能够赚钱。伯德和梅尔文在《报刊与社会》一书中也说，报纸以及其他大众传媒一方面是商业企业，

① ［美］杰里·施瓦茨著：《如何成为顶级记者——美联社新闻报道手册》，中央编译出版社 2003 年版，第 17 页。

② ［美］杰里·施瓦茨著：《如何成为顶级记者——美联社新闻报道手册》，中央编译出版社 2003 年版，第 17 页。

另一方面有社会职能。报纸必须按资本主义经济的规律来经营，并且能够供给公众以准确可靠的消息和公正的评论。

既然报纸是社会交往和传播信息的工具，又是能给股东带来盈利的企业，那么，新闻就理所当然地具有二重性，一方面，它主观上是为了赚取利润，另一方面，客观上它必须传播信息，并且必须能努力做到准确及时、客观公正，否则，媒介便将失去读者、观众或听众，盈利也便成为一句空话。

二、事实论

这是最经典的理论。事实论的基本出发点是：新闻的基本功能是客观、真实地报道事实。

童兵指出，报道事实，是西方新闻理论中反复强调的主题。早年《太阳报》记者理查德·亚当斯·洛克因编造《月球蝙蝠人》的特大假新闻而受到谴责，贝内特在主持《纽约先驱报》时大肆煽情同样受到批评，促使有识之士严肃思考。

格里利是对新闻真实性进行深入思考的第一人，他坚决地摒弃煽情主义的报道方法，被尊为开创"人格新闻学"时代的巨人。1841 年 4 月 10 日，格里利创办了《论坛报》，他确立报纸的理性原则，摈弃煽情主义、不健康的医药广告和虚伪的政治中立，重视言论，鼓吹改革（开发西部、反对奴隶制）；用报纸帮助人们脱离无知、依赖、贫穷和无效率。马克思曾于 1851—1862 年作为该报欧洲的通讯员，为该报写了 500 多篇文章。

雷蒙德高度重视新闻的真实性。1851 年 9 月 18 日，雷蒙德在纽约创办了《纽约每日时报》，1857 年更名为《纽约时报》。他主张报纸要"刊登应该刊登的消息"，力求办一张新闻翔实、言论平和的廉价报纸。他指出，一家报纸的本分在于发表真实的事实材料，他还为此专门写了《新闻事业的理论》一文，具有较高的学术价值。

确定报道真实性主体地位的是现代报业之父普利策，他给纽约《世界报》定的座右铭就是"准确，准确，准确"，告诫手下人必须做到"准确第一"。他的一句名言是："报纸的准确性就如妇女的贞操那样重要。"另一位著名报人奥克斯（纽约时报的创始人）也十分看重真实性，他要求新闻记者应有强烈的历史责任感，主张新闻报道要"清楚，高尚，可信"。

西方新闻理论著作对于新闻真实性的论述十分普遍。卡斯柏·约斯特在其新闻理论著作《新闻学原理》中指出："新闻是对所发生的事情的一种报告，或者是对某种存在状态的一种报告。如果这件事情根本就没有发生过，或者这种状态根本就不存在，那么这个报告就是虚伪的；它既然是伪造的，就不能算是新闻。”“一切新闻的主要因素是真实。如果一条新闻并不道地的真实的话，刊登这条新闻的报纸也就和这个荒谬的报道一样的荒谬。”① 他明确提出，“真实是真正新闻的试金石”，“整个报纸就应该被这种尺度来衡量”。②

英国报人约翰·德莱恩曾在《泰晤士报》做过36年的主编，他对新闻的“事实说”也有过精辟的论述。他指出：“新闻事业的首要任务，就是以最快速、最确实的方式，把时事加以报道，同时应随时揭发事件的真相，使之成为国民知识的宝库。”“新闻记者的职责与史家相同，就是不顾一切地寻找事实真相，所以他所贡献给读者的，不是政策、国策之类，而只是尽他们力量所能得到的事实真相。”③

第一次把新闻应是真实事实的主张写入法规的是问世于1923年的美国的《新闻规约》，其中第4条规定：真诚、真实、准确——对读者的忠实，是一切报纸名副其实的基础。

三、传播论

这是西方传播学诞生后出现的一个新的理论体系。传播，指的是信息的交流与分享。传播论者主张，新闻的基本功能是传递信息。

根据拉斯韦尔的论述，传播是一系列活动的链条，包括五个W（Who，谁；Says What，说了什么；In Which Channal，通过什么渠道；To Whom，向谁说；With What Effect，有什么效果），其中最重要的是“Says What”即信息内容。传务求“通”，务求“信”，所以信息的基本要求是客观，处理信息的基本要求是公正。因此，传播论者就提出客观性和公正性这两个概念。又由于人们在传播活动中不可避免地总是站在特定的立场、从特定的视角、依据特定的价值取向来评价信息、选择信息和传播信息，因而，倾向性也是一个不可忽略的基本概念。

这里所说的客观性，其基本含义为，以客观事实为报道本源，依本来面目报道事实的新闻特征（包括内容和形式两个方面，内容上的客观，指新闻事实是一种客观存在；形式上的客观，指传播人采用客观陈述的手法）。

这里所说的公正性，即公平原则，公众可以有同等机会运用媒介发表意

① 转引自童兵：《中西新闻比较论纲》，新华出版社1999年版，第312页。

② 转引自童兵：《中西新闻比较论纲》，新华出版社1999年版，第312页。

③ ［英］弗雷泽·邦德：《新闻学原理》，台湾正中书局1988年版，第3页。

见、争论问题和为自己辩护，传媒和传播人不偏袒任何一方。

所谓的倾向性，是指传媒或传播人在新闻报道中或明或暗地表现出的特定的政治立场、是非态度和爱憎情感。

四、价值论

童兵指出，价值论是随着社会进步和人们生活质量的提高而形成的对新闻内在品质的新认识。从信息传播的社会功能看，新闻价值指新闻事实自身含有的满足受众需要的要素；从传播效果看，新闻价值则是新闻在社会传播之后产生的社会反响及社会效果；从传播者的主观立场看，新闻价值又是传播人和传播调控机关衡量与取舍新闻的标准。

关于价值论学说后文将设专节讨论，这里不赘述。

五、舆论论

舆论一般是指公众意见。是社会群体对近期发生的、为人们所普遍关心的某一争议的社会问题的共同意见。舆论是在一定社会范围内，消除个人意见差异，反映社会知觉和集合意识的、多数人的共同意见。由于新闻工作者对舆论的发生和走势有一种职业的敏感和冲动，新闻传媒对于舆论有反映、影响、引导甚至组织的功能，因此，新闻界常被称为舆论界。

“意见”始终是舆论研究的核心，是舆论的本体，舆论传播所着眼的也是意见的流动问题。意见（opinion）通常是通过与态度（attitude）、信念（belief）和价值（value）尤其是和态度相比较来界定自身的，社会心理学家们把意见定义为：对某种态度、信念或者价值的言语表现。

新闻传播工具是最好的意见载体，在反映舆论和形成、引导舆论的过程中有很大作用。社会舆论若只在街谈巷议中存在，或仅记载于决议，其力量是有限的。只有经过报纸、通讯社、广播、电视等新闻传播工具的广泛传播，唤起人们对某一社会问题的注意，才能把舆论凝聚起来，影响人们的思想和行动。这就是为什么新闻界又被公认为“舆论界”的原因。有的政治集团利用新闻传播工具放出“政治空气”，以试探社会舆论反应，这是对新闻工具的舆论作用的进一步扩张。舆论是新闻报道的重要内容，新闻报道是舆论传播的主要方式。舆论与新闻关系密切，有时被认为是融为一体，不可分离的，有时又被认为是截然不同，须严格分开的。

在西方新闻理论中，有一种学说认为，舆论实际上就是公共情绪。美国总统林肯说过，公共情绪就是一切，有了公共情绪，一切皆可成功。

约斯特教授仔细分析过报纸舆论的作用机制。他指出，报纸供给我们一个连续不断而又永无止境的电影，在这部电影中，我们可以看到整个世界和整个人类的动态。这里头有描写喜剧的，悲剧的，劣行的，美德的；还有英雄主义，虔诚信心，冒险事业，大灾巨福，投机取巧，喜怒哀乐等等。举凡人类生活中的神秘而又不可捉摸的变幻，统统都被包括无遗。①

美国社会心理学家塔尔德也对报纸舆论做过深入研究，他指出，新闻力量就是公众力量，伟大的记者绝对地控制着公民，指挥着舆论，他们比伟大的政治家更多更长久地指导着世界。社会学家西艾弗莱认为，人们至少是通过新闻来创造当天的舆论。他还指出，作为舆论的制造者或者创造舆论的手段，新闻不是第六种力量，而是第一种力量。② 著名报人李普曼出版了《舆论学》一书，全面而系统地论述了舆论与新闻的关系。

从以上的分析不难看出，西方有一种理论是把新闻工作直接当做舆论工作来看待的，或者是直接把新闻等同于舆论的。

值得注意的是，西方新闻理论界大都承认报纸的舆论力量，但绝对忌讳宣传。他们认为，舆论是民意的反应，而宣传是政治家为了某种目的强制性地推销观念，是一种影响公众意志和行为的企图。

六、权利论

在西方新闻理论体系中，新闻是作为公众的一种权利被放在很高的地位上的。从利尔本、弥尔顿率先提出“出版自由”口号以来，几百年间，人类为争取这一权利付出了极其沉重的代价，也取得了一个又一个弥足珍贵的胜利。弥尔顿早年系统阐述言论出版自由是一种与生俱来的权利，这大大激发了后人为争取这一神圣权利而开展百折不回的斗争的决心和勇气。斗争的结果是催生了法国的《人权宣言》(人和公民权利宣言）和美国的《权利法案》(即美国宪法第一修正案)。

1948 年 12 月 10 日，联合国大会通过了《世界人权宣言》，其中庄严地规定了类似法、美两国人权公约的内容。随后，联合国又通过了另外两个重要文件：《经济、社会、文化权利国际公约》、《公民权利和政治权利国际公约》。《经济、社会、文化权利国际公约》第 19 条规定，人人有权持有主张，不受

---

① 卡斯柏·约斯特：《新闻学原理》，中国人民大学新闻系 1960 年版，第 227 页。

② 参见小野秀雄：《新闻学原理》，1957 年修订版，中国人民大学新闻学院资料室中译本，第 171 ~174 页。

干涉；人人有自由发表意见的权利，包括寻求、接受和传递各种消息和思想的自由，而不论国家，也不论口头的、书写的、印刷的、采取艺术形式的，或通过他所选择的任何其他媒介（同时规定了相应的责任：即须尊重他人的权利或名誉；保障国家安全或公共秩序，或公共卫生或道德）。①

经过以上的分析，我们可以看出，用一句话或几句话来概括西方新闻理论对于新闻的定义，实际上是困难的。但从以上的分析我们又不难看出，无论如何评价新闻的功能和作用，有几条是大家所公认的，即新闻必须是报道事实的；事实必须是真实的、客观的、公正的；所报道的新闻是需经过一定的挑选的；所报道的新闻应该是大众关心的，或者是关系公众切身利益的。

第三节　西方的新闻价值理论

一、早期新闻价值理论学说

西方报人和西方新闻学者最早提出关于新闻价值的问题。在他们看来，新闻价值，实质上就是“什么是新闻”的问题。《太阳报》主编查尔斯·代纳说，他的《太阳报》力求凝练、清楚、扼要，以最清晰、生动的形式表现世界各地的最新动态。他认为，“人类真正的趣味”，是衡量新闻好坏的“绝对标准”。该报还认为，新闻，就是那些稀少的和不寻常的事。

最早把新闻价值学说纳入新闻理论体系的是几位美国学者。庞德在他的《新闻学概论》中，甘斯在他的《美国新闻学评论》中，对新闻价值问题都作了较为明确的概括。

庞德认为，构成新闻价值的要素有四个，即时效、距离、事件的大小、重要性。他同时强调：“读者的兴趣是新闻价值的试金石。”他进而开列了一大串兴趣要素：利害关系、金钱、性、斗争、奇突、英雄崇拜、关怀、人情味、影响大的事件、竞赛、犯罪。庞德对于新闻价值的研究方法及其得出的主要结论，在新闻价值学说史上起了开先河的作用。其后，西方对这一问题的研究也都开列两个要素：即价值构成要素和兴趣构成要素。尽管认定的价值构成要素有的是五个，有的是六个七个，但对庞德提出的四大要素都会包含其内，从来没有人做过删剔。

若干年之后，《现代大众传播媒介概论》的作者希伯特和《阐释性报道》

① 参阅童兵主编：《中西比较新闻论纲》，新华出版社 1999 年版，第 304～364 页。

的作者麦克道格尔，两人分别提出意在“一致公论”的新闻价值要素和读者兴趣要素，谁知两人的说法竟不谋而合，完全一致。他们都认为，新闻价值的要素应该是五个，即及时性、接近性、显著性、重要性、人情味。读者兴趣要素应该是八个：即个人关心的、同情、反常、进步、斗争、悬宕、两性关系与年纪、动物。① 从此，新闻价值五要素说得到西方新闻学术界的普遍承认，成了约定俗成的通俗称谓，至今在西方还被尊为新闻价值构成的正统。

日本学者小野秀雄从理论上比较透彻地论述了新闻价值的客观性问题。他说：“报道素材的本质乃是根据新闻使命对具有现实性的事实所做的记述。”他分析说：“报道素材须经过三道工序，即对内容的斟酌、评定其价值和排列次序，才能成为报纸主要内容的消息。这时，关系到报道本质的第一道工序是对内容的斟酌，但此时的标准与取材的标准是一致的。评定价值是对素材的现实性的测量，排列次序是指按其价值决定其前后次序，这两道工序对报道本质是不起任何作用的。由此可见，报道素材和报道按其本质来讲是没有任何差别的，所不同的是，报道只是把素材所固有的价值加以形态化，并且通过报纸具体地公之于社会，使之成为为人理解的处世之指南。与此相反，有些报纸，单从兴趣出发进行评价并决定排列次序，这是一种无视报纸使命的态度。”②

在小野秀雄看来，新闻价值首先是新闻素材——新闻事实本身所具有的东西，将含有这种价值的事实写成报道并公之于社会，就是把这种事实内涵的价值形态化了。

小野秀雄关于新闻价值内含于新闻事实之中，新闻价值是一外在的东西的论述，在西方学者中具有普遍性、代表性。

西方也有学者认为新闻价值是主观的产物，倾向性是人们测量新闻是否具有价值及其价值量多少的标准。如日本另一位学者杉村广太郎在其《新闻概论》中就提出：“新闻价值就是判断采录于新闻纸的新闻的价值的标准。”

关于新闻价值要素的探讨，由来已久。美国学者华连较早提出新闻价值要素的见解，他认为，构成新闻价值的有以下 10 种要素，即时间性、空间性、重要性、独特性、戏剧性、斗争性、离奇、性的因素、情趣、猎奇。

二、典型新闻价值理论学说

经过长期探讨，人们普遍接受了“五要素”说，影响最大的是前面已提

① 刘建明：《创立现代新闻价值理论》，《新闻爱好者》2002 年第 12 期。

② ［日］小野秀雄：《新闻学原理》，1957 年修订版，中国人民大学新闻学院资料室中译本，第 126～127 页。

到过的美国学者弗莱德·希伯特的概括：

1. 及时性

人们常说，没有比昨天的新闻更老的东西了。新闻是时间上的易碎品，报纸新闻只有一天的寿命。过了一天，新闻就要加上新的消息加以改写。

2. 接近性

地理的因素对于判断新闻也很重要。相对地说，事件发生的地点距离读者越近，对读者的影响就越大，新闻价值就越大。这一思想后来扩展到利益的接近性、兴趣的接近性、年龄的接近性、性别的接近性乃至民族、种族、文化背景等多个方面。

3. 显著性

事件的参加者越是著名，新闻价值就越大。

4. 重要性

一个事件的后果、影响与它的新闻价值有直接关系。

5. 人情味

人情味的因素有：冒险、冲突、幽默、悲欢离合、两性、反常、个人利益。每天的新闻中有很多都是根据这些因素选择的。①

此外，威廉·梅茨、弗雷泽·邦德、小野秀雄等都有过精彩的论述，但主要论点大同小异，这里不一一介绍。

在对西方新闻理论中价值因素的考察中，我们不难发现，西方新闻价值诸要素中特别强调趣味性和人情味要素。他们的口号是，人情味是新闻的基石。约斯特强调指出，在选择新闻时，第一个基本原则就是估量它的公共兴趣。我们在出版新闻时，须以趣味为大部分新闻的主体，理由是，唯有有趣味，才能使报纸富有吸引力，因而很容易卖出去。他还说，人情味是个大宝库，从这个宝库中，报纸吸引了广大的读者，并对他们提供意见和消息，从而使它增进它本身对公共服务的效力和价值。② 这种认识，构成了西方新闻学中关于新闻价值理论的一个重要的支撑点。

三、新闻价值学说在西方新闻实践中的运用

西方新闻价值理论的核心是“满足受众需要”。只有适合受众兴趣与需

---

① ［美］希伯特等著：《现代大众传播媒介》，北京大学出版社 2008 年版，第 345～346 页。

② ［美］卡斯柏·S. 约斯特：《新闻学原理》，中国人民大学新闻系 1960 年内部版，第 26～27、31 页。

要，其产品才有市场，其营利的目的才有可能变成现实。

在今天的美国社会，新闻数量之多、来源之广、传播工具的品种之复杂，可以使任何一个新闻工作者都感到眼花缭乱，目不暇接。而普通美国公民更是觉得“信息爆炸”一词决不只是一个夸张的说法。在美国，信息已是无时不在、无处不在、无孔不入。

1998 年以前，电视是美国公众获取信息的首选，据 1998 年美国尼尔森媒体研究所的一项统计，一个没有互联网系统的美国家庭平均每星期看电视的时间为 57 小时，而一个有互联网系统的美国家庭平均每星期看电视的时间也要达到 49 小时，平均每人每星期看电视 31 小时。下面是 Brim's Content 杂志 1998 年 12 月公布的尼尔森公司 1998 年 8 月 27 日早 9 点至晚 6 点间美国三大全天播送节目的有线新闻网 CNN、MSNBC 和 FOX 的节目时间统计：

各新闻内容所占的分钟数	CNN	MSNBC	FOX
鲍妮热带风暴（风暴第二天）	77	33	88
克林顿总统演讲（自他承认与莱温斯基有染以来）	48	235	51
股市～俄罗斯（因受俄罗斯影响，股市跌了 4.2 个百分点）	42	27	92
副总统戈尔（最高检察官开始一项为期 90 天的对戈尔集资活动的调查）	40	5	18
肯尼迪爆炸嫌疑犯（该犯当天被送往美国）	75	28	30
联合国核查人员之一辞职	21	0	5
医药新闻	2	2	7
其他（包括体育、戴安娜公主遇难一周年、利比亚恐怖活动嫌疑犯审判等）	52	5	55

另一天的新闻报道的可能是米奇热带风暴、克林顿当众道歉，也可能是国会某共和党议员的丑闻又被揭发，但总的构成差不多。

大多数美国公民选择电视的原因在于，紧张地工作了一天之后，看电视是一种最轻松获得新闻的方式。电视不像互联网那样需要考虑选择哪项，也不像报纸或杂志那样必须集中精力阅读。电视新闻的制作者们利用电视的先天优势——声形并茂，重现现场，想尽办法来吸引观众原已涣散的注意力。即便是像克林顿性丑闻这种已被狂轰滥炸近一年之久的主题，为了使观众产生新的兴趣点，各媒体每天都冠之以新的标签："白宫危机"、"调查总统：他应该做什么？""NBC 新闻问题：重塑他的形象？"等等等等。

为了吸引观众很容易转移的注意力，电视引用被采访者原话的录音片断（Sound bites）越来越短。1968 年美国总统大选中，尼克松与亨弗利对阵，电视网引用他们原话的平均长度是 43 秒；而在 1988 年乔治·布什与迈克·杜卡科斯竞选总统时，他们被引用的原话长度已降到了 9 秒。20 世纪 90 年代末以来，克林顿、小布什和奥巴马的竞选录音片断平均长度只有 7 秒左右。显然，美国电视新闻网眼中的观众注意力所能集中的时间越来越短了。

在今天的美国，越来越多的观众、听众、读者乃至学者、专家抱怨媒体所传播的新闻越来越肤浅。而这种肤浅，恰恰是媒体眼中的受众之需。

有人认为，美国媒体正在使大众变成一群爱看热闹的人，新闻越来越水，受众越来越傻，也有人认为是大众对名人私生活的兴趣使媒体对此追踪不舍。那么，新闻媒体越来越煽情的原因究竟是什么呢？

中央电视台节目主持人陈晓薇认为，第一，是媒体对 20 世纪 90 年代观众信息需求的估计。美国媒体认为，90 年代观众需要的是节奏快、娱乐性强的新闻，以及所谓的"用户之友"新闻（即所谓"可用的新闻"，包括如何减肥、如何投资等）。于是新闻报道便遵循这一指向，大量追踪性、犯罪和暴力；于是媒体不是注重质量，而是努力使报道生动、抓住观众；于是他们推销的不是牛排，而是香味；不是访谈内容，而是主持人；不是主题，而是形式；于是新闻，尤其是电视新闻，被普遍认为不如十年前准确、公正、有内容。今天，这种状况并未发生根本变化。

不过，对这一现象的形成，媒体并不负有全责。事实上，对电视收视率和报纸杂志销售量的调查统计证明，媒体对受众的判断是准确的。

以臭名昭著的辛普森杀害前妻案为例。每个人都说他们烦透了媒体喋喋不休的炒作，但尼尔森媒体研究机构 1994 年夏天的调查数据显示，所有的黄金时段的新闻节目，诸如"日线"、"20/20"、"60 分钟"、"黄金直播"等，都凭借报道辛普森案件提高了收视率。仅"内参"一档节目夏天的收视率就上升了 60%。辛普森的报道也让所有电视新闻网白天的收视率大大提高。《时代》杂志估计他们的销量在一星期内上升了 50%，《新闻周刊》和《人物》以辛普森为封面的两期杂志高居 1994 年全年销售量之首，而《今日美国》载有辛普森新闻的报纸销量超出平常 10 万份。

克林顿性丑闻报道也是如此。《时代》杂志驻北京首席记者吉米·弗洛克鲁说："人们说他们烦透了莫妮卡的故事，但数据显示，只要一有这个故事，他们便会去读、去看。”

当今美国的大多数成人说他们的主要新闻来源是电视。受众如此广泛的电视无疑领导着其他媒体的走向。在全国的报纸都在为保证销量而竞争的情况下，文字记者们不得不向电视靠拢，使报道更简短、语言更简洁。他们也承认，当电视这种以娱乐为主的媒体在领导潮流，特别是当大量涌现的电视新闻无休止地播出“煽情故事”时，报道的重点自然会落在这些故事上。

商业化的竞争加剧了这一趋向的发展。媒体争相满足受众的需求，而他们自己，则在竞争中迷失了方向，不再了解观众何时会对无休止的重复失去兴趣。

对此，约瑟夫·普利策早在1907年就提出过警告。他说：“一个冷嘲热讽、商业性强、哗众取宠的媒体会在一定时间内创造一群和它自己一样低级趣味的民众。”他还指出，新闻媒体需要“具备训练有素的智力，知道什么是对的，并有勇气这样做”。

第四节　如何评价西方新闻价值要素说

一、具有科学合理的一面

从整体上来考察，西方新闻价值理论具有不可否认的科学性。其核心内容——价值要素说，有两方面的科学依据。

第一，对构成要素的设定，大体与新闻的本质及其特性相符合。新近或最新发生，既突出了新闻的时新性，也表明了新闻以现实发生的事实为依据的真实性；及时性既是传播特征，也是对新鲜性的保证；接近性、显著性、重要性，都是新闻事实或相应作品对受众具有的未知性和需知性的具体表现，新闻正因此才值得公开传向整个社会。

第二，对价值概念的把握，自觉或不自觉地兼顾了主客体两方面的决定作用。价值既然是客体能够满足主体某种需要的程度，新闻价值的构成也就必然是传播主体和客体相互之间作用的结果。西方的新闻价值要素设定，既取材于新闻事实的内在因素（如新闻事件发生的时间、地点和参与人物等），也取材于传播主体和接受主体对新闻事实的需要（如接近性、重要和有趣味等）。这样的设定原则，是符合价值论的科学原则的。不过，这种科学精神没有贯彻到底，西方价值理论把主客体因素机械分开，设定了两个相互并列的要素系列。两个系列的要素既有重复也有冲突，不宜于作为实践尺度用于实际操作。

二、存在唯心主义的成分

创立于西方的新闻价值理论，如果没有一定的科学依据，不可能具有长盛不衰的生命力。但是，西方新闻价值理论特别是它的要素构成说，的确具有唯心主义倾向和机械片面的弊端。这种非科学的倾向和弊端，在设定要素和阐释要素时，表现得十分明显。

首先，西方新闻价值要素说把人情味摆在显要地位并给予荒谬的解释。

人间是有情可言的，新闻是应当有人情味的，这种人情味就是对健康人生的肯定和关爱。不同的人情味，与不同的人生观和世界观相对应。我们倡导的是无产阶级和劳动人民的健康向上的人生情趣，而不是资产阶级颓废褊狭的人生追求。西方学者在新闻价值理论中标榜的人情味，正是资产阶级的病态人情观。他们认为人情味就是“女性、儿童、野兽”，“怜悯、恐惧、妒忌、情爱”。① 有的甚至把人情味仅仅归结为女性，把女性当做新闻的调味品，只要加上它，新闻价值就高了。说什么“包含女性的新闻，与没有女性的新闻，是不能同日而语的。关于女性的新闻，具有极大的新闻价值，这一点恰如对于异性的性欲同样具有吸引力”②。这不就等于说，能够诱发性欲的东西最有新闻价值吗？有的学者堂而皇之地进一步发挥：“八二老翁娶十八岁姑娘恰为百岁”，才是极富人情味的好新闻。③ 这种煽情主义的新闻价值观，主张露骨地宣泄兽欲，还称得上什么人情味呢？

其次，西方新闻价值要素说从抽象的本能好奇心出发，过分强调反常与怪诞的新闻价值，具有浓重的历史唯心主义色彩。

按历史唯物主义观点看问题，读者的兴趣和新闻需求，主要由历史条件和社会实践来决定，并非由什么与生俱来的好奇心驱动人们去选择新闻。西方新闻价值理论把能够满足读者好奇心的奇异、怪诞定为新闻价值标准，导致猎奇之风久盛不衰，成为资本主义新闻事业的恶劣传统。他们认为，“按照定义，新闻是反常的事物”，因此，要“大量传播社会上的越轨行为和反常现象”。“好消息往往不成其为新闻”。真善美不足为奇，假恶丑反倒引人注目。这种理论的登峰造极之作，就是说新闻只有三个 W：女人（Women）、金钱

① 见郑贞铭：《新闻采访的理论与实践》，台湾商务印书馆 1977 年版，第 12 页。
② 见管冀贤：《新闻学集成》，第 1 册，中华新闻学院出版社 1943 年版，第 29 页。
③ 徐泳平：《新闻学概论》，台湾中华书局 1978 年版，第 123 页。

（Wampum）和罪行（Wrongdoing）。① 既然流行于西方的正统新闻理论鼓吹如此荒唐的新闻价值观念，那么，凶杀、奸淫、犯罪、灾难等耸人听闻的东西，一直充斥资本主义世界新闻传媒的版面和节目，也就不足为奇了。

再次，西方新闻价值理论在解释构成要素的含义时，往往因崇尚极端，从真理走向谬误，带有明显的主观随意性和片面性。

西方价值理论对五要素中的“及时性”和“重要性”的解释，基本上是科学准确的，偏差出在对“接近性”、“显著性”和“人情味”的规范上。“及时性”指的是新闻事实发生后，传播越及时，新闻价值越大；反之，新闻价值越小。正如徐宝璜所说：“同一新闻，其价值与发生及刊登相隔之时间为反比例。”② 所谓“发生及刊登相隔之时间”，就是现在说的新闻发生与传播之间的时间差。时间差越小，就越能确保新闻的新鲜特性，新闻价值越大；反之，新闻的新鲜性随之衰减，其新闻价值就越小。“重要性”指的是，重要的新闻事实的新闻价值都比较大，重要的程度越高，新闻价值越大，反之，新闻价值越小。重要性的衡量尺度，也如徐宝璜所说：“新闻之价值者，即注意人数多寡与注意程度深浅之问题也。重要之最近事实，自能引起越较多人数与较深程度之注意，故为价值较高之新闻。次要之最近事实，仅能引起较少人数与较浅程度之注意，故为价值较低之新闻。”③ 这就是说，越重要的新闻事实，越能满足社会公众的信息需求，并因此越引人注目而具有较大的新闻价值。

西方新闻价值理论一旦解释其他构成要素，这种理论的弊端就暴露无遗了。“接近性”的原意，是在新闻的发生地点上设定价值尺度的，认为新闻发生的地点与受众距离越近，其新闻价值越大。这本来是符合实际、有一定科学依据的论断，但一旦对它做出绝对化的解释，那就成了谬误。如果认为只有发生在身边的事情新闻价值才大，甚至距离越近越大，相反，距离越远价值量就越小，就显然十分荒谬了。那样，人们就会只关注身边的事态，淡漠远方信息和全局大业，从而把自己封闭起来，成为鼠目寸光的人了。然而，西方资产阶级新闻价值理论对“接近性”的解释，就走进了这样一条极端化的道路。集中代表这种狭隘眼界的是这样一句话：“报馆门前死了一条狗，会比遥远的中

---

① 吴兴华，李松晨等：《新闻价值及其真实指导性》，人民日报出版社 1984 年版，第 151 页。

② 徐宝璜：《新闻学》，中国人民大学出版社 1994 年版，第 1 页。

③ 徐宝璜：《新闻学》，中国人民大学出版社 1994 年版，第 24 页。

国发生水灾，更易引起读者的兴趣。”① 这一论调除了违背常识外，还显然充满敌意（它试图说明中国长期的自我封闭使得西方对中国发生的一切都失去兴趣）。中国人并不因为与美国白宫相距万里，就对发生在那里的克林顿和莱温斯基的绯闻漠不关心，或者认为其不如中国明星绯闻的新闻价值大。特别是到了当代，因为传播手段的高度现代化，极大地缩小了空间距离，经济全球化和世界一体化已成不可阻挡的趋势，还把新闻价值取向限定在身边的见解显然已成笑谈。西方有的学者还提出一极端个人主义作为理论依据，说：“人是自私的，有关他本人及与他直接有关的东西最受注意。”② 其实，这也是站不住脚的片面之词。谁都知道，资本家是自私的，但为了在竞争中获取胜利，资本家十分关注自己的产品在世界各地的市场占有状况，关心国内尤其是国际竞争对手的举措，关心政局变化和科技发展的最新信息。自私只是为了自己，但绝非只关注自己。说到底，新闻的接近性，不只是地理上的接近性，还应当包括利益上的接近和心理上的接近，而且，利益上的接近尤为重要，是地理接近和心理接近的基础。

“显著性”的原意，是在新闻事件的参与人上设定的价值衡量尺度，指事件的参与者越著名，越能引起人们的关注，新闻价值越大。这一论断本来也是有一定的实践依据，有一定的科学内容的。但西方新闻价值研究又发展出两个极端化的结论：一是说只有地位显赫者的言行才有新闻价值，二是说显赫人物的一言一行都是新闻。③ 应当承认，名人政要身上是出新闻的，应当受到媒体的关注。特别是对其中的政府要员，媒体确有关注的必要，这样做有助于实现舆论即民众对政府的监督。但是，并非地位显赫人物的一言一行都有新闻价值，都值得及时公开向整个社会传播。有新闻价值的只是那些与大局相关的东西。追踪要人轶闻，炒作明星韵事，历来是惹是生非、伤风败俗的下品，而且还应当澄清，普通劳动者并不能进入显要人物的行列（如雷锋、雷运姣等）。否则，他们事迹的巨大价值就无从谈起了。

关于西方新闻价值理论对“人情味”的唯心主义和极端化的解释，正如前面所说的那样，实际上已脱离了真正意义上的人情味。

---

① 郑贞铭：《新闻采访的理论与实践》，台湾商务印书馆 1977 年版，第 12 页。

② ［美］乔治·穆脱：《美国新闻学提纲》，《新闻学译丛》1956 年第 3 期，第 36 页。

③ 吴兴华，李松晨等：《新闻价值及其真实指导性》，人民日报出版社 1984 年版，第 180 页。

总之，西方新闻价值要素构成说，有其符合新闻本质及其特性的科学内涵，也有背离新闻本质及其特性的偏见与糟粕，应该加以区别对待。①

◎ 思考题

1. 请试用自己的语言给新闻下一个定义。

2. 请分别阐述传媒论、事实论、传播论、价值论、舆论论、权利论的含义。

3. 请分析西方新闻价值理论学说。

4. 什么是西方传媒奉行的“大胆揭露和小心修正”？

---

① 参阅项德生，郑保卫主编：《新闻学概论》，武汉大学出版社 2000 年版，第 45～60 页。

第六章 权利与义务
——西方新闻理论的两个核心概念

当代西方新闻理论中，有两个核心概念值得高度重视。这两个核心概念就是权利和义务。它既表明了传媒自身的价值追求，又包含了社会公众对传媒的责任寄托。

第一节 新闻自由：西方人至高无上的信念

一、西方人眼中的新闻自由

新闻自由，是与西方主流的价值观和政治信条一脉相承的思想体系，被看做是新闻记者、传播媒体和社会公众的至高无上、神圣不可侵犯的权利。在西方，特别是在美国，主流政治理论是"多元论"，即认为社会中包含着许多互相冲突的、同政府官员有联系的群体；这些群体争相对政策的决定施加影响，他们相互之间讨价还价，也同政府讨价还价。经过讨价还价达成的妥协就成为公开的政策。

根据西方的政治理论，形成了美国的新闻自由的信条：（1）新闻媒介摆脱外界干涉，摆脱来自政府、来自广告商甚至来自公众的干涉；（2）新闻媒介为实现"公众的知情权"服务；（3）新闻媒介探求真理，反映真理；（4）新闻媒介客观公正地报道事实。①

康拉德·芬克认为，西方社会价值观对美国新闻事业有如下影响：（1）揭示真理（Truth Telling）；（2）正义（Justice）；（3）人情味（Humaneness）；（4）自由（Freedom）；（5）服务社会（Stewardship）。② 具体而言，美国主流新闻思想通常信奉如下道德和行为准则：（1）自由意志（Libertarianism）；

---

① ［美］赫伯特·阿特休尔：《权利的媒介》，华夏出版社1989年版，第133页。

② Conrad C. Fink. Media Ethics. Baston，1995：13.

（2）客观性（Objectivity）；（3）社会责任感（Social Responsibility）；（4）人民的知情权（People's Right to Know）；（5）信用差距（Credibility）①；（6）为公众利益服务（Sere the Public）；（7）监督权贵（Monitor the Powerful）；（8）保持平衡与公正（Be Balanced and Fair）；（9）具有同情心（Be Compassionate）；（10）保卫宪法第一修正案（Guard the First Amendment）；（11）保持独立性（Be Independent）；（12）勇敢无畏（Be Courageous）；（13）思考你的忠诚（Consider Your Loyalties）；（14）自我意识与良知（Self and Conscience）；（15）忠实于社会（Loyalty to Society）；（16）以笔谋生，不贪外财（Loyalty to the Hand That Feeds You）；（17）忠实于同业（Loyalty to Professional Peers）；（18）在一个"纷乱"的世界上行为得体（Acting Ethically in a "Messy" World）。②

新闻自由，是令西方人无比自豪的字眼。为了追求新闻自由，人们不惜把新闻的地位提升到"第四种权力"的地步。

"第四种权力"这一主张，无非传达出在尊重新闻自由的前提下，新闻媒体与政府之间的关系如何进行新闻调控的个人信念和理性追求，因而产生了深远的政治影响。

印度共和国缔造者之一的尼赫鲁在印度独立后，就曾经仿照杰斐逊说过："我宁愿要完全独立的报业，而不要受到压制或约束的报业，尽管完全迟疑不决的报业由于错误地行使自由权而充满危险。"埃及总统萨达特则在1980年就修改宪法进行的发言中，宣布要把新闻媒体建成独立于国家行政、立法、司法之外的"第四权力机构"。③

如果新闻媒体一旦真正成为"第四种权力"，政府与新闻媒体也就居于平等的权利地位上，新闻自由就有可能在政府进行的行政调控中走向完全自由。实际上，这仅仅是一种理论上的设想，尚有待于实践的检验。

那么，"第四种权力"论是不是类似于中国的"舆论监督"论呢？尽管有人已经看到，"在国外新闻类著作中，都没有'舆论监督'这个词，舆论监督是我国特有的一种新闻用语"，然而，还是坚持认为它与"第四种权力"论极为相似。④ 不过，即使从"监督功能理论"的角度看，它最多也不过是新闻媒体的新闻传播活动所能发挥的"制衡"作用而已，因为新闻媒体本身不能

---

① 通常专指官方言与行之间的不一致。

② Conrad C. Fink. Media Ethics. Baston，1995：14～21.

③ 见陶涵主编：《比较新闻学》，新华出版社2002年版，第13～14页。

④ 顾理平著：《新闻法学》，中国广播电视出版社1999年版，第248～249页。

代表舆论，而只能有限地表达舆论，更无法进行“舆论监督”。更何况，“舆论监督”这个词汇似乎本身就有歧义：是舆论的监督呢？还是监督的舆论？

在西方，新闻自由是新闻从业者追求的最高信念，也是西方普通公民追求自身权利的最核心的内容。在他们的观念中，新闻自由包括出版自由（办报纸、杂志和经营电台、电视台）、报道自由（没有禁区）和言论自由（批评和议政）。

从政府的角度看，必须是能够保持一种对于思想自由与言论自由的政治宽容，使新闻自由能够得到较为充分的政治保障。1689年，英国哲学家洛克在他的《论宽容异教的通讯》中，对英国教会坚持对所谓异教徒进行迫害加以抨击，提出了基于信仰自由这一个人权利之上的宗教宽容的思想主张，成为进行基于思想自由之上的思想宽容的精神源头。

1801年，美国第三任总统杰斐逊在其就职演说词中，第一次将宗教宽容的思想引入政治领域，他说：“政治上的不宽容与宗教上的不宽容一样，都为害甚烈。”而第四任美国总统麦迪逊更是将思想宽容直接引入了基于新闻自由之上的新闻宽容，他在1816年的一封信中建议同一份报纸应该刊登两党的不同观点，这对此后美国报纸社论版风格的形成产生了直接的影响。

世界上第一家施行新闻宽容的报纸，是1841年在美国由霍勒斯·格里利创办的《论坛报》。该报的办报方针就是报纸应该向不同观点的人开放，编辑部应该发表与自己观点不同的人的文章。为此，格里利特地聘请马克思为该报的欧洲编辑，从1851年到1862年，该报发表了马克思、恩格斯寄去的文章500多篇。与此同时，该报也刊登右翼人士的文章。兼容并包式的《论坛报》，在美国社会上产生了较大的传播效应，格里利也因此在1872年被提名为民主党总统候选人。①

西方人追求精神世界的丰富多彩和思想观念的多元化，并不只是资产阶级的专利。在《评普鲁士最近的书报检查令》一文中，马克思有如下精彩的论述：

> “你们赞美大自然悦人心目的千变万化和无穷无尽的丰富宝藏，你们并不要求玫瑰花和紫罗兰散发出同样的芳香，但你们为什么却要求世界上最丰富的东西——精神只能有一种存在形式呢？我是一个幽默家，可是法律却命令我用严肃的笔调。我是一个激情的人，可是法律却指定我用谦逊

① 陶涵主编：《比较新闻学》，新华出版社2002年版，第8～9页。

的风格。没有色彩就是这种自由唯一许可的色彩。每一滴露水在太阳的照耀下都闪耀着无穷无尽的色彩。但是精神的太阳，无论它照耀着多少个体，无论它照耀着什么事物，却只准产生一种色彩，就是官方的色彩！精神的最主要的表现形式是欢乐、光明，但你们却要使阴暗成为精神的唯一合法的表现形式；精神只准披着黑色的衣服，可是自然界却没有一枝黑色的花朵。精神的实质就是真理本身，但你们却想把什么东西变成精神的实质呢？谦逊。歌德说过，只有叫花子才是谦逊的，你们想把精神变成叫花子吗？"①

毫无疑问，马克思是绝对坚持"思想的普遍独立性"的，他反对将思想限制在"一种存在方式"中的政治专制，要求拥有基于精神太阳照耀之下无穷无尽而又千变万化的、悦人心目的个体化表达这样的思想自由与出版自由的个人权利，也就是新闻自由的个人权利。马克思向美国《论坛报》投稿，正是为了实行自己的这一主张。

在马克思为实现出版自由呼号的同时，约翰·米尔在《论自由》中提出，人类自由包括"最广泛的心灵自由"、"思想和感情的自由"、"不论是实践的或思考的，是科学的、道德的或是神学的等一切题目上的意见和情操的绝对自由"，并且特别需要有"发表与刊登意见的自由"，"因为它属于个人涉及他人的那部分行为，似乎是归于另一原则之下，但由于它与思想自由本身几乎同等重要，所依据的理由大部相同，所以在实践上和思想自由是分不开的"，这与马克思的论述表现出殊途同归式的一致。②

米尔还认为，对于新闻自由这样的"发表与刊登意见的自由"来说，"这个原则还要求趣味和志向的自由，要求有订立自己生活计划以顺应自己性格的自由，要求有照自己喜欢的去做的自由（当然也不规避随之而来的后果)。这种自由，只要我们所作所为无害于我们的同胞，就不应该遭到他们的妨碍，即使他们认为我们的行为愚蠢、荒谬或错误"。因为"随着个人这种自由而来的，在同样的限度内，还要有个人之间相互联合的自由。这就是说，人们有自由为着任何无害于他人的自由而彼此联合，而又不是处于被迫或受骗"。

这就意味着个人自由与群体自由之间的关系是平等的，两者的自由边际都

① 《马克思恩格斯全集》，第1卷，人民出版社1956年版，第7页。

② 郝明工著：《无冕国度的对舞——中外新闻比较研究》，云南人民出版社2002年版，第344页。

是“无害于他人的自由”。更为重要的是，群体自由是基于个人自由之上的，没有个人的自由，也就没有群体的自由。这一点，也与马克思在《共产党宣言》中有关个人自由发展是一切人自由发展的前提的思考有着一定的相似性。

所以，米尔这样说：“假如除一人外，全人类都持有一个相同的意见，而仅那一个人持一种相反的意见，那么，全人类要使那人保持缄默，并不比那一个人（假如他有力量这么做的话）使全人类保持缄默更为公正。”这一表述与马克思上述著名论断相比，是异曲同工。

在这样的理解前提下，米尔的结论也就显得十分重要：“任何一个社会，若是上述所有这些自由在那里不受尊重，那就不算自由，而不论其政府形式是什么样的；任何一个社会，若是上述这些自由在那里的存在不是绝对的和没有限制的，那就算不上完全的自由。唯一名副其实的自由，就是按照我们自己的道路去追求我们自己的利益的自由，只要我们不试图剥夺他人的这种自由，不试图阻碍他们获得这种自由的努力。”①

米尔的论述表明，新闻自由正是一种绝对的同时又是受到限制的完全自由，正是在这个意义上，政府对于新闻传播活动的政治宽容，也就意味着对于这一完全自由的尊重。与此同时，个人或群体对于这一完全自由的追求，也是在不剥夺、不阻碍他人进行同样追求的自由权利之中实现的。

从受众的角度看，作为社会公众的受众可以说是代表着整个社会的最大群体，即拥有公民权利的人民。早在法国大革命中，雅各宾派领袖罗伯斯庇尔就指出：“公民应该有权对于社会活动家的行为发表意见和写出文章，而不受任何法律的制裁。”这是因为“发表自己意见的自由，只能是发表一切对立意见的自由”，由此而对于那些政治风云人物的“社会活动家”进行批评，尤其是以公民的批评自由来“抑制那些被人民委之以权力（power）的人的野心和专制作风，不断地提醒人民注意这些人可能对人民权利（right）的侵害”②。

社会公众意志的舆论力量，在公民批评的自由表达中将成为对于掌权者进行约束的舆论压力，促使社会大众与出版自由第一次紧密地联系起来。对于这一联系，在杰斐逊那里得到了简明扼要的经典性表达：“人民是其统治者的唯

① ［美］莫蒂默·艾德勒，查尔斯·范多伦编：《西方思想宝库》，吉林人民出版社1988年版，第1030页。

② ［法］罗伯斯庇尔著：《革命法制和审判》，商务印书馆1965年版，第53～60页。

一监督。"①

在杰斐逊看来，正如他早已在美国《独立宣言》中所写的那样："我们坚信这些真理是不言而喻的，这就是人人生而平等；人人都享有上帝赋予的某些不可剥夺的权利；其中包括生命权、自由权和追求幸福的权利。为了确保这些权利，政府应该由这样的人组成，他们的正当权力来自被统治者的同意；无论何时有哪个政府破坏了这些目标，人民就有权改组或者取消它，然后组成新的政府，从而按照这样的原则来奠定其基础，以这样的形式来组成其政权，以便使人民尽可能实现其安全和幸福之目标。"②

如何使这些真理为每一个人所能把握呢？"我们的第一个目标是给人们打开所有通向真理的道路。迄今为止，找到最好的办法是新闻自由。"杰斐逊说，只有在人民的意志得到自由而及时、公开的表达的基础上，才能"打开通向真理的门户，巩固用理性来检验每一件事情的习惯"，这"是我们能传给我们的继承者的最有效的约束物，以这种约束物来防止他们用自己的意见来约束人民"。③ 舆论的及时公开将会避免当权者对于舆论的人为操纵，而人民正是在新闻自由实现之中成为"其统治者的唯一监督"的。

舆论能够体现出思想自由的巨大威力。英国哲学家罗素指出："人们对思想的恐惧远胜过对地球上其他任何东西的恐惧——远胜过惧怕倾家荡产，甚至远胜过惧怕死亡"，"思想对于特权残酷无情，对于社会风尚具有建设性"；"如果思想一旦为许多人共有，而不再是少数人的特权，我们无疑会对其产生敬畏"。所以，只有当思想为人民所有，才会出现少数的"人们对思想的恐惧"，因为思想"是普照世界之光，它也是人类的最大的光荣"。正是因为这样，人民的意志应该上升到思想的高度，以显现出舆论的精神内涵。

德国哲学家雅斯贝尔斯认为，从根本上看，如果舆论代表着人民的意志，那么，它将是"追求真理的意志，无条件地要求绝无限制的、自由的舆论。只有在舆论自由的情况下，精神才有充分发挥作用的机会。但在自由的舆论中参加讨论的人，作为能说善道的知识分子，并不一定就是站在自由这一边的。这种舆论，反对舆论的人也同样可以利用"，"舆论的一切缺陷，恰恰可以由

① ［美］莫蒂默·艾德勒，查尔斯·范多伦编：《西方思想宝库》，吉林人民出版社1988年版，第123页。

② ［美］莫蒂默·艾德勒，查尔斯·范多伦编：《西方思想宝库》，吉林人民出版社1988年版，第955页。

③ ［美］威尔伯·施拉姆等著：《报刊的四种理论》，新华出版社1980年版，第55页。

舆论自身并且只由它自身加以纠正。受人操纵的舆论，特别是在国家恐怖统治下的舆论，一定制造谎言，一定取消可纠正的偏差而代之以不可纠正的专断，代之以全是暴君的意志为转移的宣传”。①

所以，在对舆论进行及时公开的表达之中，滥用新闻自由将会导致对舆论的操纵（这只有社会精英如政治精英、财富精英、传媒精英等才能办到），从而走向新闻自由的反面。特别是在新闻自由已经荡然无存的专制国家中，舆论不过是以谎言的形式来表达专制者的意志，正如德国法西斯主义专制那样。

从新闻媒体的角度看，只有在政府能够真正尊重新闻自由的前提下，新闻媒体才有可能成为“第四种权力”；只有在受众能够真正享有新闻自由的基础上，新闻媒介才有可能承担“社会责任”，从而使新闻媒体在新闻传播活动中能够真正去坚守新闻自由的立场，并对新闻自由进行不断的追求。1787 年，杰斐逊在给朋友的信中这样设想：“自由报刊应该成为对行政、立法、司法三权起制衡作用的第四种权力”，因为“民意是我国政府存在的基础，所以我们先于一切的目标就是要保持这一权利，若由我来决定，我们是要一个没有报纸的政府，还是要一个没有政府的报纸，我会毫不迟疑地立即回答，我宁愿要后者”。在担任美国总统后，他更是提出“我甘愿将自己作为一项伟大的试验，以证明一个廉洁、公正而得到人民了解的政府，面对荒唐的报纸也不会被推翻”。

二、“新闻自由”是西方国家新闻传媒发展的动力

以美国为代表的西方国家积极倡导新闻自由，把新闻自由看做至高无上、神圣不可侵犯的一项公民权利，这一传统已经延续了几百年的历史。

为了心安理得地获得这种权利，西方传媒大都主动为自己设定了相应的职责。如美国的新闻媒体为自己界定的职责，可以从普利策新闻奖的发起人约瑟夫·普利策 1883 年对其《纽约世界报》的职员们所作的这段听来铿锵有力的训话中窥见一斑：“永远为进步与改革而斗争，决不向不公或腐败妥协；永远与所有党派的哗众取宠斗争，决不从属于任何党派；永远与特权阶层和压迫阶级作对，决不失去对穷困者的同情；永远为大众福利而奉献，决不满足于仅仅印刷新闻；永远旗帜鲜明地独立，决不因怯懦而不敢攻击错误，无论这些错误是因为权势还是因为贫困。”

---

① ［美］莫蒂默·艾德勒，查尔斯·范多伦编：《西方思想宝库》，吉林人民出版社 1988 年版，第 1031～1033 页。

美国大众传播媒体，论规模和影响，无疑是世界上最庞大的。据统计，美国共有日报1400余家，总发行量超过5577万份；周报7957家，总发行量为4090万份；杂志数量突破10000种，发行量难以统计；报刊读者总数达1.63亿人，全美报业雇员43万人，高居于美国劳工部所列全国最大雇主名单之首。日报广告年收入达156亿美元，超过电视和电台的广告收入之和；有影响的大报如《华尔街日报》发行量180万份，《纽约时报》发行量100万份，《华盛顿邮报》80万份，《今日美国报》号称200万份；主要杂志如《时代》发行430万份，《新闻周刊》320万份，《美国新闻与世界报道》230万份。

全美有电视台1500多家，其中有3/4是商业台。全国有电视机1亿多台，四大电视网——全国广播公司（NBC）、哥伦比亚广播公司（CBS）、美国广播公司（ABC）和24小时滚动播出的有线新闻电视网（CNN）深入到每一个家庭。近几年里，美国三大电视网先后被迪士尼、西屋电器和通用电气等公司收购，其商业特性更加突出。美国还有11000多家广播电台，5.2亿台收音机。调查显示，平均每人每周收听广播22小时，听众中较多的是音乐爱好者和驾车人。①

美国的两大通讯社——美联社与合众社是世界上最大的老牌通讯社，所播发的新闻被国际媒体广泛采用。迄今为止，由这些老牌通讯社、若干家著名报纸和电视网为骨干构成的美国传媒一直是世界新闻的重要来源，从而使美国传媒拥有对国际舆论的最大影响力，并进而使它们成为美国政府推行外交政策的有力工具。

因特网在美国的发展也极为迅速，2001年前用户总数就已达5000万，占全球用户的1/2强，其中家庭用户3000万。因特网的日益发展和普及正在改变媒体的运作方式。网上媒体的信息量和服务种类，新闻的传播速度和广度都比传统媒体更多更快更广，与受众之间的即时交流越来越方便，大大增强了传媒在社会生活中的影响力。

美国人一般认为这些成就是来自以下主要因素：人们对新闻信息的需求；新闻信息的自由传播；新闻媒介的自由竞争。其中，自由的新闻传播体制是关键因素。

新闻，这一几乎伴随西方资本主义生产方式而同步出现的事业，尽管只有400年历史，但却无论是对于西方社会的发展还是对于整个人类文明的历史进

① 顾耀铭主编：《我看美国媒体》，新华出版社2000年版，第4~5页。

程，都产生了巨大的影响。在当今的西方世界中，无论是操纵国家机器的资产阶级权贵，或是为资本主义制度做合理性论证的资产阶级学者，还是通过经营新闻以获得利润的报业资本大亨，都无一例外地把新闻事业之所以取得巨大社会功绩的原因，归结为西方社会所拥有的“新闻自由”的机制。

在西方政治家看来，正是新闻自由构成了资本主义民主的完美社会系统，因为由阶级对抗、社会矛盾所产生的对资本主义制度的众多冲击力和破坏力，在新闻自由这一“排气阀”上得到了宣泄；西方学者也大都认为，新闻自由确保了资本主义文明和社会的顺利发展，因为作为健全理性之表现形态的新闻或新闻舆论，在自由的氛围下较好地起到了监督政府决策和政府行为的职能，从而为社会的合理发展及资本主义文明的顺利生长奠定了基础；而在西方报业资本家的心目中，新闻自由的可贵，不仅在于它开辟了又一广阔的资本获利的新领域，更在于它为资本增殖希望突破法律限制和道德约束的界限提供了无限可能性。

总之，自17世纪利尔本、弥尔顿首倡言论、出版自由的口号以来，随着西方新闻事业的崛起和迅速发展，“新闻自由”一直被西方社会奉为引以为自豪和骄傲的金科玉律。不仅如此，我们一些不了解西方新闻事业发展真实情况的人也天真地认为，西方社会的新闻自由简直就是一件完美无缺的人类文明杰作，是我们急需引进的“现代化设备”。

其实，以美国为代表的西方的新闻自由同样是“有限自由”。

在特殊情况下，美国政府可以通过诉诸法律等多种手段对新闻实行管制。例如1991年海湾战争期间，美国记者从战区发出的报道都需经过军方的审查。美国法律还规定不得发行淫秽出版物；不得煽动推翻合法政府；不得鼓吹暴力等。对违法行为可追究责任，可禁止已发表的言论和出版物继续传播，还可以煽动叛乱罪、诽谤罪等罪名向法院起诉，达到限制言论自由的目的。不得煽动以暴力推翻政府，是美国言论和出版自由的一个重要界限。

三、西方新闻自由的核心是对政府实行“无限监控”

当然，也必须承认，在不危及美国政治制度存在的情况下，联邦最高法院和州法院通过对有关案件的审理，不断完善对第一修正案的解释，以保障媒体对政府和官员的监督作用。尤其是美国最高法院，在维护第一修正案、制约行政当局不得对新闻发表实行事先限制方面发挥了独特的作用。

20世纪初，伊利诺伊州法院在审理一起报道完全失实的诉讼案时，法官说：“宁可不对报道偶尔失实的个人或报纸进行惩罚，也不要使公众担心受惩罚而不敢批评一个无能和腐败的政府。”①

30年代初，美国最高法院在判决一件涉及报刊批评政府官员的案件时指出：“现今政府已变得更加复杂、渎职和腐化的机会成倍地增加，犯罪发展到极其严重的程度，不法官员包庇犯罪或与犯罪分子勾结，以及官员渎职等等情况，均表明社会需要一个警惕性高的、勇敢的新闻媒体。尽管出版自由有可能被进行恶意诽谤的不良分子所利用，但新闻媒体在报道官员渎职行为时应该享有的不受事先审查的自由丝毫不应减少。对于滥用言论自由的言行，可在事后进行惩罚，以作为适当的补救。这是符合宪法的。”这起判例宣布一个州政府制定对言论出版实行事先检查的法律是违宪的，从而制止了各州再制定类似的法律。历史上陆续出现的此类案例使媒体批评政府和官员的自由得到了更完善的保障。

西方媒介对政府行为监控的无所顾忌和深刻影响可以从下面这个事件中得到印证。

1990年秋天，由美国一手策划的海湾战争进入实质性部署阶段。9月16日，时任国防部长的鲍威尔将军同往常一样，一大早起来就打开电视机收看美国有线新闻电视公司播发的早新闻——这已是他多年的习惯。一条新闻引起了他的注意：这条消息报道的是空军参谋长麦克尔·杜根对《华盛顿邮报》记者发表的谈话。鲍威尔立即找来当天的《华盛顿邮报》，在《如爆发战争，美国依赖空袭》的标题下，他读到如下的内容：

> 据空军参谋长麦克尔·丁·杜根上将称，参谋长联席会议已经断定，如爆发战争，美国的军事航空力量，包括伊拉克总统萨达姆·侯赛因为主要目标的大规模轰炸行动，是迫使伊拉克军队撤出科威特的唯一有效的选择方案。
>
> 直到两星期前，美国国防部列出有关伊拉克国防的清单，按先后顺序排列为：伊拉克防空基地、机场和军用飞机；中程导弹发射场，包括飞毛腿导弹；通信和指挥中心；化学武器工厂、核工厂、军火工厂；伊拉克的装甲部队；萨达姆的地下掩蔽部；空军指挥中心……
>
> 以色列人士建议说，刺痛萨达姆的最好方法，是把他的家庭、私人卫队和他的情妇作为目标。如果萨达姆的确应该成为我们打击的焦点，这就是被称为斩首的军事战略。

---

① 顾耀铭主编：《我看美国媒体》，新华出版社2000年版，第6页。

> 我们的陆战队和陆军地面部队可用于实施牵动，侧翼攻击、阻击伊拉克对沙特阿拉伯的进攻，也可能需要使用地面部队去重新占领科威特。但只是在空中力量彻底摧毁了敌人的抵抗之后，士兵才可能走进去。
>
> 我相信美国人民将支持这次作战直至装尸袋被送回国内为止。

可以想见鲍威尔在读到这则报道时的愤怒情景。

很显然，这篇谈话透露了部署到海湾的美军及其全面军事行动计划的状况和意图，包括空军未来的作战目标，而这些无疑是五角大楼力图向外界严加保密的。作为一个高级军事将领，做出这种举动，是一件愚蠢而危险的事情，是绝对不能容忍的。

鲍威尔立即与副总统切尼通电话，共同商讨对策。

他们没有去追究媒体的"泄密"责任。

他们采取的第一个措施是通过电视台"面对全国"节目向公众传达一个信息："杜根上将不在指挥系统之内，他并不代表政府发表讲话"，随后，干脆就撤了杜根的空军参谋长的职务。

既然媒体敢于如此毫无顾忌地报道军方的绝密动态，那么，地方政府的任何非法行为就很难躲过媒体的眼睛了。在这里，媒体实际上成了公众监督政府的前哨阵地。

四、西方新闻自由理论对其权利的表述

现代西方新闻理论的发展，已明晰地提出实现新闻自由的三个基本要求。它们是：

1. 知晓权（the right to know）

在广义上来说，知晓权是指社会成员获得有关自身所处的环境及其变化的信息、保障社会生活所需的各种有用信息的权利。从这个意义上来说，知晓权实际上就是人的生存权的基本内容之一。知晓权的思想拉斯韦尔在20世纪20年代就已明确提出，他认为新闻传媒具有三大功能，即"环境监控"、"社会协调"和"文化传承"，其中社会监控就是指社会成员的知晓权。

从狭义上来说，知晓权指的是公民对国家的立法、司法和行政等公共权力机构的活动所拥有的知情的权利和知察的权利。这是公民的一项基本政治权利，也意味着公共权力机构对公民负有信息公开的责任和义务。

2. 传播权（the right to communicate）

传播权是构成社会的每个成员所应当享有的基本权利之一，在传统上称之

为表现自由或言论自由的权利。社会成员是社会实践和社会生活的主体，他们有权将自己的经验、体会、思想、观点和认识通过言论、创作、著述等活动表现出来，并有权通过一切合法手段和渠道加以传播。

知情权和传播权的思想，起源于17、18世纪时资产阶级革命时期的“天赋人权”、“主权在民”、“社会契约”的学说，经过几个世纪的不断发展，在现代社会已成为普遍的人权和民主原则。

在现代西方社会，大众传媒拥有广泛的出版自由或新闻自由的权利，如采访权、编辑权、报道权以及公开使用公共传媒资源的权利；在某些方面，传媒的权利甚至超过了社会成员作为个人方面能够享有的权利，成为传播特权的拥有者。

应该指出的是，传媒的这些权利，是建立在它们所具有的公共性和公益性基础之上的。换句话说，只有在传媒作为社会成员和公民实现自己的知晓权和传播权的场所、工具和手段而发挥作用的时候，它们才能拥有这些特权；如果传媒活动仅仅是为了谋取个人或集团利益，拒绝承担这些义务和责任，它们的自由权利也就失去了任何法理上的依据。认识到这一点，对于传媒加强自律和行业规范是十分必要的。

3. 传媒接近权（the right of access to mass media）

传媒接近权是指一般社会成员利用传播媒介阐述主张、发表言论以及开展各种社会和文化活动的权利，同时，这项权利也赋予传媒应该向受众开放的义务和责任。这个新的权利概念出现于20世纪60年代的美国，并在西方国家产生了普遍的社会影响。

媒介接近权的核心内容是要求传媒必须向受众开放。其主要思想包括：（1）“反论权”；即社会成员或群体在受到传媒攻击或歪曲性报道之际，有权要求传媒刊登或播出反驳声明。为此，美国联邦法院已有支持反论权的判例。（2）“意见广告”；为了争取受众的好感和信任，目前西方很多印刷媒介已经在不同程度上以收费的形式接受读者要求刊登的意见广告。（3）开放频道；体现在多频道有线电视领域，一些国家基于媒介接近权原理，在发放有线电视系统经营许可证之际，就规定了必须开设允许受众自主参与的“开放频道”的附加条件。

五、“新闻自由”的软肋

在研究西方新闻理论时，人们往往只注意西方媒体高唱的“新闻自由”的概念，却忽略了西方新闻媒体在实际运行中并不自由的一面。实际上，西方媒体和西方新闻理论界之所以大谈所谓“新闻自由”，正是受到各种限制而发出的呼声。

20世纪90年代以来，美国在海湾地区连续发动了两次大规模的战争，一次是1991年以“解放科威特”为目标的海湾战争，一次是2003年3月为推翻萨达姆政权而发动的伊拉克战争。在1991年的海湾战争中，伊拉克为了与以美国为首的联军抗争，在短期内安装和启用了500千瓦短波发射机16部，使其对外广播发射功率一度达到12200千瓦，居世界第五位。而当时巴格达玫瑰电台的女播音员以其独特的魅力向美军官兵进行心理感化，曾一度取得对美军心理战的微弱优势。面对伊拉克咄咄逼人的宣传攻势，美国总统老布什置“新闻自由”于不顾，立即授权中央情报局设法利用各种媒体，尤其是电波媒体来动摇萨达姆政权。这时的美国媒体，自然是必须不折不扣地执行美国政府的命令，所谓绝对的新闻自由也就不攻自破。

2003年3月20日，倒萨战争正式打响。布什总统及其幕僚不仅对利用电波媒体开展心理战非常重视，美国国防部长拉姆斯菲尔德还不止一次地就电波媒体应该如何报道发表讲话，甚至不惜对与政府无关的几大电视网施压，迫使其清退那些“不听招呼”的从业人员，即便是曾获普利策新闻奖的在CNN供职多年的彼得·阿内特也不能幸免。美军方还同意有关各国记者进驻航母随军采访，并向他们提供“新闻”，而实际上这些所谓“新闻”不少后来被证明是虚假的，包括“萨达姆被炸死”、“拉马丹叛逃”、“第51师投降”等消息。

上述事实说明，尽管美国等西方媒体无时无刻都不在宣称其“新闻自由”，但在实际操作过程中，特别是在战争、灾荒、动乱等敏感时期，新闻是无法脱离国家、政府和当权者的控制的。

第二节 社会责任：新闻自由思想的理性成果

一、一个促使西方新闻思想发生变化的报告

1947年3月2日，由美国芝加哥大学校长哈钦斯等12名著名学者组成的新闻自由委员会发表了题为《一个自由而负责的新闻界》（也译作《一个自由而负责的报刊》）的研究报告，报告指出：“新闻自由的危险，部分源自新闻业经济结构的变化，部分源自现代社会的工业制度，在某种程度上，更是由于操纵新闻的人不能洞见一个现代化国家对新闻业的需求，以及他们不能判断责任和不能承担需要新闻业肩负的责任所造成的。”这就是与新闻自由直接相关

的社会责任理论的最初出现。

如果考虑到报刊的社会责任理论出现的文化背景，就可以看到随着美国社会从第一次现代化转向第二次现代化，如何在新的形势下保障新闻自由，已经成为一个迫在眉睫的实际问题，并且要求从受众与新闻媒体自身两个方面来解决这一问题。①

在西方人的心目中，新闻自由乃是政治自由的基础，并且又总是以拥有新闻自由的传统而感到骄傲。然而，《一个自由而负责的新闻界》的报告在一定程度上改变了西方人对新闻自由的固有观念和思维方式。下面我们来讨论该报告的主要内容。

1. 报告提出的历史背景

19世纪末、20世纪初，资本主义实现了从自由资本竞争向集中垄断的转型。伴随着少数资本巨头在工业、金融业等领域实现了空前的垄断控制，具有商业盈利性质的新闻传播也开始了鲸吞蚕食的集中兼并。一旦形成之后，资本所获取的就不再是由平均利润率规律所决定的平均利润，而是大大高于它的垄断利润。高额利润反过来又大大刺激了新闻业加快垄断的步伐。经过20世纪前40年的发展，新闻业垄断的格局在西方各主要资本主义国家业已经形成。

在作为20世纪世界头号资本主义大国的美国，新闻业垄断不仅极其严重，而且导致了一系列后果。

首先，垄断的形成非但没有满足报业资本追求利润的欲望，反而激起了报业资本巨头更大的牟取盈利的狂热冲动。一贯以公众代言人和社会第四种权力（与立法、司法、行政三种权力齐肩）相标榜的美国新闻业，无论在垄断形成之前还是在形成之后，都把获得金钱收入当做报业活动的最高目的之一。如那位赞助新闻自由委员会的报业巨头亨利·R. 卢斯就公开声称：美国广告协会是地球上他唯一要对之负责的法庭。他所拥有的《生活》杂志能否存在，完全取决于美国广告协会这一美国新闻业的"拨款委员会"。正是美国新闻业垄断资本的这种牟利冲动，使得20世纪前40年在美国新闻业弥漫着浓郁的拜金主义气氛。

其次，新闻业垄断的形成不仅扭曲了具有进步意义的新闻自由的原则及其实践，甚至将第二次世界大战前的美国新闻传播活动推到一种混乱无序的状态。《报刊的四种理论》的作者在反思这一时期的新闻活动时指出："报刊老板特别在政治和经济问题上传播自己的意见，损害反对者的意见"；"报刊的

① 徐耀魁主编：《西方新闻理论评析》，新华出版社2002年版，第222～223页。

时事报道，时常更多地注意肤浅的和刺激性的事件……它的文娱材料常常缺乏积极的内容”；“报刊已经危害了社会道德”；“报刊无理地侵犯了个人的私生活”。这种对新闻自由的扭曲和滥用，使得战前的美国爆发了对新闻界的信任危机。

最后，新闻业垄断的形成非但未能消除新闻活动中的党派偏见和纷争，反而为其提供了更雄厚的物质基础。《掌权者》一书的作者对战前具有代表性的《洛杉矶时报》是这样描述的：“《时报》没有敌人的位置和声音。如果说最好的报纸反映和听取社区各个部分的意见，尽可能地表现各自的意志、核查每个议案的优点，尽量限制情感因素，那么《时报》则是一家公开的邪恶报纸，它诉诸无知和偏见，它煽动情感……有浓烈、恶毒的党派色彩……公正和《时报》无缘。”① 这种能够借助于巨大发行量而传播给公众的党派偏见，无疑对当时美国的政治体制构成了一定的威胁。

正是在这样的背景下，社会和新闻界都提出了对美国新闻传播现状和传统的自由主义报刊理论予以分析及反思的要求。1942 年 12 月，时代公司老板亨利·R. 卢斯建议并资助美国著名学者、教育家、芝加哥大学校长哈钦斯就新闻自由的现状和前景开展研究。哈钦斯极为慎重地花了一年时间挑选并组成了一个由哲学家、法学家、政治学家和社会学家参加的委员会，还从英、法、印、中等四国聘请了四位外国专家（中国专家为胡适）。或许是出于力求公正客观地评价美国新闻业的现状及未来这一考虑，这个被命名为“新闻自由委员会”的研究团体中居然没有一位是来自新闻学界的专家。

在委员会第一次会议上，确定了研究范围：包括报纸、广播、电视、杂志及书籍在内的大众传播的主要机构。明确了两个相互联系的方向：大众传播机构在公共事务中担负的教育公众的角色和美国新闻出版业与文化之间的关系。在此后三年之久的时间中，委员会听取了与大众传播有关的 50 位人士的证词，对 200 多位与新闻出版业有关的工厂、政府部门及私人机构的成员进行专访并作了纪录，对 170 多份由专家或工作人员提供的文件进行了研究，在此期间，还召开了由全体委员参加的研讨会。1946 年 12 月，新闻委员会完成了由哈钦斯执笔的、题为《一个自由而负责的新闻界》的综合报告。作为这一总报告的补充，还提出了以下六个专题研究报告：（1）《新闻自由：原则纲要》（M. E. 霍金）；（2）《政府与大众传播》（Z. 切菲）；（3）《电影的自由》（R. A.

① ［美］大卫·哈伯斯塔姆著：《掌权者——美国新闻王国内幕》，四川文艺出版社 1988 年版，第 154 页。

英格利斯）；（4）《面向公众的公众言论》（L. 韦斯、R. D. 莱）；（5）《美国的广播》（L. 韦斯）；（6）《美国新闻业与旧金山联邦》（M. D. 斯特沃德）。

应当指出，新闻自由委员会的这批学者出于对美国社会及政治长远利益的考虑，在综合报告中一方面对美国新闻自由的现状进行了尖锐的批评，另一方面对传统的自由主义报刊理论做了重要的修正，即提出了报刊的社会责任理论这一重要概念。或许这一研究成果与卢斯老板希望委员会为美国新闻业唱唱赞歌的初衷相违，但新闻自由委员会仍然坚持发表了上述报告。哈钦斯在报告的前言中提到了这一点："这项研究得到了时代公司20万美元的赞助，另有15000美元来自不列颠百科全书公司。不论时代公司、不列颠百科全书公司都没有因此而影响和控制这一研究的进程或结论。"

2. 报告内容概要

该报告由前言及六章正文组成，在这里按照报告的逻辑顺序将"前言"及各章的主要论点给予概略地介绍。①

"前言"部分除了对委员会的研究情况加以描述外，提出了这样一些见解：美国社会生活中的灾难性问题之一，就是新闻出版界的耸人听闻的言论在公众中的泛滥；美国的新闻自由并没有增加公众实现言论自由权利的机会；美国的新闻自由并没有形成更好的公共政策；新闻业的垄断使得报业老板愈发不愿让他人轻易染指，因而，美国的新闻自由并不具有平等的机会。

第一章"问题与原则"，由三个部分组成。首先，委员会认为当时的美国新闻自由的现状是相当危险的，这是因为，新闻出版在迅速发展及影响日趋增大的同时，公众能够借助这一手段表达意见和思想的机会却大大减少；掌握传播手段的极少数人未能提供满足社会需要的服务；新闻出版业的资本巨头不时地参与社会批评，从而不可避免地对社会形成了控制和操纵。这种由垄断引起的新闻自由的危险，是不能用政府控制的简单办法来克服的。如果新闻媒介由政府来控制，社会就将失去反对集权主义的根本保障，同时也意味着政府向集权主义迈出了一大步。

其次，委员会对传统的自由主义理论作了原则概括和充分肯定：（1）体现言论自由的新闻自由是政治自由的基础，失去传播思想和表达意见的自由，

---

① 以下参见吴永和：《"新闻自由"在西方社会的历史嬗变》，《新闻大学》1992年夏季号；《社会的变化与传统的修正——对美国〈自由而负责的报刊〉报告的评介》《新闻大学》1993年夏季号；姚福申主编：《新时期中国新闻传播评述》，复旦大学出版社2002年版。

人也就失去了自由的起码保障。(2)有价值的思想最初往往在形式上是粗糙的、根据不足的，甚至是危险的，它们需要通过自由的批评而发展，因此，思想的公开表达需要特别的保护。(3)任何能够保障自由的力量同样也能危及自由。每一个现代政府无论自由与否，在思想领域都占有特殊的地位，因此，要实现新闻自由，政府就必须对自身阻碍、干预、压迫新闻自由的能力进行限制。(4)公众言论自由在道义上的权利并不是无条件的，这种权利是以个人对公共利益的责任为基础的，因此，不承担道义上的责任，也就无道义上的权利可言。(5)公众言论的自由权利包括犯错误的权利，如果个人为追求真理而在言论表达上犯了错误，这是自由的本质所允许的事情。然而从道义上讲，自由并不包括那种故意或不负责任地坚持错误的权利。

委员会还认为，今天的情况与以往相比发生了巨大的变化。受教育程度的提高和人口的增长使新闻出版业的服务对象包括了几乎所有的美国人，可是，相对于总人口的增加，新闻出版机构的数量却由于集中兼并而大为减少。政府已不能保证个人自由表达意见的机会，而新闻界的老板则控制了公众言论自由的权利。因此，在即将到来的年代，新闻自由应当是一种责任的自由，即享有法律上的权利必须同履行道义上的责任相一致。

第二章“需要”。委员会从社会需要的角度具体地规定了新闻出版业的责任。这些责任如下：

(1)新闻出版者的首要任务就是必须准确，不能对公众说谎。新闻报道应当真实地描述当天事件的来龙去脉，并对事件的意义做出解释。

(2)新闻出版者应当为公众提供交换意见和批评的论坛。虽不能也不应要求新闻出版者发表所有人的看法，但它却应当并能够承担起发表与媒介所有者相反的重要意见的责任。

(3)新闻出版业应当成为社会各集团之间表达观点和态度的工具。

(4)新闻出版者应当担负起提出和解释社会目标及价值观的责任。大众传播是一种教育的工具，必须承担起教育者的责任。

(5)新闻出版者应当尽可能完整、客观地报道当前的事态。在一个现代化的工业社会中，人们对于当天情况了解的要求比以往任何时代都迫切。

第三章“传播革命”，由两个部分组成。在前一部分里，委员会以大量的材料说明兴起于20世纪初的科技革命在传播领域引起的一场具有深刻意义的传播手段的革命。在后一部分里，委员会详细地描述了与传播手段革命几乎同步进行的传播机构的革命。新闻出版领域的集中、电影业的集中、无线电广播网的形成等事实表明，在传播领域出现了垄断的帝国。这种垄断机构的确立，使社会付出了代价。

第四章“现状”。委员会认为，对于私人所有的大众传播媒介来说，它所要服从的经济法则就是不断追求更多的受众。委员会对美国传播媒介的现状做了以下几点概括：

（1）“新闻”这一概念所包含的意义已经不再只是重要的新的消息。为了吸引更多的受众，报刊强调的不再只是有代表性的消息而是新奇的消息，不再只是有意义的事件而是敏感的事件。因此，在绝大多数报刊的版面上充斥着夜总会的谋杀、种族骚乱、罢工引起的暴力冲突以及政府官员之间的争吵这样一些刺激性报道。

（2）报刊面临受众的压力，既要取悦于受众以争取更多的发行量，又要为各种有不同兴趣的读者提供对各种事件的描述。这是一个两难的矛盾。

（3）媒介所有者与其他大资本家的联系建立在大资本家为媒介提供广告费的基础上，广告收入占了媒介总收入的绝大部分，因此，媒介所有者在其传播活动中就不得不对广告主表现出一定的偏好。

（4）现在人们经常性的批评是，报刊已被广告主所控制，广告主左右着报刊的编辑方针。报刊应当变得更加独立，并争取从广告主的压力下摆脱出来。

（5）现在对报刊的改进构成障碍的并不是外部因素，而恰恰是报刊自身。在报界内部正弥漫着一种相互非难的气氛。

（6）由于各种传播机构都力求争取最大数量的受众，这种倾向最终影响了受众对广泛的信息的获取。

（7）我们需要的是有关于当天事件的准确、真实的报道，需要知道家乡、地区及国家正在发生的事情，需要了解其他国家的真实情况，需要向其他国家介绍美国的情况，需要一个交换批评和建议的思想市场，需要超越所有偏见的对现实世界的真实描述，需要建立为我们的社会所认同的目标和理想。然而，这一切需要都未能实现。因为我们的报刊在强调新奇和轰动，在老板个人利益和垄断集团的干预下，上述需要都被扭曲了。

第五章“自律”。委员会从电影业、广播业、报业、图书与杂志及专业人员等方面描述了各自自我约束的情况，并且肯定了自律在大众传播活动中的积极作用和重要意义。

第六章“什么是可以做的事”。委员会就新闻自由的问题提出了13条建议，并指出它们是根据政府、新闻出版界自身和公众的要求提出来的，不是解决问题的简单办法，而是解决矛盾的思路。

委员会认为，政府可以做的事包括：（1）建议宪法所规定的新闻自由应当包括广播和电影。（2）建议政府应当为传播业开拓新领域提供便利。鼓励新技术在传播领域的应用，鼓励传播业在反托拉斯法所允许的范围内开展大规模的竞争。（3）建议政府通过立法的形式来保证那些受到伤害的政党能获得用事实进行反驳和辩解的机会。（4）建议政府取消立法中那些禁止新闻媒介支持改变宪法的规定，因为这些并不会有明显而现实地导致暴力的危险。（5）建议政府通过大众传播媒介向公众提供有利于政府制定政策的事实报道，引导公众去贯彻执行政府的政策。由于私人所有的大众传播机构不能也不愿意为政府宣传，所以，政府应当拥有属于自己的传播媒介。此外，在私人所有的大众传播机构不能或不愿意反映有关特殊的国际事务的情况下，政府应通过属于自己的传播媒介来弥补这方面的不足。

委员会认为，美国的传播业仍将保持其私人所有的性质，但传播业自身应对社会和公众承担起责任。传播业可以做的事情包括：（1）向公众传播信息和向公众提供讨论的机会；（2）为自己开展新的、尝试性的活动筹措资金；（3）媒介的工作者应当参加健康的相互批评的活动；（4）媒介所使用的每一种手段都要有助于增长其工作人员的能力、独立性和效率；（5）广播行业应当对其节目内容进行控制，并能够像最好的报纸对待广告那样去处理广告业务。

委员会认为，美国公众可以做的事情包括：（1）对能够提供品种多、数量大、质量好的新闻服务的非营利性新闻机构，给予全力帮助和支持；（2）在传播方面建立有助于学习、研究和发行的职业培训中心；（3）建立起一个新的、独立的机构，以便每年对新闻传播界的表现做出评价和报告。

以上便是《一个自由而负责的新闻界》这一报告内容的概要，人们从中或许可以看出社会责任理论的基本思路和主要倾向。

二、大胆揭露和小心修正——报告对西方新闻理论的有限贡献

《一个自由而负责的新闻界》这一报告的问世之所以能在西方新闻界乃至整个人类社会引起轰动，就在于它对当时美国的灾难性问题之一——新闻自由的滥用——做了大胆的揭露；而它之所以又能赢得西方社会绝大多数人的喝彩并成为战后美国新闻理论及实践的主流，又在于它对美国人引以为骄傲的新闻自由传统所给予的只是小心的修正。

这一报告最后在结论上违背了赞助者卢斯老板的意志，因为新闻自由委员会在其研究过程中深刻地意识到，在美国，传统的新闻理论及其实践面临着极

为严峻的矛盾。倘若再不设法解决或缓和这些矛盾，不仅新闻事业将失去进一步发展的可能，就连最值得自豪的新闻自由的传统也将在矛盾的压力下化为乌有。那么，当时究竟有哪些严峻的矛盾呢？尽管这一报告充满了对矛盾的危机意识，并在许多内容上有所表现，却没有直接说出来。

在报告问世10年之后，美国传播学者威尔伯·施拉姆在《报刊的四种理论》中从研究报告的角度回答了这一问题。概括地说，这些矛盾表现在：一是新闻业自身的变化不能适应科技革命所引起的社会发展二者之间的矛盾；二是新闻业的集中、垄断与公众言论自由权利相对减少的矛盾；三是新闻业的集中、垄断所产生的巨大影响力及参与欲同政府的政治权利之间的矛盾；四是公众文化水平的提高同新闻业为追逐盈利而热衷于低级趣味的报道之间的矛盾。此外，《报刊的四种理论》出于对社会责任理论的认同，还把新闻业中一部分人的道德自觉看成是产生该理论的原因之一。

应当说，《一个自由而负责的新闻界》的作者们对当时美国社会新闻自由所面临的困境并没有采取回避态度，而是勇敢地正视矛盾并将其揭示出来，从而为解决或至少是缓和矛盾提供了先决条件。但是，也应该看到，他们否认了一个更为重要的矛盾，即新闻传播手段的私人占有所决定的对金钱的疯狂追求同社会进步所要求的新闻手段应为社会所有及新闻手段必须为社会全体成员服务之间的矛盾。显然，这是一个在资本主义社会中无法克服的矛盾。这一矛盾的克服就意味着对资本主义制度的彻底否定，而这是报告的作者们不可能也决不愿意得出的结论。因此，他们所做的声明只能是："美国的传播业仍将继续保持其私人所有的性质。"

在大胆地揭露矛盾的基础上，《一个自由而负责的新闻界》又小心翼翼地对美国新闻自由的传统提出了修正的意见。即，在充分肯定传统的自由原则的前提下，提出了以"社会责任"概念为核心的修正方案。令人难以理解的是，如此重要的概念，在报告中却未能做出明确的界定和有说服力的解释，而只是笼统地将它们归之为从事新闻活动的主体的一种道德上的自觉。在报告中，新闻自由委员会对新闻单位及新闻工作者提出五个方面的义务要求：

①提供真实的、概括的、明智的关于当天事件的描述，并能够说明事件的意义；

②成为公众交换意见和批评的论坛；

③描绘各社会成员集团的典型画面；

④提出和阐明社会的目标和理想；

⑤保证公众方便地获得当天的消息。

尽管从形式上看，上述要求与传统理论对报刊实践功能的设想并没有多少明显的不同，但这些要求确是在社会责任，即现代报刊必须履行它对社会的义务的层面上给予的确认，因而其进步意义是不言而喻的。尽管它只是“小心的修正”。

或许报告的作者们也意识到，在当时的社会条件下，新闻自由所面临的种种困境和灾难不可能从根本上得到克服，于是，便以建议的口吻，希望那些处于矛盾各方的政府、媒介、公众都尽可能地做出和解或妥协的努力。如一方面政府承认新闻传播业的集中和垄断的现实及必要性，另一方面，作为回报，新闻传播业应从有利于政府“健康”的角度展开批评。又如，一方面媒介要尽量地为公众传播广泛的信息并提供讨论的机会，另一方面公众要帮助媒介建立有利于学习、研究和发行的培训机构。报告的作者们认为，如果各方面都能向缓和而不是激化矛盾的方向努力，美国的新闻自由传统就将获得新的生命。

不管《一个自由而负责的新闻界》所构思的社会责任理论在揭露矛盾上是否仍存在着重大的缺陷，也不管它所提出的修正案是如何的谨小慎微，这一理论对于从战后至今这一时期的美国新闻传播的理论及实践都产生了重大的影响。它的意义在于：第一，通过调和矛盾消除了政府对新闻传播活动进行干预的威胁，从而捍卫了新闻自由的传统；第二，通过对义务的强调培养了媒体和新闻工作者的积极的道德情感，从而激发起他们为社会及公共事务服务的自觉意识；第三，通过对社会需要的明确阐发，在很大程度上抑制了低级趣味的进一步泛滥，为社会的正常发展提供了条件。

当然，社会责任理论并不是从根本上解决资本主义新闻事业矛盾的灵丹妙药，其理论自身所固有的缺陷决定了它的作用的局限性。相信读者能从中获得对西方新闻自由的完整认识。

三、社会责任理论思想的发展

毫无疑问，社会责任理论在今天有了它新的内涵。

世界上许多国家的宪法都载有保障公民的言论自由、出版自由的相应条款，为新闻自由提供法律保障。但是，在新闻传播活动中，对于新闻自由的理论思考，在社会责任理论出现之前，主要是针对新闻媒体的新闻自由而言的，而没有为受众的新闻自由着想过。因此，社会责任理论认为，受众的新闻自由不只是“消费者不消费任何特定的报刊产品的自由”，而主要是也应该是更能够获得新闻的自由，也就是“知的权利”或“被告知的权利”。在新闻媒体能够维护新闻自由的基础上，受众的自由高于新闻媒体的自由，新闻媒体不应该为了自己的利益剥夺受众的“知的权利”。①

新闻媒体必须承担起维护受众这一权利的责任。具体而言，也就是“无论大众媒介置身于怎样的社会中，它们都对社会负有责任，而且每种媒介都要对依赖它们而获知信息的公众、团体负责。不管是私有制媒介，还是政府所有制媒介，不管有无新闻控制存在，也不管这种控制是来自新闻机构本身，还是来自外部力量，责任都是存在的”②。那么，新闻媒体的社会责任到底由哪些要素构成呢?

从理论上说，新闻媒体的责任可以分为三种：第一，由政府法定的责任；第二，由大众媒介机构自身的专业标准界定的责任；第三，由新闻业者个人界定的多样化责任。但是，“如果我们想保护自由，同时又坚持更多的责任，那么，我们只剩第三种理论可做选择”。这就意味着，社会责任理论是将道德责任视为自己的最后边界的。③

那么，20 世纪 40 年代起在美国出现的社会责任论，与 20 世纪 80 年代开始在中国出现的“新闻道德”理论之间，究竟有没有相似之处呢？根据由中华全国新闻工作者协会第四次理事会第一次会议 1991 年 1 月通过的《中国新闻工作者职业道德准则》来看，中国的“新闻道德”作为职业道德，是建立在新闻媒体的“专业标准界定的责任”上的，因而对于“新闻业者”的自我约束力不够强，以至于在 1993 年整个新闻界展开的一场有偿新闻现象的大决战中，还得由中宣部、新闻出版署联合各省、自治区、直辖市党委宣传部、新闻出版局及中央有关新闻单位发出《关于加强新闻队伍职业道德建设，禁止“有偿新闻”的通知》，借助“政府法定责任”来增加“新闻道德”的权威性。

社会责任论与“新闻道德”论看起来相似，可是，从道德自律的自我约束力来看，两者之间是存在着较大差距的。由于道德自律，特别是个人的道德自律，是建立在自我选择基础上的非强制性的自我约束，选择的自由空间越大，自我约束的力量就越大，反之，自我约束就越小。新闻控制中的道德自律，显而易见的是，应该是个人自由选择的结果，而不是在外部力量的压力下，在别无选择之中的个人“选择”。

---

① 李良荣著：《西方新闻事业概论》，复旦大学出版社 1997 年版，第 33 ~ 34 页。

② [美] 赫伯特·阿特休尔著：《从弥尔顿到麦克卢汉》，纽约霍普金斯大学出版社 1990 年版，第 34 页。

③ 徐耀魁主编：《西方新闻理论评析》，新华出版社 2002 年版，第 239 ~ 243 页。

政府尊重新闻自由，公众享受新闻自由，新闻媒体维护新闻自由，如何通过新闻调控使这三者融为一体，是从权利出发，还是从义务出发，将决定着新闻控制的文化模式或者是软性的，或者是刚性的，并且都有可能趋向刚柔相济的模式理想。

一方面，公众对于公共事务的知晓需求日益强烈，这是社会进步的必然结果，不以人的意志为转移。另一方面，传播技术的飞速发展，不仅使信息传播的速度大大加快，而且对信息的质量和数量要求大大提高，因此，新闻“开源”成为当前一个极为重要的现实课题。在今天，新闻自由发展将通过新闻传播活动自由的扩大来得到具体的体现。

最重要的表现是，新闻传播活动自由逐渐从办报自由和言论自由扩大到获知自由。从第一次现代化转向第二次现代化，信息化社会正在来临，而“人民要求了解政府工作情况的呼声越来越高。但政府仍认为，某些情况不宜公开时，可以以保密为借口将记者拒之门外”，争取获知自由从此开始。不过，对于获知自由的各国表达说法不一，如情报自由、知晓权、进入权等等，而使用得最多的表达是知晓权。这就是说，获知自由作为公民的基本权利，即知晓权。

最早提出这一问题的是瑞典。1775 年，瑞典新闻法中提出“公开原则”，它指的是政府文件应向公民公开，任何公民都有权看到。1812 年对原新闻法进行修改，其中一条规定要保护提供消息的人，不得追究他们的法律责任。与此同时，采访自由是获知自由的一部分。1840 年，英国公布议会文件法案。法案规定对进入议会采访的记者给予多种方便和保护。这是世界上第一个保护采访工作的法律。1908 年，英国公布地方行政法案，该法案规定，地方长官召开的行政性会议，允许记者旁听和发布新闻。

第二次世界大战结束后不久，美国记者肯特·库伯就提出扩大新闻自由内涵的“知晓权”的个人主张。这一个人对于知晓权的倡导，很快就在三年后得到了世界性的回应：1948 年 12 月 10 日，联合国大会通过了《世界人权宣言》，与《经济、社会、文化权利国际公约》、《公民权利和政治权利国际公约》共同组成国际人权宪章体系。在《世界人权宣言》中，第一次明确主张“信息自由流通”，因而规定“每个人都有权自由发表意见和做出表示。这种权利包括：不受干涉地保持意见，通过任何媒介超越国界寻找、接受和传递信息”①。

① 见陶涵主编：《比较新闻学》，新华出版社 2002 年版，第 361 页。

这就最终从法律上确认了知晓权这一基本人权。当然，即使是来自联合国的《世界人权宣言》的大力倡导，也必须通过各个国家立法来予以确认。1951年，芬兰政府制定《政府文件公开法》，主要内容有：保密性文件不得公开，保密的最高时效为50年；在获知权得不到满足时，当事人可向法院或其他政府机构要求得到文件。这是世界上第一次以国家法令的形式来确定公民拥有知晓权。这就使新闻传播活动自由，特别是新闻采访自由避免受到国家法律、法规、法令在事实上的过度保密限制。

即使是在新闻自由得到较为充分的法律保障的美国，也进行了有关保密的立法。从1789年颁布档案管理条例，规定政府机构的负责人有权决定本部门文件管理、使用和典藏的办法，到1946年颁布行政制度法规，规定政府由于正当理由即为了公共利益可以对有关文件实行保密。实际上，这两个先后有关政府保密的立法行为，不仅促使知晓权在美国的直接提出，而且同时也对已经提出的知晓权构成了法律限制。所以，美国国会分别在1958年和1966年两次通过情报自由法案，1977年又通过政府公开法案对上述法律条文加以修正，规定公民有权使用政府的文件、记录、政策声明等档案资料，如申请遭到拒绝，可向法院起诉。

1971年6月13日，《纽约时报》刊登了被美国国防部列为绝密文件的《美国的越南战争政策制定过程史》，引发了“五角大楼文件案”官司。由于该文件披露了美国卷入越南战争的详细过程，尼克松总统亲自下令，由政府律师出面向纽约州法院提出禁止《纽约时报》继续刊登的请求。经过彼此在法庭上的较量，最后《纽约时报》上诉到最高法院。6月30日，最高法院以6票对3票通过做出判决，《纽约时报》胜诉，得以继续刊登这一五角大楼文件。

最高法院判定《纽约时报》胜诉的法律依据，就是美国宪法第一修正案所规定的不得对公民的言论自由进行任何形式的限制。1974年国会通过了情报自由法案补充法案，开始了对情报自由法案的继续修改，到1983年已经修改了四次，在明确规定公民不能查阅的九类保密资料的同时，又规定如果公民申请得到政府有关文件而遭到拒绝，有权向法院起诉。1977年，美国国会又通过政府公开法（即“阳光普照法案”），规定联邦政府所属机构应将属于讨论性质的会议公开——会议通知须于一周前公布，会议纪录可供公开发表。该法案同时也规定了十类不能公开的会议。此后，英国、日本、德国、加拿大等国家都纷纷制定了类似美国的情报自由法案。

随着以立法的形式对所谓情报自由的确定，公民个人的知晓权也得到了法律上的确定。知晓权所体现出的是获知自由，特别是获知有关政府情报的个人自由，但是又引起了与之相关的表达自由权利的问题。也就是与知晓权密切相关的接近权的提出。这是因为只有能够及时公开地进行大众传播的新闻信息才是新闻，具体而言，新闻媒体必须维护这一自由表达的公民权利。

接近权（Right of access mass media）的概念主要系指作为信息接受者、利用者的公民有接近和利用大众传播媒介表达自己的主张、意见，有权要求大众媒介传播自己想要传播的广告、声明、反驳等，有权要求大众媒介传播自己想要传播的信息。所以，接近权概念的提出，对于不拥有表达手段的普通民众来说，有助于保障一般公民的自由表达权利，并有助于提高民众有效利用媒介手段和信息来表达自身意见的公民权利意识。

接近权的提出，实际上为社会舆论怎样通过新闻媒体来传播，提供了一条如何保障表达自由这一公民基本权利的理论思路。也就是说，公民的接近权是新闻媒体发挥监督功能的社会舆论基础，保护体现公民基本权利的媒介接近权是新闻媒体避免滥用新闻自由的前提。正因为这样，公民的接近权就有可能与新闻媒体的采访报道自主权相对立，乃至发生冲突，促使新闻媒体在维护公民自由权利时处于两难境地。因此，在接近权问题上，所谓“西方国家在理论研究上和新闻传播实践运用上，都未取得多大进展”，也就不足为怪了。

走出这一两难处境的关键在于，必须将新闻媒体的自由权利置于公民的自由权利基础之上。在新闻自由得到真正保障的新闻传播活动中，新闻媒体应该有责任也有能力，如同维护公民的“知的权利”或“被告知的权利”，也就是告知权一样，来维护与公民的告知权相对应的公民的接近权，从而在促成公民的告知权与接近权趋于统一的过程中逐步走出两难困境，并且在维护新闻自由的同时也维护公民个人自由权利的完整性。

正是着眼于公民个人自由权利的完整性，1969 年，法国学者让·达尔西在《电视转播卫星与传播权利》一文中提出了“传播权”这一概念，认为“总有一天，人们会承认一种比之《世界人权宣言》中阐述的基本人权更重要、更全面的权利概念，那就是传播权”。

这是因为，传播活动是人生而俱来的行为之一，人的生存与发展都有赖于这种传播行为，传播也因之成为人的基本权利之一。所以，传播权不仅是每个人的自然权利，而且应该是每个公民的社会权利。传播权不仅有利于个人个性的发展与完善，而且有助于促进社会的发展，同时也促使人类的传播手段更好地发挥其功能，因此，传播可以包含迄今为止人类已经享有的社会权利概念内容，从公民的知晓权、接近权到与言论自由、出版自由、新闻自由、通讯自由、表达自由等相关的诸多权利。

或许，将传播权认为是最基本的、最全面的人权，在理论上还存在着某种个人思考的偏颇与不足，但是，如果考虑到这是新闻传播活动发展到卫星电视阶段后才出现的相关性理论思考，也就具有着重大的理论价值与实践意义。因为随着电视传播技术的迅猛发展，为进行新闻传播活动设置了越来越高的技术与资金门槛，结果在新闻传播活动之中，一般公民处于越来越被动的地位，而新闻媒体越来越居于主动地位，形成了彼此之间的传播位势差，从而促使一般公民与新闻媒体之间在传播过程中出现了事实上的不平等。

因此，强调传播权是公民最基本、最全面的人权，也就意味着在人人平等的基础上，必须重新调控公民自由权利与新闻媒体自由权利之间的法律关系，以促进新闻传播活动的正常进行。事实上，网络传播活动的出现，至少已经从电子传播技术的层面保证了进行互动性调控的可行性，因而新闻媒体必须在依法维护公民的自由权利的同时，通过自我调控，从理论到实践上来适应新闻传播活动的发展现实。

如果从新闻传播活动的市场化这一角度来看，也就可以将卫星电视阶段的新闻传播活动表述为：在新闻生产过程中，无论是新闻媒介技术的发展，还是新闻信息来源的开拓，都必须通过新闻媒体的不断自我调控而协调一致，才有可能真正满足社会大众对于新闻商品进行平等消费的现实需要。正是因为如此，以卫星电视为传播标志，通过越来越能够体现公民基本权利的新闻生产过程，已经开始促成平等互动的新闻生产方式的逐渐形成。

从世界各国新闻生产在进入卫星电视阶段之后的发展来看，总体趋势是向着平等互动的生产方式转换，而世界各国在新闻生产方式的转换速度上表现出快慢不一的态势，已经形成了两种不同新闻生产规模结构：发达国家的新闻生产强势结构和发展中国家的新闻生产弱势结构。以美国为首的西方国家拥有占有世界总数71%的电视台，而尚有45%的发展中国家还没有自己的电视台；65%的电视机集中在北美和欧洲，占世界人口2/3的亚洲各国拥有电视机仅为23%，非洲则只有3%。在国际传播方面，CNN、BBC等国际卫星电视台垄断了大部分的新闻节目传播。

需要指出的是，在发达国家与发展中国家之间，并不存在壁垒森严的类别界限，传统的“社会主义阵营”、“资本主义阵营”的提法已不再为人们所接受，后来出现的“三个世界”的分类也已经过时，现在为世界普遍接受的是发达国家和发展中国家的说法，但发达国家和发展中国家在传播体制上的差距可能是造成其现状的一个根本性的原因。

传播技术的发展一方面使公民的传播机会大大减少，另一方面又使国家对传播行为的控制能力大大加强，这有可能加剧传播垄断，使人民的言论自由和新闻自由无法得到保障。

在卫星电视出现不久，出现了关于建立世界新闻新秩序的动议，要改变国际新闻报道和传播中的不均衡和不公正的状况。1973 年，第 4 次不结盟国家首脑会议指出，绝大多数国家已沦为少数几个中心播发的消息情报的消极接受者的境地。1976 年，不结盟国家举行传播问题讨论会，首次提出建立“世界新闻新秩序”的主张，使得世界各国在新闻信息资源上的优势和劣势问题变得极为突出。联系 1948 年三四月间在日内瓦举行的联合国新闻自由会议通过的《国际新闻自由公约草案》和美国提出的《国际新闻采访及传递公约》、法国提出的《国际新闻错误更正公约》、英国提出的《新闻自由公约》，给人留下的印象就是，美国、法国、英国这三国在包办国际新闻自由。

其实，《国际新闻自由公约草案》中规定：各缔约国人民有在本国境内依法以各种方式发表和收取各种新闻与意见的自由，有越过国界以合法工具收听和传递新闻和意见的自由，有与其他缔约国人民同等接受新闻的自由，有相互采访新闻并传达于公众的自由。

由于这些规定在同年 12 月 10 日联合国大会通过的《世界人权宣言》中得到了再次确认，因而将得到所有缔约国的确认，至少在理论上是没有任何问题的，或者说，它在理论上为世界各国的新闻生产提供了世界新闻自由这一人权保障。

早在 1848 年，马克思、恩格斯就在《共产党宣言》中说：“资产阶级既然把一切生产工具迅速改进，并且使交通工具极其便利，于是就把一切民族甚至最野蛮的都卷入文明的漩涡里了。它那商品的低廉价格，就是它用来摧毁一切万里长城、征服野蛮人最顽强的仇外心理的重炮……正象它使乡村依赖于城市一样，它使野蛮的和半开化的国家依赖于文明的国家，使农民的民族依赖于资产阶级的民族，使东方依赖于西方。”①

在马克思看来，人类文化是基于三个方面的，即经济的层面、政治的层面、意识形态的层面，并对它们进行器物层、制度层和心理层的一一对应的简化性的个人命名。他们对文化的这一分层，得到普遍认可，并被强化到审视文化的唯一正确的程度，以至于把意识形态看成是文化的唯一构成要素。新闻自由显然是意识形态中最核心的部分。

---

① 《马克思恩格斯选集》，第 1 卷，人民出版社 1958 年版，第 470 页。

人类社会要发展，新闻传播是不可避免的。郝明工博士说："尽管世界各国新闻事业的生成与发展过程中，各国新闻事业最初出现的时间差与文化交流的位势差之间表现出特定的现实性相关，然而，从文化交流的过程来看，文化交流就是文化传播；而从文化交流的后果来看，文化交流就是文化影响。因此，在文化交流过程中，引人注目的往往是物质性的直接传播，在互通有无之中，无论是同位文化之间的文化传播，还是异位文化之间的文化传播，文化交流的位势差在其中表现得并不明显，除非以暴力形式的文化侵略来显示。""从整个世界新闻事业发展的历史来看，无论是在欧洲，还是在欧洲以外，各国的新闻事业基本上都是在和平的日子里静悄悄地出现的。"①

但是，我国与西方的交流，却出现过不应有的断层，需要今天加以补偿。1999 年 12 月，"高校经典教材译丛·传播学"编委会在其《总序》中写道："我国的传播学研究起步较晚，社会上及学术界对传播学的认识程度不高，目前只是处于传播学研究的初级阶段。"造成这一现状的根本原因在于，长期以来，我们对西方的新闻传播理论讳莫如深，既不研究，更不介绍，以至形成"陌生的拒绝"。

显而易见，社会现代化程度与社会开放水平之间，呈现出一种正相关关系，对于一个民族、一个国家的文化转型来说，如果社会开放度高，社会现代化就会加速；而社会开放度较低，常常就意味着现代化速度会放慢。

以上是今天对发展了的社会责任理论的合理解释。

◎ 思考题

1. 谈谈你对新闻传播权利与义务关系的理解。
2. 为什么说"新闻自由"是西方国家新闻传媒发展的动力？
3. 什么是知晓权？
4. 什么是传播权？
5. 什么是传媒接近权？

① 郝明工著：《无冕国度的对舞——中外新闻比较研究》，云南人民出版社 2002 年版，第 17 页。

第七章　作用与功能

——社会公众的通信工具

在第四章里，我们概略地介绍了西方现代关于大众传播功能的若干理论。在本章中，我们将具体讨论新闻传播的作用和新闻事业的社会功能。

如何认识和评价新闻传媒的作用与功能，东西方理论界有着很大的差别。在东方，主流理论认为新闻传媒应该成为实现国家目标的工具；而在西方，新闻传媒则更多地被定位在“社会公众的通信工具”这一层面。

第一节　基本理论

一、普利策的“瞭望哨”说

普利策是西方比较早的论述新闻功能的报人，他最为人所称道的一段名言，是他对新闻工作意义所作的如下描述：

> 倘若一个国家是一条航行在大海上的船，新闻记者就是船头的瞭望者。他要在一望无际的海面上观察一切，审视海上的不测风云和浅滩暗礁，及时发出警告。

普利策的这段话大体上概括了新闻事业的最基本的功能。

人们不可能在一个特定的时空点上了解到时刻处在千变万化之中的世界的状况，他们要使自己适应变化中的形势，就必须洞察周围的世界；由于人的活动范围及能力所限，他们不可能事事参与或者经历，而只能借助其他的手段，来延长自己的视觉、听觉和其他感觉，以保证自己能够主动应对变化着的环境。显然，能够为人们提供概括后的世界局势的手段在当时只能是报纸。

普利策的论述为后来的研究打下了重要基础。

二、拉斯韦尔的“三功能说”

第一位系统研究新闻传媒的作用与功能的是美国传播学奠基人之一拉斯韦尔。1948 年，他发表了《社会传播的结构与功能》的学术论文，被认为是“建构了传播学的学科框架”。在该文中，拉斯韦尔系统阐述了他对于大众传播的社会功能的观点。他说：

> 任何过程都可以从结构和功能两个方面研究，我们的分析将探讨传播带来的某些特定功能。其中明显可区分的功能有：（1）监视环境；（2）使社会各部分在对环境做出反应时相互关联；（3）使社会遗产代代相传。

在拉斯韦尔看来，自然和社会环境是不断变化的，只有及时了解、把握并适应内外环境的变化，人类社会才能保证自己的生存和发展。在这个意义上，传播对社会起着一种“瞭望哨”和“社会雷达”的作用。

他又认为，社会是一个建立在分工合作基础上的有机体，只有实现了社会各组成部分之间的协调和统一，才能有效地适应环境的变化。新闻传播正是执行联络、沟通和协调社会关系功能的重要社会系统。

同时，他还认为，人类社会的发展是建立在继承和创新的基础之上的，只有将前人的经验、智慧、知识加以记录、积累、保存并传给后代，后人才能在前人的基础上作进一步的完善、发展和创造。而新闻传播就是保证社会遗产代代相传的重要机制。

三、赖特关于大众传播功能的分析

拉斯韦尔提出“三功能”说后，美国学者 C. R. 赖特也于 1959 年发表了《大众传播：功能的探讨》的学术论文，在继承拉斯韦尔“三功能说”的基础上，提出了“四功能说”的主张。他认为，传播的第一个功能是环境监视，而这种监视包含两个方面，一是警戒外来威胁，二是满足社会的常规性活动。在这里，大众传播中的新闻报道起着尤其重要的作用。

第二个作用是解释与规定，他指出，大众传播不仅要“告知”，还需要对所传播的信息加以必要的解释，并提示人们应该采取什么样的行为反应。“解释与规定”的目的是为了向特定方向引导和协调社会成员的行为，其含义与拉斯韦尔的“社会协调”是一致的。

第三个作用是社会化功能。他认为，大众传播在传播知识、价值以及行为规范方面具有重要的作用，现代人的社会化过程既是在家庭、学校等群体中进行的，也是在特定的大众传播环境中进行的。因此，这种社会化功能又可称之为“社会遗产传承功能”或“教育功能”。

第四个作用是提供娱乐。赖特指出，大众传播中的内容并不都是务实的，其中相当一部分是为了满足人们的精神生活的需要，大众传播的一项重要内容是提供娱乐，特别是电视媒体，娱乐性传播占了信息总量的一半以上。

四、其他理论

此后，施拉姆、拉扎斯菲尔德和默顿等人都对大众传播的功能进行过研究，有的提出“政治功能、经济功能、一般社会功能”的三功能说，有的提出“社会地位赋予功能、社会规范强制功能、负面作用的麻醉功能”等三功能说，在解释上大同小异，这里不再赘述。

第二节　以最快的速度向公众告知

一、第一时间发布消息

尽管西方学者对媒介的功能作了很深入的研究，但西方传媒在实际的运行中却总是“我行我素”，“独往独来”。他们都有一个心照不宣的共同追求，那就是以最快的速度向公众告知自己获得的、希望公众知道的信息或者是公众应知、欲知而又未知的信息。

1981 年 3 月 30 日下午 2 时 30 分左右，美国总统里根在当地希尔顿大饭店门外遭一名叫辛克利的美国青年开枪击伤。子弹从左腋下进入胸腔，擦心脏而过，险些让他丧命。他旋即被保镖送入乔治·华盛顿大学附属医院抢救。刺杀发生时，与总统走得最近的是白宫新闻秘书布雷迪。他胸部中弹，应声扑地，不省人事，生命垂危。

当时，总统副新闻秘书斯皮克斯正在白宫办公室里，事件发生后，他手下人员马上从现场打来电话：“有人开枪，布雷迪被击中倒地，还不知道总统是否受伤。”他放下电话就朝白宫南侧的圆柱门廊走去，想看一看总统的车队回来了没有。在经过新闻发布厅时，他把在电话里听到的三句话告诉了正在那里的几名记者。从新闻发布厅出来后，他又折回白宫办公厅主任贝克的办公室打算向他报告刚才听到的消息。在那里，他听到有人正给贝克打电话说：“总统看来无甚大碍。”他出来后马上把这一最新情况又通报给了记者。2 时 35 分，行刺事件仅发生5分钟后，美国各大通讯社就播出了第一条来自白宫的消息——里根总统遇刺但没有受伤。当然这是一条与事实不符的消息。但从这个过程可以看出，白宫把及时向媒体通报情况摆在很重要的位置，不但没因为事件严重而向公众封锁消息，相反却加快了向媒体通报情况的节奏。而媒体则把向公众及时传播信息当做神圣天职。

当天下午晚些时候，斯皮克斯在乔治·华盛顿医院探望了里根的病情后出来时，立即被等候在医院门口的记者围住了。天下着倾盆大雨，斯皮克斯站在雨中向记者通报情况，浑身上下淋得湿透，他把在病房里看到的实际情况基本上都告诉了记者们。

这时候在白宫的紧急情况室里，里根政府的内阁官员们差不多都来齐了。在这个严峻时刻，这些高官们不是在开会兜情况，也不是在研究对策，而是在看电视——收看斯皮克斯正在白宫新闻发布厅里举行记者招待会的实况转播。当一名记者问道“我们的军队是否提高了戒备状态”时，斯皮克斯回答说：“没有听说。”在情况室里的国务卿黑格从电视屏幕上看到这一问答后，从椅子上腾地跳起来，说：“我们得把这个问题说清楚！”说完就疾步走进新闻发布厅，向新闻界宣布：“现在由我在行使权力。”他的这一举动立即在情况室和新闻发布厅里引起了关于总统权力继承顺序的争论。

这以后，三大电视网都报道了布雷迪已经死亡的消息，大约40分钟以后，医院给斯皮克斯打来电话否定布雷迪死亡的消息。他放下电话就到新闻发布厅向记者们予以澄清。

当晚6时30分，副总统布什从得克萨斯州回到白宫，立即在情况室召开了会议，使政府工作恢复正常。会后马上又与斯皮克斯等商量举行记者招待会的事，8时20分，布什副总统和斯皮克斯一起走进新闻发布厅。布什宣布：“我可以告诉全体美国公民，以及正在关注我们的全世界，美国政府正在充分而有效地运作。”①

至此，在行刺事件发生6小时后，惊恐和不安终于沉静下来。从白宫新闻机器在这半天内的活动，我们可以一窥美国政府在施政中对媒体作用的重视，也可以了解美国媒体是如何来满足公众的知情权，发挥自己的社会功能的。

① 军事科学院外军部编译：《2000新闻发布会——白宫新闻发言人斯皮克斯回忆录》，生活·读书·新知三联书店1989年版，第1~10页。

二、培养和建立信息来源网络

建立新闻信息来源渠道对于一个媒体来说至关重要，它可能会决定媒介的生死存亡。在美国，媒介的主要信息来源是白宫，所以，美国的媒介与白宫的关系十分微妙，难解难分。

白宫在运用媒体时同广告公司一样，首要的标准还是根据记者的影响、报刊的发行量和节目收视率来分配资源。如在里根执政时期，美国广播公司（ABC）的“美国您早”是收视率最高的晨间新闻节目，白宫总是派出某方面的主要负责人接受访谈，谈外交政策就安排国务卿去，谈国防政策就安排国防部长去，其他几名主播如哥伦比亚广播公司（CBS）的丹·拉瑟（晚间新闻）和美国广播公司的戴维·布林克利（星期天专题）等人主持的新闻节目也总能得到这种“最高待遇”。公共电视台的麦克尼尔·莱尔的“新闻一小时”长期被白宫列为第三第四位次，里根总统从来没有接受过他的访谈，被派去的大多数是司局级官员。

白宫的新闻官员们同几十家主要媒体常驻白宫的记者天天混在一起，就跟同事和朋友一样。驻白宫记者晚上十一二点钟打电话到新闻秘书家里问情况，一般都能得到对方认真的答复。美国广播公司驻白宫资深记者山姆·唐纳森差不多每周都有两三次在新闻节目播出前的半小时内给白宫新闻秘书打电话，告诉对方自己准备如何报道有关总统的一条消息，新闻秘书会答复他“行”或“这样说有点过了”等。新闻秘书从来没有拒绝过唐纳森的电话，唐纳森一般也总是接受新闻秘书对消息的修改意见，合作十分默契。这种电话交谈常常不到一分钟，但核对内容大都是当天的头条新闻。

第三节　批评政府是永恒的主题

一、靠批评政府起家

在西方，在美国，媒介监督政府是天经地义的事情，批评政府、批评官员是媒体“永恒的主题”之一。许多有名望的媒体都是靠批评政府起家的。

普利策是第一个提出要通过报纸对政府进行批评的报人。1878 年 12 月 9 日，他以 2500 美元的价格买下了圣路易斯《电讯报》(Dispatch)，3 天后将其与当地的《邮报》合并为《圣路易斯邮讯报》(St. Louis Post Dispatch)。在该报创刊号上，普利策公布了他的办报方针：

> 《邮讯报》将不为政党，而为人民服务；不是共和党①的而是真理的喉舌；不支持“行政当局”而对它进行批评，反对所有人的欺诈和骗局，不管它们发生在何处，属于何种性质；提倡原则和理想，而不提倡偏见与党派性。②

普利策将政治上保持独立和不断揭露社会弊病奉为他的终身宗旨，他认为报纸在这方面大有用武之地。他说：“罪恶、卑鄙和腐败最害怕的就是报纸，因为任何法律、伦理和规章制度都无法与报纸相比。”③ 普利策不满足于报道表面新闻，他要求编辑部在一件事情的真相被彻底弄清之前，决不放过它。“连续报道！连续报道！直至问题真正弄清。”④《圣路易斯邮讯报》“把无赖政界、有钱的偷税者、受警察保护的赌博集团和营私舞弊的公用事业作为主要的批评对象”⑤，他的文章经常是不厌其烦地反复敲打一点，使他的报纸成为“密西西比河上最响亮的声音”，而他则成为美国“报界巨擘”。⑥

1883 年，他又买下《纽约世界报》。在 5 月 11 日由他主持的第一期《世界报》上，人们读到了如下的宣言：

> 在我们这个日益繁荣的大城市里，需要这样一种日报。这份报纸不仅售价低廉，而且内容丰富；不仅内容丰富，而且篇幅浩大；不仅篇幅浩大，而且充分发扬民主，真正致力于人民的事业，而不是为有钱有势者谋利益……它将揭露一切诡骗和无耻，抨击一切社会罪恶和弊端。它将以真挚诚恳的态度为人民的利益而奋斗。⑦

---

① 该报当时名义上属于民主党，但严格实行经济独立。

② 转引自张隆栋等：《外国新闻事业简史》，中国人民大学出版社 1988 年版，第 209～210 页。

③ 转引自张隆栋等：《外国新闻事业简史》，中国人民大学出版社 1988 年版，第 210 页。

④ ［美］埃德温·埃默里，迈克尔·埃默里：《美国新闻史》，新华出版社 1982 年版，第 207 页。

⑤ ［美］埃德温·埃默里，迈克尔·埃默里：《美国新闻史》，新华出版社 1982 年版，第 297 页。

⑥ ［美］W. A. 斯旺伯格：《普利策传》，新华出版社 1989 年版，第 64～65 页。

⑦ ［美］W. A. 斯旺伯格：《普利策传》，新华出版社 1989 年版，第 74 页。

这个宣言同《圣路易斯邮讯报》一样，充满了“批评的眼光、不满的精神和追求美好的愿望”①。在那个巧取豪夺、弱肉强食的时代，大都市豪华外表掩饰下的种种自私、堕落和绝望，都促使普利策义无反顾地以报纸为武器，去做不屈不挠的斗争。他说：“什么是报纸的特色？就是斗争，揭露罪恶，为社会谋福利……”② 为此，他在报纸上公开提出十条纲领③，充分表现出他痛恨贪官污吏、关心被压迫穷人的鲜明特点。

二、批评政府是扩大发行量和提高收视率的关键策略

口头上是为了维护正义，实际上更是为了保持和扩大发行量或收视率收听率，传媒总是注意搜寻政府管理不善、官员渎职等方面的事例，加以揭露。政治斗争中的各方也常常给媒体放出“小道消息”来打击对方。抢先报道一桩重大丑闻可以被视为某家新闻机构的里程碑，记者们乐此不疲，热情永不消退。几乎每个记者都梦想自己能发现第二个“水门事件”，从而一鸣惊人，名利双收。如果一家新闻机构报道出一桩重大丑闻，而另一家主要的新闻机构几乎一无所知，那会大丢其脸。例如，1997 年 7 月 30 日，哥伦比亚广播公司（CBS）驻白宫记者在晚间电视新闻报道了琼斯案中律师向一名叫威利的前白宫女职员发出传票。第二天早上，威利的名字就上了各家报纸、电视和电台的头版或头条。各媒体如八仙过海，各显神通，有的猜测威利在法庭上会说出些什么来，有的分析这个女人会给克林顿带来什么麻烦，可实际上，除了新闻周刊的记者艾西考夫接触过威利外，那时还没有任何别的记者同威利见过面、谈过话。

我们都还记得，1974 年，《华盛顿邮报》的两位年轻记者伍德沃德、伯恩斯坦通过“深喉”④ 揭露出水门窃听事件后，迫使尼克松总统为避免弹劾而不得不以辞职来保住国家的稳定，这一事件写下美国媒体史上监督政府的最精彩的一笔。这两位记者不仅改变了美国历史的运行，改变了尼克松的命运，也改变了自己在公众中的地位。

从 1998 年初到 1999 年初的 13 个月中，美国媒体围绕克林顿和莱温斯基

① ［美］W. A. 斯旺伯格：《普利策传》，新华出版社 1989 年版，第 62 页。

② ［美］W. A. 斯旺伯格：《普利策传》，新华出版社 1989 年版，第 380 页。

③ 参阅本书第六章第一节。这十条纲领中，除了第六条以外，有九条今天成了美国的法律。

④ 指隐藏很深的新闻线人。后来材料显示，为他们提供新闻来源的是时任美国国家安全局局长。

的绯闻，以及后来国会的弹劾与反弹劾之争做了大量的报道。这场新闻大战把美国总统最见不得人的私生活细节都在媒体上抖擞出来。在这一年多的时间里，不管白宫举行什么内容的记者招待会，不管有没有克林顿出现，记者们都不会放过机会，总要问几个有关总统与莱温斯基性关系的问题，把美国总统搞得毫无尊严可言。比如 1998 年 9 月 2 日克林顿访问莫斯科时，在克里姆林宫与叶利钦一起举行联合记者招待会。这个场面与莱温斯基一点关系也扯不上，可是随行的美国记者不给自己的总统留点面子，在向全世界转播的电视镜头前问克林顿："你刚才谈到我们作为一个国家所面临的挑战，我想其中一个挑战就是你承认了与莱温斯基的不恰当关系在美国引起的反响。你是否担忧你领导国家的能力将因此受到削弱?"

又比如 1999 年 2 月 19 日，国会共和党弹劾克林顿的议案被否决。一周后，这件事本来已告一段落了。可是不然，来访的法国总统希拉克与克林顿在白宫举行联合记者招待会，两国元首会晤的主要议题是科索沃局势和全球金融体制改革，但美国记者还是揪住克林顿与莱温斯基这一事件不放。合众国际社常驻白宫资深记者海伦问克林顿："克林顿总统，您从过去 13 个月的麻烦中吸取了什么教训？您对未来的总统会提出什么样的忠告?""您不认为美国总统这个职务的声誉被玷污了吗?"此情此景，真让克林顿的脸面没地方放。

不仅如此，仅 1998 年 9 月份，媒体就先后爆出众议员伯顿有私生子、众议员海伦·切诺韦斯女士有过桃色事件，及至揭出众议院司法委员会主席海德也曾有过年少轻狂、"对不起夫人"的风流孽债。三个月后，新出炉众议院议长利文斯顿又被媒体揭出早年的一段婚外情而中箭落马。

《新闻周刊》记者麦克尔·艾西考夫从 1994 年起，先后爆出克林顿与波拉·琼斯的性骚扰纠葛、克林顿对凯瑟琳·威利的性骚扰，以及克林顿与莱温斯基的风流情史，从而被传媒界公认为"率先揭露克林顿行为不端和渎职丑闻，震动了世界的卓越记者"。艾西考夫于 20 世纪 70 年代上大学时就以伍德沃德和伯恩斯坦为偶像，一心想在日后的记者生涯中揭露出大丑闻，当个名记者。他并不在意这些丑闻牵涉到哪个党派，1981 年进入《华盛顿邮报》后，他专跑司法部的新闻，发表过抨击宗教右翼虚伪性的报道，揭露过冠冕堂皇的枪械管理法的很多漏洞，还在 1992 年大选期间爆出过布什政府官员指示国务院翻阅克林顿旧护照、寻找政治污点的重大新闻，使他一度成为克林顿竞选总部崇拜的英雄。

1994 年 2 月 11 日，一群政治保守派在华盛顿开会，首次向媒体公布了波拉·琼斯对克林顿的指控。艾西考夫参加了那次记者招待会，至此成为报道克林顿性丑闻的权威。由于白宫的干预，他在那次记者招待会后写的报道直到5月初才在《华盛顿邮报》上发表。在此期间，分管这件事的主编一再要求"继续调查核实"，艾西考夫也就一直没有停止求证采访活动。他差不多找遍了所有知情人，对琼斯案的调查在深度和广度上丝毫不亚于专业侦探，连琼斯的律师有时都得请他帮忙寻找和约请重要证人谈话。一些当事人本不愿公开卷入，但在他锲而不舍地要求下，大多提供了重要情况。他甚至刺探到只有克林顿、威利、莱温斯基和一名白宫助理四人知道的事情。为了核实知情人所谈的情况，他有时要向更多的人求证，有时要查阅数年前总统电话往来和收受礼品的记录，甚至说动不相识的人为他查阅前内阁部长未解密的私人文书资料。即便是独立检察官斯塔尔，或者是联邦调查局，他们对克林顿在莱温斯基案中是否说了谎，是否欺骗了法庭的调查也不过如此。

涉及国家利益的重大事件如此，涉及地方公众利益的事情也无不如此。美国韦切斯特郡是一个只有十多万人口的小地方，但韦切斯特郡的市长史伯纳每天都要接受记者的采访，每天都要发表15～20分钟的电视讲话，向公众通报当天本地发生的各种重要事件，接受媒体的监督。

可以说，在美国，只要关心国家大事和公众利益的社会成员，无论他是处于社会的哪个阶层，都可以及时从大众传媒上获得最及时的关于国家和地方的各种公共事件的信息。

第四节　永不休眠的社会雷达

一、"永不入睡的眼睛"

1932年，印度现代民族解放运动的著名领袖"圣雄"甘地被英国人逮捕，囚禁几个月后，最终在极其隐秘的情况下被释放。一个午夜，他被带到一个偏僻的火车站，自己将随身的行李拖到站台上。

就在那儿，在一片黑暗中，突然一个他所熟悉的人影出现在他的面前——美联社记者吉姆·米尔斯！正是米尔斯报道了甘地为印度赢得独立所付出的一切。而今天，在神不知鬼不觉的释放现场，这个人居然获得了准确消息，并专程前来采访他！

"我猜想，当我死后站在天堂之门的时候，碰到的第一个人会是一名美联社记者。"甘地不无感慨地说。

在西方传媒的理念中，新闻传媒就是永不休眠的社会雷达，它总是圆睁着一双永不入睡的眼睛，无时无刻关注并追踪社会可能出现的任何变化，并随时向社会公众提出预警。

2000年1月31日傍晚，美联社洛杉矶分社负责人约翰·安在克与同事们在一起搜索电视播出的新闻，看有无什么消息是美联社没有得到的。

一条消息吸引住了他的目光：

洛杉矶（美联社）一架阿拉斯加航空公司波音737客机从墨西哥的巴亚尔塔港起飞，于星期一在洛杉矶西北部坠毁，电视台报道。

"有架飞机出事了！"安在克情不自禁地喊了一声，然后环顾了一下四周。这时是下午4时53分，大部分上白班的人还没有离开，夜班人员刚刚到位。

当听到他的第一声喊叫时，就有两位记者迅速离开座位，准备投入采访。但后来证实此前报道有误，飞机并非坠毁在圣莫尼卡湾，而是在奥克斯纳德，于是执行编辑给住在附近的记者杰夫·威尔森打了一个电话，从此，威尔森的名字就和该事件的报道连在了一起。

5时44分，威尔森从事故现场发出了第一条消息（分三节发出）：

奥克斯纳德，加利福尼亚（美联社）　阿拉斯加航空公司的一架波音737客机星期一坠毁在洛杉矶西北部的太平洋海域，机上70名人员全部遇难。飞机失事前曾报告出现机械故障。

（未完待续）

夜幕降临前，一架海岸警卫队直升机、一架海军P-3飞机及数条小船，对大面积的碎片散落区域进行了搜查，尚未发现幸存者。

据联邦航空总局地区发言人米奇巴克在西雅图所说，261航班是从墨西哥的巴亚尔塔港飞往旧金山和西雅图的，于下午3点45分坠落在洛杉矶国际机场西北20公里处。

"目前他们正在寻找幸存者，"海岸警卫队的陆军少尉珍妮·赖内克说，"他们发现了大面积碎片散落区域，但是还没有什么新的进展。"

联邦航空总局执行官员森西亚·艾默瑞称，机上共有乘客65名，机组人员5名。

（未完待续）

据机场发言人罗恩·威尔逊先生介绍说，飞机应降落在旧金山国际机场。机组人员曾通报说飞机出现故障，要求改在洛杉矶机场降落。

“雷达显示飞机从17000英尺的高处下落，随后就从雷达上消失了，”威尔逊先生接受旧金山电视台采访时说。

验尸官们下午5点30分左右到达了奥克斯纳德海岸警卫队驻地。

巴亚尔塔港是位于墨西哥太平洋海岸的旅游胜地。

阿拉斯加航空公司的西海岸沿线的飞行一般是去往墨西哥和加拿大各地，这条航线很受欢迎。

该公司共有飞机80多架，包括波音737及麦道80s等型号。

1998年底，该公司机群的平均服役年限是7.6年，在国内是时间最短的。

1998年，该航空公司共载客1310万人次。

威尔森是早上5点半到达办公室的，工作一天后此时刚刚回到家里。他犯了严重的周期性偏头痛，电话响起时，他正歪在沙发椅上。但一获得消息后，伴着头痛，他立即跳进汽车，全速驶向海岸警卫队所在地。

从5时44分发出第一条消息起，到7时16分，他已发出了9条消息。彻夜未眠。凌晨3点17分，他发出了第15条消息也就是最后一条消息：

载有88人的客机在洛杉矶西北部海域坠毁

美联社记者　杰夫·威尔森

奥克斯纳德，加利福尼亚（美联社）阿拉斯加航空公司一架由墨西哥飞往旧金山的MD-83型客机于星期一在洛杉矶西北部的太平洋海域坠毁，机上共有人员88名。飞机失事前曾报告控制系统失灵。事后很快发现遇难者的尸体。

日落前，飞机及小型船只已汇集到位于木谷角的残骸散落区域。数小时后，在鱿鱼捕捞船强烈的灯光照射下，数条小汽艇及一艘海军的船只继续进行着搜寻工作。

据海岸警卫队的查克中校说，已发现数具遇难者的尸体。

一条渔船上的舱面水手从水中打捞上了人体部位、墨西哥玩具、一只鞋、靠垫及飞机绝缘材料等物品。“干这种事心里不好受，但总得有人去做。”31岁的舱面水手大卫对记者说。

天黑以后，一艘装载残骸的多用途船到达胡安梅港口。

据航空公司发言人杰克·伊万斯说，这家由墨西哥的巴亚尔塔港飞往旧金山和西雅图的261次航班是于下午4时36分坠毁的，机上共有83名乘客和5名机组人员。在83名乘客中，有32人飞往旧金山，47人飞往西雅图，另有3人最终前往俄勒冈的尤金，1人去往阿拉斯加的费尔班克斯。2名飞行员来自洛杉矶，3名服务员来自西雅图。乘客中有3名阿拉斯加航空公司的职员，4名地平线航空公司的职员，以及这7名职员和其他机组的亲朋好友23人。

“我们将尽一切可能查明到底发生了什么。”阿拉斯加航空公司主席约翰·凯利在洛杉矶举行的一次夜间新闻发布会上说。他同时提出存在幸存者的可能。“我是个彻头彻尾的乐观主义者，”凯利说，“海水确实很冷，也很深，这不是我们所希望的情况，但奇迹确实曾经出现过。”

据凯利介绍，驾驶员在阿拉斯加航空公司的飞行时间已有1万小时之多，第一副驾驶的飞行时间也已超过8千小时。

事故发生在洛杉矶国际机场西北40英里处，在大陆港口奥克斯纳德和阿纳卡帕岛之间距海岸约10英里的地方。

在旧金山，4名正在等待此次航班的乘客被公司工作人员带离；几位遇难者的亲属到达洛杉矶国际机场，在那里接受了心理医生的帮助及牧师的安慰，美国红十字会女发言人布伦达介绍说。

“所有可以动用的设备都已派往现场参与营救，”海岸警卫队上校乔治·怀特先生说，“我们正在积极地寻找幸存者……在58度的水温①下人可以生存。我们不会停止行动，直至最后认定已绝对没有希望。”

飞机曾报告出现机械故障，并要求转道去洛杉矶。改线被批准后，飞机在飞往洛杉矶的途中坠毁。

“雷达显示飞机从17000英尺的高空下落，随后便从雷达上消失，”旧金山机场发言人让·维尔逊接受电视台采访时说。

据位于文图拉港海峡岛国森林总部的女发言人苏珊·史密斯女士介绍说，阿纳卡帕岛上的一名国家森林看守官看到了下落的飞机并第一个报告了这件事。“他发现一架飞机坠落在圣巴巴拉海峡。据他所见，飞机是头部先着地。”史密斯说。

事故现场的天空晴朗无云。海水的温度正处在一年中较低的时候——50度左右，水深约在300~750英尺之间。

① 华氏温度，下文同。

据伊万斯讲，驾驶员曾在事故发生前很短的时间报告说飞机的“稳定器配平装置”出现了问题。如果驾驶员无法配平飞机的水平稳定器，那就意味着不能使飞机的上升和下降处于稳定状态。使稳定器平衡或“配平”，可以通过旋转座舱内的一个飞轮。飞机有了正常的配平后，机身就可以保持水平方向飞行，而不是上下倾斜。

伊万斯还介绍说，事故飞机从前没有发生过稳定器配平问题；此架飞机曾于1月11日接受过一次低水准服务检查，并于去年1月份作为常规保养的一部分接受过一次较为全面的检查。

MD-83型客机是MD-80系列产品中的一款，由麦道公司的商务客机部生产，此部门现已收归波音公司所有。

据波音公司的麦道客机生产部发言人约翰·塞姆介绍说，事故飞机是1992年5月发送至阿拉斯加航空公司的MD-83型客机。该机已累计飞行了25584小时，跑了14315“圈”(一圈即一次起降)。伊万斯称，该事故飞机最后一次服役是在星期日，尽管他没能详细描述此次服役的性质。这架飞机分别于1999年1月11日和13日通过了“A”种和“C”种检验——“C”种检验是最全面的检验，“A”种则比较简单。

阿拉斯加航空公司知名度颇高，其飞行路线是沿西海岸到达墨西哥和加拿大等地。这家公司拥有80多架客机，其中包括MD-80和波音737等机型。自1998年底，该公司机群的平均飞行时间是7.6年，在国内是最年轻的。1998年全年载客1310万人次。

喷绘在飞机尾部的爱斯基摩人像是阿纳斯加航空公司独树一帜的形象，其安全纪录也是有目共睹，它的服务遍布阿拉斯加、加拿大、墨西哥及美国西部5个州的共计40余个城市。

去年夏天，美国航空公司的一架客机在阿肯色州的小石城坠毁，这是发生在美国与MD-80系列产品有关的最近的一次空难。这架MD-82型客机在着陆时遇上暴风雨冲出跑道，机体分离后起火，造成11人死亡、110人受伤的惨剧。

MD-80型客机与众所周知的DC-9型极为相似，只有一条通道，机尾两侧各装有一部发动机。此款飞机1980年开始投入使用，并已先后改装过至少5次，以满足不同的载客量。

阿拉斯加航空公司的基地在西雅图，开通了从巴亚尔塔港（墨西哥太平洋海岸的一处旅游胜地）至圣约瑟、旧金山及其他加利福尼亚城市的航线。

据 Airsafe. com（一家专门追踪报道飞机失事的网站）所提供的资料，该航空公司在 70 年代曾发生过两次飞机失事，地点全都在阿拉斯加。1971 年，一架波音 727-100 型客机因接受了错误的导航信息，在接近朱诺市时撞在一座山的斜坡上，机上 104 名乘客和 7 名机组人员全部遇难。1976 年，一架波音 727 在凯奇坎着陆后冲出跑道，一名乘客死亡。

第 15 条消息是这一轮报道的最后一条，但远不是事件的最后结局。其后两天，工作人员又对内容作了多次更新和修改，以满足各家报纸和广大读者的需要。

尽管不是每个西方记者都能如威尔森那样负有盛名，但要像他那样做出成绩，没有他的那股坚韧不拔的精神是不可能的。

一滴水反映出太阳的光辉。从美联社对这次事故的报道，我们可以看到，西方传媒是把自己当做公众的眼睛和耳朵来使用的，比较自觉地充当着社会雷达的角色，时刻睁开着警惕的眼睛，注视着社会的每一点变化，发挥着实时监控社会的特殊功能。

二、可贵的敬业精神

值得一提的是，西方新闻理论十分强调记者的敬业精神。为了忠实地履行自身的职责，许多记者置利害、荣辱甚至生死于度外，无时无刻地在追踪具有报道价值的新闻。

一般西方新闻记者大体严格奉行着新闻专业主义精神。新闻专业主义（professionalism）是资产阶级新闻学的重要概念，也是西方新闻工作者恪守的最主要的新闻职业规范。新闻专业主义核心的理念，一是客观性新闻学，一是新闻媒介和新闻工作者的独立地位和独特作用。

新闻专业主义是美国政党报纸解体之后在新闻同行中发展起来的“公共服务”的一种信念，它是改良时代行政理性主义和专业中立主义总趋势的一个部分，它最突出的特点，是相信可以从非党派、非团体的立场客观地报道新闻事实。新闻专业主义的目标是服务于全体人民，而不是某一利益团体。美国建国以来，大众媒介逐步赢得了新闻自由——“报业自由”（也称“出版自由”）、言论批评自由（也称“表达自由”）和信息获取自由（也称“人民的获知权”或“知情权”）。大众传播媒介在社会生活中扮演着十分积极的角色。美国社会建立在自由市场经济和个人表达自由的基础上，早期争取新闻自由者对“新闻自由”的理解是——我行我素。

然而，报业的出版自由并非人民的表达自由。自19世纪以来，思想家们已经发现，人民之间的权利并不平等。在美国商业化的大众传播媒介那里，私人利益正在侵蚀公共生活。

美国报业从一开始就不是理想的公共精神载体。最初，为政治偏见所左右；后来，它们变得越来越关注广告，越来越注重经济利益。媒介的经济独立和市场运作，产生了另一个权力中心。公众认为，在民主社会中，媒介被赋予极大的特权；然而它却不承诺，或者在更多的情况下，不履行对社会的义务，这是说不通的。于是，媒介的社会责任理论应运而生。第二次世界大战后，以芝加哥大学校长哈钦斯为首的出版自由委员会在其经典性的《一个自由和负责的新闻界》的报告中正式号召新闻媒介专业化。

新闻工作者发展出来的追求信息的新闻专业模式，是世纪之交出现的现象。早在1896年，美国人奥克斯（Adolf Ochs）购买《纽约时报》之后，提出“高尚的新闻政策”、“独立公正的评论”和“正确详尽的新闻资料”三大目标，与刺激性的黄色新闻相对抗，从此新闻发生了很大的变化。

第一次世界大战后，专业主义的思想深入人心，美国新闻工作者开始寻找适当的专业规范。1923年，美国报纸编辑人协会制定《报业信条》，美国记者公会于1934年制定《记者道德律》。美国的广播（1937）和电视（1952）也各自拟定了对行业的规范和准则。在出版自由委员会报告后的50年间，委员会的多数建议成为新闻界自律的基础。

与自由化的报纸不同，美国的广播电视从一开始就受到法律的规范，被要求做公共信息的运载渠道，服务于“公众的利益、便利与必需”。广播电视顺利地投入专业主义的主流。

新闻专业主义追寻简单的事实（facts）——由此产生新闻的客观性。客观性是一种使新闻工作者将事实隔离于观点，从而避免个人偏见的规定或机制，它要求新闻工作者站在中立的（neutral）立场上，以客观性的方法报道新闻、反映观点。

按照新闻专业主义的理论，报业是一种自治的体系，它必须对政府、对政党、对政客采取一种独立的和批判的态度，否则便不可能保持它在公众中树立的“保护者”形象，便不可能拥有公众的信任。而良好形象和高度信任，是媒介赢得市场的重要资本之一。

作为消息的发布者和事实、观点的反映者，归根结底，新闻事业是以它的公信度立足的。对西方的新闻专业主义，也有许多需要破除的“神话”。

客观性被认作“负责的新闻业”的标志。客观性是资产阶级新闻学最重要的价值观，是新闻活动方式的巨大进步。但是，西方学者根据大量证据指出，某些客观报道本身便是有偏见的，尽管这种偏见往往是隐含着的、不易察觉的。而且，新闻事实也不可能是完全中立的、无价值判断的对真实世界的纯客观的反映。新闻不是直接从现实事实中产生出来的自然现象，而是新闻行业的产品，是对客观事实进行高度选择后的解释。

新闻专业主义对政府可见的独立性是西方媒介社会地位的基石。然而，这种独立性并不像媒介人竭力表现的那样真实。美国新闻媒介对政府的监视是为巩固资本主义的政治体制服务的，是“小骂大帮忙”。而且，大众传播媒介还忽略了自身权力的膨胀。对于这种未经民选而膨胀的“第四权力”，似乎无人能够监督或制约。因此，人民的权利始终是一个问题。

新闻专业主义主要具有以下几个特点：

①客观性：记者站在中立的立场，不带个人偏见地、客观地反映事实报道新闻；同时，新闻工作者在进行“把关”时要按照“新闻价值”的中立标准而非个人好恶进行选择。

②真实性：新闻报道必须真实地反映客观事物的原貌，不能仅达到部分真实或细节真实，而且必须达到整体真实。真实是新闻报道的第一生命线，失去了真实，客观便无从谈起，独立也就失去了权威性。

③独立性：传媒具有社会公器的职能，新闻工作的目标是服务于全体人民，而不仅限于服务政治或经济利益集团，所以新闻媒介的运作应该是完全独立的，不应臣服或接受除行业规范之外的任何权力或权威的控制。

④自由性：新闻自由包括采访自由、出版自由、表达自由和信息获取自由即“知情权”。新闻自由是西方新闻理论的基石，西方新闻界也历来以此自诩。在“自由多元”的西方社会，强调新闻自由和新闻媒介的独立性，强调新闻报道必须“客观”、“真实”和“多元”，强调新闻工作者必须恪守新闻专业主义这一最主要的新闻职业规范。

中立的立场、客观的报道并未消除资本主义社会及其新闻事业内在的矛盾。不过，它的确为所有与新闻有关的人提供了一个可以操作的判断标准，因此成为通行的基本新闻价值观。

新闻专业主义加强了新闻工作者对自我职业形象——追求真理、服务社会——的心理需求。美国新闻工作者将专业的规定内化为对自己的约束，在具有商业和政治双重性质的机构中，他们强调自己是公共利益的保卫者。新闻专业主义者相信进步、理性、普遍的真理或标准，同时，相信跻身于统治集团的可能性，即，他们既有财富和参与权，同时却又是独立的。新闻工作者与其老板讨价还价，赢得了专业的自治。媒介承担着警戒和守望社会的监视职责，把人民的关切、人民的意志传播到各个角落。专业主义者不仅是自己权利的捍卫者，而且是人民权利的捍卫者。媒介经济的繁荣与新闻专业的神圣也很合拍。新闻部与广告经营部相互分离。在“专业主义”的旗号下，美国媒介的社会地位大大提高。

客观性从整体上为新闻媒介提供了合法的途径。随着媒介经济来源的改变，新闻的定义和外观也改变了。狂热的观点和表述失去了市场；公平和平衡的编辑方针伴随着客观性的写作方法开始大行其道。在资产阶级新闻事业中，客观性起先是职业精神的关键信条，后来则成为新闻实践的“策略性程式”——它保护新闻工作者免受各方面的攻击。

下面是附在《如何成为顶级记者》封底的几段话，以作为本章的小结：

> 我跟踪了那些为谋取私利而将过剩的马匹出售给该保护计划的工作人员。当一名工作人员逃进办公室与他的同事商量对策时，我也跟了进去，并要求加入他们的谈话。
>
> ——美联社记者玛莎·门多萨（2000年普利策新闻奖得主）
>
> 关系网的扩展对于政治新闻报道来说至关重要。他们的群体就像是一个与世界隔绝的岛屿。只有身处其中，才能够及时获得最新消息。
>
> ——华盛顿著名新闻调查记者马克·哈姆伯特
>
> 对于那些四散逃命的刚果政府军士兵来说，有三样东西很有用：首先是一辆汽车，那样他们可以逃得快些；其次是硬通货；再次就是美国人或欧洲人，他们杀了解气。不巧的是这三样东西我们全占上了，而且还是“送货上门”。
>
> ——美联社海外特派记者莫特·罗森布罗姆
>
> 你必须要有厚脸皮。我不厌其烦地打电话给州长办公室。如果他们因此而讨厌我那就随他去吧，我不在乎，我不会有什么想法。我不认为这是一种才能，这可能是一种病态。
>
> ——美联社国内部记者比尔·巴斯克维尔

◎ 思考题

1. 谈谈你对普利策的“瞭望哨”说的理解。

2. 请分析拉斯韦尔的“三功能说”。
3. 试分析为什么要在第一时间发布消息。
4. 西方传媒为什么要把批评政府作为永恒的主题?
5. 谈谈你对新闻专业主义的理解。

第八章　监控与预警

——睁大眼睛搜寻阴暗面

大众传媒究竟有何作用？它的主要职责究竟是什么？这个问题尽管争论了许久，但似乎并未有明确的结论。在本章里，我们将从另一角度来探讨在西方世界眼里媒介的作用。

第一节　视揭露黑幕为己任

一、报道负面消息是新闻的本质任务

在西方，媒体的环境监控功能并不是体现在对美好事物的发现和传播上，相反，西方传媒的监控功能主要是用来揭露黑幕，揭露社会的阴暗面。

初到英美的人，在旅馆读到英美的报纸，看到他们的电视节目，往往不由自主地紧张起来，以为自己机会不好，怎么一来就碰上社会治安这么混乱，甚至以为明天就可能会有暴动发生。等到他走到街头一看，才发现并不是那么回事，因为在他视线所及的范围内，到处是一片繁荣和祥和。

原来，西方媒体就是把自己当做社会的监控器，心甘情愿充当社会的雷达，时时向公众通报社会上的各种动向特别是负面动向，以便大家有所准备。而我们如果读惯了正面宣传为主的报道，形成了一定的思维定势，自然会被他们那充满负面报道的报纸或电视节目吓得一跳。

在美国等西方国家，媒体无疑已成为社会和公众的最重要的预警工具。在这方面，报纸具有无可匹敌的优势。这首先体现在报纸的理念上。美国报纸认为，严肃的报纸，其使命不仅仅是报道公共事务，还要揭露那些被隐瞒的信息。报纸分派其记者去报道各“口”的新闻——地方政府、学校之类的机构或犯罪、健康、职业足球队等，最好的记者总会在其“口”内培养新闻源，阅读档案，长时期追踪人物和事件，积累该领域的专门知识，尽力从其新闻源得到信息。

1999年8月19日，《纽约时报》头版报道了这样一条消息："去年数十亿美元通过纽约银行被引导进了一个被认为是洗钱的行动，那实际上是俄罗斯人组织的一次犯罪……"详细地报道介绍了一大群各色人物，包括两个最近被停职的纽约银行的雇员，还有一个被说成是俄罗斯暴徒的名叫森杨·摩哥利维奇的人。这些事无疑很新鲜、很出人意料，这显然是一个好题材。

作为竞争对手，各新闻媒介争相报道了各自的调查。在1999年8月20日的报道中，全世界的报纸都在报道这起涉及纽约银行和神秘的俄罗斯人关于洗钱的调查。《纽约时报》一马当先，不停地追查。他们在近30天内共发表了754则关于纽约银行参与洗钱的报道。随后，报道又引向华盛顿。共和党认为克林顿政府对于俄罗斯人组织犯罪和俄罗斯罪犯的洗钱行为太过纵容。而这又立即在《纽约时报》上得到反映。

美国传媒史上揭露黑幕的典范事例，莫过于《华盛顿邮报》1972年所披露的震惊全美乃至全世界的"水门事件"了。

1972年6月18日，《华盛顿邮报》刊登了一条消息，开头第一段写道：

> 五个人于昨日凌晨2：30分被捕，其中之一说他曾是中央情报局的雇员。官方称他们正在周密地计划在民主党全国委员会的办公室内安装窃听器。

这一段报道简短到只有39个英文单词，没有什么文采，只有事实。但这一事实加上后来由《华盛顿邮报》记者卡尔·伯恩斯坦和鲍勃·伍德沃德发掘的大量相关事实，最终导致了当时的美国总统尼克松的辞职。

后来的调查发现，这五个人是受白宫官员和共和党"总统连任竞选委员会"(有趣的是，这一委员会名称的英文缩写竟是CREEP——小人!）的指使，假扮水暖工潜入民主党总部所在地水门大楼安装窃听器的。联邦调查局的官员还发现，这一行为只是他们一系列政治间谍和破坏活动中的一个，这些针对所有主要的民主党总统候选人的活动，竟是尼克松连任竞选的一项基本策略!

这一消息在最初发布时曾遭到白宫官员的重重阻挠，CREEP雇员的潜入被描绘成为普通的偷盗。当美国最著名的新闻主持人沃特·克朗凯特打算在CBS晚间新闻上做一个两集的水门新闻系列节目，并在大选前播放时，白宫给当时的CBS总裁比尔·塔利打了一个电话，结果克朗凯特已准备好的节目被大大压缩了。

11月，尼克松以压倒多数的选票获选连任，但伯恩斯坦和伍德沃德这两位记者仍以不屈不挠的努力使“水门事件”在尼克松连任以后成为全国性新闻。在美国民众愤怒的谴责声中，尼克松不得不辞去总统职务，而《华盛顿邮报》则因此获得当年的普利策“公共服务荣誉奖”。在罗伯特·雷德福的鼎力支持下，达斯汀·霍夫曼和贾森·罗巴德根据伍德沃德和伯恩斯坦的书《总统班底》将该事件改编成电影，而这两位记者也成了神话般的英雄。

“水门事件”再次向美国人证明，无论权势被滥用的题材有多么陈词滥调，也无论新闻媒体对这种事情的揭露有多么频繁，政府滥用权力的可能性永远存在。无怪乎美国革命的先驱们曾试图将媒体作为白宫、国会和法院以外的政府第四院，不受其他政府机构的控制，并可以自由检查政府。

二、并非彻底和无限的揭露

实际上，至少从行政和法律体系上说，美国媒体并不是政府的独立第四支。它不可避免地受到政府各种法律、法规的直接的制约或间接的影响。假如新闻媒体对政府只起到监督和揭发作用，那么美国政府就一定会想出各种办法来进一步制约媒体的活动和影响，但实际情况远非这么简单。

《华盛顿邮报》记者约翰·庞弗雷特说：“许多人认为政府只是在容忍媒体，并希望压制媒体。但实际上并非如此。政府一方面认为媒体讨厌之至，另一方面又认为我们是个很有用的工具。”

ABC 的新闻主持人塞姆·唐纳森曾说：“一般来讲，媒体即使不是权势的侍从，也至少是他的亲兄弟。我们每天都会有一条按白宫建议播发的报道，只是有时变变样子而已。”

但是，不管怎样，媒体和它的记者们总是时刻睁大着眼睛，并随时准备挖出一个黑幕，这也是不争的事实。

有人把媒体和政府的关系比作猫和老鼠的关系，但谁是猫，谁是老鼠呢？尽管这个答案是一时难以做出的，可人们知道，这场猫捉老鼠的游戏会无休无止地演下去。

第二节　“传播不应当受国界限制”

一、哪里有危及安全的因素，哪里就应有自由的传播

在西方人看来，媒介要实现有效的社会监控和预警功能，传播就不能受国

界的限制，而应自由地进行跨国传播或全球传播。特别是近年来，国际恐怖主义日趋严峻，更增加了这一主张的理由。因为哪里有危及安全的因素，哪里就应有自由的传播。否则，人们怎么能了解情况，又怎么来应对呢？

在美国等西方国家，人们了解世界局势的变化，新闻传播是其主要渠道。媒体不仅向公众提供世界的安全警报，而且直接影响到政府的决策。越南战争中媒体对美国政府决策的左右是尽人皆知的，阿富汗战争和两次伊拉克战争也少不了媒体对政府的操纵。正是由于媒体不断地向公众传递本·拉登和塔利班恐怖主义的行径，传递伊拉克危及世界安全特别是美国安全的信息，才燃起美国人民对萨达姆的仇恨，才使得美国政府下定消灭基地组织、推翻塔利班政府和伊拉克政府的决心，并使得对阿和对伊开战的决策赢得民意。

二、经济的全球化必须有新闻自由传播相配合

即便不是因为国际恐怖主义的影响，传播不能受国界的限制也不是没有道理的。

直到这几年，在英国乃至欧洲其他地方占主流的一直都是公共服务性广播电视系统，大家都能收到国家频道上规定必须播放的各类节目——还严格控制外国节目的数量。政治家们主张，广播电视应有利于国家的社会生活和政治生活；用英国广播公司（BBC）的首任总裁约翰·里思的话说，广播应当充当“民族整体的融合者”，它还应当帮助建立国民团结感。在BBC成立之初，人们有意识地利用广播媒体将分散在各地的完全不相同的听众与国家生活这个象征中心连接起来。战后则是电视担当起塑造国家集体生活与文化的中心机制。广播和电视相继形成一种全体国民共享的文化，一种全新的共同社会生活。

历史事实表明，广播电视承担了双重职责，一是民族国家的公共服务行业，一是民族文化的认同中心。即便是在情况迥异的美国，尽管那里一开始就以商业性广播电视为准则，但是国家利益也是至高无上的；哥伦比亚广播公司、美国全国广播公司以及美国广播公司的“全国网”成为国家生活、国家利益、国家各种活动的中心。可以说，在大西洋的两岸，广播电视已成为一个关键的社会机构，由于它们的影响，听众和观众已将自己视为国家社会群体中的成员。

然而，现在情况正在发生变化，而且是决定性的变化。20世纪80年代，管理、经济和技术领域的变化带来相互间的复杂作用而引起的一个后果就是，

媒介业发生了戏剧性的激变，为所谓的媒介新秩序奠定了基础。影响最大的是管理原则发生决定性转移：从管理面向公众利益转向一种受经济和企业需求驱动的管理新制度——有时有些人错误地将这种制度称为“解控”(deregulation)。改变之后的情形是，不再单从政治的角度去对待观众，即不把他们当做国家社会群体的公民，而把他们当做经济实体，当做消费市场的组成部分。在公共服务时代，那些对政治和社会方面的考虑——包括对民主政治和社会生活、对民族文化和同一性的考虑——都逐渐地被看做是制约拓展媒介新市场的因素。媒介新秩序的头等大事就是铲除这类“贸易壁垒”。媒介公司和企业不再受公众宗旨的束缚，或者说不必为其负责了，他们现在只需满足消费者需求并最大限度地给消费者提供选择即可。

三、跨国公司成为“全球传播”的主要鼓吹者

现在，新型媒体公司在利润和竞争原理的驱动下，首要目标就是将自己的产品提供给最大数量的消费者。与此同时，扩展主义倾向运作起来，永不停息地向构建更大的视听空间和市场推进。在他们看来，迫在眉睫的事情是尽快打破原来国家社会群体间的边界和疆界，这些界限现在都成了阻碍上述重新制定出的商业战略的武断而不合理的障碍。因此，视听地理正逐步脱离民族文化的象征性空间范围，而在国际消费者文化这一更为“普世化”的原则下加以重新调整。媒介新秩序的一大理想是做到自由而不受阻碍地广为播放节目，即电视传播机构应该生产“无疆界的电视节目”。这种理想的必然逻辑是最终努力实现在全球播放，形成全球市场——我们已经看到正在崛起一些意欲实现这种理想的全球性大公司。媒介新秩序的定位是一种全球化秩序。

美国时代华纳公司已故总裁史蒂文·罗斯在1990年“爱丁堡国际电视节”上发表了“世界纵览演说”，他说：时代华纳公司赞成“信息完全自由”，即“本着公平竞争的精神，自由流动观念、产品和技术”。他视国界为历史的遗物：“国际媒介现在的情况是，与其说受民族认同，不如说是靠市场机遇推动的。”罗斯说：我们正“走在通向真正自由、公开竞争的道路上，这是一场受消费者口味和需求指挥的竞争”。这是一个以消费者为真正统治者的世界秩序。

时代华纳公司渴望建立一个（对于该公司及其产品的消费者来说）“更加美好的世界”。罗斯坚持认为：“竞争思维和经验的市场只会使全世界更加紧密相连”，“我们运用新技术所能提供的服务和观念可以将甚至是世界上最遥

远的地区也引入国际媒介社会”。他认为，一个“更加紧密相连”的世界将会更加民主。在思考东欧近年来发生的事件时，罗斯认为传播自由与极权社会的瓦解有关系。他反问道：“过去谁能想到把卫星、传真机、美国有线新闻电视网（CNN）、电视——甚至是唱片和电影——用作民主革命的手段?”由此看来，媒介公司正站在世界新秩序的前沿阵地。罗斯称：“我们这些思想观念的生产者和传播者凭着一个大世界公民对自身职责的敏锐意识，理应促成民主运动并投入其中……我们能推动实现全球人民，不分种族、宗教信仰、国际，都享有平等与尊严。”

罗斯认为，20世纪90年代的全球性媒介公司正在最终真正实现麦克卢汉在60年代的预言（地球村）。在罗斯看来，传播是件好事情，而且越自由越好。借助新的传播媒介，全球共享的体验会帮助我们超越不同文化、不同社会间的差异，最终走向“真正的相互信任与理解”。这段话简单却令人振奋：这是一个全世界共同迈向自由与民主的传奇，是时代华纳这样的公司有责任“积极开创美好新世界之路”的语录。

史蒂文·罗斯提出了一种看待媒介业全球化影响力的见解。而且事实上，就其“世界纵览”中呼吁世界民主以及“诸文化互相联系”而言，的确有引人入胜之处。不过，很容易看出，在现实中媒介产品“自由传播”可能是跟公司实力和收益而不是跟“美好世界”相联系的。现在要人们接受的是媒介新秩序这一种非常理想化的概念，这个概念跟目前我们身边正在形成的现实秩序几乎没有什么瓜葛。

第三节 从国家主义的传统思维中“解控”

一、国家成为新闻自由传播的主要障碍

从史蒂文·罗斯的那篇讲话中，我们可以读到这样的潜台词：媒介要独立地发挥作用，实现无国界的传播，就应该从国家主义的传统思维中“解控”。因为在西方人眼里，国家特别是一些发展中国家，常常以国家利益为借口，限制新闻的自由传播。实际上，国家主义已成为危及新闻自由的一个借口，因此，要保证新闻自由，就要促使人们从国家主义的传统思维中“解控”。

在对世界传播秩序的认识问题上，赫伯特·席勒与史蒂文·罗斯持有完全不同的看法。席勒辩称：“无法在国际舞台上新近协调成的利益关系中找到人

们现在所称的全球化的实际源泉。”他认为现在的情况是“跨国公司文化统治”；这是一个“面对不断变化的市场条件与地缘政治背景，私有经济巨头们有时相互竞争，有时相互协作——追求资本主义历来的目标，即获取利润、积累资本”的世界，这段话所强调的是企业动机的历史延续性和一致性。它意识到并承认，在20世纪90年代企业追求市场和竞争地位的情形发生了重大变化。争夺势力和利润的斗争现在正在全球范围展开得如火如荼。但是他也不得不承认，国家对这些选手的控制似乎有些鞭长莫及。他认为，传统的国家概念在跨国公司的重炮轰击下，已经或正在发生着质的变化。也就是说，实际上，国家已被迫在发生着改变，它对世界的控制早已今不如昔，代之而起的是跨国公司，当然也包括媒介公司。这正是所谓殊途同归。

现在我们目睹的是相对占少数的全球性选手，比如时代-华纳-美国在线、索尼、松下、鲁伯特·默多克的新闻集团、沃尔特·迪士尼公司以其企业家的策略来构建媒介秩序。从观众的角度来说，随着英国天空电视网（B sky B）、美国有线新闻电视网（CNN）、音乐电视（MTV）、卡通电视网（the Cartoon Network）等新的商业频道的开播，媒介新秩序便昭然于世了。现在我们目睹的是形成以新型服务、新型传送系统、新型支付方式为特征的媒介新市场。现在涌现出分门别类的频道（体育台、新闻台、音乐台、电影台），替代了“传统”的节目混合型广播电视频道。据估计，1992年英国有59个频道注册运营，到2002年，这个数字增至约130个。在美国很快就可能出现200多个频道。当然，投资这些频道的还是那些全球性媒介选手。

二、跨国公司成为冲击国家主义的重要力量

目前，全球性企业正运筹帷幄，争夺世界霸主地位。诸媒介公司面临着三种基本选择：“其一是成为制作节目的广播电视公司。其二是像音乐电视（MTV）、哥伦比亚广播公司（CBS）、美国家庭票房公司有线电视网（HBO）那样做批发节目的公司。其三是成为硬件传输系统，这个硬件可以是有线网也可以是随身听。”真正全球性选手的目标是从事两个甚至于全部三个方面的活动。正是这一抱负促动了收购好莱坞制片厂（环球被松下公司、哥伦比亚/三星被索尼公司、福克斯被鲁伯特·默多克收购）。正如史蒂文·罗斯所评析的：“集团化至关重要。只要能把它跟从生产到销售全部过程的一体化结合起来，而且明智地管理最终的结合体。”为了建成全球性企业，现在媒介公司的问题是决定他们需要达到何种规模的一体化，并且要有能力管理它。

但是事情远不止是媒介业内部的一体化。我们将要看到一个更加根本的变

革，在此过程中，娱乐信息业与电信业结合了起来。1993年，贝尔电信拟与美国最大的有线电视公司（TCI）合并，虽然最终没有达成，但是这件事预示着即将到来的图景。如能合并成功，新公司就将成为全世界最大的媒介企业。贝尔大西洋公司董事长曾称之为“信息时代的完美婚姻”和“下世纪传播业的典范”。这个新型“拥有多种媒体的”巨型公司将能够不仅提供传统的有线电视节目，而且还有电信服务、电脑游戏和软件、家庭银行和购物、点播录像节目及其他一些互动式服务。其目标仍旧是发展信息传播的“高速公路”。这条路将带领我们走出大众媒介时代，步入个人化媒介和单独选择的纪元。传统意义上的国家在这类跨国媒体面前，似乎已经变得无关紧要了。

但是，这种个人化媒介和单独选择当然是建立在那些可以制作出来并供出售的产品基础上的。全球性企业将确保控制节目制作（生产、存档资料）、销售、传输系统。图像与产品两者流动的深度与广度都比过去加强了。还应该强调的是，尽管美国的或美国式的产品也还是非美国利益集团的主要食粮，但是美国文化统治在这一新秩序中到底还能保留多少基础份额，还是一个未知数。《金融时报》的一位作者评论说：“几乎地球上任何地方都至少可以接受到正在用轻快的语调报道最新新闻、介绍最早期影片的美式英语。”

三、最后的决定权属于公众

公众是最终的裁判者，媒体只不过是公众的代言人。国家政要的言行始终处于媒体的监督之中，实际上是处于公众的监督之中。如果媒体报道的信息是公众所不关心的，或者是公众所不理解的，就是无效传播，与不报道没有什么两样。2000年年初，克林顿总统的夫人、现任美国国务卿希拉里吃完早餐后忘了给小费①，第二天就有报纸登出文章来奚落她，第三天就成了全美的新闻，就是因为人们对国家领导人的廉洁情况十分关心所致。

在美国，不管是谁当总统，他都需要公众支持他的政策，而新闻媒体是建立这种支持的重要环节。对于媒体来说，总统始终是政治中最核心的人物，因此，给予总统的版面或播出时间在所有政府官员中从来是占第一位的。每位总统都投入他本人以及助理们的大量精力来确保一部分媒体为政府说话，如总统每周的电视讲话、不定时出席记者招待会、公开演讲，以及在白宫露面等都是向公众传播总统言论、树立总统形象的方式。新闻媒体不仅从技术上提供了传

① 美国服务人员的收入分为两部分，一部分是由所在公司提供的薪水，另一部分是由客人根据服务水平和质量提供的小费。

播的硬件，而且对总统的言论和行动做出解释，宣扬其意义。媒体不仅要像白宫那样选择时机提升总统的形象，及时报道总统说了什么，做了什么，还报道总统没有说什么和没有做什么。

媒体和总统总有一段蜜月期，这个阶段的新闻以介绍总统和他的新班子，以及新政府的政策目标为主，主要写一些能使公众对总统产生好感的报道，总统和他的助手们都愿意尽量向媒体提供新闻素材，二者关系比较亲密。但经过一个时期后，当记者们企图深入了解一些白宫不想透露的情况时，白宫消息就开始从“源源不断”到“点点滴滴”了。实际上，这反映了民众对总统关心程度的减退，因为总统在民众中的新鲜感已经消退。

大多数总统都把新闻媒体上不利于总统的报道归咎于记者，其实真正的麻烦是向记者发表意见的批评者，而那其实也都是现实政治斗争的反映。

在美国媒体面前，美国总统坚持决不说谎的原则。他们知道，对媒体说谎就是对公众说谎。老练的政府新闻官员知道新闻界的厉害，在与它们打交道时有一些约定俗成的原则和策略。1996 年 12 月 10 日，一名叫兰尼·戴维斯的律师到白宫工作的第二天，白宫新闻秘书麦卡里同他有一次谈话，交代与新闻界打交道的注意事项。兰尼在白宫的任务是专门就有关总统的丑闻同媒体打交道。每当记者发现一桩关于总统丑闻的线索，麦卡里就把问题推给兰尼，而兰尼要设法把公众的注意力从丑闻上引开，使他们去注意总统正在处理的与公众利益密切相关的问题。麦卡里说，这项工作直接关系到克林顿第二任期的成败。

麦卡里告诉兰尼，即便是为了完成这样困难的任务，基本原则仍然是：不能够或故意误导记者。宁可不说，决不能胡说；宁可“无可奉告”，也不要故意撒谎。因为只有获得记者们的信任，才能在爆出丑闻时有效地帮助总统把损失减少到最低程度。记者们掌握的事实各有来源，一时的谎言或误导不能长久掩饰事实，相反会激发记者们更起劲地进行调查，把“漏洞”越挖越大，从而使后果更加糟糕。丑闻性质越严重，就越难掩盖，有关报道迟早会出来，想挡也挡不住。麦卡里说，如果上面逼你对记者说谎，那就拒绝或干脆辞职。

据兰尼回忆，有一次《华盛顿邮报》记者向白宫核实政治献金案的一个情节，白宫有关人员在几小时中变了三个说法，记者认为这是白宫试图掩盖事实。第二天他在见报文章中把白宫在几个小时中变换三种说法的全过程统统写了出来，令白宫大为尴尬。

另一个例子是，在 1985、1986 这两年时间里，里根政府为使在黎巴嫩扣押的几名美国人质尽早获释，曾给伊朗政府运送了好几批次武器，因为美国政府相信伊朗对扣押人质的组织有影响力。此举违背了美国关于决不同恐怖主义合作的承诺，卖这些武器所得的收入后来又未经国会授权而秘密用以支持尼加拉瓜的反政府组织，使事情变得更加复杂。

从1986年11月初开始，美国媒体就不断深入揭露这个被称为“伊朗门”的案子，追问里根总统是否批准了这些行动。直接指挥这些行动的前后两任国家安全事务顾问麦克·法兰和波因·德克斯特，以及他们的一名助理诺斯中校一直试图掩盖事实真相，不知对新闻界说了多少谎话，连里根总统也在这几个人的影响下一再误导媒体。在1987年美国国会就此案进行的一系列调查听证会上，波因·德克斯特以“记不清楚”为由回避承认自己说过的谎话共187次。白宫新闻发言人斯皮克斯在“伊朗门”浮上台面之初就察觉到这几个人言而无信，满口谎言。为保自己名节，不在新闻界留下坏名声，斯皮克斯采取了自我保护措施，即凡是需要这三个人就有关“伊朗门”一案向新闻界提供情况时，他都尽量要求他们写成文字。他在新闻发布会上只是照本宣科，念他们写好的字条，而且强调“这是某某某说的”。一般情况下，白宫新闻发言人都以自己的口气回答提问。但即便如此，斯皮克斯仍感到“难保清白”。1986年12月4日，斯皮克斯已在新闻秘书的位置上代表白宫发布了2000次新闻。当他预计到再在这个位置上呆下去，只能为他带来痛苦和与新闻界的对立后，他决定向里根总统提出辞职，并于当天向媒体作了宣布。

在今天的西方新闻界，似乎正在形成一种从国家主义的思想管制中解控的舆论氛围，随之而起的是一个重要的口号：“人权大于主权。”

第四节　政治斗争的战场

一、政治势力较量的新场所

新闻传播的专业化和传播水平的不断提升，使人类解决各种矛盾从“暴力的水平”上升到了“讨论的水平”，这无疑是人类历史的一大进步。这种上升同时无疑加重了传媒在政治斗争中的分量。

在西方，媒介今天无疑成为政治斗争的主战场。了解这一点十分重要，它可以帮助我们把握一个国家的政治风向标。

在当代美国，传媒的影响渗透到公众生活特别是政治生活的方方面面，可以说你想躲也躲不过。人们对身边的事情和外部世界的印象基本上都是从传媒上获得的。传媒不仅报道新闻事实，而且反映社会舆论，在政府和老百姓之间充当“中间人”角色。由于发行人、主编和记者作为社会信息的把关人有权决定报道什么和不报道什么，这就免不了会对所报信息做出选择。无疑，凡是媒体突出报道的新闻就会成为公众关注的焦点，引起公众的议论和行动，有时还会迫使政府修改现行政策，这就使得传媒在监督政府、影响决策和塑造政治人物形象方面具有举足轻重的作用，因而不可避免地成为各种政治力量竞相利用的工具，埋所当然地成为各种政治力量斗争的战场。

从根本上说，美国媒体对政府的批评是为了捍卫资本主义的价值标准。媒体上经常有对政府官员的渎职行为、滥用权力和违法行为的揭露和批评，轻则使某些官员陷入困境，重则使其身败名裂。媒体的监督成为约束政府官员的一种不可替代的力量，对维护法制具有重要的作用。同时也是一派政治势力打击另一派政治势力，或在某项立法斗争中取得民意支持的有效手段。

在“伊朗门”事件中，为了保住里根，白宫的几员大将不得不作为替罪羔羊挂冠而去。1986 年 11 月 25 日，即媒体对之公开曝光 20 天后，里根总统亲自宣布了国家安全委员会主任波因·德克斯特“辞职”和诺斯中校被解雇的消息。三个月后，里根在没有通知本人的情况下，让 CNN 电视台播出了白宫办公厅主任雷根“辞职”的新闻。而此时雷根还在办公室里工作。当他获知这一意外消息后，气得当即写下两行辞呈，15 分钟后便走出了白宫大门。

1977 年 6 月 6 日早上 6 点，《华盛顿邮报》在头版头条发表了资深记者平卡斯的独家报道：“美国能源研究与发展署预算中隐藏着中子杀手弹头。”报道中写道：“美国将开始生产它的第一颗战区核武器，这种武器通过中子放射杀人。”“这种新弹头不会产生摧毁建筑物的热量和冲击波，因此能完整地保留建筑物和坦克。但是它放射出的大量中子能把里面的人杀死。”这则报道的矛头直指美国国防部的中子弹研究计划。

在文章见报的前几天，平卡斯在翻阅众议员拨款委员会经过保密删节的听证纪录时，发现了这段漏删的内容，暴露了国防部准备在西欧部署中子弹的计划。他的这则报道震惊了全国，在白宫、国会和国防部搅起了轩然大波。一时间，中子弹成了媒体炒作的热门话题。参议员哈特·菲尔德很快提出修正案，要求取消对中子弹的计划拨款，在参议院引起了激烈辩论。6 月 22 日，平卡斯的另一篇关于中子弹的文章引来了一个神秘电话。那人告诉他，报道中揭出的内容只不过是一项绝密计划的“冰山一角”。根据这项计划，美国将把大多数核武器改装成具有中子辐射能力的武器。6 月 24 日，《华盛顿邮报》在头版头条刊出这条消息，再次掀起了有关中子弹的报道高潮。

到了 7 月初，鉴于参议院即将对哈特·菲尔德取消拨款的修正案进行表决，国防部开始对媒体做工作。国防部长布朗亲自出面，接受美国广播公司的电视采访。7 月 12 日，就在参议院表决前夕，卡特总统发表电视讲话，要求在他没有做出决定之前，继续为研制计划拨款。参议院终于否决了哈特·菲尔德的修正案，但向反对派做了一点妥协，规定在获得卡特总统正式批准之前，拨款暂不能动。至此，由平卡斯的一篇报道掀起的中子弹风波在美国暂时打住。

但是，这场风波却在欧洲展开，人们展开了激烈的争论。到 1978 年 3 月 1 日，媒体支持中子弹的报道有所增多，趁着舆论较为有利，美国与北大西洋盟国研制和部署中子弹的协议于 3 月上旬出炉。但到了 3 月 18 日，公众反对的浪潮重又达到高峰。在荷兰的阿姆斯特丹，5 万名示威者举行集会和游行，1000 万选民中有 120 万选民在《禁止中子弹》的呼吁书中签了字。1978 年 4 月，卡特总统正式宣布取消这项经几任总统批准、已经研究了 20 年、耗资 30 亿美元的武器研究计划。

二、要赢得公众必须先赢得媒介

由于美国联邦议员和州议员都是直接选举产生，总统也是四年一选，选民的态度对官员和政客的前途关系重大，因此从政者不能不在很多问题上迎合民意，而最能直接反映民意的渠道当然是媒体了。因此，媒体的报道对政府的决策和施政有重要的影响。

美国政府对越南战争的政策变化也许是美国媒体影响政府政策的典型例子。1971 年 6 月，正当美军在侵略越南战争的泥潭中越陷越深的时候，《纽约时报》和其他一些报纸披露了一份“五角大楼文件”，揭露政府为扩大印度支那战争，在战争初期采取了大量欺骗手法蒙蔽公众。这一报道极大地加深了公众的反战情绪。与此同时，电视新闻增加了对战争现场的报道，美国民众从荧屏上看到越南儿童被凝固汽油弹吞噬的残暴画面，更加看清了这场战争的非正义性。尤其是美军在 1968 年 3 月屠杀梅莱村 100 多名平民的暴行在电视节目中揭露后，引起全国震惊，公众反对越战的呼声日益高涨。在战争持续进行三年后的一天，当约翰逊总统听到哥伦比亚广播公司著名主持人克朗·凯特在一次新闻节目中断言“越战不能取胜”后，即认定美国已无望赢得这场战争。这当然不是说新闻记者的一句话扭转了时局，而是当政者明了媒体报道传达了民意。

美军兵败索马里也是类似情况。1993 年 8 月，被派往索马里执行联合国决议、制止两派内战的美国部队遭到几次袭击，造成伤亡。克林顿总统随即派出一支特种部队，与先期部署在那里的中央情报局特工合作，企图捉拿索马里内战一方的首领艾迪德。此举使美国部队的使命从制止内战变成了介入内战，超越了联合国决议的授权范围。10 月 3 日，这支特种部队在摩加迪沙城里围捕艾迪德时与他的武装发生激战。战斗持续了 12 个小时，索马里方面 300 人死亡，700 人受伤，其中不少是平民。美军有 18 人丧生，77 人受伤，还发生了两架直升机被击中而机毁人亡的损失。美军在索马里遭受重创的消息和新闻图片，特别是死亡士兵暴尸街头的惨状传回美国后，引起巨大反响，克林顿派兵到索马里与艾迪德武装对抗的政策在美国国内受到广泛的质疑和批评。几个月后，尽管美军始终未能抓到艾迪德，很失面子，但克林顿还是不得不做出从索马里撤军的决定。

三、政治斗争的胜负常常由媒介来裁决

在美国历史上，利益集团利用媒体的影响力改变立法程序的著名案例是 20 世纪 60 年代后期的邮政改革。

二战后，美国邮件的投递量增长了三倍，但邮局设备老化，经营赤字高达 11 亿美元，问题非常突出。尼克松在竞选时就许诺要进行改革，他入主白宫后即把这项改革提上了议事日程。

当时就如何改革沿用了 200 年的美国邮政体制产生了两个提案，一个是由邮电局长布朗特起草的方案，主张把邮政改为独立核算的政府服务公司，这个提案得到尼克松总统的支持。另一个提案由民主党占多数的众议员邮政委员会主席起草，坚持邮政总局仍作为一个部级政府部门，继续由国会控制。于是，把哪个提案作为议案提交众议院讨论表决就成了关键。

布朗特的改革方案在国会几乎得不到任何支持。当时邮政总局是由国会管理的部门，全国 32000 个邮政分局长的任命都需经国会批准。邮政系统的职工工资、工作条件、各类邮件的邮资，甚至连邮局应建在什么地方全由国会决定。邮政工会又是联邦机构中最有组织、势力最大的工会。他们可以发动数以千计的会员去国会拜访各自选区的议员，在竞选中向国会议员捐款，以此影响议员们投票。

为使行政部门的改革方案在国会获得通过，邮政部长布朗特和尼克松总统密切合作，组织了一个“邮政改革公民委员会”的民间组织，该组织第二天就发出了一个新闻稿，开始借助媒体发起一场声势浩大的宣传活动。布朗特还向 6 大城市的报纸社论部发出有关改革的背景材料，同一天，尼克松总统也在白宫发表一项声明，把邮政重组的信息传达到国会。

在6、7两个月里，布朗特频频在电视和广播节目中讲话，数十次接受记者采访，到全国记者俱乐部举行记者招待会，在最有影响的《纽约时报》、《华盛顿邮报》上做广告，布朗特和邮政部高级官员还不断向全国有重大影响的报刊社论部提供背景吹风，向全国所有的报纸寄出新闻材料，许多报纸的报道和社论都大量使用这些新闻资料，形成报道与社论几乎一边倒支持改革的形势。

反对改革的邮政工会认为自己与议员们关系好，阻止改革的方案成为表决法案应不成问题，因而忽视对媒体的工作。直到两种方案的较量持续6个月后，工会才意识到自己的对手巧妙地运用媒体获得了明显的成功。于是他们也试图利用媒体扭转不利形势。但为时已晚，邮政改革方案已深入人心，形成不可逆转的势头，国会最终还是通过了行政部门提出的改革方案。

◎ 思考题

1. 为什么西方记者要把报道负面消息作为新闻的本质任务？

2. 你对西方倡导的“传播不应当受国界限制”有何评论？

3. 西方主张新闻传播应该从国家主义的传统思维中“解控”，你以为如何？

4. 西方认为，要赢得公众必须先赢得媒介，你说对吗？为什么？

第九章 “第四等级”和“无冕之王”

——西方媒介和记者的社会地位及影响力

什么是“第四等级”？什么是“无冕之王”？

“第四等级”的说法源于英国。在中世纪结束时，在英国形成了三大政治势力，一是以贵族为代表的政权势力，二是以僧侣为代表的宗教势力，三是以平民（新兴的有产阶级）为代表的经济势力。这三股势力相互作用，相互利用，相互制衡，又相互斗争。但是，为了各自的利益，它们又不得不进行必要的沟通，因而传播媒介就承担起了这一极为特殊的责任。它们处于相对独立的社会地位，充当其他力量无法承担的社会角色，似乎成为与前述三种力量平起平坐的第四种力量，故习惯上称为“第四等级”。

“无冕之王”一语最早也是出现在英国，是对“King makers”一语的意译。其原意应该是：拥立国王的人，左右候选人选择的人。如果法律体现了国王的意志，这个看似拥有至高无上权力的“无冕之王”就不能不服从法律。但后来发展为“虽未加冕，却享有如国王一般无限权利的人”的意思。

美国的大众传媒不仅仅是对美国社会和世界的简单的、有选择的反映，而是在不停地塑造着这个社会，加深一些观念，崇扬一些行为，同时摒弃另一些。换言之，媒体从根本上影响着大众的行为和思想，而这正是媒体对美国的政界和商界都至关重要的原因。没有比通过媒体影响大众从而获取选票或钞票更为有效的手段了。

那么美国媒体与政府、社会组织、经济集团和公众的关系究竟如何呢？

第一节 “监督政府的哨兵”

一、一个特殊的职业

在西方，新闻记者是一个十分特殊的职业。这个职业基本上处于法律的绝对保护之中，其与社会其他部门的协调主要靠自律。

美国媒体与美国政府之间的关系历来错综复杂，“在长达近两个世纪以来的新闻出版界与总统的变幻莫测的关系中，存在着一个变量：即两者的相互不满”①。一方面，媒体作为一种行业，它所给予大众的产品是信息，是新闻。它有职责和义务充当公众监督政府的哨兵，为公众监督政府、报道政府决策，并揭露决策阶层可能发生的不轨行为，以便他们在选举时做出明智的选择；另一方面，政府也需要通过媒体宣扬自己的施政纲领以赢得选票，或通过媒体散布于竞选对手不利的消息、传闻或谣言。此外，媒体作为一种行业，也受到政府政策、法规的某种程度制约和调控。

二、若即若离的关系

在美国，媒体是作为监督政府的哨兵的角色而存在的。但是，在实际生活中，媒体又常常充当着总统的“情侣”。

美国宪法规定，凡年满35周岁、在美国出生的美国公民，只要能够征集到一定数量的支持名额，经过州司法部门批准，就可以宣布竞选总统提名。但真正能出来竞选总统的人少而又少，主要原因是参加竞选需要大把的金钱。2000年大选的竞选活动开始时（1999），有12名共和党人角逐党内总统候选人提名。但到次年3月已先后有11人退出参选，其中一个重要原因就是由于筹不到足够的竞选经费。多尔夫人也是因为财源枯竭而于1999年10月宣布退出参选的。小布什则有当过总统的父亲，有和他一样当州长的兄弟，政治血脉和个人政治资本俱佳，被共和党决策核心定为总统候选人。1999年初，他一表示有意参加竞选，几个月内就筹得经费5000万美元。

到2000年3月，小布什已经在通往白宫的路上撒下了创纪录的6300万美元，手中还有1060万美元的储备。民主党候选人戈尔在党内预选的角逐结束后，手中只剩下410万美元了。

竞选中要花钱的项目很多，但更多的是用于宣传，用于媒体。主要报纸一个整版需8万美元，主要电视台黄金时间每分钟也在8万美元左右。树立自己的形象要做宣传，贬损对手的形象也离不开宣传，都得花钱。在美国从政，没有金钱是万万不可能的。

1998年，是美国总统克林顿最倒霉的一年。国会共和党从1月份就开始在媒体上大炒总统与莱温斯基的桃色新闻，最后弄得全文公布独立检察官斯塔

---

① ［美］约翰·特贝尔，萨拉·迈尔斯·瓦茨著：《从华盛顿到里根——美国历届总统与新闻出版界》，吉林人民出版社1989年版，第1页。

尔的调查报告、克林顿在大陪审团的作证录像和特里普偷录的与莱温斯基的电话交谈内容，出尽洋相。加上此前揭露的白水土地交易案①、1996年竞选筹资丑闻②的再次被媒体曝光，按说，克林顿的政治前途不应再有活路，《华盛顿邮报》甚至在头版报道，宣称这一丑闻有可能结束克林顿的总统生涯。但克林顿由于充分而巧妙地利用了媒体，居然起死回生。每次国会共和党有什么大动作，或往外抛“黑材料”时，各大媒体就会立刻进行民意调查。民意调查设计的题目很有讲究，在公平客观的招牌下可以用巧妙设计的问题来把握结果。如把问题的重点放在“你对克林顿的政绩是否满意?”以此作为“支持克林顿继续执政”的根据，这就避开了绯闻的困扰。由于那一段时间民意调查结果显示支持克林顿继续执政的比率始终保持在三分之二以上，使得共和党费尽心机制造的克林顿“花花公子”形象始终未能盖过他有作为的总统形象。媒体一次又一次民意测验的结果帮助克林顿撑住了总统的地位。

但是媒体并不总是会帮总统的忙。

在西方，媒体与新任总统往往只会有一段蜜月期，在这段时间内，媒体与总统配合一般较好，不会发生不愉快的事。等到这个蜜月期一过，双方便开始互相指责，媒体指责总统封锁消息，总统指责媒体不顾国家和公众利益，这是常有的事情。

对于媒体爱挑总统的刺，克林顿说过一句很有名的话：“你们总爱把我的实实在在的决定说成是别的什么东西，而偏偏不把它们看做是政治过程。我早就放弃了改变你们这种习惯的奢望了。”③

第二节　传播国家政策的主渠道

一、西方传媒乐于传播国家政策

历来的美国总统都十分重视媒体，这是因为传媒乐于做传播国家政策的使者。从根本上说，美国等西方的新闻媒体的价值观与西方社会的主流价值观是

① 1978年，克林顿夫妇与麦克杜格尔夫妇在阿肯色州合办“白水开发有限公司”，专门从事房地产生意，但因经营不善，于991年申请破产，美国司法部曾于1994年立案调查相关问题，包括克林顿与合伙人的财务关系。

② 克林顿和戈尔曾被指控在1996年竞选连任期间利用不正当手段筹集竞选资金。

③ 顾耀铭主编：《我看美国媒体》，新华出版社2000年版，第41~42页。

一致的。这成为西方媒体心甘情愿地传播其政府政策的重要基础。

1777 年 5 月，还在独立战争期间，华盛顿就发表过如下讲话：“但愿我们印刷上的出版物更谨慎些……如果我们的出版物对一些重大问题给敌人以暗示，这就是给他们提供情报服务。”① 可见华盛顿对报纸作用的高度重视。他在第一任期开始时，至少订阅了 5 份报纸和 3 份杂志；随后，增至 30 份。1796 年 9 月 17 日，当华盛顿决定不谋求第三次连任时，他不是在国会宣读那篇传世的《告别词》，而是选择在宾夕法尼亚的一家报纸上发表，直接向民众解释不连任的理由。他这样做充分显示了他把报纸看做是总统拥有的一种重要资源。华盛顿的后辈里根在完成八年总统任期后，也选择了在椭圆形办公室通过电视向全国民众告别。

从 20 世纪初期起，白宫成为美国新闻媒体的最重要的消息来源。总统开始定期会见记者，接受他们的提问。总统新闻秘书的职位也是在这个时期设立起来的。这一切都标志着现代的总统与媒体的关系日益密切和不可分割。而这也正是美国媒体甘愿做国家政策传播者的明证。

二、政府对传媒的有效利用

美国历届总统都对报纸的报道立下过一些规矩，老罗斯福上任的第一天就找来四个关系特别好的记者，对他们宣布说，作为对他们的特殊信任，白宫将随时向他们通报有关情况，但是，“如果你们有人在任何时候背信弃义或擅自发表总统认为不该发表的消息，他将受到惩罚，被切断正常的消息来源”。

威尔逊总统则强调集体会见和一视同仁，有时也要求记者招待会的内容“就在我们之间说说，不对外”。

胡佛总统对报道白宫记者招待会的内容作了一些正式的规定，把它分为三类，第一类是记录在案的内容，记者可以直接引用总统讲话；第二类是可以报道的内容，但不能提是总统说的；第三类是内部吹风，不得做任何报道。这几条规定后来一直是白宫新闻管理的基础。

1914 年 2 月 25 日，白宫记者协会成立。它办的第一件事是研究如何让驻白宫记者都能够遵守那些约定俗成的规矩，因为在以往的总统记者招待会中曾发生过一些令人不满意的事情。例如有一次记者招待会上的总统谈话是不供发表的，但有的记者擅自捅出去了。结果白宫威胁要取消总统记者招待会。

---

① ［美］约翰·特贝尔，萨拉·迈尔斯·瓦茨著：《从华盛顿到里根——美国历届总统与新闻出版界》，吉林人民出版社 1989 年版，第 8 页。

自成立白宫记者协会后，记者自律方面的问题就有了一个组织来进行协调和处理了，因此，这标志着新闻界的行业素质上了一个新的台阶。

总统的记者招待会是白宫与媒体直接交流信息的最重要的方式，因而具有特别的意义。虽然双方都常常指责对方在记者招待会上表现不佳，但实践证明这是最稳定持久的一种制度。自从1913年威尔逊总统首开先河以来，这种由记者提问、总统回答的模式一直沿用至今。从白宫的流水记录来看，自1933年以来，平均每月举行两次记者招待会的总统有：富兰克林·罗斯福（6.9次）、杜鲁门（3.4次）、克林顿（3.1次）、布什（3次）、约翰逊（2.2次）、艾森豪威尔（2次）。两次以下的有：肯尼迪（1.9次）、福特（1.3次）、卡特（1.2次）、尼克松（0.6次）、里根（0.5次）。这里不包括非例行的总统记者招待会。而总统不出面的白宫记者吹风会每天都有一两次。

罗斯福最终把记者招待会改造成为“向全国通报总统正在思考什么，同时也向总统反馈公众正在想什么”的一个最直接的信息通道。他在任期内平均每月召开6.9次记者招待会，至今保持最高纪录。在他举行的250次记者招待会中，一半以上是他主动提出问题来讨论，在其他一些记者招待会上，他让记者们提问题，然后引导交谈。罗斯福在记者招待会上驾轻就熟的能力，至今没有一位美国总统能与之相比。

第三节　白宫的特殊客人

一、成名的阶梯

成为白宫记者是初入行的记者们的梦想。一旦成功，就可以记录和报道全国关注的、也可能是举世瞩目的重大事件，这无疑是令人激动的。

但长期在白宫做报道的记者们却另有体会，一张白宫记者证只是意味着你有权在那里等待：等着举行记者招待会的通知，等着吹风，等着总统新闻秘书或高级官员们的出场，等着总统出来，或等着新闻办公室对采访请求的回话。白宫记者们确实离总统办公室很近，但这并不意味着可以随便获得有关总统的消息。尽管如此，它仍是记者成名的一个重要的阶梯。

记者先要获得国会的记者证，然后才能申请白宫记者证。申领国会记者证的条件是，申请人必须为一家独立的新闻机构工作，并且以其所得薪金为主要收入来源；该媒体需在华盛顿设有分社，申请人住在华盛顿市内或邻近的郊区等。1996年持有国会记者证的大约有6700人，其中报社记者2000人，杂志记者1850人，电视记者2500人，摄影记者350人。而领有白宫记者证的大约有1700人。这一数字至今没有多大变化，只是一些网站记者新加入了进来，因此队伍变得更为庞大。外地记者如果希望到白宫采访一次，或仅仅体验一下总统记者招待会，也可以申请一天有效的白宫记者证。

二、靠核心竞争力取胜

理论上，参加这种记者招待会的人数是没有限制的，不过新闻发布厅的48张椅子很少有坐满的情况。但也有例外，当总统准备一项重要任命，或向国会提出一项立法提案，以及当记者们嗅出真有什么大事要发生的时候，新闻发布厅的座位就不够用了，常常是沿墙的过道上都挤满了人。新闻发布厅西面邻接着白宫的一个侧门，很多受总统接见的客人都从这个门进出，所以门口总是架着几台摄像机，而不远处也总是散坐着几名守株待兔的摄像师或记者。有的则“潜卧”在新闻发布厅里养精蓄锐，只要一有动静，刹那间就会聚拢一千来人，把从白宫会见厅里出来的人士团团围在中间，进行突击采访。不少被采访者都是有备而来，总能侃侃而谈，一般都会花个十来分钟的时间，回答三五个问题。一直到20世纪80年代，白宫记者团的主体都是以男性、白人和三四十岁的记者为主，一半左右读过研究生课程。现在女记者人数已明显增多，像《纽约时报》、《华盛顿邮报》和有线电视网（CNN）都经常派出女记者常驻白宫。

白宫记者团有各种类型的记者。白宫也十分重视发挥他们的长处。如电视记者，就往往会把要宣传出去的事情故事化和戏剧化。一位白宫新闻秘书说：制作电视新闻的公式是“用一分半钟的图像来讲这件事，再配上动听的音乐和一些新闻。比如总统要推动教育，那么就拍一组他坐在课堂里一张小书桌旁与一群学生或学校橄榄球队员交谈的镜头，当然也可以是参观科学实验室的镜头。然后再有一组总统在一个教育界人士的会议上讲话的镜头。这就齐了。无论事情本身多么重要，如果没有图像就没有电视新闻”。

大报记者自然享受的待遇不同。白宫经常把一些重大新闻、对政策的解释，以及总统的行动事先通报给他们。当然，这些大报对白宫的报道也特别重视，每家都有两名记者常驻白宫，一名“盯”总统，另一名则用较多的时间给各种关系打电话，认真采访，挖深度新闻。

新闻期刊记者由于其媒体的发行量大，影响大，白宫自然也不敢怠慢，在里根时期，“每家杂志每星期都能同一位高级官员做30分钟的交谈”，而没有哪一家报纸和电视台享有这种特殊待遇。

第四节　美国媒体对外交政策的影响

一、在国家利益与公众权利之间

1961 年 1 月，肯尼迪总统上任，他与前任一样，敌视古巴政权，并接受了由中央情报局一手策划和支持的古巴反政府军流亡武装反攻古巴的计划。

4 月 17 日，星期一，反攻开始。至周末，参加反攻的武装力量即在登陆的地方全军覆没。美国在这一事件中的参与和失败，使美国在世界舆论中成为一个赤裸裸的侵略者，而且是一个无能的侵略者。

这次入侵的失败，使新任总统恼羞成怒。肯尼迪在检视失败原因时，将目光盯在了新闻媒体上。他认为，是新闻媒体的提前报道使卡斯特罗获得了相当准确的情报，从而导致了反攻古巴行动的失败。

肯尼迪的愤怒也并非毫无道理。早在 1960 年底，当入侵还在秘密策划阶段时，一家危地马拉报纸就首先报道了有关中央情报局在当地的一个秘密基地的消息。11 月，《国家》杂志刊登了一篇文章，引用一位学者的话说，他在危地马拉时曾听说过这样一个基地，并说该基地的目的是训练古巴流亡分子。《新共和》杂志在 1961 年 4 月也准备刊登一篇题为“我们的人在迈阿密”的文章，“该文对中央情报局在古巴流亡分子中的活动进行了精确的、令人心惊胆战的描述”。此后，《纽约时报》也刊登了有关文章。但是，出于对国家利益的考虑，未提到入侵即在眼前，也未提到中央情报局的作用。同时，还将原计划的四栏题缩小为一栏。

入侵失败后的几天，肯尼迪向正在纽约开会的美国新闻工作者协会发表了一个讲话。他强调了世界局势的恶化，呼吁新闻工作者要“自律”。他暗示，是新闻媒体的提前报道危害了国家安全。“事实上，我们的敌人声称，他们是通过我们的新闻报道获得了他们通常要使用大量的间谍，通过窃听、行贿等手段才能得到的情报。”肯尼迪进而要求新闻媒体重新检视自己的责任：“考虑我们面临的危险的性质和程度，实行自我克制。”“你们媒体总是问自己，这是新闻吗？而我建议你们还要加上一个问题，这符合国家利益吗？”

肯尼迪这番指责在新闻界引起轩然大波。新闻工作者的反应绝大多数是负面的。他们认为，总统的讲话实际上是一种政府对新闻实行控制的先兆，至少是在要求新闻界进行自我检查。北卡罗来纳州罗丽市的《新闻与观察者报》发表社论说：“肯尼迪总统应该更多地考虑美国人民的知情权对国家利益的重要性，而不是通过政府和新闻界的私下合作，向他们隐瞒所谓的国家机密。”

肯尼迪的讲话无疑被美国新闻界看做是政府对新闻自由的最大干预。人们提出一个问题，美国新闻界在报道重大国际问题，特别是涉及政府外交政策的问题时，究竟应把公众利益还是应把国家利益放在第一位？

这可能算是美国总统与美国媒体之间发生的一次最不愉快的事情。而在其他时候，媒体无疑成为美国对外政策最得力的传播者，当然也会直接对美国的对外政策发生影响。

二、美国媒体影响对外政策的渠道

根据宪法，美国总统和国会共同行使外交权。总统作为国家元首的这部分权力包括：任命驻外大使；代表美国同外国政府建立外交关系；代表美国同外国缔结条约。作为全国武装力量总司令，委任军官，包括国防部长以及三军部长；对其他国家不宣而战。总统虽不能立法，却可以制定有关的法令、行政命令，与外国政府签订行政协定等等。总统作为政府首脑，拥有指挥和监督联邦政府各部门的权力，其中最重要的是任免权，亦即，联邦政府的各部长，包括与外交有关的国务卿和国防部长，均由总统任命。

在政府部门中，与外交有密切关系的，还有直接辖属总统的办事机构，如国家安全委员会和政府中的独立机构（如中央情报局、联邦调查局等）。冷战结束后，由于世界经济新秩序和国家经济安全等因素在国际关系中的重要性日益突出，政府的一些其他部门，如商务部、劳工部和经济顾问委员会等，也不同程度地加入到美国外交决策的过程中来。

一般认为，美国总统在外交政策上的控制权比在内政上大得多。这种权力在第二次世界大战罗斯福总统任职期间得到了充分的利用甚至是扩展。战争表明，总统在外交领域履行职责需要一体化，即把外交，国防，有关的经济、内政情况以及国际宣传等有效地置于总统的指挥之下。

国务院是政府最高的外交决策机构，负责参与外交政策的提出、制定、修改和执行。然而，国务院机构庞大，决策行动迟缓，效率低下。在理论上，国务院首长国务卿应为仅次于总统的整个外交政策的制定和执行者。但是，国务卿的地位和作用，一直受着他（她）与总统本人关系的亲疏的制约。事实上，总统在外交决策上更加倚重的往往是直属白宫的国家安全委员会。

自1947年成立以来，国家安全委员会已慢慢变成仅次于总统的国家外交决策制定者，高高地凌驾于国务卿之上。这既是体制的必然，也与总统和国务卿的个人关系的亲疏有关。

国家安全委员会作为内阁政府的一个办事机构，是总统用来统一外交和国防政策的工具。国安会由总统任主席，成员为副总统、国务卿和国防部长。国安会的组织方式与国务院相比，更加适应现代外交的整体性特点，即：外交是政治、军事及情报等领域的集大成。国安会成员的设置，使它能比国务院更灵活、更及时地向总统提供与国家安全和外交有关的情报和建议，使得总统可以更加直接快捷地做出外交决策，并使之得以贯彻执行。

外交决策的另一个举足重轻的参与者是独立于政府各个部门之外的中央情报局。它的公开职能是搜集、分析、评估与国家外交特别是国家安全有关的情报。情报工作在外交和国家安全中的重要性及中央情报局在体制上的相对独立性，使它可以绕过包括总统在内的立法、执法机构，在保密的幌子下，采取许多非法手段介入外交。中情局的活动有时是在总统完全不知情的状况下进行的，有时甚至与政府公开的外交政策相左，以至于给总统的外交造成非常被动的局面，整个对外政策及国际关系格局可能就此重写。

另一个外交决策的重要参与者是国会。

从宪法的规定上看，国会在外交上的决策权大致包括：批准条约、任命大使、对外宣战和立法。另外，国会掌握着对外军事开支的拨款权。

可以看出，国会对外交政策的参与，主要是通过法律程序进行的。与总统的决策班子及其决策机制的规模相比，国会组织庞大，机构复杂，立法程序繁琐，过程缓慢。同时，现代外交中所需要利用的许多渠道和手段，是国会无法企及的，比如迅速准确的情报收集、个人秘密外交的作用等。所以，在瞬息万变的国际形势中，国会很难首先提出准确而迅速的外交对策并使之付诸实施，而只能在总统之后对其提出的政策加以通过或否决。

国会在外交政策上的参与与其机构的本质属性有密切的联系。国会的代议制性质，使它每时每刻都要对它所代表的选民负责。而选民在一般情况下更关心的是影响他们生计的内政问题。在国际事务中，他们也很自然地首先关注那些对他们的生活产生直接影响的问题，如外贸政策对经济和就业的影响等。此外，国会议员所关注的事务，除具有全国性和世界性以外，很大一部分具有地方性，有些甚至是纯事务性的。这使国会议员很难有时间和精力去对纷繁复杂的国际问题进行深入的了解，很难具备这方面的专业知识。这些都限制了国会在对外事务方面的直接参与。

总统与国会在外交决策中的关系是比较复杂的。可以说，二者之间基本上是一种互相制衡的关系。这是美国三权分立的政治制度所决定的。制衡作用的大小，则随着两党政治格局的变化而变化。一般说来，在外交危机中合作的可能性更大。如克林顿政府决定向涉嫌爆炸袭击美国驻肯尼亚和坦桑尼亚大使馆的拉登家族在苏丹等地的基地施放导弹，和出兵攻打阿富汗，以及授权总统决定是否攻打伊拉克，从本质上讲，这些都是侵犯了苏丹等国的主权的行为，一般是难以在国会得到通过的，奇怪的是，这些主张却顺利地得到了由共和党把持的参众两院的一致支持。

美国宪法规定三权分立和在某些领域共享权力，这虽然保证了权力机构之间的互相监督和制衡，却很难保证对复杂的，有时甚至是瞬息万变的外交事务进行全面的、及时的决策。这种制衡的结果不免带来力量的抵消。从宪法和历史的角度对总统和国会的权限、作用加以比较可以看出，总统在外交决策过程中的实质支配权大于国会。

在美国这样一个多元的政治机构中，还有一些非政府部门也在间接地、或多或少地影响着外交决策的过程。他们的介入程度取决于当时的历史时期、国际形势以及外交事件发生的紧迫与否，甚至与决策者，如总统本人的个性与执政风格等等都有很大关系，因此也是处于变化之中的。这些部门主要包括利益集团和大众传媒。这几种因素由于其构成性质和属性的不同，对外交政策的影响不但大不相同，方式也存在着极大的差别。比如利益集团，就其定义而言，是由于利益一致而结成的团体和组织。他们因利益一致，通过向政府和国会进行有组织、有目的的游说来施加影响。这些集团有行业协会、工会、种族协会等。利益集团关心的并不只是外交事务。事实上，他们关心得更多的是与本集团利益直接相关的事务。还有一些集团更具有功利性。他们因某些国内外形势的需要而组成，往往在事情有了发展或改变时就不复存在或不起作用了。这样的集团所关注的事务就更具局限性了。尽管如此，这些利益集团对总统和国会的外交决策的影响也是不可低估的。在某些情况下，它会影响到舆论，或干脆较直接地影响到政府的外交决策，甚至于国际关系。由于国际事务日益经济化，国际事务和国内事务日趋一体化，各种利益集团，包括原来一些只关心经济利益和国内事务的集团，也会在不同程度上参与到对外交决策的影响中来。

另外一个对外交决策有影响的因素是公众舆论。

公众舆论，一般是指公众对所关心的问题公开发表意见。但是，公众到底代表了哪些人，一直是个有争议的问题。美国有学者把公众分成三部分，即普通公众、热心公众和舆论代表者。普通公众占四分之三。他们的知识和信息来源较少，较少关心外交事务；热心公众占15%～20%，他们对外交事务有较浓厚的兴趣；第三部分，也是最小的一部分，是舆论的制造者，他们传播信息，发表评论。

普通美国人，由于长期受“主权在民”和“地方自治”等信条的影响，绝大多数人不关心、不了解世界事务。政府的外交政策只有在明显地影响到本地区和个人利益时，才会受到普遍的关注，例如越南战争、科索沃战争、阿富汗战争和伊拉克战争等。这样重大的战事，美国的公众舆论却一直漠不关心，或顺从政府的观点。特别是越南战争，打了数年，一般国民竟对战争进展情况不甚知情，也不刻意去了解。但在哥伦比亚广播公司的主播沃尔特·克朗凯特从越南前线发出他那著名的报道后，美国普通人看到他们的子弟兵正在做出牺牲，很快使批评政府的舆论一时成为主流，最后迫使政府从越南撤军。

从普通美国人的角度来看，只有那些看得到的、与个人或本地区利益密切相关的问题，才是重要的问题。关于索马里内乱的问题也是如此。

新闻媒介大致可以属于公众的第三个组成部分，即“舆论的制造者”。媒体传播国际和外交事务的有关信息，对这些信息进行取舍、分析和评判，从而起到“议事日程设定者”的作用。现代传播技术的使用，使媒体和它对国际事务的报道在速度、广度、紧张度和真实性等方面都处于一种非常突出的地位，给人一种媒体对外交事务的强烈参与的感觉。“议事日程设定者”的作用可大可小，因事件的性质、时间等许多因素而定。就其本质来说，它对政府外交决策的作用仍是间接的。

研究西方新闻媒体（主流媒体）与政府外交政策之间的关系，往往会使人产生对“民主”的概念和过程的困惑。

从理论上说，新闻媒体、新闻工作者的任务是调查和报道。通常这些报道是准确的，间或也有不准确之处。他们的这种工作帮助公众确立关于当前的重要国际事务的观点和态度。而从政府方面来说，在制定外交政策时，必须考虑公众意见，并依照公众的意见修正他们的决策。

然而，这只是理论。在实践中并非永远如此。事实上，外交政策制定者总是在设法躲避媒体的追踪。他们往往以外交事务复杂为借口，防止公众舆论和新闻媒体有意无意地左右外交政策的制定和执行。这种从本质上与民主背道而驰的做法，使新闻界与政府之间的关系基本上处于一种对立和紧张的状态。这种状态在新闻报道中表现为几种形式：给成功和失败下定义；报道的内容和调子刺激政策的制定者，特别是一些煽情的报道往往破坏了决策者谨慎行事的初衷；决策者在预感到媒体的动作时，通常较少被媒体牵着鼻子走，可以比较从容地对媒体加以控制；决策者在必要时，还会用“泄露情报”和“散布假情报”等手段来迷惑或误导媒体。

三、特殊情况下媒体决定对外政策的走向

一项外交政策的失败还是成功，往往取决于谁来做出判断。在西方民主国家里，政府的胜利有时并不为老百姓所认同，或不为老百姓所理解。此时，新闻媒体就起了一种定义“成功”或“失败”的作用。由于新闻报道的性质，它能将复杂的国际和外交事务肢解开来，将最简单、最直接的一面呈现在普通受众面前，这种呈现，因其简单明了而很容易为老百姓所接受和认同。而这正是政府决策人的大忌。他们认为，过于草率的、赶时效的新闻报道把事件从它的大背景中分离。一些逐渐酝酿而成的、随时可能变化的问题在媒体的报道之下，可以变得从天而降，或一夕即逝。即使后来发生的变化证明了媒体预言的失误，先入为主的印象在公众中造成的“对”、“错”判断，也已很难改变了。

1968年越南战争中的“春节攻势”就是一个这样的例子。

1968年农历春节前夕，越南战场上交战双方本已同意停火36小时，以度春节。然而，1月30日，越南的共产党武装向西贡以北和西贡市发起了大规模攻势，甚至攻入了美国驻西贡大使馆。

攻势开始仅15分钟，美联社即发出了第一篇有关报道。这标志着对越战报道的一个新的高度：几百名战时记者可以用电视摄像机来近距离地对战争进行血淋淋的现场报道。从电视传回的画面中，可以听到人民痛苦的呼喊，看到被炸成碎片的人的身体……一切都来不及修饰和掩盖。而这些画面，在传到正在家中吃晚饭的普通美国人的电视中的同时，本身已经带有了鲜明的恐战和反战的色彩。一时间，视听媒介以它强烈的现场感和对感官的刺激，极大地压倒了政府对越战局势的乐观估计和对民众的肯定性许诺。特别是在美联社记者伊迪·亚当斯和全国广播公司的记者用摄像机和摄影机分别记录下那有名的南越军官在西贡大街上处死一名越共战俘的场面时，大洋彼岸的美国公民清楚地看到子弹射入战俘脑袋的那一刹那的轨迹。此时，任何官方的乐观承诺都烟消云散了，美国公众越来越怀疑他们的政府支持南越政府军这样野蛮的军队所为何来。

如果说最初的电视画面和美联社的这张照片使得美国公众开始提出“我们是不是在越南吃败仗?”(李普曼语）这样的问题，那么哥伦比亚广播公司资深主播沃尔特·克朗凯特在2月27日对形势的分析则给了政府对越南政策以致命的一击。

由于克朗凯特在公众中的地位，更由于他在此前曾亲临前线，他的分析在公众中无疑具有极大的权威性和可信度：“我不能肯定，谁是胜者……但我越

来越清醒地认识到，我们唯一的出路是谈判，不是以胜利者的身份，而是以一个体面的民族的身份。我们承诺了捍卫民主的诺言，也尽了我们最大的努力。”

紧接着，1968 年 3 月 18 日《纽约时报》头版头条又好似射向决策者的一枚重磅炸弹。这篇题为《威斯特·摩兰要求增兵 206000 人，引起政府辩论》的文章，加深了公众对这场战争的怀疑。一方面，增兵意味着更多的美国青年将战死沙场；另一方面，它暴露了政府内部对战争进退的犹豫不定。这就是媒介报道所传达给美国一般公众的信息。

事实上，春节攻势后的民意测验的确反映了美国一般公众对战争态度的变化。一项盖洛普民意测验显示，春节攻势之初，赞成政府越战政策的人（所谓鹰派）占 61%，到了 3 月中旬，持悲观态度（鸽派）的人数已大大超过了鹰派。总统和政府做了大量公关工作，试图扭转这种舆论，如约翰逊总统派出了国防部长麦克纳马拉、国务卿腊斯克、白宫助理罗斯托等，分别到全国广播公司、美国广播公司和哥伦比亚广播公司去发表与新闻界的对话，表示政府对越战的信心，希望“利用媒介来打败媒介”。然而，这一切收效甚微。2 月 27 日，约翰逊总统亲自在达拉斯发表讲话，向美国人民保证美国将保住越南（南越）。具有讽刺意味的是，恰在同一天，克朗凯特在哥伦比亚广播公司的电视屏幕上播出了他那有名的越南特别报道，呼吁以谈判方式来结束战争。当约翰逊听到克朗凯特的报道时，他转身向他的助手说：“完了……”约翰逊后来曾对他的新闻官乔治·克利斯蒂安说：“克朗凯特能够改变那些曾经支持政府（战争）政策的中间派的观点。”①

3 月份，约翰逊开始减慢了向越南增兵的步伐。他后来写道，主要原因就是报纸和电视对春节攻势的报道给了美国公众以消极的影响。值得注意的是，他强调的是媒介对越南战争的报道，而不是战争本身。他认为，美国与其说是被敌人打败的，不如说是从内部被打败了，或者说是被美国自己的媒介打败了。他在随后的一次与他的外交和军事高级顾问谈话时发现，连他的这些“精英”也明白无误地告诉他，战争该结束了。约翰逊大为吃惊。他在回忆录中说：“如果连他们（顾问们）受到的关于春节攻势的报道的影响都如此之深，更何况普通人了。”

3 月 13 日，春节攻势开始两个月后，约翰逊发表了一个电视讲话，宣布

① 李琨：《美国媒体对政府外交政策的影响》，见顾耀铭主编：《我看美国媒体》，新华出版社 2000 年版，第 207 页。

美国将努力使战争“越南化”。同时，他宣布自己不再参加竞选连任。

对于媒介在报道越南战争中的作用，后来的学者做了许多研究。有人甚至认为，这是历史上第一次由电视主播宣布的战争的胜负。这样说也许是言过其实，但是，这次报道对白宫的影响是显而易见的。白宫对它基本上持否定态度，甚至认为媒体“缺乏爱国之心”，并以此影响了公众。另有学者认为，媒介之所以对越战持悲观态度，是因为整个国家就是持这种悲观态度，媒介在相当程度上代表和反映的是美国社会。新闻工作者与全国人民一样，对这场战争根本没有什么热情，只是由于记者可以亲临现场，他们的耳闻目睹使他们能更早更多地了解越战的进展，进而产生悲观的情绪。这种情绪不可避免地要感染公众舆论，而公众舆论反过来会进一步影响媒介。

关于媒介在结束越战中的作用的争论始终没有停止。但是，一个不能否认的事实是，媒介对于春节攻势的报道，至少是美国越南政策改变的一个转折点。它的确在公众舆论中起到了一个界定胜利和失败的作用。

美国总统在外交决策时往往采用两种方式，通常，他总是会听取他的决策班子包括政府中的有关人员的意见，并与国会沟通和磋商，以使他的决策在政治和法律上有所保证。他甚至会与国际上的盟友沟通，然后再做出谨慎而稳妥的决定。必要时，他也会进行所谓的秘密外交，即只同几个亲密的助手磋商，如尼克松、基辛格对中国的秘密外交。

但是，国际风云往往变幻莫测，这时，事件发展的速度就在很大程度上左右了总统决策的步伐和方式。在紧急情况下，媒介的报道往往刺激公众对事件的某一方面的兴趣，从而使政府感到外交决策的压力，使事件因此而朝着某一方面急速发展，尽管这种速度和方向可能不为决策人所喜爱，或还未被决策人所决定。这就是所谓媒体的“议事日程设定”功能。这种大的舆论环境影响决策的做出，而一旦做出了决策，又往往很快地受到媒介和舆论的批评和攻击。这就是媒体在与政府外交关系中所起的“煽情”作用。

1992年底，经过海湾战争胜利的布什总统在国内大选中败给了克林顿，失去了连任的机会。有评论家后来说，海湾战争打得早了点。如果能使它在1992年下半年结束，击败萨达姆给布什带来的余辉将把他送上连任的巅峰。尽管如此，海湾战争还是使布什作为一名善理外交的总统而留名青史。在大选过后等待卸任的两个月里，布什似乎没有什么理由再去冒任何外交上的风险了。但是，布什恰恰做出了他最不应该做的一件事情。

这次的危机是关于索马里的内乱和饥荒。大多数美国人本来并不知道索马里在何方，可现在每天充斥他们电视画面的都是骨瘦如柴的饥民和严重营养不良的濒死儿童。这样的画面效果在素来同情弱小的美国普通人心里产生的作用不言而喻。而这饥荒后面又是种族中的战乱。舆论认为，是美国该做些什么的时候了。随着饥民死亡人数的不断扩大，舆论对政府的压力也越来越大。终于，布什决定向索马里派兵。当美国士兵降落在摩加迪沙的时候，出现在电视上的场面使人很容易想起好莱坞西部电影中济世救人的英雄。

然而，美国军队在索马里的使命是什么？布什把这个外交决策中最重要的问题留给了新上任的克林顿。除了一个模模糊糊的“救灾”概念外，没有人能说清楚。从实际情况来看，这次行动似乎又不仅仅是“救灾”。一个未被讨论的共识似乎是，美国不能仅仅丢下点食物就走，不能把索马里人民再丢给战乱。一个没有提出的问题是，美国是否应该进一步去解除交战各方的武器？

实际上，布什这次出兵，更多的是出于舆论的压力，而不是对决策后果进行理性分析的结果。而舆论的压力无疑主要来自媒介的报道。当时联合国秘书长加利认为，舆论本身就是政府外交决策过程中的一部分。公众对濒于死亡儿童的同情能决定政府的行动。美国外交家乔治·坎南写道：“毫无疑问，朝野上下对政府这次行动的一致支持主要是媒介对索马里事件曝光的结果。”《纽约时报》电视批评家沃尔特·古德曼认为，出兵索马里是典型的“电视决策”。在这次操纵政府决策的过程中，电视充分发挥了它的独特功能，即它可以只触动人的心，而不触动人的大脑。

草率的决策带来的后果是严重的。1993 年 10 月，美军派飞机企图抓获帮派头目穆罕默德·艾迪德，遭到重创。美军在摩加迪沙与帮派武装发生战斗，直升机被打下，18 名美军士兵战死，74 人受伤，1 名被俘。这一切当然都没能逃过电视摄像机。这次战斗的第二天，美国民众看到索马里士兵在摩加迪沙大街上拖着一名美国士兵的尸体的画面和被俘美军飞行员那惊恐的眼睛，舆论大哗。成千上万的电话打到白宫，要求美国从索马里撤军。国会议员们也立即对选民的情绪做出反应。在各种对立意见的包围中，克林顿及其顾问们做出了向索马里增兵以一举平息骚乱的决定，并在白宫向全国发表了讲话。直到这时，政府似乎才对索马里问题有了较明确的对策。由于克林顿的有力说明，这场舆论风波才就此平息下来。

在索马里事件中，可以说电视新闻，特别是电视画面对舆论的大转向起到了决定性的作用。而这种决定性的作用在政府尚未来得及对事件本身做出明确的对策时，力量更大。当时的美国驻联合国代表奥尔布莱特认为：“电视通过画面将痛苦和愤怒带入我们的家庭，迫使政府采取紧急行动，介入国际危机点，而画面又能在事件未按我们所期望的方向发展时，迫使政府立即从危机中脱身。”①

一般说来，媒介并不能对外交做出具体的判断和建议，但它能抓住公众的注意力并且左右他们的态度，而这足以动摇对此缺乏思想准备的决策者。

第五节 外交事务中政府对媒介的利用

作为公共权力和社会信息资源的独家垄断者，政府是不会轻易受媒体的控制的。相反，他们总是力图充分利用传媒的影响，来推动其对外政策。

一、以退为进，寻找认识的共同点

海湾战争中的布什显然不仅仅是一位长于外交的总统。他对媒体的成功利用，已被此后关于海外战争的研究所肯定。

当布什在1990年8月遇到他任期内最大的外交挑战——伊拉克入侵科威特时，他很好地吸取了历史上其他总统在与媒体打交道时的前车之鉴。他主动出击，利用妥协、合作和控制等手段，来影响媒介对他的科威特政策的报道。布什之所以成功地达到了这个目的，首先是从一开始，他的政府对这次危机就有一个明确的政策和策略。伊拉克入侵科威特六天后的8月8日，布什在白宫向全国发表了电视讲话。他解释了出兵伊拉克的政治、军事和经济原因，并信誓旦旦地许诺，此次行动是防御性的、有限度的。美国只派出足够的兵力，约5万人，旨在警告萨达姆不要进而入侵沙特阿拉伯。美国期望军事威胁和外交手段会稳定局势，避免流血。布什还将美国此次的行动提到美国人民一贯信仰的为和平而战的高度。

布什对局势的分析和计划，获得了舆论的支持。8月10日的民意测验显示，有74%的人支持派兵的计划。

更为高明的是，布什的外交班子甚至及时研究了以前的几次军事行动中政府在处理与媒介关系中所犯的错误，并由国防部长迪克·切尼负责协调与媒介的关系。切尼的指导原则有两个，其中之一就是，此次行动中，军事需要必须高于记者的知情权。而媒介此次的反应也异乎寻常地正面和合作。布什讲话不久，有“公牛”之称的美国广播公司主播汤姆·唐纳森就对《华尔街日报》说：“很难做一个魔鬼（指萨达姆政权）的支持者，特别是与得到大众如此支

① 李琨：《美国媒体对政府外交政策的影响》，见顾耀铭主编：《我看美国媒体》，新华出版社2000年版，第210页。

持的乔治·布什作对。”唐纳森的这一看法在电视网的广播中得到了印证。伊拉克入侵科威特的两周内，电视对布什的反应76%都是正面的。同时，大部分新闻工作者都采取了与政府一致的反萨达姆立场。

二、在交往中掌握主动权

布什对媒介的成功控制，还由于他对媒介的主动利用。而主动利用的方法就是通过媒体有计划、分步骤地向公众告知事实的真相并做出合乎政策的解释，以控制舆论的走向。

11月中，《新闻周刊》刊登了一篇题为《我们为什么要摧毁萨达姆的巢穴》的文章，作者正是布什自己。1月2日，布什还在电视中发表了与美国广播公司主持人大卫·弗罗斯特的对话。在对谈中，他再一次把美国出兵伊拉克的行动提到道义的高度。

布什政府对媒介的控制还表现在对消息来源的严格控制上。《时代》周刊的麦克尔·达菲和丹·古德盖姆在一本关于布什政府的书中指出，布什在事件早期就注意到，要达到自己的目的，就要采取秘密行动，最大限度地控制处理海湾危机中公众介入的程度。事实上，在对伊拉克的空袭开始之前，布什政府就对记者采访和报道做出了严格的规定，如不许报道具体的军力部署情况等。

但是，另外一些规定，就被记者看成是对他们采访自由的过分干涉。如，稿件送审制度涉及了报道的内容，而这显然违背了美国政府不能干涉新闻自由的原则。另外，五角大楼禁止报道阵亡士兵遗体运返特拉华多弗空军基地的场面。显然，这个规定大大超过了军事机密的需要。

大卫·兰姆在一篇文章中指出，政府对媒介的严格控制和在军事秘密名义下进行的干涉并未遭到公众的反对。相反，大多数人认为军事检查是件好事，甚至同意加强对媒介的控制。

对于政府对媒介的控制，媒介也没有群起反抗。这在很大程度上是政府对媒介运作的又一手段所至。政府和军事当局给予记者分别对待——对那些支持政府政策的给予有利采访条件，对那些持怀疑和批评态度的则拒绝他们的要求。哥伦比亚广播公司的主播丹·拉瑟甚至在一次现场采访陆军军官时向他行了一个军礼。

在政府的控制和舆论的支持声中，媒介对反战的舆论根本不去了解和反映。据有关方面统计，从1990年8月8日到1991年1月3日，在电视2855分钟的波斯湾报道中，只有29分钟提到了反对美国军事卷入的意见。

三、让媒体代表政府说话

第一次海湾战争中，布什政府的一个成功策略是首先影响媒体，再让媒体代表政府说话。

战争结束后，一些记者对媒介在海湾危机中的作为做了反思。美国广播公司主播托德卡波说，我不敢肯定，当5000到10000人在这场战争中战死时，这还算不算是一场我们报道给美国观众的那样的不流血的战争？可是对于这场战争的报道主题就是“不流血的战争”。

海湾战争由于伊拉克的不战而降很快就结束了。然而，它给研究政府与媒介关系的人们提出了一些有待回答的问题。有研究者就公开提出：这种主动控制的手法是否可以作为今后危机行动中政府与媒介关系的先例呢？如果战争不是这么快就结束了，如果美国人员伤亡惨重，公众舆论会不会转向？那时人们会不会将政府的控制看成是对真相的掩盖？

无论如何，布什在海湾危机中处理与媒介关系的成功，说明了总统和外交决策者在与媒介的关系中可以采取主动，并达到自己的目的。

第六节 日臻完善的报道技巧

应该说，在西方，特别是在美国，新闻记者确实有自由报道任何他所能获得的消息的权利。因此，这一社会环境大大促进了西方信息的自由流通和社会运行成本的降低。新闻自由带来的又一个技术性成果则是报道技巧的日臻完善。

一、客观性报道原则的确立

一般认为，客观报道方式诞生于19世纪30年代以后的美国。在经历了国内战争和欧洲工业革命的影响后，美国社会经济进入快速发展时期。从内战结束到1900年，美国的工业总产值增加了7倍，跃居世界首位；城市人口激增，达到全国总人口的1/3；教育开始普及，民众识字率大大提高；交通和邮电事业也有了空前的发展。与此同时，民族政治思想开始深入人心，“到了19世纪30年代以后，有财产而非有选举权的人才能投票的说法已不再被接受，甚至连说都不能说”①。在这种背景下，报业出现了前所未有的繁荣，一批不依

① ［美］舒得森著：《探索新闻》，台湾远流出版公司1993年版，第58～59页。

靠政党津贴、面向大众的报纸纷纷涌现。为了占领市场，获取利润，这些报纸竭力以公众利益代表的姿态出现，宣称自己是以客观、公正的新闻报道，来满足社会绝大多数人的普遍需求，以帮助人们了解和认识外部客观世界，从而更好地改造世界。正是因为客观报道在一定程度上适应并满足了人们当时的需要，所以这种报道形式一经出现，就受到社会普遍的欢迎。

客观报道产生的直接原因如下：南北战争时期，南方的报纸同北方一样，有猛烈抨击政府的，也有支持政府的。1862 年，里士满的几家报纸感到为了支付战争新闻所需的巨额费用，必须联合起来，他们成立了“里士满报业联合会”。事实证明，光里士满的地方报纸还达不到上述目的，于是，该协会的负责人四处游说，最后将其扩大为“美利坚同盟国报业协会”，简称 PA，并聘请当时较有影响的报人 J. S. 思雷舍为该协会的总干事。1863 年，思雷舍公开对军方扣押部分电讯稿的行为表示抗议，声称协会的目的是出于公众的利益而采集准确的报道，这与军事安全并行不悖。军方被说服了，答应报业协会的记者“享有一切便利，尽早接触与公众利益相一致的情报”，思雷舍也答应协会记者对所报道事件不发表任何意见和评论。报业协会确立的有关新闻报道的这种客观性质，后来被认为是在新闻写作方面的一场“彻底的革命”。

下面是一则获普利策新闻奖的客观报道，从中我们可以看到客观报道的一些基本特征。

“烧吧，宝贝，烧吧！”①
——瓦茨骚乱目击

本报 8 月 15 日讯（记者罗伯特·理查森）纵火的黑人驾驶着车辆横冲直撞地穿过行人稀少的洛杉矶市大街，挨门逐户地朝商店里扔燃烧瓶，狂呼乱喊着从电台播放的迪斯科乐曲中学来的嬉皮士口号：“烧吧，宝贝，烧吧！”

星期五晚上，市内到处呈现一种可怕的景象。就在头天晚上，成百上千的骚乱者拥上街头；可现在，街头除了乱七八糟的废墟外，就不见人影了。大多数窗户都是漆黑一团，整个城市像一片鬼蜮。

① 1965 年夏，洛杉矶黑人区瓦茨发生了严重骚乱事件，瓦茨区陷于火海之中。24 岁的黑人广告推销员理查森临危受命，出色地完成了报道工作，并以其栩栩如生的报道赢得 1966 年普利策地方一般新闻报道奖。

但是，火焰还在蔓延。汽车穿梭般疾驶过这一地区。汽车上的人伸出市民们所熟悉的一个、两个或三个指头互相致意，狞笑地狂呼着口号：

“烧吧，宝贝，烧吧！”

（一个指头表示他是瓦茨人，两个指头表示康普敦人，三个指头表示来自威洛布鲁克地区。）

就像疯子有时也会伤害自己一样，骚乱者正在焚烧自己所在的城市。

洛杉矶大部分地区都淹没在火海之中，谁不回答他们那发疯的口令，谁就会遇到危险。

在好几发子弹朝我射来后，我也学会了喊叫：“烧吧，宝贝，烧吧！”值得庆幸的是，我的车没有被子弹击中，我身上也没有挨上子弹。

在霍尔姆斯大道和帝国公路上，我看见一座商店在被抢劫一空后已经烧毁。

在第120街和中央大道上，一处市场在大火中燃烧。

在靠近曼彻斯特大道和百老汇的地方，也有一些商店着了火，但并未引起人们的注意。

就在弗农大道和中央大道，好几座商店被吞没在大火之中，火焰由南到北蔓延到六个街区。商店都被抢劫一空。

……

——原载1965年8月15日《洛杉矶时报》

但是，客观报道后来被程式化、绝对化，甚至被神圣化。这就对新闻报道做了狭隘的限定，把报道限制在“已经发生或正在发生”的事件范围之内，而关于这些事件的原因、意义以及可能造成的影响等，则往往被忽略。这种观念也严重影响了记者主观能动性的发挥，引起许多新闻工作者的强烈不满。到了20世纪30年代，客观报道受到前所未有的挑战。

同客观报道相比，在西方新闻理论和实践中，“宣传”则是一个不受欢迎的词汇。

那么，什么是宣传？

下面是举世公认的一些经典的解释：

“宣传（propaganda）是运用各种符号传播一定的观念以影响人们思想和行动的社会行为。”①

① 《中国大百科全书·新闻出版》，第427页。

“宣传是运用各种有意义的符号传播一定的观念，以影响人们的思想、引导人们行动的一种社会行为。”①

“宣传仅指以有含义的符号，或者稍具体一点而并不准确地说，就是以故事、谣言、报道、图片和其他种种社会传播方式来控制意见。”宣传“从最广泛的含义来说，就是以操纵表述来影响人们行为的技巧”（哈罗德·拉斯韦尔，1927、1934）。

西方对宣传讳莫如深。据童兵教授考证，原因大体如下：

第一，1622年，天主教会设立了“信仰宣传委员会”，从事臭名昭著的“宣传活动”。著名科学家伽利略在提出“地球围绕太阳转”的科学论断后，触动了天主教最敏感的神经，宗教法庭于1633年判处伽利略死刑，一个重要的原因是这个委员会“宣传”的结果。

第二，欧美政党报纸时期宣传的泛滥成灾。名义上是通过报纸宣传本党主张，实际上是赤裸裸地为一党私利叫卖。因此，“宣传”成为令人讨厌、不受欢迎的概念。

第三，20世纪30年代，德国、意大利法西斯政党通过“宣传”取得国家政权，德国纳粹党在1936年召开的纽伦堡大会上，甚至在墙上挂上“宣传帮助我们夺取了政权，宣传帮助我们巩固政权，宣传还将帮助我们取得整个世界”的标语，令人“一听到‘宣传’两字便把它同希特勒和墨索里尼联系起来，对‘宣传’产生一种厌恶和鄙视”。

正是上述原因，西方媒体纷纷放弃“宣传”这一概念，走上客观报道的道路。

二、倒金字塔结构的形成

早期的木刻技术印刷费工又费时，所以最初的报纸容量有限，文章的篇幅也比较短小。美国早期东海岸一带的殖民地报纸，一般不超过四版，每版也就有信纸那么大，一周发行一期或两期。所有文字几乎无一例外地都表现出单调乏味、简单粗俗和口语化的特征。但是，随着新技术的出现，新闻文体的变革不可避免地发生了。

在美国南北战争时期，前方记者都需要千方百计地尽快向后方报道战事进展情况，同时赢得更多稿费。那时，记者的报酬与发稿数量密切相关，所以，记者总是不遗余力地争取多发稿。当时，电报业已经兴起，自1846年5月13

① 李良荣：《新闻学导论》，高等教育出版社2000年版，第38页。

日《巴尔的摩太阳报》记者第一次使用电报传送稿件后，许多记者也逐步开始使用这一办法，他们写好稿件后，就通过电报局发送。

在多数情况下，重要新闻事件的发生地会聚集许多记者，有时一家报社会派出十多名甚至几十名记者前往采访。20世纪60年代进行的南北战争期间，各报也派出大批记者随军采访，仅《纽约先驱报》一家就派出了34人。他们都要求那里可能是唯一的电报员给自己优先发报的权利。为避免冲突甚至是流血，电报员只好采取轮流发送的办法，轮流给每位记者发出报道的第一段，然后是第二段、第三段。但是，由于电报技术在当时还不十分成熟，会经常出现一些故障，常常是稿件在发到一半的时候无法再继续发送，记者只能干着急。一些聪明的记者就想出一个办法，保证即使在稿件不能全部传到编辑部时也能见报。这个办法就是把最重要的内容写在前面，然后按内容的重要程度依次排列，重要性最差的放在最后。这样，即使发报中断，编辑部也可以将稿件发出，并且不影响新闻信息的主要内容。这种方式同时得到编辑的欢迎，因为他们在编辑稿件时，改起来方便得多了，这又大大提高了记者按这种方式写作的积极性。这种按内容重要程度排列的结构方式，如同把一座金字塔倒置过来，所以后来就被称之为倒金字塔结构。下面是美联社采写的被视为这种结构典范的一则报道：

[纽约2月5日讯] 祈祷、斋戒、唱圣歌——住在长岛的十三名前“基督复临安息日会”的教友，今天等待着世界的末日来临。

他们认为末日将在明天到来。

他们由自称为“末日使徒”的罗伯特·里德率领，包括男人、妇女与儿童，还有一个四口之家的黑人家庭。

其中多数人已经变卖了尘世的财物，仅靠胡萝卜和水度过这最后几天。

明天，他们将登上邻近东帕克格的一座小山，去倾听末日的号角。他们期待着被一辆云中战车带往加州圣迭戈一带的森林，他们说将有144 000只“羔羊伴侣”聚集于此。

根据他们的预言，所有的其他人都将消亡。

但是，“基督复临安息日会”设在华盛顿的总部宣布，明天并非命中注定的世界末日，因为千禧年并未影响这伙人的准备工作。

这伙人的首领，确定明天为末日的玛格丽特·罗温夫人，受到了该教派负责人的谴责。

他们认为，由罗温夫人所确定的这个日子比实际时间大大超前了。

该教派的主要团体坚持说，在世界末日来临之前，还必须经历七次天罚灾难，包括善恶大决战。

但里德却连末日的细节都已估算好了。他说，毁灭之刻将从明天午夜开始，持续七日，其时大火、疾病、冰雹般落下的石头、瘟疫将同时袭向地球。

里德自己已不再是“基督复临日会”教派的成员，他把家具卖给了一个二道贩子，条件是他可以再把它们买回来。

这位末日使徒是个面色苍白、身材略胖的人，三十三岁，有个健美丰满的妻子和四个病快快、表情吓人的孩子。年龄从六岁到十二岁。他说自己看到了一种幻象，向他显示了救世主怎样出现在忠实的信徒面前，又怎样把他们运送到圣迭戈。

三、新闻导语的产生

南北战争初期，新闻报道仍很冗长，记者们刻意渲染，使用较多的形容词。随着战争的继续，这种报道越来越不适应紧张的形势，于是一些大报开始把重要新闻摘成新闻简报，不久小报也开始仿效这种做法。这些新闻简报，导致了现代报刊标题的产生，即以数行文字概括全篇报道。这也是战时特殊情况所迫。此外记者们常常担心，他们的电报是否会全文发出，故把新闻中最重要的内容放在第一段，这就是导语的起源。

最初的新闻导语很不规范，呈“千姿百态”“百花齐放”之势。直到1889年3月30日，美联社记者约翰·唐宁发了一条长消息，这条消息最终确定了第一代导语的写作原则。其导语如下：

萨莫亚·阿庇亚3月30日电　南太平洋沿岸有史以来最猛烈、破坏性最大的风暴，于3月16日、17日横扫了萨莫亚群岛。结果有六条战舰和十条其他船只要么被掀到港口附近的珊瑚礁上摔得粉身碎骨，要么被掀到阿庇亚小城的海滩上搁了浅。与此同时，美国和德国的143名海军官兵有的葬身珊瑚礁上，有的则在远离家乡万里之外的无名墓地上，为自己找到了永远安息的场所。

这条导语后来被许多新闻学著作奉为“新闻六要素”式导语的经典之作。

因为这条导语囊括了新闻报道所需要的五个W加一个H：“何时”（When，3月16日、17日）、“何地”（Where，萨莫亚群岛）、“何人”（Who，美国和德国的海军官兵）、“何事”（What，遇难）、“何因”（Why，遇上了南太平洋沿岸有史以来最猛烈的风暴）和“如何”（How，舰船被摔碎或搁浅，官兵死亡）这六个最基本的要素。

美联社总编辑维尔·E. 斯通将这条新闻导语树为写作典范。他明确指出，美联社所发的每一条新闻导语，必须具备这六个要素。此后，“六要素”导语的报道形式逐步得到美国报界和世界各国新闻工作者的认可，被奉为新闻写作的“金科玉律”。

“六要素”俱全的新闻导语，后来被人们称之为第一代导语。这种导语的长处是：具体、完整。看了导语后，对整篇报道的主要内容大体上都能了解。但是它也有明显的缺点：内容太庞杂，主次不分明，重点不突出，给读者的第一印象不那么深刻。有人讥笑这种导语是“晒衣绳”式的导语，意思是说，记者把所有的事实，不分轻重主次，一一系挂在新闻导语这根绳子上，给人一种杂乱无章的感觉。但不可否认，“六要素导语”即第一代导语所起的历史作用是十分重大的。

后来，随着时代的进步，人们生活节奏的加快，再加上广播电视媒体的异军突起，迫使新闻界进行写作方式的改革。

于是，从20世纪30年代起，陆续有一些新闻工作者提出，不必强行规定新闻导语里一定要包括“六要素”，可以根据每条新闻的特点，从六要素中选取一两个最重要、最能激起人们阅读兴趣的要素，突出地写入新闻导语之中，其余的要素可以分散放到新闻躯干或结尾部分去交代。这样做，可以更加突出重点，收到先声夺人的效果。而且由于各人在选择新闻要素时的侧重点不同，可以“八仙过海，各显神通”，写出各种各样构思奇巧、表现新颖的新闻导语。从第二次世界大战直到现在，用这种方法写作导语的，风靡世界。这被称之为第二代新闻导语，又叫“部分要素式导语”。

第二代导语要求好中挑优，把最重要、最新鲜、最能引起读者兴趣的内容，突出地写进导语里，使这条新闻导语具有勾魂摄魄的力量，能够紧紧抓住读者。

由于仅仅在导语中采用了部分要素，这就使第二代导语显得简练、新颖、生动，容易受到读者的欢迎。

比较两条同题材新闻报道的导语，我们就可得到深刻的印象。

第一代导语：

今晚大约9时半，在福特剧场，当总统正同林肯夫人、哈利斯夫人和罗斯本少校同在私人包厢中看戏的时候，有个凶手突然闯进包厢，向总统开了一枪。

——1865年4月15日《纽约先驱报》

第二代导语：

肯尼迪总统今天遭枪击身亡。

——1963年11月22日《纽约时报》

第二代新闻导语虽然就这么一句话，其所要传达的信息却十分突出，其表达的效果却要比第一代新闻导语好得多。这便是“立片言以居要”的魅力所在。

四、解释性报道的出现

卢斯与哈顿1923年创办了《时代》，《时代》开创了解释性报道的新时代，是世界新闻史上的一个里程碑。

亨利·卢斯和哈顿都是耶鲁大学毕业的学生，这年他们都是25岁。1929年哈里·哈顿去世，卢斯成了《时代》唯一的掌门人。到他1967年去世，卢斯统治《时代》和后来的时代公司近40年之久。这期间，《时代》从一家默默无闻的杂志，发展成为美国统治阶级最有权威的代言人之一，对美国政治有着不可低估的影响。

卢斯1898年出生于中国山东的烟台，父亲是传教士。卢斯成长的年代，正是美国开始在世界扩张的时代。卢斯全身心地赞成和支持美国的扩张，是最早提出“20世纪是美国的世纪”的人之一。早在1920年，22岁的卢斯在给耶鲁大学校刊写的一篇文章中，就鼓励他的同时代人“燃起民族自豪感和民族精神”。他写道：“当我们在20年后讲到‘美国’时，愿这伟大的名字在全世界至少意味着两点：第一，美国利益应当受到尊重，美国公民有权在全世界的每一个角落里贸易和生活，无论美国的商人走到哪里，他们的经济理想都得到承认；第二，但凡有国际争端，都可指望美国来协助解决……”

经过8个月左右的奔波，卢斯和哈顿筹集到8.6万美元的资金，出版了第一期《时代》。在《时代》创刊号上，卢斯和哈顿直言不讳地宣布：“在公共问题和重大新闻上，不可能有完全的中立，也不应当持完全中立的态度。因此，编辑不能没有某种主见……”创刊号虽然只卖出了9000多份，但他们没有气馁。他们坚持以轻松活泼的文风和报道新闻的独特方式取胜，使《时代》很快赢得了大批读者，尤其是年轻读者。1926年，《时代》的销量跃居美国报刊的第14位。如今，《时代》期发量总数达600万份以上，拥有读者2000万以上。

《时代》的封面报道的地位非比寻常。1929年一年，《时代》封面就发表了梅隆、杜邦等16位企业大亨的照片或画像，这些人物，都是卢斯“美国精神”的绝好体现。《时代》封面报道一般由两三篇到七八篇不同角度却又相互配合的深度报道组成，配以精彩的图片，以产生强烈的视觉效果，抓住读者。而最能体现封面报道主题的封面设计，则更是精心筹划、精心设计、精心制作。

为了扩大《时代》的影响，卢斯多次周游世界，每到一个国家之前，常常安排《时代》组织一篇他要访问的国家首脑的封面报道，既可赢得对方的合作，也能抬高《时代》的身价。1963年，《时代》庆祝创刊40周年，邀请了上千位尚健在的上过《时代》封面的人聚会，在银幕上映出他们的封面画像。当时的美国总统肯尼迪为庆祝会发来贺电说：“像大多数美国人一样，我虽然不是永远赞同《时代》的观点，但我总是要阅读它。”副总统约翰逊则到会致词说：“卢斯是第一个不以美貌为其前提来取封面模特的出版商，我们大家都为此而感激他。否则，我们中间许多人可能只能靠边站了。”

卢斯和《时代》在美国政坛上的影响不可低估。1952年，卢斯支持共和党的艾森豪威尔。他在《时代》上以大量篇幅报道艾森豪威尔的经历、生活、人品、第二次世界大战中的功绩，把他塑造成为一个“慈父”的形象。对艾森豪威尔的竞选对手、民主党的史蒂文森，《时代》所给的篇幅则少得多，并尽量以看似客观的报道，让读者得出史蒂文森不如艾森豪威尔有能力，不值得信任的印象。1956年《时代》为支持艾森豪威尔竞选连任，更在报道中用“客观材料”强化读者对艾森豪威尔的对手史蒂文森的不利印象。连史蒂文森的竞选搭档“爱出冷汗”的毛病都写出来了。史蒂文森的惨败给四年后竞选总统的民主党人肯尼迪留下了强烈的印象，以至他和共和党候选人尼克松在竞选中都争相取得卢斯的支持。这一次，卢斯表示要“一碗水端平”，谁反共卖力就支持谁。最后，卢斯虽然属意于尼克松，但也没太为难肯尼迪。有人认为，卢斯的手下留情，是肯尼迪终能以微弱多数获胜的因素之一，否则，结果很难预料。

也有人批评说，卢斯最不光彩的一页是对希特勒、墨索里尼和蒋介石的支持，他正是亲蒋亲台的美国国会“院外援华团”(China Lobby) 的创始人之一。

如今的《时代》理所当然地有了一些变化。1985 年新华社在考察《时代》时，《时代》周刊的执行主编凯夫在回答随访成员熊蕾关于“卢斯去世后，《时代》的方针有无改变”的问题时说，“有的。《时代》的政治色彩不像卢斯在世时那样浓烈，也不那么强调个人的作用了。刊物的言论更加客观，内部管理也比过去民主了”。

《时代》对美国精神的宣扬，可以举一例加以说明。

1985 年 6 月 14 日，美国一家民航飞机被劫持到黎巴嫩的贝鲁特。消息传来，正是星期五晚上，按一般周刊的生产流程，所有稿件已全部定稿付印，以保证周一早上能在报摊上出售。面对发生在那个周末的突然事件，美国三大新闻周刊都决定不惜重金，立即重组版面。《时代》撤下原来准备好的关于前德国法西斯战犯门格勒斯死亡的封面，《新闻周刊》撤下了评述越战电影的封面，《美国新闻与世界报道》撤下了美苏限制军备会谈的封面。三个编辑部全体总动员，突击十多个小时，全部换上新的有关劫机事件的封面报道。接下来的一期，三家周刊依然以劫机事件为封面报道。到了第三周，因为直到付印时仍无人预见到劫机者会在杂志上市的前一晚，即 6 月 30 日（周日）释放全部 39 名人质，所以《新闻周刊》、《美国新闻和世界报道》的封面报道仍在做人质的文章。但是《时代》却按数月前的策划如期刊出以“移民”为主题的专集，庆祝 7 月 4 日的美国独立日。

这是一期十分精彩的策划。封面是一幅由几十个移民头像排列成的画面，画中人物肤色不同，血统不同，但都以严肃期待的目光直视前方，似乎在展望美国的未来。封面报道的正文由 20 多篇文章组成，共 66 页。相比之下，为对读者有个交代，这一期《时代》仍对劫机事件作了后续报道，但只占 7 页篇幅。封面报道诸篇文章的题目包括：移民；迅速变化着的美国面貌；以数字和图表显示的美国的发展；美国多种文化的融合；亚洲人带到美国的技能；作为移民目的地的纽约；美国移民政策中的难题；来自美国和墨西哥之间 1900 英里边界线的移民；美国黑人；美国集世界智慧之大成；美国景物；通过不同途径圆了“美国梦”的十个人；图片组稿：变化中的国家掠影；等等。通过展示美国的民族结构和生活方式、道德观念及文化趣味的兼容并蓄，这组报道将美国的活力和“美国精神”表现得淋漓尽致。由于美国是一个由移民组成的国家，报道着力介绍了美国如何吸引着世界各国的移民，而各国移民又如何在美国获得他们事业上的成功。为了加强读者的亲和力，编辑部特意在该期《致读者》专栏中，以一整页的篇幅介绍了《时代》周刊编辑当中的移民和他们来美国后有了怎样的发展，附以这36位移民编辑的合影，其中包括时代公司总编辑格伦五德本人。格伦五德亲自撰文作为这组封面报道的压轴之作，题为《你在哪里感到幸福，哪里就是你的家》。文中写道：“美国最大的美丽是它的思想。自由是它最终的价值。……移民最后会得出这样的结论：在所有的国家中，如果你最爱美国，美国会以爱来回答你。”

这期杂志整个就是一篇最好的解释性报道。

社科院新闻所的芮宛如教授评价说：“当美国全国的新闻媒介都沉浸在劫机事件的搅动人心的后续报道之中时，《时代》独家发表了这样的封面报道，使人们精神为之一振。”她认为，这组报道既避免了读者对拖得太久的同一题材开始感到厌倦，又适应时机，满足了读者对美国独立日的感情要求。而更重要的是，这个经六个月时间精心策划和准备的专题浓烈而生动地宣扬了“美国精神”。

在世界新闻业界，人们普遍认为，利用媒介进行意识形态宣传，是共产党的“专利”。美国新闻媒介的同行长期以来对我们中国新闻界的做法不屑一顾，认为中国没有真正意义上的新闻和新闻记者，也是因为他们把我们的媒介看成意识形态的宣传工具。直到1998年5月在华盛顿召开的关于美国媒介中国报道问题的讨论会上，美国媒介的与会者们仍然强调，美国媒介的理念是“力求真实”，“没有意识形态障碍”，他们没有为某个政党宣传某种主张的责任。但是，1985年7月1日《时代》的那期移民专辑清清楚楚地告诉我们，美国媒介并没有超越意识形态之外。与我们不同的是，他们的确没有受命于哪个政党，也从不把他们的这种政治主张挂在嘴头上，大喊诸如“振兴美国”、“爱我美国”之类的口号。这就使他们在意识形态上对受众的影响是隐蔽的、无形的。这种隐蔽性，可能甚至使美国很多从事媒介工作的人都觉察不到他们在意识形态上对受众有着这样的影响，正所谓“润物细无声”。

这就是我们所说的国家软实力。

当然，卢斯和《时代》宣扬的“美国精神”无可厚非。但是，他们拿“美国精神”来作为衡量世界的唯一标准，贬低甚至排斥其他精神的存在，那就成问题了。

但是，卢斯和《时代》首创的“团队新闻”(Group Journalism)，无疑应该成为我们探讨的一种从业精神。芮宛如教授在对美国新闻界的考察报告中对《时代》的这种精神有如下评论：

有三点理由促使他们如此强调这种精神。一是新闻周刊的生产出版规律。每一期杂志都是编务、经理、技术的综合结晶，每一页都是采访、编辑、国内、国外、调研、资料、校对、加工、摄影、美编、广告及公共关系的综合作品。而且，周复一周，全体人员处在时效的不断催逼之下，各种工序同时进行，互相依赖，互相补充，并且互相制约，这种生产的集体性是如此鲜明。二是市场竞争的压力。只有最好的商品才能占领市场。刊物必须保证质量，并且不断提高质量，才有竞争能力，才能生存。因此，首先是办出一个名牌刊物。办成一本名刊物，每一个个人才有保障。这种与事业成败休戚相关的集体意识，是如此现实。三是需要贯彻一个编辑方针。一本新闻周刊，代表一种政策，编辑必须是一致的，每一个局部都不能自行其是，脱离这个总的政策。这种通过制度和纪律来贯彻一个编辑方针的集体努力，是如此必要。①

五、调查性新闻报道的风行

调查性报道又称为“揭丑”报道，它是西方新闻界一种比较特殊的报道方式，是对“隐瞒的消息”经过调查弄清真相后进行的公开报道。由于这种报道方式是专门用以揭露社会阴暗面、大企业的罪恶勾当、政府里的黑幕以及黑社会的内幕等等的，因而在西方新闻界很受重视。

调查性报道始于19世纪末20世纪初，这时候，美国进入了垄断资本主义时期，经济危机加剧，工人处境恶化，政治腐败，犯罪严重。在这样的大背景下，新闻界特别是杂志界对种种社会弊端进行了大量的揭露，这就是美国新闻史上的第一次揭丑浪潮，史称“揭丑运动”。

从19世纪70年代开始，调查性报道在报纸上就时有出现，并且社会反响很好。如《纽约时报》、《纽约晚报》等对市府塔曼尼集团的成功讨伐，《世界报》对标准石油公司、贝尔电话公司的垄断行径的揭露，《纽约日报》对布鲁克林电车特许权的调查等，在社会上引起强烈的反响，客观上对调查性报道的发展起到了推波助澜的作用。

20世纪60年代末期，调查性报道正式在美国新闻界生根，美国各大报纸都建立了调查报道小组，专门从事调查性新闻报道。1975年，美国新闻界还成立了“调查性报道记者与编辑协会”，以保护从事调查性报道的新闻工作人员不受非法伤害。从此，调查性报道不仅成为一种热门报道方式，也成了维护社会公平与正义的一股新兴力量。

---

① 熊蕾：《赞赏与遗憾》，见顾耀铭主编：《我看美国媒体》，新华出版社2000年版，第161页。

六、精确新闻报道的出现

这是在20世纪50—60年代出现的一种新型报道形式，这种形式的创立与一个叫做菲利普·迈耶的名字紧密相连。它是对客观性报道的一种发展。这种报道方式主张，新闻报道不仅要力求客观，而且在时间、数量上也必须力求精确，不能给读者模糊的印象。

自然科学与社会科学的相互渗透，是近几十年来全球科学的一个新趋势，精确报道就是这一趋势在新闻传播领域的反映。精确报道把传统的新闻报道技巧与社会科学研究方法融为一体，是新闻传播反映现实社会生活的一种新的、精致的方式。

精确新闻报道始于美国，20世纪60年代后期正式诞生。1967年，底特律市发生了震惊全国的黑人抗议风暴，时任《底特律自由报》的记者菲利普·迈耶和另外两个社会学家，采用随机抽样的方法，在暴乱地区抽选了437位黑人进行访问，随后，把访问得到的资料输入电脑，以统计学方法仔细分析黑人暴乱的原因，为《底特律自由报》写下了一系列报道。这组报道以确凿的数据揭示了黑人的深层次社会原因，一改过去新闻报道中常见的轻下结论、归因失当的毛病，受到了新闻界的广泛关注，并获得当年普利策新闻奖。随后，围绕1968年和1972年两届总统大选，精确新闻报道更为风行，许多日报还在第一版右下角开辟民意测验结果专栏，预测选举结果。1973年，当时已是北卡罗来纳大学新闻系教授的菲利普·迈耶出版了《精确新闻学——一种用社会科学报道的理论》的专著，使精确新闻报道进一步系统化、理论化。

和传统的新闻报道方式相比较，精确新闻报道有许多长处：首先，精确新闻报道更加客观、公正。传统报道新闻的方法是记者采访当事人或目击者，所以新闻来源是第二手的。当事人或目击者，往往受其利益驱使或自身限制，难免会观察不准确，或者带上自己的主观态度，不管记者本人想如何竭力保持客观、公正的态度，最终新闻报道中总难免出现一定的主观色彩。精确新闻报道以严肃的数据作为新闻报道的内容，可以使新闻报道更显客观、公正。

其次，精确新闻报道更能反映人民的呼声和意见。“名人效应”是任何媒体都在竭力追求的。所以，传统的新闻媒介总是要把报道焦点集中于社会名流、演艺明星、各级官员等之上，虽然各种媒介机构都把反映人民群众的呼声、愿望和意见的口号喊得震天响，但真正做到的极少。而精确新闻报道无论采用民意测验方法还是作实地社会调查，都得面向社会来搜集数据，在客观上较为全面地反映出民情、民意。

最后，与传统的报道方式相比，精确新闻报道更令人信服。一是因为精确新闻报道使用确凿的数据；另一方面，对于一些复杂的社会问题，用自然语言来叙述很难清楚地表达出它的准确含义，而精确新闻报道采取科学语言，甚至是数学语言，这样的表达自然更准确、更科学，从而也就更令人信服。①

应该说，精确报道从字面上就可以得到准确的理解，所以这里不再赘述。

在精确新闻出现之前，在美国还流行过所谓的新新闻学报道方式。

所谓新新闻学（new Journalism）报道，是兴起于20世纪60年代不满于当时新闻界沉闷空气而无意间扶植起来的“一种特殊的散文式论文”，随着参与者的日益增多，渐渐形成一种潮流。1973年，美国记者汤姆·沃尔夫和约翰逊选出21位认同这种写作风格的记者的作品，编辑了一本名为《新新闻学》的书籍出版，新新闻学的称呼从此被确认。

新新闻学又名新集纳主义、新新闻体，它既是一种新闻思潮，又是一种报道方式。俗称用写小说的笔法来写新闻故事。作品里往往洋溢着浓郁的小说化气息和主观性色彩，为了表现感受、渲染气氛，记者甚至不惜虚构。

但是，由于新新闻学的理论和实践都存在着难以弥补的先天缺陷，终使它在极尽喧嚣近十年之后，悄然隐入历史舞台的幕后，至今未能再现当年的光芒。

◎ 思考题

1. 西方认为，报纸是“监督政府的哨兵”，你说对吗？
2. 试析西方媒体与政府的关系。
3. 试析西方传媒对西方外交政策的影响。
4. 为什么说西方报道技巧日臻完善？
5. 为什么新新闻在喧嚣了一段时间后会销声匿迹？

---

① 参阅李良荣：《西方新闻事业概论》第11章第2节，复旦大学出版社1997年版。

第十章　行业自律

——“自我修正法则”

在西方国家里，一般都立法限制政府对新闻传播的干预，新闻机构和新闻记者往往成为社会地位特殊、没有谁能过问的“无冕之王”。

但是，并非如人们想象的那样，西方媒介和西方记者就真是那样可以任其随心所欲，独往独来，或者干脆就胡作非为。他们同样受着严格的约束，只不过是这种约束主要是来自行业自律，是源于新闻传媒和记者职业自觉的时时对自身行为的一种“自我修正”。

第一节　行业自律提出的历史背景

一、梦想与追求

追求新闻自由，是西方几代人的梦想。

随着资产阶级在同封建主义斗争中取得决定性胜利，资本主义生产关系最终取代了封建主义生产关系，“新闻自由”这一事物的性质在资本主义社会中也逐渐发生了变化。这种变化可以从有“美国人之父”之称的托马斯·杰斐逊一人在不同时期所说的两句话中得到反映：在美国资产阶级夺取政权的过程中，杰斐逊曾激昂地说道，如果由我来决定，是要一个没有报纸的政府还是要一个没有政府的报纸，我会毫不犹豫地选择后者。而当美国资产阶级掌权之后，坐在美国总统宝座上的杰斐逊则悄悄发生变化，说有时候从来不看报纸的人比看报纸的人更了解情况。上述判若两人的观点，一方面说明作为新剥削阶级的资产阶级把新闻自由仅仅当做自己夺权的工具，而根本不是将其视作人类文明追求的理想事业，因此，资产阶级所说的“新闻自由”的历史进步性是非常有限的；另一方面，也反映了西方新闻事业随着资本主义生产方式的发展，其本身的性质和形式都有了根本的变化。

但是，西方人追求新闻自由的努力并没有停止。他们前赴后继，顽强不屈，向着梦想与追求前进。

二、新形势的挑战

历史总是有它自身的规律，常常不以人的意志为转移。有时候，可能还会与人类的努力背道而驰。

众所周知，19世纪末20世纪初，资本主义由自由竞争发展到垄断阶段，这一变化既是资本主义生产方式内在矛盾运动的必然结果，同时又在更深刻的层面上激化了资本主义的固有矛盾。20世纪以来的资本主义社会，尽管资产阶级在其所允许的范围内对社会生产关系作了许多调整，新的科学技术革命也给资本主义生产力的发展提供了极佳的机遇和巨大的动力。但是，资本垄断的趋势不仅没有消失，反而扩展到社会生产的每一个领域，西方新闻事业的发展也完全成为少数垄断资本所控制的工具。这种变化最集中地反映在：作为传播社会信息的报纸、广播、电视等媒介，已经不折不扣地变为少数报业资本巨头所垄断的牟利机器；与此相反，“新闻自由”也逐渐蜕变为徒有虚名的垄断资本操纵新闻舆论的金字招牌，以至于自20世纪50年代以来，西方社会出现了深刻的新闻信任危机。①

三、传媒的堕落倾向

从表面上看，当代西方资本主义并没有将“新闻自由”收入历史博物馆，甚至还在原有的言论出版自由的基础上提出了获知自由和内部新闻自由的新要求。

所谓获知自由是指新闻媒体要求将政府的文件、会议内容、官员的活动向公众公开；所谓内部新闻自由是指不论私人的还是政府、政党的报刊，其编辑部内部应享有一定程度的自主权。尤其是20世纪70年代美国新闻媒介对“水门事件”的揭露和报道，使美国历史上出现第一位被迫辞职的总统；以及80年代日本新闻媒介对“利库路特”丑闻案的揭露，使整个日本政府陷入战后以来最深刻的信任危机之中。如此等等，似乎又唤起一部分人对西方新闻自由的幻想和喝彩。

尽管如此，深入的分析却能发现，新闻自由就其根本性质而言，在当代西方资本主义社会毕竟丧失了最初的进步性，即从有利于社会进步的动力沦落成为维护现存的不合理的私有制社会的工具。西方新闻自由的沉沦在当代主要表

---

① 姚福申：《新时期中国新闻传播评述》，复旦大学出版社2002年版，第395～398页。

现在以下三个方面：

首先，从政治上讲，新闻自由从封建专制主义的“反抗者”变成了资产阶级政治强权的“同路人”和“传声筒”。从资产阶级政府的角度看，由于资产阶级实现了对国家政权机器的全面控制，对新闻自由的限制也越来越严。正如美国当代批判主义新闻学家阿特休尔所说：“新闻就是力量，或者更明确一点，为了取得权力，维护权力，就必须控制新闻传播工具。显而易见，掌权者必须知晓影响其价值观的威胁与良机，运用新闻传播手段避开威胁、护守良机。”① 西方资本主义国家的掌权者几乎无一例外的都是这样去做的。仅以新闻自由“最完美、最彻底”而自居的美国来讲，从19世纪末开始一直到20世纪80年代，美国政府不断地以各种名义和借口，先后通过制定形形色色的法案（如“镇压叛乱法”、“惩治间谍法”、“阳光普照法案”等）来限制新闻自由。当新闻媒介强调宪法保障言论出版自由时，政府便以“维护国家安全”的名义来压制言论自由和出版自由；当新闻媒介提出获知自由的要求时，政府便以“主要负责人认为有特殊理由时，能秘密举行会议”（1976年通过的阳光普照法案）为借口来抗衡；当新闻媒介与政府发生冲突时，政府便常常以“民选的政府的要求就是公众的要求”为理由，强迫新闻媒介俯首就范。

当然，资产阶级也有另外的伎俩，如最近几年，美国政府公布了许多很机密的官方文件，由政府出面安排和主持的新闻发布会也越来越普遍。表面上看，似乎是满足了公众的获知权，实际上，政府正是以此为手段达到它想让公众知道消息的目的，进而使政府由新闻舆论的监督对象变成了新闻舆论的操控者。不难想象，在这样的权力面前，新闻自由越来越显得苍白无力便是自然而然的事了。

从新闻媒介自身的角度来看，由于西方新闻几乎完全是由那些报业垄断资本所控制，因此，任何不利于垄断资本以及不利于为垄断资产阶级整体利益服务的政府的新闻舆论，便处在当然禁止之列。《华盛顿邮报》主编威金斯就曾直言不讳地承认：我们的报刊决心维护现状，维持美国现存的制度和秩序。如果存在一个和美国社会制度不一致的报刊，那是非常危险的。著名的富布赖特教育交流计划的主持者富布赖特先生说得更明白：“揭露美国政治制度的根本

① ［美］阿特休尔：《权力的媒介》，华夏出版社1989年版，第6页。

弊端从来都是，并且继续是一个大逆不道的话题。”① 正因为如此，在当代西方社会，新闻媒介与政府只是侍奉垄断阶级的两个不同的仆人。尽管这两个仆人之间有时也会发生争吵，但由于其根本利益的一致性，故而新闻媒介对政府的批评和揭露，并不是什么新闻自由，充其量只是一种“小骂大帮忙”的艺术。这同政府对新闻自由的控制一样，都是为了资产阶级的整体利益和长远利益，都是以巩固发展资本主义私有制度为目标和轴心的。

其次，从经济角度讲，西方的新闻自由已由神圣高尚的人类文明事业堕落为沾满铜臭的赚钱机器。当代西方的新闻事业具有两个重要特点：其一，它都受到所谓“多数法则”的支配，即不管什么样的内容，只要能吸引最大量的顾客（受众）并赚取最多的广告收入，那就是新闻媒介所要提倡的内容；其二，新闻媒介的所有权越来越集中，即越来越多的新闻媒介为越来越少的资本大亨所垄断。从 19 世纪下半叶开始，西方的新闻媒介大踏步地参与到以盈利为最高目的的活动中来，“黄色新闻”便是金钱主宰新闻的最初标志。热衷于黄色新闻的报业资本家在标榜“新闻自由”、“新闻大众化”的同时，却用骇人听闻的、华而不实的、刺激感官的那些新闻塞满了人们赖以获得信息的新闻渠道。为了牟利，他们不惜把人生和社会的重大问题变成廉价的闹剧，把新闻改编成最适合报童大声叫卖的东西。到了 20 世纪，特别是在广播、电视问世之后，西方新闻业在巨额广告费的诱惑和驱使下，“新闻自由”便完全成了新闻商品的包装纸。

倘若说一般意义上的企业是通过生产商品卖给消费者的途径来获取利润的话，那么，西方社会的新闻在当代则是通过“制造”读者并把读者“卖”给广告商的方法来获取利润。当代美国报业巨头、《生活》杂志的老板卢斯，在给美国广告协会的一封信中曾作过这样的表白：“你们的协会是地球上我唯一要对它负责的法庭。我唯一的法律就是广告雇主和编辑之间的契约……这就是民主的本质。《生活》杂志能否存在将取决于你们——美国报刊的拨款委员会。”② 在这样的氛围中，新闻自由就难以保持其贞操，作为新闻事业的神圣性的新闻自由这一人类文明的崇高目标，在资本家对金钱的无休止贪欲中一次又一次地被玷污。就连西方社会中有正义感的人们都对这种践踏新闻自由的劣迹发出了诅咒。在一篇为美国报业巨头芒西所写的讣告中有这样几句话：“弗

① ［美］J. 威廉·富布赖特，塞思·P. 蒂尔曼著：《帝国的代价》，吴永和，袁明华译，译林出版社 1992 年版，第 42 页。

② 美国《事实》杂志，1967 年 7 月—8 月号。

兰克·芒西，以一个屠宰商的天赋，一个银行兑换商的道德和一个殡葬人的作风，对他那个时代的新闻事业作了贡献。芒西和他这一类人差不多已成功地把这个一度是最高尚的职业变成年利八厘的抵押品了。但愿他从此保险地安息。”①

最后，从西方新闻业自身的角度看，在政治权利和广告利润的双重操纵下，“新闻自由”已成了西方新闻传播活动混乱无序之现实的遮羞布。在当代西方社会中，当人们揭开“新闻自由”这一遮挡物后所看到的现实是：在政治和经济问题上只传播符合自身利益的意见，而歪曲或中伤反对的意见；时事报道时常更多地注意那些肤浅的和刺激性的事件；媒介所提供的文娱节目常常缺乏积极健康的内容；新闻媒介总是无理地侵犯个人的私生活，危害着社会道德，等等。《生活》杂志编辑托马斯·格里菲斯忧伤地感叹道：“（今天）当一名新闻工作者就等于成了一个有点可疑的人，一个颠倒黑白的人，一个侵犯隐私、扰乱平静的人，一个喜好采用耸人听闻手法的人，一个把事情简单化的人。”② 而这一切又都是在打着“新闻自由”的旗号下，堂而皇之地干出来的。正因为如此，当代西方社会正陷入对“新闻自由”的信任危机之中，为了摆脱这一窘境，一些西方新闻学者试图以“社会责任”的新概念来代替“新闻自由”。然而，正如我们前面所分析的那样，“新闻自由”这一概念本身并不是毫无进步性的，问题的关键在于资本主义私有制，正是这一制度导致了“新闻自由”在西方社会迅速地丧失了它的历史进步性。

第二节　美国媒体的自律

一、新闻自律源于职业自觉

值得研究的是，西方的新闻自律并不主要是来自外界的压力，相反，它主要是来自媒介自身的职业自觉。

面对日益失去公信的尴尬局面，西方不少有识之士开始反思“新闻自由”的深层次问题。他们提出一系列设想，企图通过“自我修正”的办法，来扭转媒体在公众中的印象，重塑媒体的社会形象。

① ［美］埃德温·埃默里，迈克尔·埃默里：1954 年版《美国新闻史》，新华出版社 1983 年版，第 581 页。

② ［苏］佩特鲁森科：《垄断报刊》，新华出版社 1981 年版，第 137 页。

由许多相互竞争、相互冲突的群体构成的，没有一个群体能永远处于统治地位。这些群体的相互竞争、冲突和监督，造成了一个互动网。它们之间的矛盾便形成社会动荡，而它们之间的妥协即成为公共政策。多元论还认为，为了防止发生强烈的社会问题，就应该使这些冲突从“暴力的水平”提高到“讨论的水平”，让群体之间冲突的场所公开化，使公众可以观察得到，各种声音都应该在这个场所中得到表达，这个场所即所谓“意见市场”(market of ideas)，即报纸。

美国主流媒体的价值观与全社会的主流价值观是一脉相承的。它认为：群体是独立的社会机构；新闻工作是一种职业，即它具有自己特定的指导思想和行为准则；它在经济上的独立性，使它能不依附于任何其他的社会机构而存在，而做到追求公众的知情权、监督政府、反映事实、客观公正。由于它具有独立性，所以媒体运作的最终决定权掌握在职业新闻工作者手中，尽管有着来自各方面的压力和限制。

主流新闻观认为，新闻是客观世界的反映。这一观点的前提是：世界是客观存在的，是可以反映和解释的。对世界的客观反映是新闻工作者的最高目标。主流新闻观还认为，人是有理性的，理性的人有能力在客观世界中分辨是非真假。新闻工作者的任务是提供给公众真实的信息和一个公开表达意见的场所，使他们能在“意见的公开市场”中“自由地获得真理”。

有理由认为，在理论和实践上，都不存在媒体与政府主动合作或曰配合的机制。相反，许多研究表明，绝大多数新闻工作者真诚地相信自己最主要的任务是向公众提供信息和监督政府的言行。

那么，是否可以得出结论说，美国的主流媒体与政府外交政策之间的分分合合、恩恩怨怨，只是不同形势下的偶然现象呢？回答是否定的。

事实是，美国主流媒体对外交决策的报道，批评也好，拥护也好，均未超出一个更大的框架，即冷战思维定势和西方价值观的优越性。

半个世纪以来，美国眼中的世界是由美国和苏联这两个超级大国间的争斗来定义的。具体地说，美国每一次外交决策都要把对苏联的影响和苏联的反应考虑在内。媒体也无法置身其外。一切与冷战有关的世界事务必定是外交决策的中心议题，也就必然是媒体报道的热点与焦点。即使是对某一外交决策持批评态度也无法超出冷战的思维框架。比如，对越战政策的批评，从未对一个更根本的前提提出过质疑，即：东南亚是两个超级大国争霸的战场。媒体没有，也不可能关注那些政府认为对冷战格局无关紧要的地区和问题。

可见，西方媒体的自律是有限度的和有终极标准的。

如果说冷战是政府维护国家利益的需要，那么，对媒介来说，这种思维更是西方至上的文化价值观的反映。这是一个潜意识的、不自觉的、更具隐蔽性的思维定势。

因此，有人认为，国家利益和西方价值观在外交政策的报道中的结合，其表现常常是媒介在主动地、有计划地和"有阴谋地"配合执行政府的外交政策。

那么，媒介与政府之间到底是一种什么关系呢？是监督、批评（watch-dog）还是有意识地支持配合（conspiracy）？这恐怕是一言难尽的。监督批评论的理论基础是多元的社会理论。它将媒体看做一个自在的、在结构和价值观上脱离其他社会成员的独立体系。而"阴谋论"则缺乏事实说明媒体有意识的配合和支持是通过什么样的一个机制和程序而得以实现的，因此也失之简单。

要解释这种剪不断、理还乱的关系，可以用意大利学者葛兰西的"霸权理论"(hegemonic theory）来说明。葛兰西认为，统治阶级对社会的控制有两种方式，即使用强制手段和制造共识。在西方资本主义社会里，第一种方式主要用于危机发生时期。使用更多的是第二种方式。一个社会中人们生活方式的总和构成了共识的观念体系。这种共识符合生活现状。统治者就是通过培养共识和制造流行价值观的不断重复和加强而保持和巩固现有的社会秩序。换句话来说，在大多数情况下，是人们的共识将社会聚合在一起。这种统治阶级通过社会共识而巩固现状的现象就是"霸权"(hegemony)。美国学者吉特林进一步指出，"霸权"现象的形成是由统治阶级和被统治阶级通过日常的社会生活和社会组织结构的形式来共同完成的，是各种社会力量互动的结果。

根据"霸权"理论，媒介和新闻工作者作为社会的一个组成部分，与社会其他成员一样，具有基本的共识。它们的行为也与社会其他成员一样为这些共识所决定。社会的所有成员就在日常的社会生活中，不断地使现存社会制度合法化，并得到巩固和加强。

"霸权"理论在对媒介作用的分析方面，与前面所讨论的"多元论"和"阴谋论"有根本的不同。多元论认为媒介是与社会其他分子相分离的、对立的结构，因而能置身其外，起到对政府进行监督的作用。"霸权"理论则认为，作为社会的一分子，媒介无法超越"共识"，即主流价值观，无法从根本上监督和批评政府和现存社会秩序，也不会脱离社会的主流价值观，去为政府的私利服务，它必然会把维护社会的主流价值体系作为自身行为的最高标准，作为自己新闻报道的取舍依据。

在美国媒介与政府外交决策的关系中，我们可以看到，媒介能大张旗鼓地批评政府的某些外交政策，评论战争的得失，如政策是否得当、战争人员伤亡是否过于惨重、战争打下去是输是赢，等等。但媒介不可能对美国为什么要干涉他国事务，为什么一律敌视非西方阵营的意识形态等提出质疑。因为在这些问题背后的两大前提——东西方对立的世界格局和所谓西方民主的优越性，已经在美国社会中达成了共识，而共识是无需质疑的。相反，媒体对具体政策的不断曝光，反而使人们看到了由新闻自由而体现的美国民主制度的健全和优越性。

另一方面，"阴谋论"，即所谓媒介有组织、有计划地配合政府的对外政策，也不能解释二者之间分分合合的"爱恨情结"。"阴谋论"认为媒体是政府的同谋者，它与当权者沆瀣一气，狼狈为奸，成为政府侵害公众利益的帮凶。如前所述，没有事实来支持这一假说。从我们对外交决策参与者的分析中可以看出，媒介并非直接的、法定的参与者，也就是说，在美国这样一个法治的国家里，不存在媒介直接参与外交决策和执行的法律上的机制和可能性。媒介对外交的影响，是通过影响舆论而实现的。而不同的媒介之间的商业竞争，也不可能使他们的影响形成一种有组织的活动。"配合"说也难以解释为什么媒介对某些外交事件的提前或过分报道反而常常破坏了政府的外交策略。

而这些，同样可以用"霸权"理论加以解释。美国媒介作为社会的一分子，既不像"多元论"认为的那样独立，也不像"阴谋论"认为的那样与政府沆瀣一气。作为一种社会机构，媒介有它的运作规律和职业规范，以及特定的新闻价值观；另一方面，在更高层次上，它们又与社会其他分子享有共同的文化价值观。

新闻工作的规律和特点，常常与政府外交的规律和特点发生冲突，如新闻的公开性和外交的隐秘性，新闻的适时、直观性与外交的迂回、曲折性等等。这些冲突在某一个层次上表现为媒体与政府的对立。然而，透过这个层次，我们可以发现，正是通过这种不断的冲突、批评和监督、修正，现行的主流价值观，如自由、民主等等观念得到了反复的强调和认同，建立在这个价值体系上的现行政治体系也因此得到了不断的巩固和加强。

综上所述，从"新闻自由"在西方社会的历史嬗变中可以得出这样的结论：西方的新闻自由并不是万能的社会痼疾的良药，而且它的效果即便有也并不牢靠；西方的新闻自律也不是完美无缺，真能实现所谓的"自我修正"。因此，盲目地对西方的新闻自由顶礼膜拜，无疑是一种缺乏自信心的表现。

◎ 思考题

1. 说说什么是“自我修正法则”。

2. 西方为什么要大力推行行业自律？

3. 美国媒体的自律有何特点？

4. 为什么说新闻自律源于职业自觉？

5. 简述新闻自律的主要内容。

第十一章　控制与使用

——西方媒介的社会调控理论

在讨论了西方新闻理论的上述方面后，我们会得出一些印象，即西方媒介具有相当大的自主权，似乎可以不受社会控制的自行其是。其实这是一种误解，下面我们不妨来看看西方社会是如何来控制和使用新闻媒介的。

第一节　西方政府对媒体的控制

一、一般理论及其实践

在欧洲，英国最先形成对出版业进行法律控制的政治传统。1528 年起，英王亨利八世下令对出版业进行管制；1530 年，开始建立特许制度。此后，英国颁布了一系列对出版业进行管制的法令，并建立了与之相应的皇家法院即星法院，以保证特许制度的施行。

1. 早期的法律控制

1586 年，英国颁布了《星法院法令》，其主要条款为：（1）全体印刷商的印刷机必须在“皇家特许出版公司”登记。（2）伦敦市外，除牛津大学与剑桥大学外，禁止印刷。（3）除非教会同意，不再允许新的出版商登记。（4）特许制的各项规定。（5）非法印刷书籍的惩罚。（6～7）皇家特许出版公司有权搜查和没收非法的印刷品与秘密印刷机。（8）印刷商的学徒不得超过 3 个人。（9）牛津大学和剑桥大学的印刷商各限 1 名学徒。① 这是人类社会第一个由国家颁布的控制媒介的专门法令。

《星法院法令》除了对英国的出版业发挥着直接的控制作用之外，还对世界各国如何制定控制出版业的法律提供了法律控制的基本要素。它揭示对出版业进行法律控制的另一种可能：必须在权利与义务相一致的前提下，法律才能

① 顾理平：《新闻法学》，中国广播电视出版社 1999 年版，第 36 页。

做到在人人面前平等。没有权利也就没有义务，享有多少权利就应该承担多少与之相应的义务。

在实行严格的法律控制的同时，资产阶级也并没有忘记道德的力量，他们总是通过道德提倡来使之与法律调控相配合。弥尔顿在《我激励所有人摆脱束缚》中发出呐喊："我不过是在激励人们摆脱身上的束缚，/而这是世人皆知的古老的自由法则"，"热爱自由的人首先要有智慧和美德，/而我看见他们却距此很远，/为了自由人们已花费了多少财富和血汗"，"只有具有美德的人才从心底里热爱自由，而其余的人爱的只是放纵而非自由，而放纵决不会带给人们比专制下更多的机会和恩惠"①。由此可以看出，弥尔顿在倡导出版自由的同时，也在呼吁着对这一自由的自我道德的约束，即对出版自由这一个人权利进行"美德"自律。

在弥尔顿提出进行自由权利的道德自律之后，洛克在他的《政府论》中写道："人类天生是自由、平等和独立的，如不得本人同意，不能把任何人置于这种状态之外，使之受制于另一个人的政治权利。任何人放弃其天然的自由并受制于公民社会的种种限制的唯一方法，是同其他人协议联合组成为一个共同体，以谋得彼此的舒适、安全和和平的生活，以便安稳地享受他们的财产并且有更大的保障来防止共同体以外任何人的侵犯。无论人数多少都可以这样做，因为他并不损及其余人的自由，后者仍然像以前一样保有天然自由的状态。当某些人这样地同意建立一个共同体或政府时，他们因此就立刻结合起来并组成一个国家，那里的大多数人享有替其余的人做出行动和决定的权力。"②

洛克依据社会契约论的思想，认为国家"共同体"必须是"大多数人"以民主的方式来制定法律，这就从法理的层面上提出法律必须代表人民的意志，必须体现"大多数人"的意志。

是不是为了过上"舒适、安全和和平的生活"，个人就必须放弃一切的自由权利呢？不是的。洛克说："不管会引起人们怎样的误解，法律的目的不是废除或限制自由，而是保护和扩大自由。在一切能够接受法律支配的人类状态中，哪里没有法律，哪里也就没有自由。自由意味着不受他人的束缚和强暴，而哪里没有法律，哪里就不可能有这种自由。但是自由，正如人们告诉我们

① ［美］莫蒂默·艾德勒，查尔斯·范多伦编：《西方思想宝库》，吉林人民出版社1988年版，第989页。

② ［美］莫蒂默·艾德勒，查尔斯·范多伦编：《西方思想宝库》，吉林人民出版社1988年版，第990~991页。

的，并非人人爱怎么样就可以怎么样的那种自由（当其他任何人的一时高兴可以支配一个人的时候，谁能自由呢），而是在他所受约束的法律许可范围内，随其所欲地处置或安排他的人身、行动、财富和他的全部财产的那种自由，在这个范围内，他不受另一个人的任意意志的支配，而是可以自由地遵行他自己的意志。”弥尔顿已明确地意识到，对于出版自由、言论自由、新闻自由等个人权力如何在现代社会的形成之中得以逐步地实现，首先取决于社会的法律保障体制的完整建立，然后取决于个人的道德自律规范的普遍形成。对于新闻自由来说，更是如此。这就为资产阶级对新闻出版业实施法律控制提供了理论上的支持。

1640 年，因“长期国会”的举行而引发了英国资产阶级革命。从 1640 年到 1694 年，英国曾两次恢复控制出版业的特许制度。但是，在英国社会现代发展的大趋势中，法律控制不得不有所放松。1695 年政府宣布出版法案停止执行，延续了近两个世纪的特许制度同时废止。

进入 18 世纪，1712 年英国政府颁布了印花税法案，英国报业受到又一次沉重打击。到 1861 年，英国政府才被迫取消了一切不利于报业发展的种种税收法案。

从经济上取消对于新闻自由的法律限制后，并不表示对报业法律控制的结束。1704 年，英国司法机关在审理案件中首次使用了“诽谤罪”的罪名，从此，新闻报道中凡是涉及有损国王及国会尊严的均被认为是犯了诽谤罪。1765 年，英国废止了限制新闻自由的登记法案。1770 年，对报人弗朗西斯的审判确认国王并非神圣不可侵犯。1771 年，开始容许对国会进行报道。不过，对于报道失误或批评国会将被判处诽谤罪。1792 年，国会通过的诽谤法，区分了批评与诽谤之间的法律界限。直到 1868 年，英国才从法律上规定报道国会消息及批评国会不属于诽谤罪。

2. 保障式的法律控制

由于世界上只有部分国家制定了专门的新闻法，多数国家则在宪法或普通法（民法、刑法）中作出有关规定，因此，运用宪法或普通法对新闻自由进行法律保障，被称为直接保障式的法律保障，而运用专门的新闻法对新闻自由进行保护被称为间接式的法律保障。

（1）直接保障式的控制

在对新闻自由进行直接保障式的法律保障的国家中，美国具有代表性。一方面，美国宪法明确规定不得对公民的言论自由进行任何限制，但表述却过于空泛（国会不得通过……任何剥夺言论自由的法律），各方理解也不相同。如纽约州的宪法规定："每一公民对于任何问题均有写作、口述或出版其意见的自由，但须自负滥用此项权利的责任。政府不得制定法律以限制或废止言论及出版自由。"在特殊情况下，则通过制定特别法来加以规范，如建国初期的《处置外侨法》、第一次世界大战期间的《取缔煽动法》、第二次世界大战期间的《美国报纸战时管理法》等。不过这些法律饱受诟病，很快被废弃。

从另一方面看，这种关于"新闻自由"表述的空泛，又为保障公民言论自由提供了最大的可能性。这是因为，即使是法律规则制定得再详细，也不能将所涉及有关言论自由滥用的情况一网打尽，正如美国著名法官霍尔姆斯所说："最严格的保障言论自由也不能保障一个人可以在戏院里虚报火警制造恐慌。"更重要的是，宪法为保障个人言论自由权利所提供的法律解释空间为言论自由这一个人权利的实施给予了不断充实完善的具体法律保障。

在美英等西方国家，对于宪法规定的言论自由、出版自由和新闻自由等民主权利的保护，一般是通过判例来具体化的，也就是通过那些成为法律根据的法院判决的判例，不仅保护了这一案例当事人的合法权利，而且为保证与其相似的其他当事人的合法权利提供了法律依据，从而使法律保障在司法过程中能够随着社会变化而同步发展变化，做到更有效地保障言论自由。所以，对于新闻自由的法律保障，也同样是通过判例法制度来进行具体实施的。正是在这样的意义上，可以说，对于新闻自由的法律保障，是在进行法律保障的同时又在创造保障新闻自由的法律本身。毋庸讳言，这种保障是以控制为前提的。

(2) 间接保障式的控制

与英美法系的判例法相对应的是大陆法系中的成文法，也就是间接保障式的法律保障中对新闻自由进行专门保障的专门法。在这一法律体系的国家中，法国具有代表性。

法国最初对于出版业实行特许制度来进行法律控制，随后对报业也同样实行特许制。1789 年 8 月 16 日，法国国民议会通过了《人权与公民权利宣言》，规定："任何公民享有言论、写作和出版的自由"，"但在法律限制内须担负滥用此项自由的责任"。正因为有后边的规定，所以在 1789 年法国大革命中已经被废除的特许制度后来一再复活，但最后还是相继为 1848 年"二月革命"、1870 年普法战争所冲破。

1881 年 7 月 29 日，法国颁布了出版自由法，并在此后经过多次修改。该法共 5 章 65 条，其主要内容包括：保障印刷和出版自由；实行登记制；创办日报或定期出版物，只需申报而无须批准；无需缴纳保证金。未经申报者处以罚款或监禁。该法规定，国家建立版本记录制度、缴送样品制度、版本备案制度、更正和答复制度，以供国家收藏、共和国检察院备案，报道失实进行及时更正。新闻及其他出版物触犯法律的犯罪分为煽动、妨碍公共事务、妨害个人、伤害外国国家元首和外交官等四类，有上述犯罪事实之一者，一般处以罚款或者监禁，或者两者同处。责任则实行“瀑布制度”，即承担犯罪责任人顺序，首先为经理和出版者，没有上述人员则为作者，没有作者为印刷者，没有印刷者则为销售者、散发者、张贴者。①

法国这部出版自由法是人类历史上出现的第一部较为完备的新闻法，但与《人权与公民权利宣言》相比，其对世界的影响却小得多。一方面，是因为这部法制定的时间晚了许多，其他一些国家的相关法律已经形成，另一方面则是由于法国长期实行的特许制度对于制定这部法律的潜在影响，使法律制定者不得不在借鉴国外立法经验的基础上才能最终形成有关法律条文。这客观上降低了它在世界上的影响。

（3）两种控制方式的比较

一般来说，直接保障式的法律保障较之间接保障式的法律保障，比较灵活并能较及时地适应新闻事业发展的现实需要。在美国，特别突出地表现在为确保新闻自由而采用追惩制，这与法国的登记制截然相反。

所谓追惩制，就是出版物不用登记，也不受检查，出版之后应对其违反法律的规定承担责任。这实际上就是在为新闻自由提供更大程度上的法律保障的同时，也对新闻自由的道德自律提出了更高的要求。

3. 道德规范性控制

在对媒介实行法律控制的同时，西方社会还非常注重利用道德的力量来对传媒进行规范性控制，其中也包括倡导媒介的道德自律。

近年来，空前的法律保障与空前的道德自律在美国报业的发展中渐趋一致，从而促使美国新闻事业实现从报业阶段发端就开始的空前发达。如果能够从新闻自由在得到有效的法律保障的同时，也同样得到有效的道德自律的角度来看，或许对于世界各国的新闻事业发展的迅速或迟缓有新的视角，也就不难从美国新闻事业的发展现实中获得某些有益的启示。

4. 对不同规范形式的分析与评价

所谓控制实际上是一种规范。

郝明工博士在他的著作《无冕国度的对舞——中外新闻比较研究》中，对各种规范形式的利弊得失作了深入的分析。他说，从文化规范的基本构成来

① 陶涵主编：《比较新闻学》，新华出版社 1999 年版，第 102～103 页。

看，是以具有强制性规范的法律与非强制性规范的道德，来作为整个规范的两极。只有当这种具有两极性的文化规范能够在法律与道德协调一致的基础上，文化规范才能有效地发挥其制约作用。这种制约作用表现为两种截然不同的正负形式，即文化规范制约作用的正负形式。文化规范制约作用的正形式，将文化规范的制约作用与社会的不断发展联系起来，促进社会的发展；而文化规范制约作用的负形式，则将文化规范的制约作用与社会的囿于停滞联系起来，阻碍社会的进步。

从现代法律的角度来看，法律的制约作用的正负形式分别是——正形式的法律保障与负形式的法律控制。尽管法律规范具有不可动摇的刚性特征，但法律保障性规范与法律控制性规范之间有着天壤之别，绝不可同日而语。法律保障与法律控制这两者的差别在于，法律保障是建立在注重个人基本权利、特别是尊重个人自由权利的基础之上的，而法律控制则是建立在忽视个人基本权利，特别是无视个人自由权利的基础之上的。所以，在法律保障与法律控制之间，两者的差别实际上就是个人权利与个人义务是否平衡的差异。法律保障表现出个人权利与义务在法律上的对等，而法律控制则表现出个人权利与义务在法律上的不对等。依法实施保障所体现的是法制精神，推进法律的完善，而依法强行法律控制所表现的是人治精神，危害法律的尊严。

对新闻自由是进行法律保障还是进行法律控制，在东西方新闻事业的最初发展阶段就已经是泾渭分明。欧美各国的新闻事业在报业发展阶段所受到的法律制约，更多地表现为法律保障，新闻自由得到了较为充分的体现，因而新闻事业也就发展得较为迅速，对社会进步的贡献也就大；而东方的新闻事业在报业发展阶段所受到的法律制约，主要表现为法律控制，新闻自由遭到了较为全面的压制，因而新闻事业也就出现忽冷忽热的现象，对社会发展的作用就显得极其有限。

同样，从现代道德的角度来看，道德的制约作用的正负形式分别是——正形式的道德倡导与负形式的道德教化。道德倡导与道德教化这两者的差别在于，道德倡导是建立在关注个人基本权利，尤其是关爱个人自由权利的基础之上的，而道德教化则是建立在漠视个人基本权利，尤其是蔑视个人自由权利的基础之上的。因此，在道德倡导与道德教化之间，两者的不同，事实上就是个人自由与自律能否协调的反差。道德倡导体现出个人自由与自律在道德上的一致，而道德教化体现出个人自由与自律在道德上的失衡。遵从社会公德以实现道德倡导，所展示的是个人道德境界，有利于道德的攀升；放纵个人意志以进行道德教化，所展示的是对社会公德的背离，有损于健康的公共道德的培养。

对新闻自由是进行道德倡导还是进行道德教化，在东西方新闻事业的最初发展阶段中，就已经见出分晓。欧美各国新闻事业在报纸阶段的迅速发展，与道德制约中的道德提倡一直占据主导地位有着密切关系，新闻自由与道德自律之间形成良性循环；而东方新闻事业在报纸阶段的时断时续的发展，与道德制约中的道德教化始终占据上风有着一定的关系。

新闻事业的发展速度同法律制约与道德制约之间所形成的具有正负形式的相关性表现，存在着非常直接的影响关系。法律保障与道德提倡之间趋于一致时，就促进新闻事业的发展，如欧美等国的新闻事业所以能够高度发达；法律控制与道德倡导之间趋于分离时，就促进新闻事业的畸形发展，如美国历史上的“黄色新闻浪潮”和我国五七年的整风反右；法律控制与道德教化之间趋于同一将迫使新闻事业的蜕化变质，如纳粹德国的报纸和广播。

对世界各国新闻事业发展的历史过程进行考察，就会发现，一般是先制定与之相关的法律及法令，促进新闻事业的发展，然后在新闻事业的发展过程中出现与之相关的道德及准则。只有当新闻法律与新闻道德之间能够形成正相关的相辅相成关系，新闻事业才有可能得到迅速而全面的发展。①

5. 社会控制与新闻自由的关系

世界上最早制定新闻法的国家是瑞典。1776 年，瑞典公布新闻自由法。该法规定，禁止政府对报纸的印刷、出版和销售设置障碍，还规定禁止对报纸进行事先检查。由此可以看出，瑞典的新闻自由法（又称报纸自由法）对新闻自由所进行的法律制约，显然是法律保障，是世界上出现最早的具有真正意义的新闻自由法。

为了调整新闻传播活动中各有关方面的关系，一些新闻机构、团体分别制定了《记者守则》、《报业信条》、《新闻伦理纲领》等，作为新闻工作者自我教育、自我约束的行为准则。瑞典不仅是世界上最早制定新闻自由法的国家，1874 年瑞典政论家俱乐部成立后还制定了职业守则，作为各报行为的指导纲领，这使其成为世界上最早在报业中定出职业守则的国家。这两个“最早”，至少能够给我们以这样的启示：在两个“最早”之间，应该具有某种内在的联系，也就是说，在保障新闻自由的法律制约与倡导新闻自由的道德提倡之间，出现了第一次正相关。

不可否认的是，新闻法律较之新闻道德，对于新闻事业的发展具有着更为

① 参见郝明工著：《无冕国度的对舞——中外新闻比较研究》，云南人民出版社 2002 年版，第 263 ~266 页。

直接、更为明显，也更为有效的制约作用，这至少是因为新闻道德的形成在时间上要后于新闻法律的制定这一事实所决定的。

能否制定新闻法律，从文化角度上看，与世界各国的文化传统存在着本质上的联系，具体表现为不同法系随着人类文化现代转型的进程能否在社会现代化过程中进行现代转换。在现有的人类五大法律体系中，除了中华法系无法直接进行这一转换之外，印度法系与伊斯兰法系也没有能够有效地进行这一现代转换。

古代印度居住着不同种族、不同风俗习惯和不同宗教的人民，政治上经常处于不统一的状态，因而法律也是分散的、多样性的。但又具有其共同点，即与宗教、道德规范和哲学联系紧密。印度古代法大体可分为佛教分支和婆罗门教分支，历史上曾多次此消彼长，相互兴替。它最早起源于婆罗门教法，后来佛教影响先是兴盛后又减弱，婆罗门教法又再次兴盛起来。公元8—9世纪时，婆罗门教吸收了佛教和耆那教的某些教义，改称印度教，因此，印度古代法也往往被称为印度教法（Hindu law）。实际上，印度教兴起时印度已进入封建社会时期，但其法律仍然肯定王权的君主专制制度，宣布国王是具有人形的伟大的神，其光辉凌驾于一切生物之上，还肯定了古印度奴隶制社会的种姓制度。

人们通常所指的伊斯兰法系（Islamic law system），又称阿拉伯法系（Arab law system），是中世纪信奉伊斯兰教的阿拉伯国家和其他一些穆斯林国家法律的总称。公元7—9世纪，形成了阿拉伯哈里发国家的法律，包括穆斯林宗教、社会、家庭等各方面的法规，兼具宗教法规和道德规范两种性质于一身，是每个穆斯林信徒所必须遵循的基本生活准则。

在当代，随着穆斯林国家中资本主义的发展和社会的变革，昔日伊斯兰教法的特殊地位已不复存在，特别是经过被殖民时代西方文明的大举传入，在大多数穆斯林国家中，世俗法律已经基本上取代了伊斯兰法。但由于伊斯兰教仍然是占统治地位的意识形态之一，因而在各穆斯林国家里，伊斯兰法对穆斯林个人的行为，依然具有不同程度的约束力。

中华法系、印度法系、伊斯兰法系这三大法系，具有一个共同的法律特点，就是基于等级制度之上的义务大于权利的不对等，因而缺乏与之相应的本土文化传统来促成它们的现代转换，无法从这些法系中生长出新闻法律来。反之，新闻法律来源于大陆法系与英美法系，这是为什么呢？

大陆法系（continental law system）又称民法法系（civil law system）、罗马—日耳曼法系或成文法系。中国法学著作中惯称大陆法系。指包括欧洲大陆大部分国家从19世纪初，以罗马法为基础建立起来的、以1804年法国民法典和1896年德国民法典为代表的法律制度，以及其他国家或地区仿效这种制度而建立的法律制度。它是西方国家与英美法系并列的渊源久远和影响较大的法系。

大陆法系的特点，概括起来有以下几个方面：（1）明确立法与司法的分工，强调成文法典的权威性；（2）比较强调国家的干预和法制的统一，尤其在程序法上如此；（3）重视法律的理论概括，强调法典总则部分的作用；（4）注重法典的体系排列，讲求规定的逻辑性、概念的明确性和语言的精练。

瑞典的法律制度属于大陆法系。这是因为瑞典在文化交流中受德国和法国文化的影响较大，仅仅从瑞典语中外来词汇的角度来看，在中世纪，瑞典语就从德语借来许多词汇，18世纪法语又大量涌入瑞典语，19世纪至20世纪英语又成为瑞典语借用词汇最多的一个语种。① 不过，瑞典的新闻法律既不同于法国也不同于德国，但它仍表现出大陆法系的主要特点。

1812年瑞典制定出版自由法，在1974年进行了重新修订，被认为是瑞典的宪法性文件之一。其成文法典的权威性也就可想而知。建立陪审制度、损害赔偿制度和采取相应的行政强制措施等规定，显然是比较强调国家的干预和法制的统一，尤其在程序法上更是如此。外国印刷品的国民待遇原则，展示出重视法律的理论概括，强调法典总原则部分的作用。更为重要的是，在注重法典的体系排列、讲求规定的逻辑性、概念的明确性和语言的精练性方面，尤为突出。从对于出版自由权、言论自由权、情报自由权、作者匿名权的权利之分，到等级制、版本记录制度、缴送样品制度、侵犯出版自由罪、“瀑布”制度的义务之分，充分体现了权利与义务在对等基础上的体系性。

在这样的前提下，可以说瑞典的出版自由法的制定受到了1804年法国制定的法国民法典的直接影响，成为瑞典具有宪法性地位的文件之一。同时，作为世界上第一部关于出版自由的专门法，不仅对法国1881年制定的出版自由法产生了较为重要的影响，而且对欧洲之外的亚洲国家，如日本在19世纪下半叶制定（1889年正式颁布）的《大日本帝国宪法》中规定“日本臣民在法律范围之内有言论、出版和集会的自由”等相关条款也产生了不容忽视的影响，并且对英美法系之中的新闻法律也产生了一定影响，在事实上成为大陆法系中的第一部具有产生广泛影响的出版自由法。

英美法系（Anglo American law system）又称为普通法系（Common law system）或判例法系（Case law system）。指英国从11世纪起主要以起源于日耳

① ［美］肯尼斯·卡兹纳著：《世纪的语言》，北京出版社1980年版，第92页。

曼习惯法的普通法为基础，逐渐形成的一种独特的法律制度，以及仿效英国的其他一些国家和地区的法律制度，是西方国家中与大陆法系并列的一种历史悠久和影响较大的法律体系。英国判例法中还包括一种它特有的平衡法，也有制定法。

英国在1792年颁布的作用巨大影响深远的诽谤法，就是由判例法与制定法等组成的，并且以判例法为主。内容包括：诽谤的定义、诽谤的构成、诽谤诉讼中的答辩理由、陪审制、损害赔偿、刑事诽谤等。其中最重要的是对于诽谤的定义、诽谤的构成、诽谤诉讼中答辩理由的相关规定。该法赋予陪审团以总括判决权，并在必要时对诽谤案实行特别宣判。该法改变了由法官随意解释和判决诽谤案的无标准状态。1952年英国议会再次修改诽谤法，对1974年瑞典修改出版自由法同样也产生了一定的影响。

诽谤的定义，一般认为，如果某人的言论是为了达到下列目的中的任意一个，就是诽谤：（1）使被谈论者受到仇恨、讥笑或者蔑视；（2）使被谈论者受到孤立或者冷遇；（3）使社会上一般思维正常的人对被谈论者评价降低；（4）贬低被谈论者在所服务的机构、职业或行当中的声誉。诽谤的构成，一般认为，要有以下几个要件：（1）言词是诽谤性的；（2）言词指向原告；（3）言词已经发表。

由此可以看出，诽谤罪能否成立，对于原告来说，关键取决于能否证实言词是诽谤性的。而如何判断这一点，则又与诽谤罪的定义直接相关，这就维护了原告的个人权利。诽谤罪的构成与新闻自由相关的是言词已经发表，因而维护被告的个人权利也就同样涉及新闻自由，这就需要赋予被告以相应的权利。在双方权利对等的原则下，才有可能出现公正的诉讼程序与诉讼结果。只有程序的公正，才会出现结果的公正。这就强调了被告答辩的必要性。

英国1952年修订后的诽谤法规定，诽谤诉讼中的答辩理由包括：（1）言词是真实的，公开发表的信息和意见中没有虚构的成分；（2）公正评论，即言词是对与公共利益有关的事务的公正评论；（3）特权；分有限特权和绝对特权两种，它规定某些种类的言论不受法律追究。绝对特权适用于公正而准确地对英国境内司法程序的同步报道；有限特权则保护公正而准确的同步或非同步的司法报道和对议会活动的报道；如果原告能够证明被告动机有恶意，则有限特权这种答辩便不能成立；（4）诽谤言词的发表是无意的和发表者已经做出了更正的承诺；（5）无辜散布，主要是指印刷者、发行者及图书馆等可以为此不承担责任。

显而易见的是，关于诽谤诉讼的答辩理由主要是针对新闻界对于政府的批评性报道而言的，赋予了新闻界对于国家机构进行公正而准确地报道的有限特权，尤其是对司法机构进行公正而准确报道的绝对特权。这样就至少可以避免在诉讼过程中出现枉法舞弊的可能，为保障新闻自由奠定了司法基础。与此同时，言词发表的无意和发表者更正的承诺，也成为诽谤罪不能成立的答辩理由，这就为保护新闻记者与报纸编辑的合法权益提供了相应的司法保障前提。

特别是免除了无辜散布的印刷、发行等传播者的法律责任这一点，较之于瑞典的出版自由法与法国的出版自由法，对存在着的“瀑布”制度予以了否定，明显地为新闻自由的法律保障提供了空前的司法支持。这也是英美法系的新闻法律与大陆法系的新闻法律之间的一个重要的差别。

如果说英国的诽谤法主要是为了对新闻界批评政府进行法律制约，那么，个人隐私的提出，则是为新闻界能够在多大程度上曝光私人行为而进行法律制约。

1890 年，美国法学家布兰迪克斯和沃伦在哈佛大学《法学评论》发表文章，首次提出“隐私权”概念。文章提出以下观点：（1）隐私权是不受侵犯的个人权利之一；（2）保护个人著作及其他智慧或感情的产物原则，是保护隐私权的主旨；（3）新闻报道不应该侵犯个人私生活的神圣领地；（4）隐私权起源于习惯法，不能以宪法无规定为理由，否认问题的存在；（5）涉及隐私权问题的诉讼案，不能以“报道的是事实”为理由，为侵犯他人隐私权作辩解。

该文引起美国司法界的重视。1974 年，美国国会通过保护隐私权法案。该法案是世界上第一部隐私权专门法，其要点为：（1）隐私权是受法律保护的公民基本权利之一；（2）禁止政府和新闻界滥用私人性质的资料，包括个人过去的犯罪记录；（3）隐私权法案与情报自由法案相抵触时，前者服从后者；（4）政府不得以情报自由法案大于隐私权法案为理由，拒绝公民取得自己的档案。在美国的影响下，其他发达资本主义国家也相继制定了有关隐私权问题的法律。

自从弥尔顿在 1644 年系统阐述“出版自由”的主张以来，一直到 1890 年美国学者要求尊重个人隐私权，法律对于个人自由权利的确认，无论是英美法系还是大陆法系，都能够进行彼此互通有无的文化交流，不断完善法律制度体系。有了法律，人们就有了遵循，在发生法律纠纷的时候，解决起来就有了依据。因此，有法律规定和没有法律规定比较起来是大不相同的。

中华法系（Chinese Law system）走的是另一条道路。进入 20 世纪以来，中华民国时期，北洋政府沿用清末未及颁行的法律，制定了保护封建买办经济关系和镇压革命运动的民法典、刑法典和单行法规。而以大总统命令发布的特别法，具有高于普通法的地位和作用，反映了北洋政府的独裁性质。此外，经大理院批准适用的判例和解释例，也是北洋政府法律体系中的重要组成部分。当北洋政府确定法律制度体系的时候，已经从清政府模仿大陆法系的日本法律，开始转向于对英美法系的借鉴。

北洋政府的法律制度又为国民党政府所继承。国民党政府的法律体系，由成文法和判例、解释例两个部分组成。成文法中包括宪法、民法（包括商事法）、刑法、民事诉讼法、刑事诉讼法和行政法，即所谓"六法"。六法和有关的单行法规汇编在一起，统称《六法全书》。至于判例、解释例，是在援引北洋政府大理院判例、解释例的基础上，作了大量补充而汇总编成，它是一种灵活的法律形式和对成文法的重要补充。实际上，国民党政府的法律制度体系已经将大陆法系与英美法系融为一体了。

国民党政府的法制标榜资产阶级的民主与法制，并搬用西方的某些法制形式。但它与清末的法制和北洋政府的法制相同，是半殖民地、半封建的法制，不同的是增加了反共的单行法规、特种刑事法庭和秘密审判制度，"成为维护地主买办官僚资产阶级实现反动统治、保障帝国主义特权的工具和镇压广大人民群众的武器"①。在《六法全书》以及单行法规中，就分别出现了对出版自由、言论自由、新闻自由进行制约的有关法律及新闻法规。

1928年，国民党召开了二中全会，党内达成统一协定。不久，国民党当局颁布了《暂行反革命治罪法》、《中华民国刑法》，严惩一切不利于国民党统治的宣传出版活动。其中，《暂行反革命治罪法》第6条明确规定："宣传与三民主义不相容之主义及不利于国民革命之主张者，处二年至四年有期徒刑。"可见，国民党当局对于出版自由、言论自由、新闻自由是进行法律控制甚至是迫害的。

与此同时，民国政府还颁布了对新闻自由进行控制的单行法规。1928年6月，国民党中央制定了具有法律效力的《指导党报条例》、《指导普通刊物条例》、《审查刊物条例》。根据上述三个条例的规定，所有报刊均需绝对遵循国民党的"主义"与政策，服从国民党中央及地方党部的审查。1929年1月10日，国民党中央执委会常务会议通过了《宣传品检查条例》，规定报纸、通讯稿等宣传品须呈送国民党中央宣传部审查，凡是宣传共产主义，反对国民党政

① 《中国大百科全书·法学》，第765页。

纲、政策的宣传品予以查禁、查封或究办。1928年8月，国民党中央政治会议修正通过了国民党中央第三十一次常务会备案的《出版条例原则》，这一具有法律效力的文件，旨在“防止不当出版物之流行”。同年9月5日，国民党中央执委会第三十三次常务会议通过了《日报登记办法》，同月23日召开的国民党中央的第三十七次常务会议再作修正。该办法规定：“在出版法未颁布以前，各种日报均须按照本办法办理登记。”规定登记机关为各省、特别市党部宣传部，“登记之最后审核，由中央宣传部办理之”。

这些由国民党当局制定的新闻法规，显然是与国民党的一党专政相适应的以党治报方针实施的结果。①

面对这些严重侵犯出版自由、言论自由、新闻自由等个人自由权利的新闻法规，胡适等人当即展开关于人权的讨论。这自然引起国民党的注意，并决定由教育部向胡适加以警戒。1929年10月21日，国民党中央执委会通过《全国各级学校教职员研究党义条例》共8条，通令全国各级教职人员，对于党义，“平均每日至少须有半小时之自修研究”②。

国民党当局对出版自由、言论自由、新闻自由进行的法律控制，已经演变为具有法西斯性质的倒行逆施，它不仅极大地阻碍了中国新闻事业的现实发展，同时更是逆世界新闻立法的潮流而动。

进入20世纪以来，各国新闻立法表现出两种趋势：一是缓和趋势，把事前检查、批准制、保障金制改为事后的追惩制；二是新闻约束伦理化，逐渐重视新闻界本身道德自律的作用，已经表现为运用立法来促成新闻法律的制约作用趋向法律保障这一形式。更为重要的是，这就促使新闻界本身的道德自律在从新闻法律到新闻道德的制约作用中的地位上升，在世界新闻事业从报业阶段转向电视业阶段，特别是20世纪90年代以来，网络新闻传播活动的出现，对于道德自律的呼声越来越高。

在《美联社有关使用电子信息服务的政策规定》中，有如下规定：

首先，假定有关诽谤与个人隐私的法律同样适用于电子传播媒介，并依此来行事。切记其他领域的法律可能比本领域的更为严格。千万要提醒自己不要触犯个人隐私法，一些人可能没有意识到自己在电子论坛上所发表的评论会被

① 参阅黄瑚著：《中国新闻事业发展史》，复旦大学出版社1999年版，第170～173页。

② 胡泳编：《罗隆基：我的被捕的经过与反感》，中国青年出版社1999年版，第79页。

新闻工作者拿来广为传播，应该尊重这些人的隐私权。

其次，用最严格的标准去检验你在电子信息服务系统中找到的任何信息的准确性。因特网并不是权威，虽然权威可能使用网络，但是，骗子也同样可以。以网络通信作报道的信息来源必须首先保证信息本身真实无误。

最后，尊重个人和机构的版权，包括美联社的版权。未经允许，不得转载或在网上发布任何材料。不得向任何个人发送美联社版权所有的资料，包括新闻报道、照片、图表、音频、视频信息、数据以及内部通信的资料。

显然，如果能够真正做到以上有关网络新闻传播活动的这些规定，也就促成了个人自由与自律相一致的道德倡导，势必推动网络新闻传播活动之中新闻道德水平的不断上升。

媒介形态的革命，并不仅仅是新闻传播活动的媒体更新，还将引发新闻道德的现实演变，而新闻道德的现实演变，又是与新闻法律的现实发展紧密相关的。

中外新闻规范的演变过程已经证明，包括从新闻法律到新闻道德在其中的现代文化制约规范的形成与发展，与世界各国的本土传统文化制约规范能否进行现代转换直接相关，而实际上发生正负形式交错的各类制约作用，更是受到世界各国在文化转型中社会现代化水平的直接影响。

显然，对于政府来说，媒体是一种极为重要的传播手段，是政界与民意联系的途径。美国等西方国家的政界通过影响媒体来达到自己的目的，手段极其多样。但是，他们运用媒体的最基本的方式无外乎是通过法律保障和道德提倡两种。

二、西方国家新闻控制的基本类型

所谓新闻控制，就是在由国家法律所确立的新闻体制的基础上，对新闻传播活动特别是针对新闻媒体所进行的调控与制约。

如何进行新闻控制，实际上要涉及两个方面：一个是行业性的新闻调控，主要针对新闻媒体结构进行调控；另一个是规范性的新闻制约，主要是对新闻媒体及其工作人员的新闻传播活动进行制约。

事实上，新闻媒介结构与新闻媒体的新闻传播活动是密不可分的，新闻媒体结构的现实类型如何，将决定着新闻媒体的新闻传播活动的可能传播范围；而新闻媒体的新闻传播活动的现实效应如何，则将决定着新闻媒体结构的可能演变趋势。在新闻媒体结构的类型演变与新闻媒体的新闻传播活动的效应范围之间，随着基于不同新闻体制之上新闻控制的进行，也就相应地形成了新闻控制的不同类型。

从新闻体制的角度来看，无论是新闻媒体结构，还是新闻媒体的新闻传播活动，新闻控制类型与新闻媒体结构类型直接相关，而与新闻媒体的新闻传播活动间接相关。这是因为，新闻控制往往是通过对新闻媒体结构进行行业性的新闻调控，来达到对新闻媒体的新闻传播活动进行规范性的制约。这就是说，离开了行业性的新闻调控，是无法实现规范性的新闻制约的。

当然，这并不是说，规范性的新闻制约没有行业性的新闻调控重要，恰恰相反，如果没有规范性的新闻制约，行业性的新闻调控是根本不可能进行的，因为正是新闻规范的存在及其实施，才使新闻行业的存在与发展具有了可能性和可行性。很难想象在缺乏任何规范的情况下进行有效的新闻传播活动，尤其是新闻媒体所进行的专业化新闻传播活动。

在新闻媒体结构与新闻媒体的新闻传播活动之间，虽然可以在理论上进行有所侧重的讨论与分析，而在现实的新闻传播活动之中，实际上是无法真正剥离开来的。这首先就意味着在新闻控制中，对新闻媒体的新闻传播活动进行的新闻制约，在一般情况下，是通过对新闻媒体结构的新闻调控来实现的，因而新闻媒体结构具有某种中介性质。同时也意味着新闻调控与新闻制约将会是一个共时性的新闻控制过程，尽管两者之间在新闻控制类型上的表现有着直接与间接之分。

这里，还得回到新闻媒体的所有权这一基点上，来开展对于中外新闻控制的有关讨论。由于电子媒介所需要投入的资金量比较大，因而在所有权的判断上就更为明晰，形成了私有、公有、国有三种广播电视所有制；而与之相对应的则是从单一所有制主体广播电视业结构，到混合所有制主体广播电视业结构的跨越。

1. 美国的新闻管理制度

从私有制主体广播电视业结构的代表——美国私有广播电视业来看，其最大特点就是市场竞争激烈，而竞争的最后结果则由公众来决定。美国私营商业广播电台占全国广播电台总数的93%，私营商业电视台占全国电视台总数的76%。哥伦比亚广播公司、全国广播公司和美国广播公司这三大公司，就是市场充分竞争、高度发展的产物，是他们对受众的要求与兴趣准确判断和周到服务的结果。正是由于他们根据公众的需要来制定媒介发展策略，因此才最终不仅拥有全国绝大多数的广播电台，而且几乎占有全国所有的无线电视台。

不过，到了20世纪70年代，随着电视传播技术的发展，有线电视台和独立电视台的出现，三大公司的市场优势被不断削弱，与此同时，1986 年成立的福克斯广播公司成为第四大广播公司，与三大广播公司争夺无线广播电视市场，而前三大广播公司又开始进军有线电视市场。

1972 年，美国时代华纳公司的有线电视台家庭影院（HBO）开播，到 1991 年已拥有用户 1760 万，形成了全国性电视网。1980 年，特纳广播公司创办了有线新闻电视网（CNN），成为世界上第一个 24 小时播出新闻的有线电视网。1995 年 8 月，特纳广播公司并入时代华纳公司，有线新闻电视网随后并入，于是，时代华纳公司已拥有 HBO 和 CNN 这两家最大的有线电视网，其中 CNN 到 1996 年，在国内订户达 6800 万，380 多家电视台转播它的新闻节目；而在国外，观众达 1.07 亿人，137 个国家的电视台转播它的新闻节目。

这就表明，市场竞争促进了广播电视节目，特别是电视新闻节目的改进。CNN 就抢先报道了许多独家重大新闻，如 1986 年美国“挑战者”号航天飞机失事的现场报道，1987 年的市场金融股票暴跌的即时报道，以及阿富汗、伊拉克战事等，引起巨大的传播反响。这就促使四大广播公司注重对电视新闻的播出，经常在其他节目中插播最新重要新闻，NBC 还在 1990 年 5 月宣布所属的 20 个电视台实行 24 小时播出新闻。

除了私有广播电视业之外，美国还出现了公有广播电视台，到 20 世纪 90 年代初，美国公有广播电台达 1272 座，电视台达 347 座。现在每周收视公有广播电视的观众超过 9600 万，经常观看其节目的儿童有 3000 万，教师有 200 万。公有广播电视业的宗旨是为公众提供教育或服务，因而被称为公共广播电台和公共电视台。其主办者可以分为四类：州政府、地方教育部门、高等学校、非营利性公共团体。经费来源根据美国国会在 1967 年通过的公共广播电视法案，主要依靠政府和经办部门的拨款或基金会的捐款、大企业的赞助、观众的自愿捐款和出售节目的收入。

1968 年成立了公共广播公司（CPB），旨在统筹联邦政府拨款的分配和使用，协调公共广播电台、公共电视台之间的关系，促进公共广播电视的发展。公共广播公司在 1969 年和 1970 年分别建立公共电视网（PBS）和公共广播网（NPR）。公共电视网是各公共电视台的会员组织，它负责节目的分配和交换。公共广播网则是各公共广播电台的会员组织，主要负责提供新闻节目。

在美国，不仅公有广播电视业受到根据国会立法建立的管理机构的管理控制，而且私有广播电视业也同样受到根据国会立法建立的管理机构的管理控制。由国家立法设立的美国联邦传播委员会（FCC）虽是最高广播管理机构，但其真正能发挥的作用有限。该委员会共 7 名成员，由总统提名，经参议院通过任命。委员会主席则由总统在全体委员会中指定一人担任。FCC 的主要任务是进行全国广播事业的设计、协调和管理工作。它有权安排广播台的呼号，规定各台具体的频率和功率，颁发或吊销广播电视台的营业执照，督促各台按照广播法的规定办广播以及对各台的争议进行裁决。

FCC 一身兼有立法、行政、司法三大权力，但实际上，美国宪法第一修正案（即保证新闻、言论、出版自由）和第五、六修正案（即保障宪法条文的实施），使它在执行任务时往往寸步难行。当它面对违反广播法的某个广播电台做出处置决定时，该广播电台常以宪法第一修正案为保护伞，上诉法院，迫使 FCC 收回原决定。倒是美国广播界自己的组织制定的广播电视规范对广播台更有约束力。不过，FCC 自成立以来在克服美国广播界的无政府状态方面还是起到了一定的作用。

在美国，来自政府之外的管理机构进行新闻控制，也必须依法实施，不能以管理权力来代替法律，从而显示出只有在法大于权的情况下，管理机构的管理控制才是合法的，因而也就才是有效的。不然，美国广播电视业的无政府状态又怎么能得到克服？与此同时，管理机构所进行的管理控制，不仅应该体现出对新闻媒体的法律保障，也更应该有利于推动新闻媒体展开行业道德的自我约束。只有这样，新闻控制才是真正有效的。

除了依法建立的管理机构进行管理控制之外，还有美国政府实施的行政控制。美国政府的行政控制表现为硬性调控与软性调控两种方式，即：第一，以司法行政权强制实行的硬性调控（即新闻制约）；第二，与之相对应的，是政府通过其他渠道进行的非强制实行的软性调控（即新闻调控）。在美国，政府与新闻界的基本关系是一种共生关系，软性调控是政府更经常采用的管理方式。也就是说，美国政府实施的行政控制以新闻调控为主。

最主要的软性调控形式就是通过政府的庞大公关网络来有效地利用公务信息，使新闻传播活动在无形中得到调控。

在美国，从联邦政府到州政府，都设立公共关系机构，试图通过这样的机构来树立较好的政府形象。据统计，联邦政府有 13000 人从事公关工作，每年耗资 30 多亿美元。白宫还有单独的公关机构，尼克松当政时就拥有一支 60 多人的公关队伍，1985 年政府的公关开支达 4.36 亿美元。

美国新闻媒体面对政府公关人员提供政府信息的新闻诱惑，也就在有意无意之中受到其无形的调控，正如哈佛大学教授罗杰·希尔斯曼所说的那样：“他们想当政府的批评者。他们竭尽全力避免成为政府的工具。但他们明白，白宫、国会议员和行政官员在利用他们，而他们对此无能为力。官员是他们的消息来源，反过来官员们又利用他们的语言把这些消息公之于众。”①

毋庸讳言，这只是从软性调控的负面来看问题。事实上，通过公关渠道进行政府公务信息的发布或透露，不仅可以使公务信息迅速成为新闻，而且可以揭示或暴露政府内部的阴暗面。“水门事件”的揭露、“伊朗门事件”的曝光、克林顿性丑闻的公之于世，对美国社会产生的新闻冲击所形成的传播效应，应该说是具有典型代表性的。

2. 英国的新闻管理制度

公有主体广播电视业结构的代表是英国公有广播电视业。1927 年英国广播公司（BBC）作为公营广播公司独霸英国的广播事业后，推动了英国新闻事业从广播业阶段向着电视业阶段的迅速发展。第二次世界大战结束之后的 1947 年，英国的电视机数量为 1.46 万台，到 1950 年则升至 34.4 万台，1953 年达到 214 万台，1956 年就达到 574 万台，1957 年英国全国电视网初步形成，人口覆盖率达 90%，到了 20 世纪 80 年代，英国全境就已经实现广播电视的全面覆盖。

可是，另一方面，随着电视观众以几何级数增长，BBC 垄断电视的一统天下格局，已经极大地阻碍了英国电视业的正常发展。1952 年，英国就兴起了“压力运动”，成立了“大众电视委员会”，强烈要求建立私营商业电视台以保障言论自由，促进新闻事业的发展。可以说，通过公众舆论施加压力以进行新闻媒体结构的调控，也就成为英国实施新闻控制的社会形式之一。

1954 年 6 月 30 日，英国议会通过《电视法案》，允许开办私营商业电视，并组建独立电视局（ITB）负责管理。1955 年 9 月 22 日，英国第一家私营商业电视台伦敦电视台开播。1972 年议会决定开放私营商业广播，独立电视局改为独立广播局（IBA），对电视和广播进行管辖。1973 年，第一家私营商业广播电台伦敦广播公司开播。至此，英国公有广播电视结构的单一垄断局面被打破。

不过，由于英国私营广播电视业必须接受独立广播局从行政、设备到业务的全面管辖，并且各私营台是按照地区批准设立的，在获得营业执照之后，也就在事实上形成了地区性垄断，以至于被称为 IBA 与 BBC 的“双头垄断”。

为了适应公私并存的广播电视业的发展趋势，1988 年 11 月，英国政府发表了有关广播电视体制改革的白皮书，1990 年 8 月，议会通过了《1990 年广播法》，主要针对 IBA 进行体制改革，1992 年英国政府又发表绿皮书，提出对

① 转引自童兵《中西新闻比较论纲》，中国人民大学出版社 1999 年版，第 120 页。

BBC 进行体制改革的设想。①

所有这些依法进行的体制改革，都是为彻底打破英国广播电视业的垄断现状而进行的新闻控制。尽管英国政府对广播电视业“双头体制”进行改革的决心很大，但是整个体制改革过程表现为一个渐进性的过程，这主要是因为 BBC 与 IBA 是依法独立于政府之外的管理机构，能够自行对广播电视节目进行有效的行业调控。BBC 一贯坚持新闻的严肃性、客观性、真实性，获得了世界各国同行的好评，而 IBA 规定三分之一的节目必须是知识性的，注意保持新闻节目的适当比例，则赢得了公众的认可。

3. *苏联暨俄罗斯的新闻管理制度*

国有主体广播电视业结构的代表是苏联国有广播电视业。苏联实行国家统一管理和经营的广播电视业结构，由中央、加盟共和国、地方三级组成。二战以后，中央领导机构几经变化，至 1957 年成立部长会议直属的国家广播与电视委员会（1970 年更名为国家电视与广播委员会），作为部级机构，统一领导地方各级广播与电视委员会和全国广播事业。广播电视的经费靠国家拨给，中央台一贯不播广告，地方台也只有少量广告收入。

苏联的电视网是世界上最大的电视网，国家预算每年为 200 亿卢布。全国有 121 座可自制节目的电视中心，对国内的广播通过 7 个功率大小不同的通信卫星播出。但是，单一的国有广播电视业结构，已经产生以下不足：其一是缺乏台与台之间的竞争动力，在节目时效、报道面、报道量和内容的改进方面比较缓慢；其二是广播电视部门偏重于向上级负责，广播电视工作者的积极性和创造性难以得到最大限度的发挥；其三是观众（听众）选择节目的主动权受到限制；其四是自上而下地对群众宣传教育多，自下而上的反映群众的意见、接受群众的监督少。

所有这些不足，主要是因为各级领导机构对新闻媒体结构以及对新闻传播活动的管理偏向于新闻制约的严密控制而产生的。这些不足造成的后果是严重的，受众纷纷反映苏联的广播电视“有粉饰太平，自我标榜之弊”，“人民只能知道当权者要人民知道的东西，无法了解全部事实，难以对国内外大事做出正确的判断”，“人民感兴趣的东西由于某些政治原因而不予报道”，“许多有

① 张允诺，高宁远著：《外国新闻事业史新编》，四川人民出版社 2005 年版，第 353～354 页。

意义的创新往往由于上面无意中说出的一句话而夭折”等等。①

1991年12月21日，苏联11个加盟共和国的领导集聚阿拉木图，签署了关于独立国家联合体的议定书，发表了《阿拉木图宣言》，宣告了独联体的建立和苏联的终结。到1993年，苏联的15个加盟共和国，除了波罗的海沿岸的爱沙尼亚、拉脱维亚和立陶宛之外，其余的12个都成了独联体的成员国。苏联解体后，作为原苏联领土上最大的加盟共和国的俄罗斯，成为它的继承者，苏联的新闻媒体也被俄罗斯新闻出版部统管起来，负责进行新闻控制。到1992年6月底，在俄罗斯新闻出版部登记注册的新闻媒体、出版物有4000种，各级广播电视机构300余家。

此时的俄罗斯，只有两家全国性的政府广播电视机构，除了成立不久的全俄国家电视和广播公司之外，就是由原苏联中央广播电视机构改组而成的奥斯坦基诺电视广播公司，负责报道独联体国家的政治、经济和文化生活，其费用三分之一来自国家财政，三分之二来自广告和其他收入。1995年4月1日，奥斯坦基诺电视广播公司被改组为俄罗斯公共电视公司，只从事电视播放，51%的股份为国家所有，其余股份出售给12家民间企业或公司。此外，俄罗斯还有将近300家私营广播电视台，一般都租用国营机构的设备播放节目。

随着苏联国有广播电视业结构转变为俄罗斯的国有、公共、私营三者并存的广播电视结构，政府进行的新闻控制也发生了相应的变化，苏联一党执政的政治体制，决定了它必然通过强有力的行政手段实现对新闻业的控制。苏联解体后，由于新闻媒体的归属形式发生了变化，俄政府对新闻业调控的形式也相应发生了变化，由单一的行政手段变为行政、经济、法律等多种手段。

1992年，根据叶利钦总统令，俄罗斯颁布了《关于俄罗斯联邦新闻中心的命令》，设立俄罗斯联邦新闻中心协调国家定期出版物，包括报刊、广播电台、电视台的活动；保证新闻媒体及时、准确地报道有关国内改革进程的消息和对国家政策做出解释；帮助沟通总统、政府同各社会组织、党派的联系；帮助国际新闻界扩大对俄罗斯政治、经济和文化生活的报道；与国外建立信息文化联系等等。

除了通过建立行政机构来进行新闻控制之外，俄罗斯还注重运用经济上有区别地对待的政策手段，来促使新闻媒体走向市场化。一方面，它对政府所属的新闻媒体，除了负责人事组织安排、保证公务信息来源之外，还通过直接拨

① 张允诺，高宁远著：《外国新闻事业史新编》，四川人民出版社2005年版，第383页。

款来进行大力扶持；另一方面，将其余的新闻媒体抛向市场，使其通过市场运作来获得必不可少的资金。在促成新闻媒体的新闻传播活动多样化的同时，也推动新闻媒体结构发生根本性的变化。

为了保证行政控制与经济控制的合法性，1991 年 12 月，俄罗斯联邦通过了《大众传播媒介法》，就言论自由进行了重新界说，并且规定言论自由的法律范围。在给予新闻媒体的新闻传播活动以前所未有的新闻自由的同时，又进行了与之相应的法律制约。随着 1993 年 12 月俄罗斯宪法的生效，俄罗斯联邦议会根据宪法对《大众传播媒介法》进行了多次修改与补充，以适应建立一个“民主”、“法制”、“自由”的国家的新闻传播体系的需要。

如何实施宪法及相关专门法，来解决新闻传播活动中因新闻自由问题、广告问题引发的种种争端呢？1993 年俄罗斯专门设立了总统直属信息争议仲裁法院，就国家与新闻媒体之间可能出现的种种争端进行调停，旨在保障新闻自由的同时，制止滥用新闻自由。

从新闻媒体结构在三个具有代表性的国家中发生的现实演变来看，首先看到的就是新闻媒体结构基本上是从单一的结构类型向混合的结构类型进行着转换，推进了新闻传播活动水平的迅速提高；其次是对于新闻媒体结构与新闻媒体的新闻传播活动进行的新闻控制，在手段从单调到多样化的同时，更注重在法律范围之内进行以新闻调控为主的新闻控制，尤其是注重新闻调控的有效性，使之与新闻制约的合法性能够在新闻控制的实施过程中达成一致。这样，根据不同国家新闻媒体结构的类型特征与实施新闻控制的具体特征，也就有可能进行新闻控制类型的各国区分。

郝明工博士指出，从新闻媒体结构的文化样态来看，已经存在着开放性与封闭性之分，而从对于新闻媒体结构与新闻媒体的新闻传播活动的新闻控制来看，出现了偏重于新闻调控的“软性”控制与偏重于新闻制约的“硬性”控制。从新闻媒体结构这个基本点出发，可以看到新闻结构的开放性与新闻控制的“软性”控制直接相关，在法律的范围之内进行控制；还可以看到新闻媒体结构的封闭性与新闻控制中的“硬性”控制直接相关，在政策的范围内进行新闻控制。

如果说新闻媒体结构的文化样态呈现出文化体制与新闻体制之间的决定性关系，那么，新闻控制的文化模式则表现出文化体制与新闻体制之间的同一性关系。新闻控制是以法律为基础来促成新闻调控与新闻制约之间的一致，还是以政策为基础来维持新闻调控与新闻制约之间的平衡，也就规定着新闻控制的文化模式的可能形态，表现为从柔性到刚性这样不同的文化模式，从而与世界各国文化转型的现代化水平直接相关。

以法律为基础的新闻控制，注重新闻媒体的新闻传播活动“能够做什么”，实施对新闻自由的权利保障；而以政策为基础的新闻控制，重视新闻媒体的新闻传播活动“应该做什么”，施行对新闻自由的义务规定。在权利与义务对等的前提下，无论是权利保障还是义务规定，都同样有可能实现新闻控制中新闻调控与新闻制约之间的同一。当然，二者之间也有重要区别：权利保障实现的是寓义务于权利之中的柔性同一，具有一定的伸缩性；而义务规定实现的是寓权利于义务中的刚性同一，具有一定的稳固性。

世界各国如何实现新闻控制，不仅与新闻媒体结构的所有制有关，而且与新闻媒体的新闻传播活动的管理方式有关。具体而言，就是世界各国都有广播电视管理机构，所不同的是各国政府参与的程度不同：有直接的，有间接的，也有基本上放任的。这三种政府参与广播电视管理的状况，与广播电视业的三种所有制形式形成对应。

在私有广播电视业国家中，管理机构多为行业协会性质，独立于政府机构和业务单位之外，虽然在一定程度上能按照受众的需求客观行事，但缺点是脱离了政府的必要的指导。美国的 FCC 虽然独立于政治机构和业务单位，但其管理权限得不到宪法的保障，其所定管理条例常常成为纸上谈兵。广播界的自律规章具有一定的约束力，但规章的制定者毕竟不是行使管理职能的最高机构。

在公有广播电视业国家中，管理机构与业务单位两位一体，虽然避免了政府的一些不必要的干预，管理上有自主权，但容易根据主观愿望行事，而忽视受众的需求。例如英国广播公司，本身既是业务部门，又是管理机构。但它并不是政府的一个部门，而是由议会立法成立的特许公司。英国的私营商业广播电视网由独立广播公司控制，后者也是经议会立法的特许公司，只是受到政府机构的间接控制。

在国有广播电视业国家中，管理机构与政府机构和业务机构三位一体，在管理上符合政府的要求，并使政府政策得以顺利贯彻执行，但容易造成我行我素的状况，得不到受众的有益监督。一般来说，在广播属于国有的国家中，其广播机构本身就是政府的一个部门，由政府任命官员负责管理事宜。在苏联，广播电视的重大方针政策由苏联共产党中央和国家最高领导机关制定，由部长会议下设的国家广播电视委员会执行，广播的发射和传送则由政府的邮电部负责。

随着世界各国的广播电视业向着多种所有制混合结构的世界趋势进行发

展，如何建立一种既受政府指导，又独立于政府机构和业务单位，受到立法保障，并得到群众监督的管理机构，是世界广播界仍在探索的课题。

在这里，由理想中的管理机构来实施对于新闻媒体的管理控制，其实不过是希望在进行新闻控制之中，在国家权力机构的政府与社会大众的受众之间，建立一种既能保障新闻自由，又能避免滥用新闻自由的协调机制。或许正是因为如此，这种理想化的管理机构将会是一种难以实现的梦想，将会是一个永远的“探索的课题”。

这种理想化的管理机构，既不可能由政府来设立，否则，它将无法独立于政府之外；也不可能由新闻媒体来建立，否则，它将无法独立于业务单位；更不可能由受众来组织，否则，它将陷入无能为力或一团散沙的困境。事实上，如何使保障新闻自由与避免滥用新闻自由相协调，只能是在新闻事业发展的过程中，在政府权威与受众利益相一致的前提下，通过对新闻媒体的新闻控制，尤其是新闻调控来逐步实现。也就是说，必须由政府、新闻媒体、受众这三位一体进行共同努力，以促进新闻自由在新闻传播活动中的全面实现。

第二节　西方政府对新闻传媒的使用

在弄清楚西方社会是如何控制媒介的问题之后，我们现在来探讨西方社会是如何利用媒体的这一话题。

西方民主政府对新闻媒体的应用，不仅历史悠久，而且驾轻就熟，简直到了登峰造极、无以复加的地步，很值得研究。

一、直接通过媒体散布舆论

尽管美国媒体声称自己是独立的，但记者们每天的一个重要的新闻来源是官方，而官方也不遗余力地为记者提供大量信息，以便引导新闻走向。白宫和五角大楼每天各有两次新闻发布会，国务院一天一次。白宫每天印发 15 ~ 20 条新闻发布单，联邦政府雇用 13000 多人专职与新闻界联络，仅此一项政府就要支出 30 多亿美元。

这样的新闻攻势显然是有效的。1990 年进行的一次对 2850 篇刊登于《纽约时报》和《华盛顿邮报》的文章的调查发现，78% 的被调查文章主要是基于一些公共官员的话语。这两份报纸在美国政治生活中的举足轻重是众所周知的。不仅仅因为它们在美国东北部所谓“权力走廊”地区的影响，还因为它们许多声望极高的文章每天被全美乃至世界各地的日报所转载、摘引。此外，各大电视网的新闻走向也基本上跟着这两份报纸转，电视网的记者们对官方新闻来源同样趋之若鹜。

二、故意向新闻界“泄露”

也许是因为西方记者总是假设自己的职责是监督政府，免不了会鸡蛋里头挑骨头；也许是因为政治家们历来都以不诚实著称，因此许多资深记者对政府及其官员总抱着怀疑态度，这使技高一筹的官员们发明了一种新的让记者代言的办法，这个办法就是在看似不经意间故意向他们“泄密”。

《时代》杂志驻华首席记者吉米·弗洛克鲁说：“美国政府想让媒体为他们说话时，往往是把消息‘泄露’给记者们。”

“泄露”的好处很多，“泄露”可以比直接生硬地告诉记者显得更有可信度，可以提高记者乃至读者、观众对这一消息的兴趣。更重要的是，“泄露”者可以不必暴露自己的身份，万一有个什么变化，也可以不必承担责任。

在美国媒体中，我们经常可以看到、听到诸如“美国政府某高级官员说”、“某些西方外交家称”这样的“导语”，这一方面保护了发言人的身份，另一方面也让读者无法从他们不明的身份中猜测这些话背后隐藏的动机。

当然，许多不愿意暴露身份的发言者并不是为了散布谣言欺骗大众。美国的法律允许记者不暴露消息来源，以便保护政府、财团或其他权力机构中那些揭露阴暗面的人（whistle blower——吹响口哨的人，事件挑起者），使他们的生命或工作不至受到威胁。“不提供消息来源”甚至成为美国等西方世界新闻工作者的一条重要的道德标准。现代美国史上最著名的一个无名消息来源与“水门事件”有关。

1972年6月17日，民主党总部水门大厦发生盗窃事件，后来的调查发现，以当时美国总统尼克松为首的共和党为了获得竞选连任的胜利，派人窃取民主党文件并对水门大厦进行窃听；《华盛顿邮报》记者伍德沃德和伯恩斯坦坚持不懈地追踪报道，让整个事件的内幕大白于天下，最终导致尼克松总统辞职，白宫办公厅主任鲍勃·哈特曼及总统顾问约翰·亚列舒曼被监禁。

此后的33年来，向伯恩斯坦和伍德沃德提供消息的“深喉”的真正身份成为美国政治和新闻界最大的秘密，人们曾经猜测了几个嫌疑人。直到2005年5月31日《名利场》(Vanity Fair）杂志的一篇爆炸性报道方才揭开了困扰美国人民30多年的谜团：已经91岁高龄的前美国国家安全局局长马克·费尔特（W. Mark Felt）承认自己就是当年“水门事件”中的神秘线人。随后，伍德沃德和《华盛顿邮报》证实费尔特就是“深喉”。

说深喉事件成就了《华盛顿邮报》当时以及后来几十年的声望那是一点都不为过的。对“水门事件”的报道，为两名记者赢得荣誉和利益，伍德沃德还与伯恩斯坦合著纪实小说《总统班底》和《最后的日子》，畅销热卖。根据《总统班底》改编的电影轰动美国，于1976年获得奥斯卡4项大奖。声名远播的伍德沃德成了《华盛顿邮报》的招牌，后来担任《华盛顿邮报》执行副主编。伯恩斯坦离开《华盛顿邮报》后成了知名作家，并成为《希拉里·克林顿传》的作者。

但是，无名消息源的运用经常是美国新闻界争论的焦点。

华盛顿政局中党派之间的斗争，个人之间的恩怨，乃至政治动机的不同等，都促使政客们互相泼污水或转弯抹角地往自己脸上贴金，而不透露姓名的“泄露”恰恰为这种政治活动提供了方便。

一个最典型的例子便是被媒体炒得沸沸扬扬的克林顿性丑闻案。媒体有关这一事件的大部分消息来源于共和党人和“独立”检察官肯·斯塔尔及其办事人员的“泄露”，而他们“泄露”的动机不言自明。

但是，让共和党人大吃一惊的是，他们的策略显然害了自己。在当年各州举行的参、众两院议员的选举中，以道德高尚自居并大肆攻击民主党人的共和党人纷纷落马，而民主党获选席位竟大大超过了丑闻公布之前。结果身为共和党的众议院议长纽特·金里奇不得不引咎辞职。

更有甚者，斯塔尔本人后来也被立案调查，涉嫌违反联邦法律，将大陪审团的信息透露给媒体，然后作伪证，并让其下属也作伪证，否认透露消息。与美国法律中“一个人是无辜的，除非他被证明有罪”的常规相反，这次华盛顿起诉法院裁定斯塔尔必须证明他自己没有违反法律！

共和党人的舆论策略最终之所以引火烧身，根本原因在于美国大众对政客们的这些伎俩早已司空见惯，并且不胜其烦了。民意测验显示，大众已开始对克林顿产生同情，认为共和党人为了政治目的攻击他，新闻媒体也为了再创“水门事件”的辉煌而拿他作靶子。

克林顿事件说明，今天的美国社会已越来越显现出大众、媒体和政界间多角、多边的相互不信任关系。

三、以安全为由进行制约

在美国，政府不能实行舆论封杀，但可以以国家安全为由进行控制。

严格地说，美国政府不对新闻界进行审查、审批，如无特殊理由，政府无权压制某条消息的发布。只有在国家或人民的安全受到直接的和严重的威胁的情况下，政府才可以公然制约媒体。当然，这种权利也有被滥用的时候——一些令政府难堪的信息可以用一张标有“安全”标记的毯子遮盖起来。

1986年，也就是令美国政府难堪的“以武器换人质”的消息最终公之于众的那一年，美联社的总编辑沃尔特·密尔斯曾对高级编辑们发出如下书面指令：“我们不会对营救仍被困黎巴嫩的美国人质的行动作深入报道，有关秘密通讯渠道的报道只会伤害那些已被绑架的人质。”

美国媒体把自己对政府的监督作用比作大众的“看门狗”(watchdog)，但政府对这条会咬人的狗也并非束手无策。除了给它像“泄露的消息”这样的肉包子以外，政府有关媒体这一行业的政策、法规也可以被用作一条很有效的皮带。

应该肯定的是，美国有关媒体的许多政策、法规制定的初衷是为了保证媒体的清洁性、公正性和独立性，但一旦制定后，政客们发现他们可以以此要挟媒体。例如，美国联邦通讯委员会（FCC，美国各大广播公司都受其管理）原本有一条所谓“七—七—七法规”，规定一个公司、电台或电视网不得拥有七个以上的电视台、七个以上的调幅电台和七个以上的调频电台。这条法规意在限制每个集团所能拥有的媒体机构的数目，以保证美国的新闻体系不致成为某一集团或个人控制的一言堂。但另一方面，这条法规也限制了媒体公司的规模及其利润限度。

20世纪80年代早期，为巨大的利益所驱使，ABC公司的总裁们积极游说政府官员，争取把能拥有的每种电台、电视台数从7个扩大到12个，而FCC一直未作裁决。当时ABC的深入报道记者们正积累了大量对里根政府不利的材料——里根的一位密友开办的养老院有严重的危害健康和安全的记录；联邦调查局掩盖了当时的劳动部长与黑社会组织有染的情况；里根的另一位密友试图阻止法院调查他的竞选赞助者。1984年总统竞选前夕，ABC的高层决策者决定将这三条新闻统统砍掉。1985年初，共和党人控制的FCC果然把“七—七—七法规”改成了“十二—十二—十二法规”，使ABC的财政状况更上一层楼。

尼克松对政策法规这条皮带的应用也是再熟悉不过的了。因为《华盛顿邮报》披露了“水门事件”的丑闻，这位总统曾威胁要吊销该报母公司旗下的一家效益相当好的电视台执照。但他毕竟不敢关《华盛顿邮报》的门，也不敢将当事的记者和编辑撤职。他知道这种做法会立即成为《纽约时报》和各大电视网的头号新闻。归根到底，美国总统无权封杀全国的新闻。

四、建立"特别关系"

美国的新闻界和政界要员的关系极为密切，远非一般人可以比拟。在华盛顿的各种鸡尾酒会和政治募捐会上，政治家、外交家和名记者、名编辑、媒体业主们经常聚集在一起推杯换盏，谈笑风生。ABC 著名的 20/20 节目主持人芭芭拉·沃尔特的历任男友中就至少有两位是资深参议员。

为什么以揭露政府腐败行为为己任的记者，会跟这些他们本应对之持怀疑态度的人搅在一起呢？主要原因在于，这种紧密的联系是出于双方的需要。毫无疑问，政界要员和新闻界搞好关系，以使揭发自己的人少一些，赞美自己的文章多一些。而记者们为了抢到独家新闻，也要尽力靠拢政要，以便比竞争对手们抢先取得最新消息和第一手资料。在白宫中或国会上混久了的官员们深谙新闻界的这些游戏规则，有时为了惩罚一个自己不喜欢的记者，他们会故意先把消息透露给他的竞争对手——另一份报纸或电台，所以记者们轻易是不敢得罪政府官员的。

而成名后的记者说话已举足轻重，年薪有的已达到上百万美元。自然而然，他们这时已从挑战权势集团的斗士变成了权势集团的一部分，从圈外的观察员变成了权势圈中的一员。

媒体与政界紧密相连的另一个表征是，为数不多的几个政要频频出现在各大电视网上。新闻是个快节奏的行业，为了赶时间，编辑和导播们往往来不及上穷碧落下黄泉地网络各方人士来作评述、分析。这时他们最放心的就是请熟悉的人来作评述、访谈的嘉宾。CBS 的著名主持人丹·拉瑟就曾承认："通常来讲，我们的嘉宾是从一个小得惊人的圈子里选择出来的。"

于是乎，为数不多的几个政客便在公众眼中作为权威人士频频出现，其中有些人已经成为极有经验的电视演说家。他们熟练地运用所谓电视语言，每句话的长度都不超过 8 秒。这些人一旦在某一电视网上露面，马上就会被别的电视网请去。于是每逢大事，无论是中东和平进程，还是伊拉克武器核查危机，观众们都会看见一小班人马轮番在 ABC、CBS、NBC 和 CNN 上出现。

这样做的一个结果，是给一小部分人的言论和思想赋予了权威性。

美国 ABC 的著名栏目《夜线》的节目主持人泰德·考波有一个最好的朋友——前国务卿亨利·基辛格。考波曾说过："基辛格是我们 20 年，甚至是 30 年来最好的国务卿，而且肯定是 20 世纪最好的三个国务卿之一。"这种好感是双向的。1975 年，还在任上的基辛格曾请考波出任国务院发言人，被其婉言谢绝了。

一项对媒体的研究表明，在一段为期40个月的时间里，基辛格在《夜线》节目上出现了14次。在一次讨论黎巴嫩的美国人质问题时，考波干脆就把主持人的位置让给了基辛格。另一位在《夜线》也出现了14次的人物是亚历山大·黑格——也是一位前国务卿。调查还发现，在《夜线》频繁出现（5次以上）的19位美国嘉宾全都是男性，且其中只有两位不是白人。在所有的《夜线》嘉宾中，89%是白人，80%以上是政府官员。公司高级雇员中只有5%代表所谓“公众利益”（即保护和平、环境或消费者利益），而代表工会或少数民族团体的只占不到2%。

在每一个普通的工作日晚上，全美有1000多万人收看《夜线》——这个数字也许还赶不上我国中央电视台“节目预告”的收视率，但在美国的所有政论性访谈中已首屈一指了。其他政论性访谈，如公共电视台《新闻一小时》(News hour)、CNN《交锋》(Crossfire) 的嘉宾选择都与《夜线》大同小异。

新闻的一大原则是公正，但是这些新闻访谈节目就由谁来说话的选择本身就已经说明了问题。

五、人员角色互换

新闻媒体与政界紧密相连的另一大表征是一种被美国人叫做“旋转门”(revolving door) 的现象。旋转门，顾名思义，就是这边进那边出。的确，美国新闻界有许多著名人士不停地在媒体与政界之间来回穿梭，例如威廉·塞发尔，《纽约时报》有史以来最著名的专栏作家之一，就曾是尼克松的特别助理和演说词撰稿人。CNN《交锋》和《国会帮》节目主持人派特·布坎南更是不停地在这扇门内进进出出。布坎南最初任职于《圣路易斯·全球民主报》，后来成为尼克松的特别助理，然后做专栏作者，再后来又成为里根的白宫通讯主任。另一位新闻名人——ABC“20/20”节目主持人之一黛安·梭耶尔成名之前在路易维尔地方台播过几年天气预报，而后，为尼克松做了8年助理。

诸如此类的例证举不胜举。此外，在读者和观众看不见的高层——媒体公司与政府高官之间，旋转门更在无形中起着作用。罗伯特·麦克纳马拉，美国越战时期的国防部长，就曾是《华盛顿邮报》公司的董事之一。而美国几大电视网董事会里的前国务卿、最高检察官更是随处可见。

应该说，政界和媒体之间这种频繁的人士旋转现象并不是美国政府为了让媒体倒向自己而做的刻意安排，而是由双方的利益关系、工作需要和工作性质所决定的。但是，相似之人的观点也总是相似的，这一点在美国主流媒体对本国在世界上应该占领导地位不仅不表示质疑，反而在持赞同态度的现象中已表露无遗。

第三节　美国社会对媒体的运用

美国媒体对国家大事的影响极大。二战时期，美国总司令艾森豪威尔将军曾经在一次报纸编辑的集会上说："舆论赢得战争，我从来都把派驻到我司令部的记者们看做编外军官。"

艾森豪威尔的这段话说明了美国社会对媒体的重视，也表明美国媒体对美国社会的重要影响与不可或缺。

一、"议程设置"，左右政局

正因为媒体对于美国举足轻重，所以，除政府要千方百计地控制媒体外，西方各种政治势力和社会力量甚至普通公众也总是企图对媒介施加影响。

1998 年年初，萨达姆·侯赛因政府再次对联合国武器核查人员采取不合作态度，并对其封锁了 9 个总统宫殿。面对萨达姆的不合作，美国政府表示要用武力迫使伊拉克遵守联合国决议，并再次向海湾地区增派兵力和航空母舰。一时间，海湾上空战云密布，剑拔弩张。

但这时的美国国内却对是否应该再次对伊动武意见纷呈，莫衷一是。1998 年 2 月，CNN 将美国国务卿和国防部长请到了俄亥俄州一所大学礼堂，与现场观众直接对话，回答关于美国究竟该不该打伊拉克、为什么要打的问题。这次对话由 CNN 向全国做了现场直播，并成为一个关键的转折点。由于多种政治力量的介入，政府主战的立场受到严重的阻碍。至此之后，美国民众自越战以来对战争所持的怀疑与反对之声渐强，美国政府的喊打之声减弱，最后归于无声无息。

媒体的另一个最为活跃、最为政界所需要的时期是大选时期。美国的媒体告诉他们的受众，在大选期间，媒体的职责是把不同候选人的不同观点和受众关心的问题诠释出来，使人们可以在此基础上做出选择。

显然，这种诠释很难不掺进记者自己的观点和立场。《华盛顿邮报》的著名政治记者戴维·布罗德曾说过，记者的职责就是从竞选的政治口号中找出"几个关键的词语、事例和印象来代表这一竞选活动的味道、情绪和意义。"这种"找出"，就意味着选择。布罗德说："这正是现代新闻的基础，选择就暗示着标准，而标准则是基于价值观之上的。”“所谓价值观，也就是个人意见、成见和偏见的一种好听的说法。”“新闻是不可能中立的。”

同样一个参选人，同样一场竞选演说，由持不同观点的两个记者来报道，给读者和观众的很可能是两种截然不同的印象。纵观美国新闻界在大选时期的报道，无论是对竞选者个人，还是对竞选者在不同问题上的立场，都很少不带褒贬扬抑色彩。

政治家们也深谙媒体既可以为他们塑造形象，也可以毁坏他们形象的道理。在雇用许多前新闻界人士做宣传策划的同时，他们越来越多地买下报纸的版面，尤其是电视的时段，来刊登、播放预先制作好的政治广告，其内容无非是正面助选（例如支持参选者的媒体会说，假如你想让你的孩子受到良好教育的话，选某某吧!），或是负面攻击竞争对手（例如反对参选者的媒体会说，某某任州长期间，除宣扬了同性恋的权利外，为整个社会治安做了些什么呢?）美国政治家的竞选经费有很大一部分用于刊登政治广告。为了保障公平竞争，竞选法对参选费用做了上限规定，例如，1996 年克林顿与共和党人鲍波·多尔竞选总统时，双方都花完了竞选费用的上限——6180 万美元。

克林顿的两次当选都是与他深谙如何利用媒体为自己塑造形象分不开的。早在 1992 年竞选时，克林顿就曾到黑人艺术家阿森尼欧·霍尔主持的脱口秀节目上与青少年交谈，并戴着墨镜吹起了萨克斯管。这一形象与古板、守旧的布什截然相反，顿时赢得了许多美国年轻人的好感。在全美电视直播的布什—克林顿—佩罗三方辩论会上，克林顿更是伶牙俐齿，思维敏捷，自此之后，他的民众支持率直线上升，并一直保持领先地位。应该说，媒体对这位“年少”的政治家钟爱有加。克林顿让电视有看头，即使是不断涌出的花边新闻也比共和党候选人的老调重弹好看得多。有人甚至怀疑克林顿在参选早期的花边新闻是其竞选班子的内部人员为帮助他增加媒体曝光率而刻意“泄露”给新闻界的。当然，新闻界的曝光也导致了克林顿日后的难堪，使他濒于被弹劾的困境。

总之，美国媒体与政界之间的关系应该是爱恨交加。美国社会对媒体的使用，也主要是把它用来作为监督政府的哨兵的；新闻媒体向受众信誓旦旦地承诺，媒体的责任是对政府实行有效的监督，是将政府的每一条政策、每一个政治家的有关信息传达给受众，以便他们能在投票及对政策的反馈上做出明智的选择。当然正如此前所说，在媒体这样一个监督系统面前，政府也并不完全甘愿处于被动的受监督的地位。虽然从原则上来说，美国政府不对新闻媒体进行审查和封杀，但政府的政策法规对媒体这一行业却有着各种各样的制约和调控作用。尤为重要的是，政府需要通过媒体来制造舆论，赢得民心。

此外，美国政府与媒体有一个共同点，即它们背后都有一只经济利益的无形的大手在翻云覆雨。从政府的角度来说，官员们的竞选经费来自谁（个人或集团），其政策就会倾向谁，就会为谁谋利益。从媒体的角度来说，他们之所以向受众承诺监督政府，是因为监督政府是新闻这种产品的固有功能。媒体在向受众出售新闻的同时，也在向广告商们出售通向这些受众的载体。媒体为获取利润而出售新闻和广告时间（或版面）的做法，与汽车商为获得利益而出卖汽车的行为没有本质的区别。

1998 年 11 月 15 日，《华盛顿邮报》在头版头条的位置发表了一个调查性报道，这个报道开头这样写道：

> 20 世纪 90 年代，哥伦比亚特区警察比全美任何城市警察开枪射杀了更多的人。
>
> 《华盛顿邮报》历时 8 个月的调查发现，华盛顿警官们开枪杀人被认为是有勇气甚至是英雄主义的举动。但是国内的警察档案和法院记录表明，在未经充分训练和严格监管的情况下，警官们就被派到街道上执勤，他们经常粗心地、不加辨别地开枪。
>
> 华盛顿的警官们开枪的频率是纽约、洛杉矶、芝加哥或迈阿密的警官的两倍。近 6 个月来，华盛顿特区警官开枪造成的伤亡事故导致了特区花费近 800 万美元打官司。
>
> “我们经常开枪，而且开得过猛。”局长执行助理特勒斯 · W. 盖纳如是说。他将在 5 月份成为局里的第二把手……

报道连续进行了 5 天。他们详细叙述了开枪的警官和遭到枪击的市民的双方经历，分析了处理复杂情况和使用枪支等警察训练中的缺点。结果是促进警察局的工作得到改善。在报道见报的第二天，局长盖纳就给作者萨丽霍维茨发来电子邮件，说：“你们的报道太优秀了。文章保持了很好的平衡，调查很充分，很有用，继续让我们保持责任感。我们会让警官们做得更好，并相应地更好地为市民服务……”接着，3500 名警官迅速进行广泛的新型训练，从而开始鼓励不使用手枪来制服不守规矩的嫌犯。

在社会面临危机时，传媒的作用更是不可代替。2001 年 9 月 11 日和以后的日子里，美国人购买报纸的数量大大增加，《华盛顿邮报》9 月 12 日的报纸销售量是平时的6倍多①，人们守着电视，浏览网页，人们需要传媒提供有关危机的各种信息，还需要传媒对事件做出合理的解释和评论以帮助他们确定危机的意义，并从中学会应对危机的办法。实际上，媒体已成为把公众紧紧团结在一起的特殊力量。

在美国，新闻关系一切。优秀新闻——无论是报纸、杂志，还是电视、广播、互联网——都为西方公众提供了与他们息息相关的有用信息，并使得他们对于这个世人迷惘的世界有一种参与感，使得市民的合作成为可能，因为他们可以从媒体中获得关于周围环境、邻居、政府机构、他们的运动队甚至天气的有关共识。在灾难面前，传媒又成为充满感情的、能够提供详尽报道和解释的心灵抚慰剂，成为人们度过危机的忠实伴侣。

二、消费者利益的“看家狗”

媒体能为消费者提供的，当然不只是对于政府的监督，还有对各行各业的反映和监督，如抨击那些制造于人体有害的产品、对生态不负责任的行业，指责不公竞争等有损消费者长远利益的行为等。比如，媒体不仅广泛报道香烟中的煤焦油等有害物质可以致癌的事实，而且披露了许多烟草公司在香烟中人为地添加提纯的尼古丁，以使吸烟者更易上瘾的劣行。人们一般认为，西方传媒就是消费者利益的看门狗。

正因为此类报道与每个人的生活息息相关，所以它成了广大公众关注的焦点，这些节目的收视率总是居高不下，为各大电视网带来了巨大的经济效益。

但是，媒体对商业集团的监督也是要付出代价的。尤其是在法律诉讼业极为发达的美国。近年来，有关“毁坏名誉”的案件越来越多，诉讼额也越来越大。连锁超市“食品狮”控告ABC一事是近年来此类讼案中较为著名的一例。1992年，ABC的新闻节目《黄金直播》报道了“食品狮”连锁超市违反卫生规范进行操作的现象，而连锁超市则决定诉诸公堂。但他们并没有控告该节目毁坏名誉，因为那必须证明节目是伪造的或错误的。相反，他们抓住了记者的调查方式——包括伪造简历、使用暗藏的摄像机等，以欺骗罪起诉ABC。陪审团裁决ABC赔偿1402万美元的实际损失和550万美元的惩罚性损失赔偿（最终共减为31万美元）。

即使要冒承担法律诉讼费用的风险，各电视网仍然坚持在黄金时段播放此

① ［美］伦纳德·小唐尼，罗伯特·G. 凯泽：《美国人和他们的新闻》，中信出版社2003年版，第75页。

类新闻调查节目，因为观众爱看。对于商人来说，媒体的受众都是潜在的消费者，而媒体则是将广告送到读者和观众面前的载体。电视想方设法争取观众，报纸杂志挖空心思吸引读者，其原因只有一个——只有如此，广告商才会买它们的版面和时段。广告是绝大多数媒体主要的、有时甚至是唯一的经济来源。当然，也是一个巨大的经济来源。据统计，美国每年花在电视、电台、报纸和杂志上的广告费达700亿美元以上，电视和电台的收入几乎百分之百来自广告，报纸为75%，杂志为50%。美国的广告多如牛毛，报纸的版面有60%～70%是留给广告商的，而电视则有22%的时间在播放广告。

这样，广告就无疑对媒体具有制约作用。

前《新闻周刊》记者盖里·杰拉德曾把新闻和广告之间的关系比作“教会与国家的分离”——双方都宣称自己是独立的，但它们之间的联系无孔不入、无处不在。

例如，原则上任何一家新闻媒体的广告部门都不得干预编辑部门的工作，但《洛杉矶时报》广告销售部经理索尔斯在向华尔街的大投资公司推销该报广告时，所得到的回答是该报财经报道力度不够，不是关心投资的读者的首选，因而华尔街无意在该报多登广告。回到洛杉矶后，索尔斯立即与编辑部门开会，决定增加财经报道的版面与力度，而相应地删减国际新闻。此后，扩大了财经新闻报道的《洛杉矶时报》果然吸引了关心金融的读者，也引来了华尔街金融银行的广告。至此，奄奄一息的《洛杉矶时报》起死回生。但是，这种让广告来影响甚至决定新闻内容的做法却让很多新闻评论家们忧心忡忡。

从理论上说，新闻应该独立于广告。但在实际生活中，广告对新闻的影响无处不在；从内容到口径，甚至包括数量。美国的报纸在感恩节到圣诞节期间都比平常厚一些，因为这段时间是消费旺季——传统的购买圣诞礼物的时间。商家们争相刊登广告，而随着广告的增加，新闻的页数也相应地增加。看起来好像我们居住的世界在这段时间总是事儿特别多似的。难怪有人把这种现象解释为“新闻是用来包装广告的”。

广告之所以对新闻媒体有如此大的影响力，是因为它是每一个新闻媒体的经济命脉。谁操纵着这一命脉，谁就可以操纵媒体。

除此之外，刊登广告的商家还常常直接对新闻进行“审查”。商家采取的最简单的封杀与己不利的报道的方式，便是抽走或威胁抽走某一家报纸或电视节目的经济来源。在最有影响力的电视节目中，这种观众看不见的审查更是极为普遍。例如，一个有关二战纽伦堡审判的纪录片的制片人不得不将带“毒气室”的词组统统删去，因为赞助的一家煤气公司如此要求。在娱乐节目中如出现有人服用大量安眠药自杀的镜头，赞助的药品公司也不干。赞助商和广告商都认为，既然是他们掏腰包，他们就有决定权。而电视网的总裁们也接受这种观点。于是，一种更为无形也更为可怕的"审查"——自律形成了。假如一个编辑或制片人在审稿时总要考虑赞助者或登广告的商家会不会勃然大怒撤走财源，新闻的独立性和公正性从何而言呢？在保护消费者利益和保障经济来源之间，媒体会做出什么样的选择是不言而喻的。

我们知道，多年来，美国媒体一直在揭露和抨击烟草公司危害人们健康的行为，但是当1999年春天国会考虑出台一项制裁烟草行业的措施时，报纸和杂志竟出面为它求情。同年5月，共和党议员曾提议取消烟草业的广告减免税（广告费用可以不纳税），此举既惩罚了烟草业，又找到了开办帮助青少年戒烟或戒毒项目的资金。全美的卷烟商们仅1996年一年的广告费用就达51亿美元。一旦提议生效，卷烟商们每年将失去16亿美元的减免税。这很可能导致他们减少广告支出，而美国报纸每年刊登1400多万美元的香烟广告，杂志更高达2.43亿美元（美国法律规定，电视不得播放香烟广告），于是出现了美国报纸协会、国家报纸协会和杂志出版商协会联合游说议员取消该提案的现象。这些协会提出的理由并非该提议将影响他们的广告收入，而是说它违反了言论自由。6月，该议案被悄无声息地否决了，没有一家媒体对自己在其中所起的作用做过报道。

财团及其所属公司对媒体施加影响的另一个办法是大量发放所谓"公共关系"材料。这些材料涉及新产品的问世、公司新总裁的任命及简历，甚至包括事先写好的"新闻稿"。一项最新的调查显示，一份普通的美国报纸里有40%的新闻内容来自于公关材料。

在电视影响居媒体之首的今天，还出现了由公关公司预先包装好的"电视新闻发布材料"。时间紧、人手少且财源紧张的新闻制作单位将这些"发布材料"连饵带钩地生吞下去，如何还能保证公正？一个著名的例子，就是1998年3月美国食品医药管理局审批通过法埃泽公司研制的新药"伟哥"一事。谁都可以猜到，像"伟哥"这种治疗阳痿的药物会是电视新闻机构最喜爱的题材——这样的新闻简直就是大众关心的医药健康新闻和性的奇妙组合。在消息发布当天，由匹弗泽公关公司预先录制好的一条新闻——里面有医生和病人称赞这一药品的真实画面——通过卫星传向全美800多个电视台。法埃泽的投入显然收效颇丰。据公关公司的总裁称，共有2.1亿人看过这条新闻的部分内容。

美国电视观众所不知道的是，在他们每天所观看的电视新闻里，部分或全部出自公关公司之手的“包装新闻”多得不胜枚举。这些新闻的主题从洛克希德·马丁公司 F-22 战斗机（raptor）的首航到尼门·马可斯的 1997 圣诞节购物目录，应有尽有，都是由这些大公司的代理公关公司制作的。这些电视新闻制作商们的技巧日臻完善。他们小心翼翼地避开直截了当的促销口号，巧妙地选择电视新闻制片主任们感兴趣的“新闻角度”，运用对真人真事的采访，并在发送画面的同时附上写好的解说词，以尽可能争取播出时间。

无论是通过广告这一经济命脉，还是通过大量传送“公关”材料，美国的商业团体都在直接、间接地影响、左右着媒体。但是在今天的美国，绝大多数的出版商和广播电视公司已不再仅仅只受财团的影响了，而自身就成了大财团。

这一现象最为普遍的是广播电视界。从 20 世纪 80 年代中期开始，美国的几大电子媒体集团纷纷被纳入巨型跨国集团麾下：ABC 成为娱乐巨头迪士尼集团的一个子公司，CBS 被西屋电器公司买下，NBC 从属于通用电气公司，而 FOX 电视网则由世界媒体巨子、澳大利亚人鲁伯特·默多克所控制。就连以独创精神著称的泰德·特纳创办的有线电视网 CNN，也成为世界最大媒体集团时代-华纳公司的一部分。当然，仍有少数媒体，尤其是在出版发行业，仍由创始人家族控制。例如，在《华盛顿邮报》公司、《纽约时报》公司和《华尔街日报》公司的出版商道·琼斯公司的股票结构中，创始家族都保留着控股权。而所谓的公共广播系统（PBS）和国家公共电台（NPR）虽然在创立初期的原意是用联邦政府的经费建立一个不为商业利益，而是为大众服务的广播电视系统，但是近年来，一方面由于联邦政府一再削减经费，另一方面由于 PBS 和 NPR 的观众与听众大多数属于教育程度高因而收入也相对较高的层次，各大财团纷纷出资“赞助”PBS 和 NPR 的节目。在这两个系统的经费来源中，私有财团的比例越来越大。

那么，新闻媒体从属于跨国公司和巨型财团的直接后果是什么呢？这些后果表现在：第一，新闻媒体以获取最大利益为终极目标。新闻只是借以赚取利润的一个产品。新闻制作日益商品化。第二，作为母公司的巨型财团的利益通常广涉电器、军工、娱乐等多种行业，媒体对本集团其他行业的报道不可避免地会构成利益冲突。

于是，媒体并不只是满足于当好消费者利益的“看家狗”，新闻的日益商品化不可避免。

媒体本身就是财团，或是财团的一部分的现象是市场经济发展的必然。在日益激烈的商业竞争中，媒体同其他行业、企业一样，赚取最大利润已不仅仅是出于对金钱的追求，而是生存的必须。但是，这种体制的一个最直接的后果是，新闻的目的和传统论文中所阐述的经典定义产生了偏移。假如说媒体既有追随观众兴趣点的任务，又有引导观众获取重要信息的责任的话，商品化的新闻则越来越多地追踪观众的兴趣点，而摒弃了向观众传递重要信息的责任。事实上，媒体之间的相互竞争使每一个新闻机构都担心自己在尽到新闻工作天职的同时，被竞争对手抢占了受众的兴趣热点。

在这样的动机驱使下，必然出现新闻提供“垃圾食品”和耸人听闻的信息的现象。今天，几乎所有美国人都在抱怨，新闻，尤其是电视新闻的价值取向越来越向小道消息和花边新闻靠拢，节目制作越来越肤浅。但电视的负责人们却根据收视率的调查宣称这是受众所需，而电视制片人最终目标就是想方设法黏住观众，以获取更多的广告收入。

新闻制作日益商品化的另一大表征是，在美国几大电视网的黄金时段新闻节目中，国际新闻所占的比例日益减少，国际新闻在节目编排次序上也越来越靠后。1998 年 8 月的一天，丹·拉瑟主持的 CBS 晚间新闻中出现了中国长江流域及东北地区发生特大洪水的消息。当时，中国官方称已至少有 1000 多人死亡。同一天晚上还有一条关于四年多以前被指控谋杀前妻的足球明星辛普森的房子被毁的新闻。这条新闻在时间安排上比中国洪灾要早八九分钟。当被问及 CBS 的晚间新闻为何如此安排时，丹·拉瑟只能承认，他们知道这种安排不符合新闻的信息性、重要性等准则，但是决策人员认为，对收视率的调查显示，观众兴趣点是随着事件发生地离自己距离的增长而递减的。虽然丹·拉瑟本人是在对越战的报道中成名的资深记者，深知国际新闻的重要性，但他的意见并不是唯一的决策性意见。CBS 的更多的新闻制片人认为，把中国洪灾的新闻放在辛普森旧房拆迁之前无异于经济上的自杀。事实上，其他几大新闻网也都是这样做的，有的干脆连中国洪灾的画面都没有，只是主持人口播了两句。相比之下，CBS 近年来的国际新闻报道量在三大无线网中高居榜首，CNN 国际新闻最多，但对中国的报道则占很小的比例。

的确，自 20 世纪 90 年代初以来，以尼尔森收视率调查为依据的电视新闻制片人们发现，观众对越近的东西越感兴趣。于是，对国际新闻的报道量逐年下降，驻外记者站也逐年减少。其实媒体早就知道观众的兴趣更多地集中于身边之事，但与 90 年代不同的是，在 60 年代至 70 年代美国电视的黄金时期，各大电视公司的总裁们普遍认为，电视娱乐节目的广告收益是如此之好，足可以养着新闻节目，而新闻部门在当时的各大广播电视公司中更多的是花钱的部门。现在，几乎所有的老记者都怀念当时想飞哪儿就飞哪儿、想运多少设备就运多少设备的好时光。

但自20世纪80年代末至90年代初以来，美国各大广播电视公司纷纷被一些原本并非从事新闻工作的财团吞并收购。这些巨型公司的指导思想是，公司的每一个部分都必须营利，ABC住香港首席记者詹姆斯·劳里说："新闻部门也不例外，而且必须是赚得越多越好。"① 于是，新闻部门的主管只好以经济为准则，重塑经济部门的结构，而国际新闻往往是第一斧头就被砍掉的对象。新闻的制作也精心计算成本，将支出减少到最低限度。于是，一些新闻因为没有人力和时间而流于肤浅，有的则干脆采用公关公司提供的电视新闻"发放材料"，在新闻中大做广告。

必须指出的是，在新闻从业人员和大众普遍的抱怨声中，各媒体中，尤其是在《纽约时报》和《华盛顿邮报》这两份被世界新闻界认为是领导行业走向的报纸中，仍不乏调查深入、报道全面的好新闻。这一方面是由于这两份报纸从创办之日起就由创办人家族享有控股权，即使因为坚持新闻原则导致报纸效益没有达到最大值，这两个家族也不必因其他股东的不满而改变自己的政策。事实上，这两个家族的成员也并非只要新闻原则，不求一分效益。但事实证明，坚持新闻原则并未让这两家公司钱包受损。这是他们坚持新闻原则的另一个原因。每天阅读这两份报纸大量详细、深入、有时甚至是略显枯涩的报道的，是一些兴趣广泛、教育程度高因而收入也较高的白领或政府官员。广告商们认为他们的消费层次也相应地高，因而不惜以巨额广告费购下大幅版面做高档消费广告。这就是为什么《纽约时报》的报道看起来要比面向大众的《今日美国》要深刻，而《纽约时报》里整幅的珠宝钻石、貂皮大衣的广告也绝对不会出现在《今日美国》之上的原因。从某种意义上说，信息和民主一样，与其说是按人口总数分布，还不如说是按人口总数与经济实力的综合因素分布。

三、"不怕总统怕老板"

对于总统和政府，美国媒体在相当大的程度上可以做到嬉笑怒骂，甚至敢把皇帝拉下马。只要他们在法律范围内行事，即使政府对他们不满意，往往也只能打断牙齿往肚里咽，无可奈何地接受既成事实。这是因为美国的媒体在这方面得到了有关法律的庇护。美国虽没有完整的新闻法，但是，保证美国新闻自由的相关条文却散见于各种法律，特别是判例中。1960年，美国黑人组织

① 顾耀铭主编：《我看美国媒体》，新华出版社2000年版，第110页。

在《纽约时报》上连续刊登整版对页广告，指责亚拉巴马州蒙哥马利市警察局长莱斯特·沙利文（Lester Sulliven）镇压黑人运动。警察局长沙利文以诽谤罪向地方法院对《纽约时报》提起公诉。法院根据以前判决类似案例确立的“公平评论”原则，即新闻媒体应对当事各方给予公正评论的原则，判定《纽约时报》赔偿警察局长沙利文名誉损失费50万美元。

《纽约时报》不服判决，上诉到美国最高法院。最高法院经过审理，否定原判。最高法院认为，政府官员的行动关系到社会利益，应该受到媒体和社会的监督。最高法院判决说，“对于公共问题的讨论应当是不受约束的、大胆的、开放绿灯的”，“凡是有关批评政府官员的案件，除非被批评的官员能够证明批评者使用不真实的材料，是蓄意害人的，即明知材料是假或有意忽视材料是否虚假”，否则一概不能以诽谤罪起诉。这就是著名的“蓄意害人”原则。这一判例和原则的确立，实际上是给了美国媒体以批评和监督政府官员的毫无后顾之忧的权利。因为政府官员若要以诽谤罪起诉新闻媒体，就需要证明媒体使用了不真实的材料，而且是“蓄意害人”的。这实际上是很难办到的。

1971年，美国最高法院在对“罗森·布鲁姆对大都会新闻有限公司”一案的判决中，又将媒体批评政府官员的这一原则扩大到了对“公众人物”的批评。美国最高法院的判决说，“一个人虽然不是政府官员，但是他参加了公共活动，对社会公益有影响，就成了‘公众人物’，报纸就有权利像批评政府官员一样地对他进行批评”。此后，美国媒体就获得了批评公众人物，特别是政府官员的至高无上的权利。后来虽有多起美国政府高官，包括美军驻越南总司令威斯特摩兰将军等，以诽谤罪起诉过美国媒体，但均以败诉而告终。

这就是美国媒体之所以被称为“无冕之王”的由来。同时也是美国媒体可以把美国总统拉下马的主要背景。

但美国的新闻从业人员，不怕总统怕老板。他们因为生活之计，无疑会随时担心老板炒鱿鱼，故不在非不得已的时候，是不会冒得罪老板之危险的。

第四节　西方政府对媒体的操纵

一、美国政府首次成功地对媒体的操纵

西方政府操纵媒体之说，可以追溯到杰克逊与亚当斯竞选总统时期。

1824年，杰克逊决定参与美国第七任总统的角逐。为了实现他的政治目标，他和他的竞选班子设计了一种持久的政治组织模式——整理了在宣传战中充斥于新闻界的攻击亚当斯的每一指控，在这场政治阴谋中，前任总统亚当斯成了“通过肮脏交易当选的”人，是勾引“漂亮的美国少女”的家伙，还是一个没完没了的“劣质的说谎者”。而总统当局的报纸也把杰克逊描绘成都赌徒、斗鸡者，并且酗酒，贩卖奴隶，甚至是谋杀者或神经错乱者。而这一切，都是事先设计、按计划实施的。

1824年的竞选，亚当斯成为胜利者，而他获胜的原因，全在于众所周知的“棺材传单”，在于由费城《民主新闻》报编辑约翰·宾斯设计的一种连珠炮似的攻讦。这种“棺材传单”重提现在人们已熟知的故事，攻击在南方战役中杰克逊是如何在军事法庭给6名逃兵定罪后还批准处死了他们。但到了1828年，情况就发生了变化，杰克逊在精心设计了对于亚当斯的全面进攻方案后，一步步把亚当斯逼下了总统的宝座，自己则登上了这个权力的巅峰。

杰克逊总统不仅开创了操纵媒体的恶劣的先例，而且把他和他的那个时代塑造成为学者为之厮杀的战场。这段时期新闻界比以往任何时候都更注重影响公众的观点，报纸成为政治候选人和政党的舆论工具，并经常得到他们的资助。几乎每一个候选人都有他们的报纸，有其忠实的编辑，不管他背后有无任何组织。

杰克逊总统时代是新闻界与总统关系的分水岭。此前，政党组织太弱，以至于报纸成了候选人发挥能力的主要工具；而到了杰克逊当权的时代，候选人在征集基金时，有一大部分钱用来购买报纸编辑的支持——报纸虽不像此前那样“旗帜鲜明”，但无疑更具有欺骗性了。杰克逊是第一位真正意识到报纸是实行改革的有价值的工具的总统候选人。在选举的前一年，杰克逊结识了《西方世界守卫者报》编辑阿莫斯·肯德尔，就是这样一个“外表粗鲁”、“驼背”、“头发早白面有菜色”的近视眼，帮助杰克逊“从新英格兰州到路易斯安那，而且通过列克星敦分布到西部各州，组成了一条报纸长链”，成为杰克逊竞选成功的最得力支持者。

成功当选为总统后，杰克逊就完全取得了对报纸的操纵权，报纸已完全堕落为政客的喉舌，杰斐逊对于报纸的美好构想化为乌有。

二、报纸对政客操纵的抗争

但是美国政府并不是可以随心所欲地操纵美国传媒，报纸也并不总是甘愿承受政客的操纵。《华盛顿邮报》记者霍华德·库尔茨描述了美国政府“新闻操纵的边缘”①。他说，尽管总统总是想方设法要操纵媒体，包括不给记者提问的机会，但作为记者，“他的工作是问总统难题，不是有礼貌地服从总统”②。当范布伦接替杰克逊当选为总统后，就似乎很快失去了对报纸的操纵权。有许多报人对这位总统的支持是半心半意的，且不乏著名报人，《纽约先驱报》的编辑詹姆斯·戈登·贝内特便是其中的一位。

贝内特对于总统的半心半意，一个重要原因在于当他最需要帮助时总统却无理地拒绝了他。但是，他对政治局势的准确判断无疑也是他与总统貌合神离的一个重要原因。

贝内特的重要贡献在于，他和他同时代的人一起，成功地将编辑评论从新闻栏中分离出来，使之出现在刊登社论的版面上，社论继续拥护报纸所有人的观点，既不是由政治家买来的，也不必受命于对政党的忠诚或党派人士。至于新闻，要比以前全面得多，而且试图努力找到事实并用当时的相对不偏不倚的方式报道事实——尽管这离真正的客观报道还有很大的距离。

在其他的媒介中，传统独立的杂志获得了全国众多的读者，它们成了人们讨论的公共问题，特别是蓄奴制问题的全国性论坛。

从这个时候开始，新闻出版界和总统之间的敌对关系就变成一场全新的球赛。这一令人始料不及的变化，其影响对于新闻出版界和总统来说，都是重大而深远的。

三、“头号总编辑”

在美国，总统们有一个共同的想法：传播媒介总是掌握着权利并且利用它来歪曲和攻击白宫想做的一切。这种敌对状况始于乔治·华盛顿执政时期，延续至今日趋加剧。

媒介与总统的敌对关系产生的一个直接后果，是总统们学会了怎样利用传播媒介——尤其是电视的强大力量——来影响人们对于自己和他们的政府的思维方式，影响公众对于传播媒介本身所持的态度。这样，要想总统不干预媒体或者不过问媒体是完全不可能的。他必然运用手中至高无上的权力，来对民主社会中自由新闻出版的运行造成威胁。

无论如何，罗斯福可能是成功地对付报界的第一位总统。在罗斯福执政

① ［美］霍华德·库尔茨：《操纵圈》，新华出版社2000年版，第225页。

② ［美］霍华德·库尔茨：《操纵圈》，新华出版社2000年版，第225页。

时期，驻华盛顿的记者并不代表一些有顽强意志的报业主，只有普利策和他的《世界报》阻碍着罗斯福对报界的全面控制。其他大部分报纸则既没有多少政治分量，又没有多少知识性来同势力强大而政声又好的罗斯福抗争。

罗斯福再次改变了新闻界与总统的关系。他前所未有地巩固并且确立了总统的权力和威信，以前所未有的手段操纵了传播媒介，来抬高自己和促进他的事业。“他成为第一个设计制造社会舆论的总统，并且干得如此老练，利用起报纸来就如同玩牌一样。”① 他靠无所不在、压倒一切的人格力量发挥着巨大影响，以致学者和通俗历史学家们至今还怀着极大兴趣在著书立说，不停地研究着他。

有几种情况帮助了罗斯福。其中之一是，美联社和合众国际社这时在全国范围内发布新闻稿，并且，由于同时向共和党和民主党的报刊供稿，它们的报道在政治上都必须保持中立，这就为罗斯福对于中立政策的明智解释提供了理想的渠道，并且给了他以广泛地接触报纸的机会。更为重要的是，除了普利策以外，以前的大部分党派出版商现在已经去世，他们的继承者希望客观地报道华盛顿的新闻。这种情况对于总统来说，又起到了一种保护作用，同时还给总统提供了另一条途径以兜售他巧妙地发明的对“客观性”的解释。正是多种因素合力作用的结果，罗斯福被授予了“头号总编辑”的美誉。

在其后的几位总统中，善于操纵媒体的也为数不少。比如，哈丁总统被称为“白宫里的编辑”，胡佛在总统与新闻界关系史上打开了新纪元，克林顿充分利用新闻界渡过与莱温斯基的绯闻难关等，都是美国总统控制、操纵和利用媒体的典范。

四、评奖对美国媒体和记者的影响

同世界上其他国家一样，西方国家每年都有名目繁多的各种新闻奖项的评比。在诸多奖项中，又以美国的普利策新闻奖影响最大。下面以该奖为例，来看西方新闻奖活动对其媒体和记者的影响。

1902 年 8 月末，普利策口授了一份备忘录，决定捐资设立新闻学院。在这份备忘录中，他说：“我强烈希望该学院从我提供的大笔款项中拿出一笔，用来向各类多才多艺、事业有成和出类拔萃的新闻记者和著作家支付每年颁发

① ［美］约翰·特贝尔，萨拉·迈尔斯·瓦茨著：《从华盛顿到里根——美国历届总统与新闻出版界》，吉林人民出版社 1989 年版，第 478 页。

的奖金。”他并且预测：“对于我非常钟情的设奖计划来说，我有这样的信心：它在将来最有可能给大学带来益处和声誉，可能要大于新闻学院本身。”①普利策的观点最终说服了哥伦比亚大学的校董们，双方于 1903 年 4 月 10 日即普利策 56 岁生日这天签订协议，规定由普利策出资 200 万美元，帮助哥伦比亚大学建立新闻学院，另外列出 50 万美元“用于奖金或奖学金，以鼓励公益服务、公共道德、美国文学和教育的发展”。这就是普利策新闻奖的最初来源。

普利策于 1911 年 10 月 29 日去世，哥伦比亚大学新闻学院于 1912 年 9 月 30 日成立，普利策奖从 1917 年首次颁发，奖励前一年的成果。

普利策奖是典型的学院奖。根据 1903 年的协议和普利策 1904 年的遗嘱，普利策奖由哥伦比亚大学的校董们颁发，并设立一个名叫咨询委员会的班底，由该委员会向校董推荐获奖人名单，而这个委员会具有高度的权威性。普利策还授予该委员会调换作品奖项、更换和撤销获奖人的权力。

普利策奖最初为 9 项，其中新闻奖 4 项：（1）当年任何一家美国报纸所作出的最无私和最有功绩的公益服务，一枚价值 500 美元的金质奖章；（2）上一年美国报界对公众的最佳服务史，1000 美元；（3）当年撰写的最佳社论，其测评标准是：条理清晰、道德高尚、推理无误和在正确的方向上对舆论具有影响力，500 美元；（4）当年某个记者工作的最佳范例，其测评标准是：高度准确、文笔洗练、对公共福祉有所推进、获得公众的关注和尊敬。在 1917 年首次颁奖时，将（1）（3）（4）分别简化为“为公众利益服务有功奖”(Meritorious Public Service，通常称为“为公众利益服务奖”)、“社论奖”(Editorials) 和“报道奖”(Reporting)，第（2）项奖被简称为“报史奖”(Newspaper History Award)，这一奖项只在 1918 年颁发过一次。

新闻奖的授奖对象是“每日、星期日出版或者每周至少出版一次的美国报纸”，还包括 1898 年至 1946 年独立前的菲律宾和波多黎各这样的美国自治领地。由于通讯社在传统上是报界的合作组织，其新闻稿又通常通过报纸发表，因此有资格参评和获奖。但是，像《时代》周刊这样的新闻杂志则无缘获得普利策奖。

普利策奖的评选程序如下：

参与竞争者将其作品提交单项评奖委员会；

① John Hohenbeng. The Pulitaer Story. New york，1959，p. 329。

评委会将提名名单交给普利策奖委员会的秘密的小组委员会审议；

小组委员会向全体委员会提出获奖名单；

全体委员会向哥伦比亚大学校长“推荐”① 最终获奖者；

校长公布获奖名单。

普利策新闻奖的奖金是微不足道的，到1988年才增加到每项3000美元。但对于获奖者来说，它意味着其个人事业的飞黄腾达。

到20世纪90年代，普利策新闻奖发展到14个奖项，它们是：为公众利益服务奖（Public Service）、现场新闻报道奖（Spot News Reporting）、调查性报道奖（Investigative Reporting）、解释性报道奖（Explanatory Journalism）、独家报道奖（Beat Reporting）、全国报道奖（National Reporting）、国际报道奖（International Reporting）、特稿写作奖（Feature Writing）、评论奖（Commentary）、文艺批评奖（Criticism）、社论写作奖（Editorial）、评论性漫画奖（Editorial Cartooning）、现场新闻摄影奖（Spot News Photography）、特写摄影奖（Feature Photography）。

今天，普利策新闻奖不仅是美国近300个新闻奖中最知名的一个，而且为全世界所关注。德国鲁尔大学新闻与传播系教授海因茨·狄特里希·菲舍尔说：“普利策获奖作品的重要性无论怎样强调都不为过。单篇报道作品显示了文体的高度纯熟，而主题和对这些重大历史事件的解释则具有恒久的意义。历史学家、新闻工作者、政治家、社会学家、语言学家和作家将能够品尝玩味这种经常是令人激奋的和信息量丰富的读物之价值所在。”② 在这样一种舆论氛围下，普利策新闻奖式的评奖活动无疑对西方媒体和记者具有巨大的诱惑作用。

从本质上讲，每一种评奖都是一种指挥棒。普利策新闻奖的评奖标准，自然离不开美国新闻的价值取向。从总体上来说，维护美国的内外政治路线，宣扬美国人的文化传统与生活方式，永远是美国记者和作为记者裁判的评选人共同的取舍新闻的标准。不过，通过对一些获奖作品的深层剖析可以发现，西方记者们不是单单靠简单的说教与演绎，而是运用客观报道的手法，巧妙地、隐匿地表达着这种价值取向；他们不是一味地吹捧与“帮忙”，而是更多地通过严肃的甚至是尖锐的揭露与抨击，以达到消祛毒瘤和弥补缺陷的目的。在普利策奖的评选人看来，揭露政府官员的贪污腐败，关注社会弊病的滋生与防治，

---

① 由于委员会大权在握，向校长“推荐”只是客套话。

② Heinz Dietrich Fischer (ed.). Outstanding International Press Reporting.

深挖公众瞩目的、与百姓生存紧密相关的热点问题，是他们首先要关注的问题。这样，就诱使西方记者对于“揭黑”具有浓厚的兴趣，而总是把政府官员、公司老总和各类公众人物当做监督对象，随时准备挖出其中的贪官污吏、营私舞弊、警匪勾结等负面新闻。

因此，在美国等西方国家，政府直接控制媒体的可能性是比较小的。

五、民意终难违

总统对媒体的操纵，在一定程度上会对美国的民主政治制度造成威胁，特别是艾森豪威尔总统对媒体实行的高超的控制和影响，几乎使人们相信媒体要想摆脱官方控制几乎是不可能的。但是，西方媒体仍在不断地寻求“公正自由报道新闻”的办法。

值得新闻界骄傲的事件之一是新闻界对尼克松沉浮的操纵。而此前，所有媒体都无一例外地在他的控制之中。

1984 年 4 月，尼克松已经主动辞去总统的职务。这天，尼克松应邀出席了美国报界的一个年会。当尼克松出现在纽约召开的美国新闻报纸编辑协会年会上的时候，这位前总统接受了将近一分钟的热情的致敬，其中部分致敬者是曾经对他抱有深刻的怀疑和敌意的人。

会上，他温和地对记者们说：“无论如何，我在新闻界没有敌人。”他似乎忘记了他是怎样被新闻界无情地赶出白宫的。

但是尼克松是对的。他知道赶他出白宫的不只是新闻界，新闻界只不过是代表了美国的广大公众，他以个人的力量是无法与全国公众抗衡的。

在西方，报纸是要卖给读者看的。如果报纸不反映读者感兴趣的东西，报纸就卖不出去。因此，编辑必须经常研究读者兴趣，以便及时提供相关信息。也就是说，报纸在很大程度上反映着民意，报纸在很大程度上就是民意的代言人。西方当权者自然是明白其中的道理的，所以，他们对媒体的操纵从总体上来说，还必须认真对待民意的走向，否则，即使你是总统，也免不了挨骂受气甚至被驱逐下台的下场。

“人民，只有人民，才是创造历史的真正动力。”在了解西方媒体与政府关系的时候，我们更加深刻地感受到这句至理名言的深刻含义。

◎ 思考题

1. 西方政府是如何控制媒体的？

2. 试分析法律控制的两种不同形式及其结果。
3. 什么是道德规范性控制？
4. 在西方，社会控制与新闻自由是什么关系？
5. 简述西方国家新闻控制的基本类型。

第十二章　按图索骥

——西方媒介的编辑方针

媒体的方针是媒体工作人员赖以指导自己从事新闻业务的根据，了解了一个媒体的编辑方针，就了解了这个媒体的总体风格和报道走向。本章的任务就是通过分析西方最有影响的几家传媒的编辑方针，借以透视西方传媒的价值取向。

第一节　美国新闻传媒的编辑方针

一、主流文化的影响

美国的政治信条可以归纳为以下五条：（1）自由；（2）平等；（3）个人主义；（4）民主；（5）法制。核心是民主与自由，这一政治信条来源于《独立宣言》。

美国的新闻传媒的思想体系由四个信条构成：（1）反对外界干涉，摆脱来自政治、来自广告商甚至来自公众的干涉；（2）为实现“公众的知情权”服务；（3）探求真理，反映真理；（4）客观公正地报道事实。①

美国新闻界的基本价值观念深受这种文化氛围的影响，形成了鲜明的个性：即“利他”主义的民主意识，“负责任的”资本主义、小村镇的田园风格，个人主义，现代主义，科学理性精神，社会秩序与正义，国家的领导，民族优越感等。

二、《纽约时报》和《华盛顿邮报》的编辑方针

《纽约时报》和《华盛顿邮报》的编辑方针最能代表美国主流媒体的编辑

---

① 参见［美］赫伯特·阿特休尔：《权力的媒介》，华夏出版社 1989 年版，第 133 页。

方针。

1851 年 9 月 18 日，《纽约时报》的创始人之一亨利·雷蒙德在该报的创刊号中写道："我们的《纽约时报》将永远站在道德、工业、教育和宗教的立场上，报道世界各地新闻"，我们的目标是使《纽约时报》"成为纽约最好的报纸。……我们不打算在感情冲动下写文章，除非有事确使我们激动。但是我们尽量不要感情冲动"①。

从这一天起，《纽约时报》就标榜它是"独立报纸"。针对当时还处于主导地位、很有市场的政党报纸，雷蒙德说，"不能把这种报纸（政党机关报）误认为公共报纸，它们不是新闻事业的合法成员，它们不对新闻事业负责，没有资格享有新闻事业的荣誉"，"公共报纸具有更高尚的职能"，"能够取得公众的信任，必须是超党派而独立的，它一定要让人们感到它不是根据政党的利益或忠于政党的需要，而是出于真正对公正、福利的责任心"。他宣称，《纽约时报》"不卷入政党的斗争，不追求政治利益，而谋求公众福利"，"在提倡某种行动，解释一些事件时，总是从全国而不是从任何派系或政党的利益出发"。②

从 1896 年起，该报在报眼处刊登了如下新闻方针："刊登一切适合刊印的新闻。"其含义是：充分报道新闻；庄重报道新闻。

《纽约时报》实行事实与意见分离的原则，新闻编辑部门与社论撰述部门分立，新闻要做到"客观报道新闻"，它的新闻报道详尽完备，多于其他任何报纸，长期担任着史料性报纸的义务。《纽约时报》的社论也标榜超党派性，他们认为，"社论版除非能去掉党派性，力争在国家事务中起主导作用，否则它是没有价值的"③。

1933 年，尤金·迈耶以 82.5 万美元买下了濒临破产的《华盛顿邮报》，不久，他在给一位朋友的信中阐述了他关于《华盛顿邮报》的编辑方针，他说："我唯一的兴趣是要增加人们的知识和促进人们的思考。如果报纸不能凌驾于个人兴趣之上，作为一个出版者，我一点也不会高兴。"④ 正是在这种要"凌驾于个人兴趣之上"的追求，使《华盛顿邮报》成为当今美国的最优秀的

---

① ［美］布莱耶：《美国新闻事业史》，1945 年版，第 240～241 页。

② ［美］布莱耶：《美国新闻事业史》，1945 年版，第 243～244 页。

③ 《主编与发行人》，1976 年 10 月 9 日，第 10 页。

④ ［美］伦纳德·小唐尼，罗伯特·G. 凯泽：《美国人和他们的新闻》，中信出版社 2003 年版，第 13 页。

报纸之一。

迈耶的外孙唐纳德·格雷厄姆对迈耶的思想作了进一步的发展，他致力于《华盛顿邮报》“讲事实——可以确定的事实”，“在追求事实的时候，如果为了公众的利益而必要的话，报纸应该准备牺牲其自身的物质利益”。① 正是在这种精神的鼓舞下，才有《华盛顿邮报》记者百折不挠地追踪“水门事件”并将它弄得水落石出这一改变美国历史进程的事件发生。

三、“美国之音”的编辑方针

“美国之音”是由美国官办的新闻传媒，主要任务是“与世界人民建立直接的沟通渠道”。为此，美国新闻署组织制定了《“美国之音”章程》，规定了其基本原则：

第一，应该始终作为权威的、听众信任的信息来源。新闻必须准确、客观，并且力求全面。

第二，代表整个美国社会，而不代表美国社会中的某一个阶层。因此，在介绍美国制度和思想时，应该做到内容广泛，报道全面。

第三，应清楚地、有效地阐明美国政策，同时也报道对这些政策所发表的认真负责的意见和评论。

第二节　法、英、德、日新闻传媒的编辑方针

一、法国媒介的编辑方针

法国为世界贡献了《人权宣言》(1789 年 8 月 26 日国民大会通过)。宣言第 16 条指出：“思想和意见的自由传播是人类最可宝贵的权利之一，因而每个公民都有言论、著述、出版的自由，但须在法律的范围内对滥用此项自由负有责任。”革命时期的政治报刊最早享用了这一自由。资产阶级革命派用报刊作武器，反对僧侣、贵族，宣传第三等级的正义要求，抨击保皇派报刊的倒行逆施，其精神力量均来自《人权宣言》所倡导的新闻自由。

马拉把教育人民运用这种自由作为《人民之友报》的编辑方针，主张“无情地谴责那些窃国者，揭露那些伪君子，揪出那些叛徒……把那些贪婪

① ［美］伦纳德·小唐尼，罗伯特·G. 凯泽：《美国人和他们的新闻》，中信出版社 2003 年版，第 75 页。

的、假虔诚的公共事务的投机家们清除出去……赶走那些无力报效祖国的懦夫和无能之辈，以及那些国家不能信任的嫌疑分子"①。

吉·拉丹主张，报纸应走不偏不倚的路线，"旨在为民造福"。因此，他所主编的报纸《新闻报》就形成三个特色：第一，减缩政治新闻与言论，大量刊登社会新闻与法院案件；第二，以很大篇幅发表有关公众卫生、健康、牛育、食品、服装、家庭等方面的知识性稿件与讨论文章；第三，约请雨果、巴尔扎克、大仲马等作家撰写读者喜爱的文学作品，大大提高了《新闻报》的文化含量和可读性。

迪塔克在主持《世界报》时，提出的编辑方针是：强调政府应当有能力尽到社会职能，应以全民利益作为衡量政府社会职能的唯一标准。在社会新闻与法院案件报道上，《世界报》做得更煽情，更耸人听闻。

到19世纪，《小巴黎人报》以"中间派"自居，提出报纸应是"公众舆论的调解者"的主张。

二战后，法国形成三大报纸的格局：《世界报》、《费加罗报》、《法兰西晚报》。《法兰西晚报》以大量编发社会新闻为自己的方针，热衷于刊登刺激性强的奇闻轶事，一般不对事件作严肃分析，有时内容格调不高。《世界报》宣称政治上独立，不依附任何报团，也不接受政府津贴。少登图片，不登黄色新闻，多发以分析见长的解释性新闻。《费加罗报》以博马舍的剧本《费加罗的婚礼》中的人物命名，是一份创办于1854年的老资格报纸，号称"法国中上层的圣经"。早期报上印着博马舍的一句名言："没有谴责的自由，也就没有使人感到高兴的语言。"该报的方针是追求刺激性新闻和地方新闻。主办人维尔梅桑（Jean Carter de Villemessant）曾说："一犬溺毙于巴黎，远较遥远之另一世界崩溃更有兴趣。"②

二、英国媒介的编辑方针

1855年，英国出现了第一家成功的廉价报纸《每日电讯报》(Daily Telegraph)，这张报纸当时确定的方针是：在君主立宪的制度下，办一张报价低廉而质量优良的日报，保卫国家，提高道德和促进民主及福利。"平铺直叙地记录事件"，"文情并茂地报道世界各地新闻"，"令人爱读"。要使报纸成为

① ［法］范洛德·白朗热等著：《法国新闻通史》，第1卷，法国大学出版社1972年版，第455页。

② 王泰玄：《外国著名报纸概略》，新华出版社1985年版，第143页。

"时代的一面镜子，应当对读者的感情有感染力"。

1896年，北岩（诺斯克里夫）提出的方针是：办"一张忙人的报纸，报价低廉，文字简明，只要花上半便士就可读到所有的新闻"。

英国高级报纸的典范是《泰晤士报》。在200多年前创刊时，该报就宣称，一个报纸应当成为时代和各种消息的忠实记录者。该报的第二任主持人强调，报纸出版人应以"公众良心的独立信托者"为其唯一的荣誉。

英国的另一家报纸《卫报》(The Guardian）以坚持自由主义为其编辑方针，强调自己的评论是自由的，事实是神圣的，宣传是可憎的。报纸有权让人民听到反对的声音，评论固然应该坦率，但评论公正更为可贵。

三、德国媒介的编辑方针

德国报业发育较早，但由于从17世纪开始的长年战争和封建专制统治，令报业受到种种禁锢，其发展远远落后于英法。

《世界报》、《法兰克福评论报》、《法兰克福汇报》和《南德意志报》是德国最有影响的四家报纸。这四家报纸皆自诩为独立的报纸，力争作全面公正的报道。它们较少拥护某一政党，而是对某些政党的观点表示赞同或反对。德国新闻学者赫尔曼·麦恩说："虽然单个一家报纸的报道可能是片面的，但全体报纸提供的即便不是完整的，却是相当广泛的、多样化的观点，而这种多样化的观点在民主社会中对于阐述和分析政治问题是必不可少的。"①

在这总的方向的前提下，各报又有自己的特色。《南德意志报》的方针是："按照自由主义和为社会服务的原则，保卫和追求自由主义民主的社会形态。"《法兰克福评论报》赞成人权观念，赞成对国家政策的不断改革，支持少数民族，主张非暴力以及通过群众参与决策监督权力机构，试图促进受众形成自己的见解。《法兰克福汇报》在政治报道中同情基民盟和基社盟的立场，在经济上为企业家的利益呼吁，而在副刊上却为那些社外的撰稿人提供一个百家争鸣的论坛。《世纪报》的口号是"不要红色的，但也不要黑色的修道院"。

四、日本媒介的编辑方针

日本现今的五大报，两大通讯社及日本广播协会（NHK），在日本新闻传播界占有举足轻重的地位。

---

① ［德］赫尔曼·麦恩：《联邦德国大众传播媒介》，德意志联邦共和国驻华大使馆1994年版，第78页。

《朝日新闻》一贯以“不偏不倚”自诩，它的方针为：立足不偏不党的立场，贯彻言论自由，为建成民主国家和确立世界和平而努力；基于人道主义，献身于国民幸福，排除一切不法与暴力，和腐败进行斗争；公允、迅速、真实地报道，以进步精神保持评论之公正；常怀宽容之心，注意品格及责任，尊重清醒厚重之风。

《读卖新闻》以“大众化”、“庶民性”的方针博得读者欢迎，内容丰富多彩，通俗易懂，是其最大特色。

《每日新闻》的方针是：“向国民开放”，报社组成“编辑纲领委员会”，协商决定编辑方针。这使得报社中下层编辑记者对报社的编辑权有了一定的发言权。该报的纲领为：确保言论之自由、独立，以期唤起真实迅敏的报道和公正舆论；以全体职工的协作运营去贯彻作为社会公器之使命；立足于社会正义，尊重自由、人权和劳动；依据民主主义去推进文化国家建设，基于国际信义致力于世界和平之确立。

《日本经济新闻》的社旨简单明了：中正公平，以期我国国民生活的基础——经济——得到和平民主的发展。

《产经新闻》的信条是：为民主主义与自由而战；致力于富庶国家和舒适社会之建设；以全球眼光考虑日本和平；以创造光明未来为目标。

NHK 的宗旨以日本国会通过的广播法为据。该法第 1 条第 2 款规定：“为保障做到不偏不党，并保障播放的真实性与独立自主性，对播放素材之选择给予充分自由。”据此，NHK 制定了“国内节目基准”和“国际节目基准”，前者规定：要作为站在全体国民基础上的公共广播机关，不受任何人干预，坚守不偏不党的立场，确保广播的言论与表现自由，并以丰富而高质量的广播，致力于增进公共福利和文化提高。后者规定：通过国际广播，促进各国对日本的理解，以资发展国际文化与经济交流，并对国际亲善和人类福利做出贡献。

共同社的编辑方针是：向海外报道机关提供内外消息。时事社的办社方针是：向日本报道世界动向，向世界报道日本声音。

第三节　对西方编辑方针的评价

一、关于西方编辑方针的立场与倾向

政党报纸无不强调自己的政治立场和报道倾向，这同这些报纸作为政党的喉舌地位是分不开的。威拉德·布莱耶指出：“19 世纪第一个 30 年的美国新

闻史表明，报纸继续作为主要政党的机关报，它们的主要目的是讨论政治问题而不是刊登新闻，报纸反映并加剧了政党政治的恶斗。”

举凡西方国家政党报纸，无论是美国、英国、德国、日本、意大利，无不站在政党与党派的立场上，公开捍卫自己这一派的利益，为自己政党的政治与经济口号呐喊，毫不犹豫、不遗余力地攻击对方的主张与政策。正如恩格斯指出的那样：党报的任务，“首先是组织讨论，论证、阐发和捍卫党的要求，驳斥和推翻敌对党的妄想和论断”①。

当西方报业进入廉价报纸时期后，这一状况无疑得到了改变。最早的四家廉价报纸首先以超然于阶级和政党为标榜，同政党报纸明显地区别开来。它们公然声称自己是“超党派的独立报纸”，“不支持任何政党”，“采取独立的方针”，并认为政党报纸“不是新闻事业的合法成员”。一百多年来，从形式上看，美国报纸在政治立场与倾向上，差不多都以独立的面目存在，超然于任何阶级和政党之上。这种超越阶级和政党的报纸，其最高的价值标准就是社会进步和公众利益。

但是，报纸作为一种意识形态的存在方式，它不可能完全超出现实，它必然打上一个时代的烙印，表达一定的政治立场与报道倾向，只不过这种表达是报纸经过自己思考的结果，而不是受控于某个政治团体的指令。

二、西方如何依据编辑方针来选择消息和意见

考察美、英等西方国家传媒的编辑方针，可以看到它们强调消息和意见分开。在政党报纸时期，意见为重，消息为轻，且消息报道的内容偏多于政治斗争。在大众报纸阶段，消息为重，意见为轻，它们的口号是：“新闻是报纸的心脏。”② 因此又可以说，政党报纸是政治报纸，叫“政论报”，大众报纸是信息报纸，叫“新闻报”。

为了显示报纸的公正，西方报纸还盛行“社论版对页”的做法。“在社论版对面刊登意见和评论，已成为报刊用以刊登不同意见的流行做法”③，“社论版的一部分版面刊登‘读者来信’，是民主程序的一部分，是把复杂的和专门性的问题提炼成为比较简单的道德和常识问题。人民不应该只是旁观民主程

① 《马克思恩格斯全集》，第4卷，人民出版社1958年版，第300页。

② ［美］弗兰克·卢瑟·莫特：《美国新闻事业史》，台北世界书局1975年版，第695页。

③ 《时代》周刊，1974年9月9日，第40页。

序，而应当参加进去。‘人民论坛’就是这一民主程序的一个重要部分。”

大众报纸的这种做法，较之以政党报纸完全倾注于政论文章，言论一边倒的情况，有很大的不同。

三、“满足读者需要”永远是最冠冕堂皇的口号

西方各国新闻传媒的编辑方针中，总是把满足读者需要作为重要的出发点，作为评价新闻传播效益的重要标志。“读者需要论”既是新闻传媒最重要的实务指导原则，又是新闻传播学的重要理论。《太阳报》在两百多年前就明确提出：本报的任务就是“为公众报道当天的新闻”。美国出现的第一批廉价报纸的共同特点之一，就是新闻报道面广量多，特别注重地方新闻、社会新闻、人情味新闻和煽情新闻。而这些报纸的出现和大量发行，是同美国社会进入大工业生产以后，广大市民在新的经济生活与社会生活中激发的新的信息需求与文化追求分不开的。比较有名的编辑方针如普利策的《世界报》，主张根据广大人民的需要，揭露一切欺骗与无耻行为，“为人民的利益而奋斗”。以重大国内外新闻开拓市场，以刺激性新闻调动读者阅读兴趣，是其成功的原因。

但是，在“满足读者需要”的口号下，也出现了格调低下、不讲职业操守的报纸。如赫斯特办的《纽约日报》，就不惜工本地用黄色新闻与煽情报道刺激读者感官。

四、努力创造自己的风格与特色

传媒的风格，大致指传媒在一个时期内形成的思想倾向、内容选择、编辑方式、谋篇布局、遣词造句等相对稳定的特点。

本杰明·戴为《太阳报》制定的编辑方针是：“真理是我们的格言，我们不怕掠夺者控告本报诽谤，也不接受谋求官职者的钱财。只要有一个人或一伙人的恶行应当揭露，我们就要让它们在光天化日之下受到挞伐。”后人将其概括为“不畏强暴、嫉恶如仇”的风格。

法国早期的廉价报纸喜欢约请大作家、大文豪为之撰写文学作品，一时成为时尚和特色。英国的《泰晤士报》则以对国内外重大事件的及时报道和权威评论立足世界报业之林。那些“阴沟小报”自然就只有以大量刊登黄色新闻和娱乐材料来赚钱和出名。

恩格斯曾经说过，一个民族要自立于世界之林，就一刻也不能没有理论思维。认真研究西方报业的办报风格，可以为我们提供最直接的启示，从而加快

我国报业改革的步伐，缩短我们与西方报业差距的历史进程。

◎ 思考题

1. 西方新闻编辑方针是由什么来决定的？
2. 试析西方编辑方针的立场与倾向。
3. 西方如何依据编辑方针来选择消息和意见？
4. 为什么说“满足读者需要”永远是最冠冕堂皇的口号？
5. 如何创造自己的风格与特色？

第十三章　西方当代新闻传播理论的发展

进入20世纪后，西方对于新闻理论的研究进入黄金时期，各种学说、流派如雨后春笋般涌现，不仅大大活跃了学术研究的氛围，而且大大促进了新闻媒介的发展，提升了新闻传播的水平和新闻传播的效果。新闻传播理论成为当今西方世界最具活力的研究领域，也是最有成就的一个学术领域。

在20世纪初的几十年中，普利策、庞德、甘斯和希伯特等奠定了西方现代新闻理论的基础；在20世纪的后几十年中，许多理论工作者又对这些思想成果进行了深入探讨、反思，提出了各自的见解和体系。下面分别介绍在20世纪中后期起过重要影响的几种理论。

第一节　拉斯韦尔、施拉姆与传播学的建立

西方奉行新闻自由带给新闻传播学的一个贡献就是在新闻学理论经过300余年的发展后，由于两次世界大战的作用，催生了一门意义重大、影响深远的新的学科，这就是在新闻学的基础之上，发展出传播学的理论体系。

对传播学的建立做出重大贡献的有五个人，他们是：拉斯韦尔、霍夫兰、卢因、拉扎斯菲尔德和威尔伯·施拉姆。

一、拉斯韦尔的传播模式与功能理论

哈罗德·拉斯韦尔（Harold Dwight Lasswell），1902年2月13日生于伊利诺伊州的唐尼尔逊，卒于1978年12月18日，终身未婚。他是美国著名的政治学家，曾任芝加哥大学、耶鲁大学教授，美国政治学会会长等职。他对传播学的贡献集中在宣传分析和传播过程研究等方面，被美国人称为研究领域的达·芬奇。他“对权力关系以及人物与政治的关系有创新研究，并对当代的行为政治科学有重要贡献”。

拉斯韦尔对传播学的贡献主要表现在五个方面。第一，他最先用政治学观点对传播学进行了系统的研究，是公认的“宣传和政治符号理论发展的先

驱”。第二，他提出了著名的“5W”传播模式和传播“三功能说”，前者比较完善地描述了传播的过程，明确了传播学控制研究、内容分析、媒介研究、受众研究和效果研究五个基本内容，为当代传播学研究指明了方向。后者则为赖特、宣伟伯等学者以后对传播功能作出进一步的理论阐述奠定了基础。第三，他提出“社会传播”的概念，从宏观上初步探讨了传播的社会功能等基本课题。第四，他倡导并亲身实践“内容分析法”，由于该法精确定量的特色，为使传播学成为一门精确的科学立下了功勋。第五，他用定量语义学的方法，比较了有意义的政治符号在不同时间和地点在主要新闻机构的分布，为传播学研究运用内容分析的方法提供了有益的经验。

1948 年，拉斯韦尔发表了《社会传播的结构与功能》一文。论文一问世便受到了广泛的赞誉，成为早期传播学研究的经典成果之一。在这篇文章中，拉斯韦尔明确提出了传播过程及其五个基本构成要素，即：谁（Who）？说什么（What）？对谁（Whom）说？通过什么渠道（What channel）？取得什么效果（What effect）？这就是著名的拉斯韦尔 5W 模式，这个模式简明而清晰，是传播过程模式中的经典。这一模式还奠定了传播学研究的五大基本内容：即“控制分析”、“内容分析”、“媒介分析”、“受众分析”以及“效果分析”。这五种分析涵盖了传播研究的主要领域。另外，它还导致了传播学对于确定效果的重视。

这篇文章的另一大贡献就是提出了关于大众传播的三种基本功能，并分析了其可能存在的负功能。这三种功能是：监视环境、协调社会以及文化传承。这三个功能主要是从政治学角度着眼的。1959 年，查尔斯·赖特又从社会学的角度，为其补充了“娱乐”功能。由此，形成了传播学中经典的大众传播四功能说。

此外，拉斯韦尔还开创了内容分析法，发明了定性和定量测度传播信息的方法论；他关于政治宣传和战时宣传的研究，则代表着一种重要的早期传播学类型，而今天的宣传分析，已被纳入传播研究的一般体系中；他将弗洛伊德的精神分析理论引入美国社会科学，并使其与政治分析相结合，从而在社会层面上运用了个体内部的弗氏理论；他还帮助创办了政策学，这是一门整合了社会科学知识与公共行为的交叉学科。因此，虽然拉斯韦尔并不认为自己是一位传播学学者，但无疑在今天的传播学研究领域中，弥漫着诸多拉斯韦尔的思想和作品。他的许多开创性的工作，奠定了传播学研究的基本范围和层面，他是当之无愧的传播学奠基人之一。

二、霍夫兰的说服理论

卡尔·霍夫兰（Carl Hovland）是美国实验心理学家，毕生研究人的心理对人的行为的影响，研究说服与态度的关系，态度的形成与转变，说服的方式、技巧与能力等。他是将实验心理学引入传播学研究领域的第一人。第二次世界大战期间，霍夫兰应聘担任美国陆军总部心理实验室主任，率领专家小组指导和研究美军的思想训练计划，研究军内教育电影对提高士气所起的作用和效果。战后回到耶鲁大学，主持"传播与态度改变"课题，出版了一系列丛书。霍夫兰对传播学最突出的贡献，一是将心理实验方法引入传播学研究；二是通过研究揭示了传播效果形成的条件性和复杂性，对否定早期的"子弹论"效果观起到了很大作用。1946 年到 1961 年间，霍夫兰领导的"耶鲁传播与态度变迁计划"，完成了超过 50 项实验。他们将研究成果结集出版，产生了一批关于态度问题的耶鲁丛书。1953 年出版的《传播与说服》一书，描述了这些研究的理论框架和结果。

《传播与说服》中一系列的研究有这样三个特征：第一，研究的主要目的在于寻找说服的定律。第二，研究采用的主要理论基础为刺激—反应的学习理论，假设态度的改变是基于求变的动机强过不变的动机。第三，研究的方法为实验室的实验法。

霍夫兰的研究大致可以分为传播者、传播讯息、阅听人以及阅听人的反应四个方面。在传播者方面，研究发现阅听人认为可信度低的消息来源较偏颇和不正常，但是，可信度的影响随着时间的消逝而消失，因为阅听人已经忘记了来源的身份，除非其身份再次被强调。就整体而言，态度的改变多是短期的效果。态度不难在接受信息后立即改变，但是，经过一段时间后可能又回到原位。

霍夫兰有关阅听人的研究虽然不能定论，但很有趣。他认为，那些将所属团体的分量看得很重的人，不易受到与团体规范相左的说服信息所影响。在人格特质方面，自我评价低的人，容易受影响；而对他人抱有较大敌意或有精神性神经症倾向的人，则不容易受影响。最后，研究者在探讨阅听人反应时，发现主动参与的阅听人，比被动参与的阅听人容易改变态度。

霍夫兰的研究在传播学研究史上占有重要的地位，其发现有助于我们更深入了解说服的过程——这是大众传播研究中很重要的课题之一。研究中提出的一些概念，如可信度、对宣传的免疫力、恐惧诉求、睡眠效果等，都是引导后来研究的起点。

三、卢因的把关人理论

库尔特·卢因（Kurt Lewin，又译为勒温，1890—1947）是著名的社会心理学家，传播学研究中守门理论的创立者，其代表作为《解决社会矛盾》等。卢因的研究兴趣十分广泛，但以实用著称。他创立的“场论”和“群体动力论”，以及一系列由实地试验得出的成果，“在心理学的发展中留有一个不可磨灭的烙印”（G. Lindzey and C. Hall，1970）。卢因认为，人的行为环境是一个相互依赖、相互作用的动力整体，人也是其中的一部分，任何个人的心理活动和行为都由此情境和所属群体决定，这观点暗示传播者，要通过传播改变一个人的态度、认识和行动，不仅要考虑受传者的个人特性，而且要考虑他所属的群体的特点和环境因素。

卢因还将心理学知识引入传播学研究，用来研究“群体生活的途径”，以及群体对个人的观念、动机、愿望、行为和倾向的影响。

卢因最先提出“守门行为”和“守门人”概念，是在第二次世界大战期间。当时美国政府鼓励公众食用动物内脏，卢因带领学生对这一宣传活动进行研究后发现：家庭主妇对不受欢迎的食物，扮演着犹如守门人的角色。除非家庭主妇决定将动物内脏推销给她的家人，否则，她的先生和孩子是不可能吃到的。

1947年，卢因发表了他生前的最后一篇论文《群体生活的渠道》，将传播系统内的“守门行为”和“守门人”概念予以理性阐述，认为在传播过程中，信息总是沿着包含有检查点即“门区”或关卡的某些渠道流动，那些能够允许信息通过或不许信息流通的人或机构，即为守门人。守门人的主要作用是选择和过滤他所接到的信息。接着，卢因的学生怀特（D. White，1950）和其他的传播学者（如麦克内利和巴斯等人）便依据卢因的提示开始研究大众媒介机构中的守门人行为，如报社新闻电讯编辑就把持着全国性和国际性的新闻流向和流量。可以这样说，“守门行为”和“守门人”的概念，是卢因成为传播学创始人的重要理论原因。

四、拉扎斯菲尔德二级传播理论

保罗·拉扎斯菲尔德（Paul Lazarsfeld）是美籍奥地利人，著名社会学家，是对后来的传播学研究方法影响最大的一位，在形成现代传播研究方面具有重要的思想影响，是传播效果研究的开创者。从1930年在维也纳首次从事对广播听众的传播效果研究开始，到1937年在美国进行的“广播研究项目”和

1940 年的美国总统大选研究，他通过分析性地利用样本调查，做出了影响个人行为的、有因果关系的推论。拉扎斯菲尔德及其助手合作完成的《人民的选择》被称为“社会科学史上最复杂的调查研究之一”，也是传播效果研究的经典著作。

《人民的选择》以 1940 年的美国总统大选为分析案例，试图阐释在大众传媒及人际关系的影响下，选民如何做出投票的选择。该成果对于传播学学术思想的贡献主要体现在两方面。一是大众传播的有限效果论，二是“两级传播”和“舆论领袖”观点的形成。

早期的宣传理论家支持强有力的大众媒体，但是，后来的传播学学者在研究媒体对于选举行为、消费决策和其他类型的行为变化时，没有找到这类强效果的证据。开始怀疑强有力的大众媒体效果论的主要学者就是拉扎斯菲尔德，而正是他的伊利县研究引发了他的怀疑。拉扎斯菲尔德等人希望证实大众媒体在构成人们关于总统选举中如何行事的意向上具有直接与强有力的效果。他假定，总统选举的投票决定会在竞选过程中做出，并会受到大众媒体中出现的有关选举问题和候选人的新闻和专题报道的影响。但研究结果却揭示了相反的事实：许多伊利县的选民在竞选开始之前就拿定了主意。600 名调查对象中仅 54 名曾从一个候选人转向另一个候选人，而这些转变者当中只有一些人是直接因为大众媒体的影响才这么做的。媒体只能告知和说服一些关键个人，也就是后来被称为“舆论领袖”的那些个人，他们转而通过与其追随者的人际传播联系，即以一种两级传播流通的模式将这种效果加以扩大。

此外，将面对面的访谈和分组试验、定量分析的方法引入传播学研究也是拉扎斯菲尔德对传播学方法论体系做出的一大贡献。阅读《人民的选择》不仅可以对传播学早年的学科发展有清晰的了解，也能从中学到不少有效的研究方法。

五、施拉姆的杰出贡献

威尔伯·施拉姆（Wilbur Schramm）是传播学科的集大成者和创始人。人们称他为“传播学鼻祖”、“传播学之父”。他建立了第一个大学的传播学研究机构，编撰了第一本传播学教科书，授予了第一个传播学博士学位，也是世界上第一个具有传播学教授头衔的人。

施拉姆对传播学的巨大贡献在于将美国的新闻学与社会学、心理学、政治学等其他学科综合起来进行研究，在前人研究的基础上，归纳、总结、修正并使之系统化、结构化，从而创立了一门新学科——传播学。标志是 1949 年由他编撰的第一本权威性的传播学著作——《大众传播学》的出版。这本书收录了政治学家、心理学家、社会学家、语言学家以及许多其他学科的专家对传播学的研究成果。该书出版后，立即成为美国大学传播学专业普遍采用的教科书。因需求量太大，1960 年又出了修订版。全书共分 8 个部分：大众传播学的发展、大众传播的结构与作用、大众传播的控制与支持、传播过程、大众传播的内容、大众传播的受众、大众传播的效果和大众传播的责任，实际上是从 8 个方面建构了大众传播学的学科体系。不仅如此，这本书的权威性还在于几乎所有撰稿人都是当时的一流学者，除施拉姆本人外，包括 R. 帕克、H. D. 拉斯韦尔、W. 李普曼、P. F. 拉扎斯菲尔德等 30 多人。

施拉姆一生共写有 30 余部传播学论著，总计约 500 万字。他的贡献是多方面的，其一就是他提出了传播功能学说。施拉姆从政治功能、经济功能和一般社会功能三个方面对大众传播的社会功能进行了总结。他认为，大众传播的政治功能主要包括：监视、协调、社会遗产、法律和习俗的传递。经济功能表现在：关于资源以及买和卖的机会的信息；解释这种信息；制定经济政策；活跃和管理商场；开创经济行为等。一般社会功能包括：关于社会规范、作用等的信息；接受或拒绝它们；协调公众的了解和意愿，行使社会控制；向社会的新成员传递社会规范和作用的规定、娱乐等等。

施拉姆分类法的重要贡献在于它明确提出了传播的经济功能，指出了大众传播通过信息的收集、提供和解释，能够开创经济行为。大众传播的经济功能并不仅仅限于为其他产业提供信息服务，它本身就是知识产业的重要组成部分，在整个社会经济中占有重要的地位。

第二节　雷蒙德·威廉斯的传播理论

一、当代西方著名的马克思主义文化批评家

雷蒙德·威廉斯（Raymond Williams），英国著名的学者，传播学批判学派著名的代表人物之一，文化学派的早期理论家，“西方马克思主义”的文化批评家。他的研究成果，是英国马克思主义内部文化批评最丰富的源泉之一。他在文学批评、文化批评、政治论和大众传播等领域，均有相当大的贡献。

1962 年，雷蒙德·威廉斯出版了被称之为“民主现实主义杰作”的著作《传播》，提出要对社会的传播体制进行改革，迫切希望为言论自由、开放和真实创造条件。他写道：

> 一个良好的社会有赖于事实和观点的自由畅通，也仰仗于对意识和想象力的发展——明确地表达人们的实际所见、所知和所感。任何对个人言论自由的限制，实际上就是对社会资源的限制。

人们一般认定，“文化研究”源于20世纪六七十年代的英国伯明翰大学当代文化研究所（CCCS）的研究方向和学术成果（此即“伯明翰学派”），其代表人物有理查德·霍加特、雷蒙德·威廉斯、斯图亚特·霍尔，而雷蒙德·威廉斯被视作“文化研究”的理论先驱。实际上威廉斯在40余年的学术生涯中所历经和开创的领域要广阔得多，他从早期的利维斯文化主义者转变为“新左派”理论家，又成为“文化研究”的思想奠基人，最后同其他理论家们一道开创了可以统称为“文化社会学”的方向。

威廉斯起初受业于当代英国文化批评与文化研究的先驱者 F. R. 利维斯。利维斯针对现代资本主义社会危机发出警策，试图通过伟大的文化传统来改变或拯救这一颓势，这种文化主义深深地影响了威廉斯。威廉斯认为从文化出发来改造社会或进行文化批评是可能的，但他发现只从精英/通俗的二项对立中找出路有片面性，而从下层民众所创造的文化中是可以找到解决这些问题的动力、途径和方略的。故而威廉斯一直赞成实现一种共同的文化——所有的阶级和社会阶层都可能创造性地参与和分享文化。另一方面由于出身工人阶级并早年参加过社会主义运动，威廉斯很早就接触了马克思主义。不过他从一开始就对马克思主义既怀有敬意又审慎地保持距离。他从英国马克思主义文论家考德威尔那里吸收了许多思想，但由于特别注重联系现实，他发现所谓正统的马克思主义文艺理论有许多缺点和不足。

二、威廉斯传播学思想的主要观点

威廉斯把传播体制简单概括为四种模式：（1）专制式；（2）家长式；（3）商业式；（4）民主式。他认为，一个专制式的传播体制，就是简单地传达统治集团的各种指令。“蕴涵于这一方式的，就是将排斥其他的或各种有抵牾的观点当做一种政策问题。”① 在这种模式下，由电子输入的代码信息的传播以及印刷媒介，基本上受到国家的集中控制，严格地制约市民社会内部不同意见的表达。他坚持认为，任何名实相符的激进民主政治，都将必须保护信息的自

① ［英］尼克·史蒂文森著：《认识媒介文化》，商务印书馆2001年版，第26页。

由传播，使其免遭国家的监控。

威廉斯对“家长式”体制的解释是：这一体制的中心点是力求保护和指引社会和公众，而不只是维护统治权。比如，英国广播公司的创建是以维持高标准的理想为基础的，这种高标准总体上反映了英国社会各统治集团的精神气质和审美情趣。按英国广播公司首任总经理洛德·里思的说法，“是竭力培育民族形成一种丰富和高层次的文化，以摆脱美国化了的同性质的通俗文化”。

威廉斯认为，商业式的诸种文化产业提供了相当程度的自由，因为在市场上均可以买卖多元文化的诸种形式。同时他也深刻地指出，文化传播的各种商业方式，注定要排斥不可能快速销售和不可能有回报的商品。因此，一些有社会价值而缺乏商业价值的文化就有可能受到排斥，在这种情况下（并且只能是在这种情况下），就需要国家的某种程度的干预，包括由政府创办媒体来填补市场竞争留下的空白。

威廉斯所谓的民主模式，尽管强调传播自由，但它与商业体系有许多共同之处。威廉斯提出，大众传播媒介应该摆脱诸如资本和国家认可的并已得到民主化和非集中化的商业式和家长式体制的控制。只有在体制上从政府和市场中分离出来，在言论自由的社会语境下，大众传播媒介才会做出文化上的贡献。总之，威廉斯强烈地感受到，传播的诸种新形式（报纸、电视、广播和电影），能为严肃地参与和真诚地关注人类的需要，创造一种民主氛围。

第三节　格拉斯哥大学媒介组的研究

一、西方当代最活跃的传播学学派

格拉斯哥大学学派是当今西方最活跃的媒介研究学派之一，他们因以饱满的批判精神来研究传播媒介的作用而著称。

20 世纪 70 年代至 80 年代初期，格拉斯哥大学媒介组就电视新闻的偏见问题进行了一系列具有创新意义的研究。在由他们撰写的《坏消息》丛书中，他们凭借经验性和符号学的分析，着力揭露对电视新闻报道具有系统性的阶级偏见，在当时产生了世界性的影响，并至今对西方的研究起着指导作用。

《获取信息：新闻、真相和权力》是格拉斯哥大学媒介小组的重要成果之一，全书分为五个部分十三章，对媒介信息的生产和接收之间的相互关系作了宝贵的、影响深远的探索，对任何媒介理论发展的研究来说都是极有价值的参考书。作者论述的主题包括媒体和舆论之间的关系、新出现的电视新闻的形式与风格以及媒介研究理论和方法之间的联系。该书还展现了课题组对媒体在艾滋病、越南、北爱尔兰、埃塞俄比亚乃至海湾战争报道中扮演的角色所进行的研究。

该书在试图揭示新闻记者与消息来源、接受研究之间关系方面采用了新方法；不仅阐明了课题组早期的研究工作是如何开展的，而且阐明了课题组在个人和集体努力下开展起来的研究方式。

二、格拉斯哥大学媒介组的研究成果

凭借广泛的录像资料的呈现，格拉斯哥大学媒介组提出了这样的设想：新闻重演了具有连贯性的中产阶级的意识形态。因而，新闻不是中立的和客观的，也不是公正的和无偏见的报道，而是有赖于与某些特定的阶级的密切联系。

第一，对社会“现实”的错误表征使媒介带有偏见，“实际记录在册的工人罢工情况与电视新闻报道的情况没有一致的联系，相反，有些工作场所，如汽车工业等，受到过多的报道”。这表明媒介不能“客观”地报道现实，而是对现实有所选择。在这种选择中就不可避免地带有阶级的偏见。

第二，人们可以根据电视新闻重申或肯定资本主义各种主要经济关系的程度，描述电视新闻的偏见性。媒介在占主导地位的意识形态一致性里起作用，在这样一种一致性里，罢工从来就得不到正确的解释，而且工人永远是错误的。

第三，工人阶级的意见被排斥于大众传播媒介之外，这是由于电视媒介的职业文化受到了以中产阶级为背景的人的控制。电视媒介工作者在物质和象征意义上脱离于工人阶级，凡是有悖于占主导地位的中产阶级观点的信息，要么受到排斥，要么零零碎碎地被包容。

而这三种关于产业新闻偏见性的观念，结合在一起衍生出一种强大的意识形态，歪曲现实，再次肯定了占统治地位的各种社会关系，并排斥各种异己之见。

第四节　于尔根·哈贝马斯的传播学思想

于尔根·哈贝马斯（Juergen Habermas），德国当代最重要的哲学家之一，教授，是西方马克思主义法兰克福学派第二代的中坚人物，由于思想庞杂而深刻，体系宏大而完备，哈贝马斯被公认是“当代最有影响力的思想家”，威尔

比把他称作“当代的黑格尔”和“后工业革命的最伟大的哲学家”，在西方学术界占有举足轻重的地位。

一、法兰克福学派的掌门人

1929年6月18日，哈贝马斯出生于德国科隆附近的小城谷默斯巴赫。自1949年起，他先后在德国哥廷根大学、瑞士苏黎世大学和德国波恩大学学习哲学、历史学、心理学、德国文学、经济学等，1954年获哲学博士学位，1960年通过教授资格论文答辩，先后任海德堡大学、法兰克福大学教授，逐渐成为法兰克福学派第二代代表人物。

1933年希特勒上台时，他刚4岁。他的青少年时代是在纳粹统治及第二次世界大战中度过的。不过他对当时发生的一切并不了解。在清华的演讲中，有人问及希特勒统治对他的影响时，他说当时在德国的所有人（无论是成年人，老人还是孩子）看来，一切都是正常的。直到1945年纳粹投降，看过集中营的电影后，才知道纳粹德国所犯下的罪行。也许正是这种对孩提时代经历的否定，决定了他思想中极为浓重的批判意识。他在一次回忆中说，“这场经历对于我们这一代人是如此重要，以至于决定了我们的思想。”哈贝马斯一生不但对诸多先辈哲学家如黑格尔、马克思、M. 韦伯、海德格尔、阿尔多诺提出了尖锐的批评，而且与当代著名的理论家伽达默尔、福柯、德里达、布尔迪厄等人发生过激烈的论战。

《公共领域的结构转型》是哈贝马斯最重要的关于大众传媒的完整著作，也是法兰克福学派的代表作。在他对资产阶级公共领域兴衰的论述中，我们可以发现哈贝马斯对人类传播重要性的重视。他说，公共领域是公共性本身表现出来的一个独立的领域，它和私人领域相对立。公共领域的主体是作为公众舆论中坚力量的公众。他指出，公共性既指一切对公众开放的场合，也指公共权力机关，始终是政治制度的一个组织原则；同时，公共性又是一种民主原则，“只有当个人意见通过公众批判而变成公众舆论时，公共性才能实现”①。而到了大众传媒领域，它又“从公众舆论所发挥的一种功能变成了公众舆论自身的一种属性”②。

---

① ［德］哈贝马斯著：《公共领域的结构转型》，学林出版社1999年版，第252页。
② ［德］哈贝马斯著：《公共领域的结构转型》，学林出版社1999年版，第252页。

二、哈贝马斯对传播在公共领域中作用的分析

哈贝马斯一开始就认识到大众传播对公共领域的决定性作用，他甚至把政治公共领域视为一种“由大众媒体编造和传播的整合文化”①。他特别指出，资产阶级公共领域的形成、演化及其转型，都是与大众传媒的兴起和发展密切相关的，两者的关系无论怎么强调也不过分，并且公共领域是由“大众媒介支配的”；“有些时候，公共领域说到底就是公众舆论领域，它和公共权力机关直接相抗衡”；“有些情况下，人们把国家机构或用来沟通公众的传媒，如报刊，也算作‘公共机构’”。② 他说，在信息社会里，“文化作为一种公共领域应该是公共权力和民主原则的共有领域，是公共性本身表现出来的一个独立的领域；公共性是一种民主原则，公共领域的主体是作为公众舆论中坚力量的公众”。他指出，只有当个人意见通过公众批判而变成公众舆论时，公共性才能实现。③ 所谓公众批判，是指公民任意通过媒介表达对公共事务的意见；所谓公众舆论，是指某种意见成为社会普遍一致的看法，无论是公众批判或公众舆论，都要以媒介为载体。

哈贝马斯认为，进入20世纪中后期以来，文化已变成一种由主体间性产生、公众所信奉的现象，它有益于提供同一性的源泉、社会交往的途径和共同体意识。随着公众文化继续不断地被商业化和市场化，一种建立于更加大众化基础之上的更为离散的全球文化正在兴起，以取代各民族国家的各种陈旧的一体化文化。这种跨国文化正在构建新的同一性，削弱关于民族协同性的各种较为陈旧的看法。在这一过程中，媒介起到了关键性的作用。

“主体间性”是哈贝马斯提出的一个重要概念。哈贝马斯认为，“主体/客体”作为哲学的基本范式，一直沿袭了几千年不变，其根本原因是人类几千年来所关心的基本问题未变。他在《为什么需要哲学》一文中写道，在传统观念中，人作为“主体”，可以任意对自然“客体”进行改造、征服、支配、处置和索取，构成了所谓的“生产世界”。在“生产世界”中，主/客关系是对立的和倾斜的。但进入20世纪后，随着人类生产力“巫术”般地提高，人类所关注的基本问题也从“人与自然的关系”转移到“人与人的关系”（他称之为“生活世界”）上来，“这是一个别人和我一样都是主体的世界，是一个

① ［德］哈贝马斯著：《公共领域的结构转型》，学林出版社1999年版，第252页。
② ［德］哈贝马斯著：《公共领域的结构转型》，学林出版社1999年版，第2页。
③ ［德］哈贝马斯著：《公共领域的结构转型》，学林出版社1999年版，第252页。

如何把别人当成‘我’一样去理解和交往的‘日常世界’”，是一个“多元主体生存‘合法化’的世界，这种多元主体之间构成的关系就是‘主体间性’”①。哈贝马斯较早认识到建设和谐社会的必然性。

根据哈贝马斯的论述，传播沟通是一切主体（它们是构建和谐社会的元素）存在的前提，是任何具体主体存在的基本方式；传播沟通是“自我”与“他我”之间不断转换的过程，也是“自我”与“他我”理解的过程和意义在“主体之间”生成的过程。因此，有效的传播沟通必须遵守四项原则，即可领会性、真实性、真诚性和正当性。可领会性对应于“教化”、“灌输”，指“主体”应该以“理解”为向导，主动去获得关于信息意义的认识，而非任何外力的“强加”；真实性对应于客观世界（各种事态的总和），不能虚构和放大，也不能刻意隐瞒；真诚性对应于自我世界（说话者自己的感受和体验的总和），反对虚伪和逢迎；正当性对应于社会世界（各种规则的总和），所有社会主体都平等地遵守，不存在规则之外的行为。这种有效性认定与各种“中心主义”造成的权势认定有着根本的不同：在主体间性的“沟通”中，有效性是靠传播沟通双方或多方共同决定的；而在“中心性”的传播模式中，其实并没有“沟通”，而只有“灌输”、“教化”甚至是“强加”。哈贝马斯认为，只有大众传媒才能构建起平等对话的机制。

哈贝马斯以“主体间性”开辟出了一个有别于“官方领域”的“公共领域”，并以此作为现代传播的生存空间，无疑为我们深入研究当代文化的转型和充分发挥媒介的作用提供了一条新的思路。

在哈贝马斯看来，报刊是公共领域最典型的机制，公共性原则的功能转变就是立足于报刊的功能转变的。“一方面，随着报刊逐渐商业化，商品流通和社会成员交往这二者之间的界限越来越难以确定；公共领域与私人领域在私人天地里越来越没有明确的界限。但是另一方面，由于某些政治条件能够保障公共领域各种机制保持独立，因此，公共领域再也不是私人领域的一个部分了。”更为重要的是，“检查制度的废除，标志着公共领域发展到了一个新的阶段，这使得理性批判精神有可能进入报刊，并使得报刊变成一种工具，从而把政治决策提交给新的公众论坛”，这“最终导致具有政治功能的公共领域本身成为国家机器的一个组成部分”。② 后来，随着一些报刊成了政治反对派的

① 转引自李苓编著：《传播学——理论与实务》，四川人民出版社2002年版，第439页。

② ［德］哈贝马斯著：《公共领域的结构转型》，学林出版社1999年版，第252页。

卢汉对此提出了尖锐的批评，他对后现代主义和符号学的今后发展作了预测，提出“在美国，消费者等级只有三种：低级、中级和高级，不可能还有别的等级”。他认为广告助长社会差异，以便在意识形态上遮掩买卖的各种商业实践，同时，广告对业已卷入这一过程的人具有丧失人性的效应。人类最亲昵的诸种关系的商业化，在各种有关性用品的广告中，无一例外地都将性的表达降低为“一个技巧和卫生的问题”。人体表征的机械复制抽象于人类经验激发美感的特性，同时又提供了一种性虐待狂的欲望和幻想的滋生地。因而，现代传播诸形式的异化效力，既产生了病理学上的副作用，又作为一种主导手段而起作用。但是，在麦克卢汉随后的著述中，他摒弃了可以被称为一种消费文化的批判文学倾向，以提倡一种更具庆贺性的模式。

实际上，麦克卢汉后期的著述，与其早期关于媒介理论的许多思考相悖。首先，麦克卢汉不再将文化内容看做是他研究的重点。这大致上归因于他对文化传播诸种技术的关注。在此，各种现代技术不再被视为具有异化作用。这是因为这些技术最佳地被表征为人体的延伸，或者就像麦克卢汉偶尔所称的人体神经系统的延伸。他这样说的意思是，轮子是脚的延伸，衣服是皮肤的技术投射。作为一个进一步的说明，并且根据麦克卢汉关于媒介的思想观点，也许更为重要的是，书被概念化为眼睛的一个派生物，而广播则被表征为耳朵的技术表达。

麦克卢汉接受了英尼斯的思想观点，提出印刷媒介的可携带性，使各种理念和观点超越空间得到流通成为可能。从时间这一角度来看，一种文字文化的主导性缩短了人类的记忆，因为信息现在可以储存在书这一经久耐用的媒介之中。然而，就像 B. 安德森业已表明的那样，书籍的可携带性使民族主义的文化表达摆脱了宗教权威既定形式的控制。尽管麦克卢汉表达了相似的观点，可他的着重点在于别处。他认为，将语言变为印刷文字，这是很重要的，这不仅仅是因为它造成了一种空间的倾向，而且是因为它促进了人类感知中的一种倾向。麦克卢汉提出，字母的发明，如同轮子的发明，是将各种空间的一种复杂而有机的交互作用转变或还原为一个单一的空间。音标一次性地将所有感官的用途，即口头语言，还原为一种视觉代码。

在中世纪，手稿固定地处于物质空间，极少使用标点符号，而且在大多数情况下是被高声朗读。按麦克卢汉的话来说，中世纪的学问，与其说是视觉学问，倒不如说是听觉学问。随着占主导地位的印刷文化的发展，人类的所有感官日益得到划分而变得专门化。尽管口语文化允许一切感官极为频繁地相互作用，可印刷文化从言语中抽象出文字，促进了人类生物体视觉部分的发展。交往中文字形式的主导性培植了一种理性化的文化，这种文化呈线性和一致性，而且可以无限次地重复。印刷文化以一种可以预知的和标准化的思维模式，取代了口语文化给人以美感的作用。再者，印刷工艺的霸权不仅仅凭借语法、拼写和意义的统一来“阻碍口语所发挥的各种细节性作用”，而且形成了个人价值主义的现代形式。书本文化要求，阅读行为要安静和全神贯注，文本要有作者，将集体所共享的文化转化为一种仰仗于个人表达形式的文化。麦克卢汉评论道：“印刷是个人价值主义的技术。”印刷确实为民族的统一性提供了文化资源，而与此同时又催生了各种个体观念。古登堡印刷在取得这些成就的同时，将空间和时间转化为一种能计算、可预知和理性的东西。文字对线性和逻辑的强调，昭示于众时体现为统一和标准化。印刷机的理性化影响，为地图、火车时刻表和透视化观念铺平了道路。根据麦克卢汉的看法，印刷文化的到来，尤其明显的是发展了人类的某些感官（视觉），同时形成了人类理性的一种特殊形式。然而，所有这些嬗变，是随着电子传播形式的到来才发生的。

转向电子传播的变迁，可以与现代性的经验属性的嬗变联系起来，其最佳表征就是凭借冷媒介（cool media）逐渐替代热媒介（hot media）。所谓热媒介，麦克卢汉解释它就是指不允许受众参与并具有丰富信息内容的媒介。如在图书馆读书看报，就不允许旁人参与说话；看电影似乎是很多观众在一起，但仍不允许旁人参与议论，因此它们也是热媒介。相反，冷媒介能给受众的参与留下更多的空间，并表现出较低的信息强度，如一家人在一起看电视，就需要观看者不时参与讨论，因此，他认为，电视是冷媒介。

麦克卢汉说：“口语是一种缺乏界定的冷媒介，因为这种媒介提供的信息甚少，留下许多空白让听者去填补。然而，热媒介就不会留下这么多的空间让受众去填补或完成。因而，热媒介所要求的参与程度就低，而冷媒介所要求的参与程度就高，受众完成的信息也多。”

冷媒介最为明显的例子就是电话。电话是一种对话媒介，传播中通常需要至少两个人的参与。相反，印刷文化依然是一种热媒介，因为从影响信息流通角度来看，电话需要“完全的参与”，“不同于书写和印刷文字”。麦克卢汉还意识到，电话总是有其使用者，还有改变各种权力关系和公众与个人概念的效应。在以往的传播媒介中，书本文化仰仗于发生在私人空间而不是公众空间的阅读活动，而且知识的生产是由少数作者来完成的。类似于电话那样的冷媒介，消除了知识生产集中化，因为冷媒介牵涉到更广泛的参与者，从而使观点的形成民主化。饶有趣味的是，麦克卢汉认为，书呆子知识分子的一个特点，就是希望将所谓的启蒙性试点扩展到更加落后地区的各个社会里。假如人们接受这一论点，那么就是一种日益过时的传播形式效应，这种过时的传播形式取决于知识生产的集中化形式。诸如电话这样的新媒介，已结束了传播关系中的各种支配关系，而且在实际上产生了一种没有任何中央权威能够统治的体系。这就是说，他似乎在当时已隐隐预测到了国际互联网的出现，并据此提出了“地球村”的概念。

同样，麦克卢汉提出，电视是冷媒介，而电影却是热媒介。坐在电影院里，实际上是孤立于受众的其他成员，这样一种社会活动不允许受众的各种参与形式。根据麦克卢汉的看法，人们可以预料，看电影这样一种活动酷似书本阅读强加给受众的那种被动性。电影媒介是集中化和权威性的，需要电影制作人将受众转换到另一个世界。相反，尽管像电影这样的热媒介能将意义说清楚，可收看电视这种较冷的实践给受众留下更多的事情需要完成。电视较之电影，是一种更加非集中化的媒介，给区域性的方言提供了表达的机会。因为在麦克卢汉写作的当时，大多数电视机的图像还比较模糊，新闻现场并不逼真，所以他认为这使受众在意义产生过程中成为更加平等的伙伴。就这一方面而言，电视媒介促进了麦克卢汉所称的“深度参与”(depth participation)。

媒介向电子传播形式的转变，对时空的调整也具有意蕴。麦克卢汉在以往是基本上遵循英尼斯的思想观点，提出了虽然口语社会偏倚时间，但文字文化却是偏倚空间的判断。然而，电子传播对印刷的取代，致使英尼斯的早期思考显得多余。空间和时间已不复存在。为了了解这一点，我们需要重新考虑麦克卢汉对媒介的看法。印刷文化隐含着个体化的接收模式，同时也促进了个人价值主义。如果一个个体希望阅读一本书，他就会积极地去寻找这本书。但在麦克卢汉看来，在现代条件下，各种文化形式“即时并继续不断地向我们铺天盖地而来”，现代各主体与传播网络之间的互相作用，不再局限于就寝前的单独几个小时。今天，全球公民的生活，被包裹在与物质的和象征的传播模式的似乎是无休无止的接触之中。人们在公共汽车和火车上看各种各样的报纸，用汽车收音机接受早间新闻，慢跑者在锻炼身体的同时听书刊录音唱片，人们在电视前面做爱。现代性的传递信息的经验是一种“旋转而变化不定的情景”。在麦克卢汉看来，描述现代性的最佳途径，就是将其看做在时空上永不停息地对信息进行重新定位。在此，各种传播系统使我们与各种不同的视点保持经常和直接的接触。时间和空间的彼此协调已经消失，迎来了这样一个世界：书本文化所培植的个体化独立感，被人人都深刻地牵涉到的每一个他人的感觉所取代。诸种新媒介的迅猛发展，破坏了文字传播形式对视觉的偏倚，使全球公民都回到了一种共同的文化，这种共同的文化与口语社会的文化有许多相似之处。全球村已将等级、统一和个体化的印刷制作文化横扫一边，取而代之的是一种可触知的同步文化。

麦克卢汉对当下所谈论的关于民族国家消亡的许多方面作了预见。他说：在电速的诸种条件下，学科主权的消失同民族主义的消亡一样快速。沉溺于从中心到边缘的机械而单向的扩张这样一些更陈旧的形式，与我们所处的光电世界已经是格格不入。光电不是使事物集中化，而是使事物非集中化。

就像福柯和现代女性主义运动提出权力到处存在那样，麦克卢汉认为，大众传播的影响也是如此。由电驱使文化，并不是发展于任何一个特定的地方或处所，而其实是组织成没有联系中心的各种网络。因而，传播技术将我们的中枢神经系统，扩展到与其他人类的能激起美感的全球性融合之中。这使时间（过去和现在）与空间（近处和远处）之间的区别变得多余。那些与新的电子环境接触最多的人，已经摒弃了由业已过时的印刷文化所提供的陈旧的感知方式。麦克卢汉将这些新媒介表征为与20世纪60年代反主流文化运动最怪异的典型事例相一致。这种新的感知模式，对那些对此已经有足够的接触而不至于落后的人来说，消除了社会的差别，并将人类带入了一种如痴如醉的极为融洽的怀抱之中。

对于麦克卢汉来说，时空差异的消失是与大众传播的技术发展紧密联系在一起的。假如我们看一下我们早上的报纸，我们便可发现，它与传统的小说样式具有根本性的不同。我们看到的，不是叙事的线性发展，而是一种“公共的大杂烩”。一份报纸有各种各样的作者，有多种多样的新闻特写和版面，这对抗着明显表现于书籍中的观点的单一化。现代报纸这种类似于大杂烩的布局，还包含了传自远离报纸的读者或生产人的语境的一些内容。新闻采集活动的迅疾性和全球化，意味着在报纸内容控制方面时间和距离已日益变得无关紧要。再者，麦克卢汉明确提出，至于内容，起决定性作用的，不是拥有和控制编报方式的人，而是消费者。因为空间和时间以及所有制形式这些因素，对报纸的内容来说已变得毫不相关，所以影响这一过程的，是受众对参与的需要。现代的传播形式能使受众遨游时空，其滋养了这一现象的出现。在出现照片的批量印制之前，旅游活动就是去“接触陌生和不熟悉的事物”。

每天早上，当我们打开报纸，浏览一下旅游版，我们便可了解美国的大峡谷抑或法国的埃菲尔铁塔。但是，正因为空间观念已被消除，所以时间的线性概念也已不复存在。在具备电子传播形式这样一种形势下，全球在历史上和空间上均有可视性。我们浏览报纸时，可以扫视来自于世界各个角落的故事和发生于人类历史上的各种事件。一份单一的报纸，可能会包容各种各样的文章，探讨一部关于俄罗斯革命的新电影、关于我们所处的城市在20世纪20年代容貌的各种照片或者是关于青年文化试图复兴20世纪70年代的一篇新闻特写。这就是缘何麦克卢汉认为读报活动能使我们足不出户而照样遨游时空的道理。

这些思考导向了麦克卢汉关于内爆的概念。他提出，在文字出现前的文化里，不存在我们现在所理解的艺术，但是整个环境都被体验为一元性的。我们已经看到，口语社会的在社会和感觉上均已被整合的世界被印刷的理性化冲击所彻底改变。这导致了一种少数、等级和专业化的精英文化的产生。哈贝马斯已经表明，18世纪公共领域的兴起，是与文字资产阶级社会的形成密切相关的。但是，尽管哈贝马斯以一种矛盾的心理凸显了文字生产形式的传播潜能，可麦克卢汉将这一嬗变看做是创造了一种集中化的自上而下的文化，这包括了严格的界限区分。印刷的专业化，划分了美学、政治学、经济学以及公共和私人的领域。然而，这些领域的纵向和横向联系，已因电子传播的影响而得到根本的修正。这种新的媒介技术已重构了社会生活，以致我们没有必要成为一个专家才能去参与。我们现在生活于一个重叠性的世界，这个世界消除了文化等级和各领域之间的分离。全球已在纵向上、时间上和横向上内爆。麦克卢汉说，人类已自我崩溃，回归到具有口语社会那种乡村式的特征。

政治学领域已不再十分容易地与传播学领域相分离，因为政策是依靠传播而得到宣传的。现代性的文化已得到了快速的发展，这一观点并不等于说，这扩展了一种政治组织的权利，能使公共话语殖民化。相反，大众传播媒介内爆为政治领域，它造就了这样一个社会：媒介就是政治，政治就是媒介。麦克卢汉和菲奥里阐述了这样一个观点：我们的政治代表人物的的确确能制造或创造新闻。再者，公共领域相应地内爆为私人领域，不断地被需要人们注意的新媒介所攻破，从而将人类的有机体哄骗到观念形态的全球性浪潮里。文化的内爆已将理性的公众转变为一种互为作用的质量，或者叫做如麦克卢汉所说的“转变为能量的一种电子回路”。

不仅仅是媒介内爆为政治，娱乐性行业也内爆为教育。我们可以认为，年轻人时下沉迷于视频产品，这使与传统教育的教育方式相联系的书本作品显得单调乏味，教育体制目前正在使用电影、电视和录像，以此作为教育不可分割的一部分。根据麦克卢汉的看法，这最终将会产生既有娱乐性又有教育性的混合型文化形式。

关于混合的观念，对麦克卢汉来说，是一种重要的概念。这是因为它鼓励我们出于对空间群体的考虑而放弃线性发展的形式。依照麦克卢汉的说法，杂志的生产方式已被彩电所改变。由于杂志生产的手段响应了电视技术发展，光滑的封面、彩色图片以及对读者更显友好的布局已经涌现。假若我们的分析仅仅满足于对杂志生产线性发展的勾勒，那么这一点就会被疏忽。

麦克卢汉富有成效地提出，媒介某一特定领域的历史发展，应该与文化生产的其他领域相联系。媒介形式的技术上混合化已产生了根本性的效果，重构了生产的各相关领域。为强化这一观点，人们可以去注意这些现象：将音乐带和小说混合为书刊录音唱片、将电视和电脑结合为个人电视的发展、将电视和录像带整合为音乐电视，等等。在麦克卢汉看来，大众传播媒介就仿佛是一阵飓风，摧毁了时间和空间这两者之间的各种传统的稳定关系，尽管后文字社会的混合化和内爆了的文化始终改变着现代经验的特征。他说，信息一旦被获取，很快就会被更新的信息所取代。我们这个由电子构成的世界，已逼迫我们从数据分类的习惯转向形式识别这一模式。我们再也无法系列地、一块一块地或一步一步地从事对事物的构建，因为快速的传播确保了环境和经验的一切因素在积极的互为影响的状态中共存。

第六节　李普曼关于新闻性质的论述

一、记者兼政论家

沃尔特·李普曼（Walter Lippmann，1889—1974）是美国当代著名的记者和政论家，著名的专栏作家和评论家，世界所熟悉的新闻理论家。撰有《政治导向》、《自由与新闻》、《放任与驾驭》、《自由的方法》、《舆论学》、《良好的社会》、《共产主义世界与我们的世界》等30种著作，涉及哲学、政治学、伦理学、新闻学及外交等多个领域。在越战期间，他是美国新闻界批判越南战争的领军人物，也是促使美国政策发生变化的标志性人物。李普曼从未执过大学的教鞭，但就大众媒体在构成舆论方面的作用而言，他是最有权威的发言者。他所著《舆论学》一书出版后50多年来不断再版，流传很广，影响深远，长期以来为美国新闻院系用做教材，其关于新闻性质的论述特别值得重视。

李普曼是德国犹太人的第二代后裔，1889年9月23日生于美国纽约。在哈佛大学时他受马克思主义的影响成为一名社会主义者，并与他人共同创立哈佛大学社会主义学社，同时担任《哈佛月刊》的编辑。1911年从哈佛大学毕业后，他投身于自己热爱的新闻事业，先后在多家报纸供职，热衷于政治新闻的报道并亲身参与活动，曾做过12位美国总统的顾问，于1974年12月14日逝世。作为美国著名的新闻评论家和作家，60年的工作使他成为世界上最有名的政治专栏作家之一，他的专栏评论被不止250家美国报纸和大约25家国外报纸刊用，同时它还分别为50多家杂志撰稿。他获得了1958年普利策新闻奖。

李普曼在其名著《舆论学》中，针对大众传播可能会“歪曲环境”的负功能，提出过警世之言，这就是颇有名的“两个环境”理论。按他的见解，我们人类生活在两个环境里：一是现实环境，一是虚拟环境。前者，是独立于人的意志、体验之外的客观世界；而后者，是被人意识或体验的主观世界。与此相联系，能被人自身直接体验的环境，叫“直接环境”，而需要通过他人才能体验的环境，叫“间接环境”。他的“两个环境”理论的创造性在于强调指出了大众传播的作用。即：现代社会中，“虚拟环境”的比重越来越大，它主要由大众媒介造成。

他说，具有美国自由传统的报人，阐述新闻的方法不是以事实去迁就教条。而是靠提出理论和假设，这些理论和假设然后要受到反复的检验。我们提出我们所能想到的最能言之成理的图景，然后我们坐观后来的新闻是否能同我们的阐述相吻合。如果后来的新闻与之相吻合，而仅仅在阐述方面有一些小小的变化，那么我们就算干得很好。如果后来的新闻与之不符，或者后来的新闻推翻了早先的报道，就有两件事可做。一是废弃我们的理论和阐述，这是自由的、诚实的人的作为。另一种是歪曲或隐瞒那条难以处理的新闻。“夏天，当我在我寓所附近的林间和山坡上散步时，我发觉自己正在遐想对于专于固执己见和每周定期几次发表见解这种差事，将作何回答、作何解释和作何辩白。”

二、对于大众传播学的贡献

1. 1922年写作《公众舆论》(也译为《舆论学》)，开创了今天被称为“议程设置”的早期思想

此书被公认为是传播学领域的奠基之作。该书对舆论研究中一系列难以回避的问题做了卓有成效的梳理，如舆论从哪里来和是怎样形成的？它能造成什么样的结果？谁是公众，什么样的公众？公众舆论是什么意思？它是仅仅在公众中传播还是由公众自己形成的？它是不是或者什么时候才能成为独立的力量？

在近代以来的社会中，公众舆论主要作为一种政治现象，可以说只出现过两个源头，即开放的舆论生成与流通系统和封闭的舆论制造与灌输系统，尽管

它们都会产生一个复杂程度不相上下的舆论过程，但是结果却不大一样。李普曼的《公众舆论》对成见、兴趣、公意的形成和民主形象等问题做了精辟而深刻的探讨，完成了新闻史上对舆论传播现象的第一次全面的梳理，为后人的研究奠定了基础。

2. 关于现代人“与客观信息的隔绝”的观点(“拟态环境”、“刻板成见”)

人的行为成了对新闻机构提示的某种拟态环境的反应。李普曼很早就注意到了大众传播对社会的巨大影响，因此，在《公众舆论》和《自由与新闻》等著作中，他不仅对新闻的性质及其选择过程进行了深刻的分析，而且提出了两个重要的概念，一个是“拟态环境”(pseudoenvironment)；另一个就是“刻板成见”(stereotype)。李普曼认为，现代社会越来越巨大化和复杂化，人们由于实际活动的范围、精力和注意力有限，不可能对与他们有关的整个外部环境和众多的事情都保持经验性接触，对超出自己亲身感知以外的事物，人们只能通过各种“新闻供给机构”去了解认知。这样，人的行为已经不再是对客观环境及其变化的反应，而成了对新闻机构提示的某种“拟态环境”的反应。

“拟态环境”并不是现实环境的“镜子”式的再现，而是传播媒介通过对象征性事件或信息进行选择和加工、重新加以结构化之后向人们提示的环境。然而，由于这种加工、选择和结构化活动是在一般人看不见的地方（媒介内部）进行的，所以，通常人们意识不到这一点，而往往把“拟态环境”作为客观环境本身来看待。

大众传播形成的信息环境，不仅制约人的认知和行为，而且通过制约人的认知和行为来对客观的现实环境产生影响，这样一种机制，使得现代环境不仅越来越信息化，而且信息环境也越来越环境化，也就是说，大众传播提示的信息环境，越来越有演化为现实环境的趋势。

“刻板成见”指的是人们对特定的事物所持有的固定化、简单化的观念和印象，它通常伴随着对该事物的价值评价和好恶的情感。刻板成见可以为人们认识事物提供简便的参考标准，但也阻碍着对新事物的接受。个人有个人的刻板成见，一个社会也有其社会成员广泛接受和普遍通行的刻板成见，因而它也起着社会的控制作用。李普曼特别强调大众传播的力量，认为大众传播不仅是“拟态环境”的主要营造者，而且在形成、维护和改变一个社会的刻板成见方面也拥有强大的影响力。

3. 议程设置的研究最早也始于李普曼的《公众舆论》

虽然书中没有使用“议程设置”这一名词，但是，他表达了这样的基本思想：媒体创造了我们头脑中的象征性的想象，这些想象有可能与我们经历的

"外在"世界完全不同。他论证了大众媒体是现实世界的某个事件和我们头脑中对这个事件的想象之间的主要连接物。议程设置过程描绘了舆论在一个民主制中如何发挥作用。几十年后，科恩继续为议程设置的发展做出了贡献，他指出新闻界在告诉人们"怎样想"方面都不大成功，但是，在告诉人们"想什么"方面却异常有效。当然，直到1972年麦库姆斯和肖的文章发表在《舆论季刊》上，议程设置才被命名。李普曼作为最早探讨了大众传播的宏观效果的学者之一，对该理论的产生和发展做出了很大的贡献。他的经典论著《公众舆论》也因为对上述传播学问题的精辟论述而经久不衰。

三、李普曼关于新闻性质的论述

李普曼认为，所谓新闻，就是"生活的反常现象"。他说，新闻不会注意"全人类的事"，它只"注意什么时候什么人的生活发生反常现象"，"或者什么时候发生值得报道的事件"。他举例说，一个经纪人，平平稳稳地经营了十年，对于报纸来说，他就像不存在一样；但到了第十一年中，他遭受严重亏损，最后，全部资产蚀光，请他的律师处理财产分配，这时，报纸就要插手了。

李普曼说，一个好的记者看到一座建筑危险地倾斜了，他就不必等到它倒塌了才认识到这是新闻，"通常某一件事件在一个显著的地方表现了定型，新闻就报道出来了"，"因此，新闻首先并不是社会情况的一面镜子，而是一种突出的事实的报道"。

在李普曼看来，新闻确凿性与记录体制有很直接的关系。有些材料可能因为一种检查制度或一种保密的惯例被隐藏起来，也可能因为没有人认为它是重要材料，或是因为被当做官样文章，或是因为没有建立一种可衡量的客观制度而不存在了。在没有被人反对、被人调查、或被公开地在语义上对它们提出问题以前，这些事件并不是新闻。

李普曼指出，报刊文章并不是原始材料的直接报道，它是体裁化了的材料的报道。他举例说，如果卫生部报告说，在一个工业区死亡率异常的高，那么，坏的条件就能成为新闻。如果没有这种插进来的事情，事实并不能成为新闻，除非工人组织起来向他们的雇主提出一种要求。即使这样，如果达成不费力的和解，其新闻价值也很低。

李普曼认为，新闻应该是很重要的，应该是有兴趣的公开情况的报道。而最难以报道的是混乱，纵然是发展中的混乱。每一篇新闻报道都要求迅速和复杂地判断，必须认识到，编辑要根据读者对报道的兴趣来设想把新闻拔高或贬低。没有标准作比较，没有固定的概念，没有日常的判断，无视微妙性，编辑就无法存在。

李普曼说，一张报纸的作用在于它能引起读者的共鸣。当一张报纸到达读者手里时，一系列的选择如刊登什么新闻，把这些新闻刊登在什么部位，每条新闻占多少篇幅，各条新闻要强调什么都已作了决定。要获得读者的注意力，不等于说要在新闻中发表对宗教教义或伦理的看法，而是要激起读者的感情，要引诱他在阅读时就产生与新闻相一致的感情。读者必须通过他个人感情的共鸣才能进入新闻，就像同样的情况进入戏剧一样。如果他仔细阅读它，那就必定是他感兴趣，他也必定研究这一情况和关注其后果。他如果这样做的话，就不能处于消极态度。

第七节　阿特休尔的权利代言人学说

一、从社会控制角度研究新闻传播的学者

赫伯特·阿特休尔（Herbert Altschull）是美国当代著名的媒介批评家和新闻学者，然而，他也可能是迄今为止最为悲观、最令人沮丧的新闻学者。早在上中学时，阿特休尔就投身新闻实践，成为一名实习记者，后长期从事新闻工作，先后担任过美联社驻费城、华盛顿的编辑，驻联邦德国的首席记者，还担任过《纽约时报》、全国广播公司的记者，主持过全国广播公司西雅图广播电视台的工作。之后，在华盛顿州立大学取得政治学硕士学位和历史学博士学位后，转入印第安纳大学从事新闻传播教学和研究工作。

由于他有广博的学识和丰富的实践经验，善于用自己的眼睛观察和用脑思考，因而提出了与《报刊的四种理论》不同的见解，在美国当代新闻理论中独树一帜，自然也颇令人沮丧，甚至对媒介的民主价值产生怀疑。

二、阿特休尔对传媒与权力关系的见解

阿特休尔指出，《报刊的四种理论》是冷战思维的产物，现在已经过时。他认为，无论是资本主义的新闻事业还是社会主义的新闻事业，都是服务于主流意识形态的。他把现今世界上的新闻体制划分为市场经济世界的模式、马克思主义世界的模式和进步中（或发展中）的世界的模式三种，对各自的运行情况及相关理论作了全面的研究，并于 1984 年出版了他的学术著作《权力的媒介》（Agents of Power）一书。

在《权力的媒介》一书中，他这样写道："我们可以把新闻媒介的作用比作一部具有综合音响效果的交响乐的几个乐章……在新闻媒介的这首交响曲中，我们可以把它划分为三个乐章，每一乐章包含一个基本主题，而这个基本主题中又有不少变奏……我们也可以根据经济状况进行划分，如市场经济代表第一乐章，马克思主义和进步中世界分别代表第二、第三乐章。"①

"在所有这三个乐章中，新闻媒介都被当做维护社会秩序的主要力量——教育人民使他们在社会中发挥各自的作用。"他继续写道："但是，在这三个乐章中，教育目的迥然不同。""在市场经济乐章中，教育人民是为帮助他们正确地投票选举，以此来捍卫社会秩序。""在马克思主义乐章中，新闻媒介公开起着宣传工具的作用……因为马克思主义主旋律的主题是教育人民，是为了帮助他们正确地为人处世，以此来捍卫社会制度。""第三乐章在全部三个乐章中最公开、最直接地把新闻媒介当做教育的工具。发展中世界的新闻媒介模式既用来作为捍卫社会制度又用来作为教育人民改造社会制度（一旦有必要的话）的工具。"他说，"事实上，正是由于这一点，给第三乐章的交响乐节奏带来了决定性的变革。第一、第二乐章中的教育旋律主要是静态的，是在保持社会现状，而到了第三乐章，其特点变得雄壮有力，力求变更。"②

在阿特休尔看来，新闻媒介就是一个政治机构。他指出，在美国，人们说新闻媒介超脱政治时，其意思常常是说新闻媒介超脱了党派③政治。在这种情况下，新闻媒介确实具有政治性质，因为它要承担起三大作用——抗衡、监督和确定议程。简言之，就是客观地寻求事实和公正地提供消息。但是，"客观报道只是确保社会现状的手段，是保证维护社会秩序和社会制度的工具。客观报道允许个人提出批评，但并不是允许个人批评政治、经济或社会制度本身"，"新闻媒介对社会秩序具有潜在的挑战性这一说法意味着它对掌权人物是一种威胁。只要新闻媒介没有实行这种挑战性，那么它就是在发挥符合掌权者意愿的政治作用"，"即便新闻界同意新闻媒介超脱政治这种观点，它仍然是满足权力需要的工具"。④

为了使人们清楚地了解他的思想，他对自己的理论作了如下归纳：

---

① 引自张国良：《20世纪传播学经典文本》，复旦大学出版社2003年版，第488～489页。

② 参阅张国良：《20世纪传播学经典文本》，复旦大学出版社2003年版，第489～490页。

③ 着重号是作者自己加的。下同。

④ 引自张国良：《20世纪传播学经典文本》，复旦大学出版社2003年版，第495页。

(1) 在所有新闻体系中，新闻媒介都是掌握政治和经济权力者的代言人，因此，报纸、杂志和广播不是独立的媒介，它们只是潜在地发挥独立作用。

(2) 新闻媒介的内容往往反映那些给新闻媒介提供资金者的利益。

(3) 所有新闻体系无不以信仰言论自由为基础，但是各自解释言论自由的方法不一。

(4) 所有的新闻体系都赞同社会责任理论，宣称他们为了人民的需要和利益服务，并表示愿意为人民提供新闻。

(5) 在所有三种新闻模式中，彼此认为对方模式为离经叛道。

(6) 新闻院系传播该社会的意识形态和价值体系，最终无不帮助当政者维持他们对新闻的控制。

(7) 新闻实践往往背离新闻理论。①

第八节　大众传播研究的三种范式

一、一个探讨研究方法的新视野

在西方新闻理论的研究中，逐渐形成了“媒介中心说”、“受众中心说”和“客观报道说”等三种流派，被称之为大众传播研究的三种范式。

尼克·史蒂文森在《认识媒介文化》一书中深入阐述了这三种范式的理论依据和基本主张。他认为这三种范式是媒介理论的遗产为社会理论家提供的关于媒介实践的不同视点。②

许多年来，理论家们总是力图用一种范式来解释新闻传播活动，但实际上，“对于那些力图以一种范式来解释社会生活的人不利的是，信息的全球性流动永远会使主体偏离中心”③。因此，他认为，“我们没有必要在现有这三种范式之间作出一个选择”，“我们讨论的许多作者至少将现成的两种不同研

① ［美］赫伯特·阿特休斯：《权力的媒介》，华夏出版社 1989 年版，第 336 ~ 337 页。

② ［英］尼克·史蒂文森：《认识媒介文化——社会理论与大众传播》，商务印书馆 2001 年版，第 277 页。

③ ［英］尼克·史蒂文森：《认识媒介文化——社会理论与大众传播》，商务印书馆 2001 年版，第 278 页。

究方法结合起来”。①

二、三种范式的不同内涵

“媒介中心说”的思想由来已久。施拉姆对于早期传播思想的概括指出了媒介中心说的最初形态：枪弹论或靶子论。早期的媒介中心论者认为，媒介传播的信息就如同射出的枪弹，受众则如同被击中的靶子，二者的关系无法颠倒。这是一种强效果的传播学思想。

后来这种思想被发展成“议程设置功能”(the agenda-setting function) 理论，认为媒介可以根据需要任意设置“大众议程”，以实现引导社会舆论的目的。在这种理论的指导下，媒介总想介入公众的日常生活领域，常常越俎代庖地去为公众设置“议程”，去代替公众对当前各种大事及其重要性进行判断，以及对解决这些问题的优先顺序作出判断，或者至少是可以通过大众传播媒介为公众设置“议事日程”，通过赋予各种“议题”不同程度的显著性（salience）的方式，以影响人们对周围世界的“大事”及其重要性的判断，从而左右社会舆论，推销媒介的价值观念。

议程设置假说认为，传播效果分为认知、态度和行动三个层面，这些层面同时也是一个完整意义上的效果形成的不同阶段。“议程设置功能”假说着眼点是这个过程的最初阶段，即认知层面上的效果。认知层面上的效果与态度层面上的效果不同，一般来说，后者指的是对“思考方式”的影响（即以告诉人们“应该怎样想”的方式来加强或改变人们对事物的看法或观点），前者指的是对“思考对象”的影响（即以告诉人们应该“想什么”的方式来把他们的关心和注意力引导到特定的问题上来）。这就意味着，“议程设置功能”理论暗示，传播媒介实际上就是从事“环境再构成作业”的机构，新闻传播是一种有目的的取舍选择活动，而不是对世界被动的“镜子”式的反映。

“沉默的螺旋”(the spiral of silence) 也是一种媒介中心说的变种。德国女社会学家诺莉·纽曼1965年在考察联邦德国选举时，发现尽管在整个竞选过程中双方支持率一直处于不相上下的胶着状态，但在最后投票之际却发生了选民的“雪崩现象”——一方以压倒优势战胜了对手。诺莉·纽曼认为，这是由于人们对“周围意见环境的认知”所带来的压力，导致了许多人最终改变了投票对象。于是，她又对“意见气候”(opinion climare) 和“多数意见”对

① ［英］尼克·史蒂文森：《认识媒介文化——社会理论与大众传播》，商务印书馆2001年版，第278页。

个人的压力进行了实证研究，在此基础上提出了“沉默的螺旋”假说。

她认为，个人意见的表明是一个社会心理过程，人作为一种社会动物，总是力图从周围环境中寻求支持，避免陷入孤立状态。因此，个人在表明自己的观点时首先要对周围的意见环境进行“评估”，当发现自己的意见属于“多数”或“优势”时，他们便倾向于积极大胆地表明自己的观点；当发觉自己属于“少数”或“劣势”意见时，一般人就会屈从于环境的压力而转向“沉默”或附和。而大众传媒就是通过营造“意见环境”来影响和制约舆论的。“大众传播一手承揽着向人们提供外部世界信息的活动，并且通过复数的渠道每日每时地、积累地报道几乎相同的内容，这种状况不可能不对人们的意见乃至舆论产生重大影响。”①

过分强调大众传播媒介重要性的最新表述是“媒介霸权”。甚至有人认为，1991 年的海湾战争实际上就是一场“电视战争”，媒介报道的事实和意见总是一边倒——战前各种媒体对伊拉克和萨达姆的极端妖魔化，开战后对美国干净利索的技术优势的报道和对伊拉克对以色列不分青红皂白的飞毛腿导弹攻击的报道的鲜明对比，完全牺牲了各种公开的和理性的公众论辩的观念。

大众传播研究中的第二个范式是强调传播活动中受众的地位和作用。

与早期的靶子论和后来形成的各种传播强效果论不同，这一范式十分注重受众在传播过程中的主导性。如约瑟夫·克拉帕（Joseph T. Klapper）就指出，大众传播通常不是效果产生的必要和充分的原因，只有在各种中间环节的连锁关系中并且通过这种关系才能发挥作用；大众传播并不能引起受众的态度改变，而只是对他们既有态度加以强化，即使是在这种强化过程中，它也并不作为唯一的因素单独起作用；大众传播要改变受众的态度，必须是在其他中介因素不再起作用或者是其他中介因素本身也在促进人们的态度改变的情况下；传播效果的产生还受到某些心理因素和媒介本身的条件（如信源的性质、内容的组织等）以及舆论环境等因素的影响。②

受众在传播过程中的作用显然不能低估。如果说传播的内容是受众所不感兴趣的，或者是受众所不能理解的，受众就会置之不理，“没有读者的报纸是无效的报纸”，这样的传播就是无效传播，就更不可能会有什么“强效果”。

---

① Noelle Neumann, E.. Return to The Concept Powerful Mass Media. Studies of Broadcasting, 1973, p. 9.

② 参见 Klapper, Joseph T.. The Effects of MassCommnication. The Free Press, Glencoe, Illnois, 1960, p. 8.

正如杰克·富勒所说，媒介不可能不去注意和了解受众的需要和兴趣，因此，在很多情况下，不是媒介决定受众，而是受众的需要和兴趣决定媒介活动。其实，从理论上讲，这一论述更符合马克思“存在决定意识”的学说，只是在实践中，许多媒介管理者往往忘记了这一点。

第三种范式被尼克·史蒂文森称之为“模拟”。这种范式最通俗的解释可以称之为“客观报道”。大众媒介作为一种纯粹的公众通讯工具和意见市场，作为一个国家的“瞭望哨”，它的责任是及时地向公众告知他们所关注的世界变动的状况。因此，媒介的基本责任是“报道事实”而不是“用事实说话”，不是企图影响人们的意识形态。

在当代西方新闻理论研究中，还有一些人做过突出的贡献，可以说是百花齐放，群星璀璨。历史将记住下面这些人的名字：丹尼尔·勒纳（D. Lerner，提出了关于大众传播与国家发展的基本理论模式）、约瑟夫·克拉帕（Joseph T. Klapper，明确提出了有限效果的主张）、埃弗略特·罗杰斯（Everett Mitchell Rogers，第一个从技术革新的信息是如何传播、扩散的角度，探讨了大众传播及人际传播在技术革新的普及过程中所发挥的不同作用）、马克斯维尔·麦库姆斯（Maxwell McCombs，首次提出大众传播中的“议程设置”概念）、丹尼斯·麦奎尔（Denis McQuail，对数十年的研究成果进行了梳理、整合，为大众传播学科进一步提升自身的整体水准建构了必要的平台）、赫伯特·席勒（Herbert Schiller，提出“文化帝国主义”概念）。

◎ 思考题

1. 试析拉斯韦尔、施拉姆等人对建立传播学的贡献。
2. 简析雷蒙德·威廉斯的传播理论。
3. 试析格拉斯哥大学媒介组的研究成果。
4. 请分析哈贝马斯的传播学思想。
5. 请简述麦克卢汉的主要学术思想。
6. 评述李普曼关于新闻性质的论述。
7. 如何理解阿特休尔的权利代言人学说？
8. 简述大众传播研究的三种范式。

第十四章　教育与传承

——新闻传播活动的人力资源保障

与西方新闻理论直接相关的是西方新闻教育思想及其理论，依据西方新闻教育思想和新闻教育理论进行人才培养，实际上是保障西方新闻传播事业的绵绵延续和长盛不衰。西方的新闻教育，呈现出多姿多彩的形态，而以美国的新闻教育历史最为久远，体制最为完备，效果也最为显著，影响最为深远。

童兵教授在他所著的《比较新闻传播学》① 和由他所主持的《中西新闻比较论纲》② 中比较详细地介绍了西方的新闻教育与新闻思想的传承问题，主要内容如下。

第一节　美国的新闻教育

一、美国新闻教育概况

美国的新闻教育史可以追溯到内战后初期。1869 年，华盛顿-李大学曾举办印刷工兼编辑训练班，1873 年，堪萨斯大学增加印刷知识课，宾夕法尼亚大学同年开设了单门的新闻学课程。

美国正规的新闻学教育始于 20 世纪初期。俄克拉荷马州的中央州立大学新闻系于 1903 年建立。四年制的新闻教学 1904 年创立于伊利诺斯大学和威斯康星大学。1908 年，密苏里大学开办了美国第一所单独的新闻学院，1912 年，哥伦比亚大学新闻学院正式成立。上述几所大学新闻学院、系，是世界上最早

① 童兵著：《比较新闻传播学》，教育部人文社会科学研究“九五”博士基金研究项目，中国人民大学出版社 2002 年版。

② 童兵主编：《中西新闻比较论纲》，国家社会科学基金研究项目，新华出版社 1999 年版。

的新闻学教育的高等学府，因而，美国也无疑成为世界新闻教育的第一个发祥地。

1912年，哥伦比亚大学新闻学院开办之时，美国有30多所大学或学院开设新闻学课程。20世纪30年代中期，美国已有450多所大学院系设有新闻学课程。第二次世界大战后开设新闻学课程的学校又有增加。1969年，在美国的2313所高等院校中，有1148所院校开设不同形式的新闻课程，其中有四年制学校719所（办新闻系或专业的212所），二年制的学校429所（办新闻系或专业的77所）。70年代全美50个州和一个特区中的各个大学里，都有了新闻学院或新闻系，平均每州有5所新闻学院、系，最多的是加利福尼亚州，共有21所。目前，美国约有300所高等院校设有四年制的新闻或传播学院（系）。当前，新闻学、大众传播学在美国已成为热门学科，攻读新闻和大众传播专业的在校学生已超过10万人。

美国的大学授予新闻学硕士学位始于20世纪30年代。密苏里大学新闻学院于1934年开始授予新闻—哲学博士学位。

美国大学的新闻学院一般较大，包含专业较多，历史一般比较悠久。院下设系，系下有各种专业。一个大学的新闻学院一般有六七种以至十种专业。而大学新闻系，多则六七个专业，少则也有二三个专业，仅设一个专业的不多。各个学院或系的名称也不尽相同，有的称新闻学院（系），有的称传播学院（系），也有的称舆论工具学院、舆论工具技术学院、新闻技术系、新闻英语系等。

美国新闻教育的历史大体可分为三个阶段：报学阶段、新闻学阶段和大众传播学阶段。从20世纪初至20世纪30年代，美国的新闻教育基本上集中于报学，局限于报纸的史论和实践。第一次世界大战后，出现了无线电广播；第二次世界大战后，声画俱备的电视又逐步得到普及。新闻教育的内容得到拓宽，越来越多的新闻院系开办了广播电视专业，或增设广播电视课程。40年代，传播学首先在美国兴起。从50年代起，美国许多大学设置了传播系或学院。

美国的新闻学院系中设立各种各样的专业，最普通的、一般新闻系都有的专业是新闻评论专业，其次较普遍的专业有广播电视、新闻摄影、广告、杂志、公共关系专业。设立较少而比较特殊的专业有新闻技术、图片宣传、口语传播、电影摄影、电视录像、印刷、城市采访、印刷管理与技术、录音工业管理、发行、农业新闻学、国内经济新闻、科学技术写作、新闻学教学等专业。

二、课程设置

新闻院系的课程设置有多有少，侧重点也不尽相同。早期，课程主要属于职业训练性质，着重传授新闻采访与写作技巧。20世纪20年代后，课程设置重点开始转向人文科学。现在绝大多数四年制院系专业课程占总学时数的25%~30%。其余时间用来选修社会科学、人文科学和自然科学。在教学中，理论与实践并重。一般院系都办有杂志，不少还有电视台。这些新闻媒介不光以本院系师生为对象，也向社会发行与广播。学生根据教学安排，参加校内外的实习，取得必要的学分，否则不能毕业。

美国新闻教育强调学生应学习和掌握广博的知识。密苏里新闻学院认为，新闻学不仅是研究新闻的学问，而且需要集一切学问之大成。记者要通过新闻正确反映当今世界上各种极为复杂的事物是非常不容易的，而且责任重大，再没有一种工作像新闻业这样要求从业人员具有广博的知识了。正是基于这样的认识，新闻系都在大学前两年集中进行基础课教学，教给学生以广泛的人文科学、自然科学和社会科学知识，直到三年级才开始新闻专业教学。即使在专业课学习过程中，仍要求学生选修一定数量的高级基础课。一般大学新闻系的专业课与基础课的比例是1:3，即专业课占25%，基础课占75%。下面是密苏里新闻学院的课时分配：

一般大学的基础课程学分	60
新闻业课程的学分	30
高年级文理课程的学分	20
选修课程的学分	10
总计	120

尽管各学院开设的课程大同小异，但大都包括如下课程：数学、物理学、化学、生物学、天文学、地理学、经济学、政治学、法律学、心理学、教育学、历史学、艺术学和统计学等。

美国新闻院校实行学分制，学生可以带着一所大学累积的学分转到另一所大学，最后在第二所或第三所大学毕业。如果在高中时已提前修完大学课程，也允许取得学分，这样就缩短了大学的学习年限。实行学分制，学生可以在保证完成必修课的同时，多选修一些与本专业有关或自己感兴趣的课程。每个学生只要达到规定的学分，就可以毕业。这有利于调动学生学习的主动性，扩大他们的知识面，提高学生的质量。

美国除四年制正规大学外，还有一种两年制的初级大学。在九百多所初级大学中，有一半以上开设新闻方向的课程，如《大众传播学》、《采访、写作、编辑》、《新闻摄影》等。在某些初级大学里，也设置一些新闻学方面的高级课程，使学生修读后即可毕业。此外，美国约有 5000 所中学开设新闻课程，选修学生每年约有 75000 名。高、初中的校报、杂志、年鉴有 45000 种，有 100 万学生为这些报刊工作。学生们还通过教学和课余俱乐部活动学习《广播节目制作原理》。人们认为，美国高等院校新闻、传播院系新生入学率稳步上升与中学的教学是分不开的。

三、学生和教师

一般来说，美国大学生入学时不会确定专业。美国大学规定，学生学完一、二年级课程后才确定专业，专业的确定由师生双方决定，教师可以挑选学生，学生也可以选择专业。美国新闻院校挑选学生十分严格，其中，学生是否具有从事新闻工作的素质是教师挑选学生的主要标准。为了保证学生的质量，使他们对所选专业感兴趣，又控制一定的人数，教师要指导学生正确地选择专业。丰富的知识、广泛的兴趣、敏锐的观察能力和社会活动能力，被视为最基本的条件。在教师看来，如果不具备这些条件，是无法完成有关国际、科学、经济、社会报道的训练的，也就无法成为一名合格的记者。密苏里新闻学院对学生的敏感和判断能力的要求十分突出，每个被选入新闻专业的学生，都必须接受这一专门的考察，这已成为该校的传统。

美国新闻院校的主持人都懂得教育，并且具有丰富的新闻工作经验。系主任有权决定聘请何人担任教师。在美国，人们认为最理想的新闻专业教师是有经验的记者。斯坦福大学新闻系原主任亨利和加利福尼亚州立大学契科校区文理学院原院长布什都认为，从事新闻教学的教授，一定要由资深新闻工作者担任，斯坦福大学新闻系教授，许多都做过 10 年以上新闻工作。其中，有的曾经担任过哥伦比亚广播公司新闻部主任，有的原来是旧金山电台的节目制作负责人。一些在社会上享有盛名的老报人、老记者，虽然年迈退休，仍被聘来担任教授，用他们丰富的经验教导青年学生。在美国，考核与评定新闻学教授的条件，不单看有没有论文，重要的是强调有多少年的新闻工作资历和过去发表过的报道。

四、教学方法

美国新闻院校的教学，提倡以自学为主，重视实践，鼓励学生独立思考。在学术上，强调发表自己的见解，主张不同意见的平等争论。在业务技能上严

第二节　德国的新闻教育

一、德国新闻记者的来源

德国是西方的新闻大国，也是记者生产大国。目前，德国大约有新闻记者6万名，分别为报社、杂志社、广播电台、电视台服务，他们中有的是被雇用的编辑记者，有的是以“自由记者”身份工作的职业者，他们中的多数人分属于两个行业组织，其中德国新闻记者协会会员约有2.5万人，大众传播媒介产业工会会员约有2万人。

德国新闻记者的来源大约有四个渠道：

（1）高中毕业后作为自由人员或实习人员接受两年职业培训的；

（2）高中毕业后进入新闻专科院校，或攻读为新闻界求职者开设的各种专业训练和教育课程的；

（3）高中毕业后考上大学，获得某种学位并接受短期的专门训练的；

（4）高中毕业后，考入大学新闻学专业或写作、媒介科学专业，其后从事新闻记者职业的。

以上四种情况的比例大约为：15%（正在减少）；10%；50%；15%～20%（正在增加）。

二、德国新闻教育的特点

据汉诺威新闻与传播研究所调查，德国新闻工作者多数并非来自新闻学院，原因是传统的新闻教育很少讲授新闻学实践科目，不重视学生实践能力的培养。

为了克服这个经常受到指责的缺点，班贝克、波鸿、多特蒙德、艾森斯塔特、汉堡、慕尼黑等大学先后为从事新闻职业的学生开设有关新闻实践的课程，并和新闻媒体一道，给他们安排大量的实践活动，使他们一开始就注意理论与实践的结合。

在德国，希望成为一个新闻记者的年轻人一般都要在某个编辑室实践锻炼两年，德国新闻记者协会和大众传播媒介产业公会还于1990年达成一项集体训练协议，在传媒公司内外为青年人提供实践的机会以及委托编辑人员以老带新，培养“学徒”。

原联邦德国培养新闻人才的专科学校主要有慕尼黑德意志新闻学院、柏林新闻学院、汉堡亨利-兰恩学院、杜赛尔多夫的霍尔兹布林克经济新闻学院、斯普林格新闻学院、慕尼黑影视高等学院、柏林的德意志影视高等学院以及科隆新闻学院等。

原属民主德国的新闻工作者有三分之二毕业于莱比锡的卡尔·马克思大学新闻系。在这所学校里，马克思列宁主义知识比专业知识更重要。不过，德国统一后，这种状况也随之发生了根本改变。

第三节　日本的新闻教育

一、日本媒体的记者来源

日本是亚洲最大的新闻生产国，也是亚洲新闻记者最为活跃的国度。日本的日报诞生于1870年。从那时起到20世纪初，日本的记者可分为两类：一类是有学问的记者，他们为报纸写社论、评论，采写政治消息，叫“硬派”记者；另一类非科班出身，是“软派”记者，多采写犯罪新闻、戏剧消息等。

随着报纸威望的提高和社会版报道范围的扩大，从1910年起，东京、大阪的有影响的报社开始录用专科学校或大学毕业生担任社会新闻记者。1923年，朝日新闻社最先实行记者考试录用制度，从此，每年四月在大学毕业生中通过考试录用的方法选拔一批。很快，这种办法也逐渐为其他报社所采用。

1925年以后，日本进入了昭和时代，随着日本新闻事业的发展，产生了新闻教育和研究事业。1929年11月1日，小野秀雄在东京帝国大学文学部创办了新闻研究室，从法律、文学、经济三系选拔了11名研究生，作为新闻学者培养。1932年4月，他又创建了三年制的上智大学新闻学科，这是日本最早培养新闻记者的大学学科。稍后，明治大学新闻系成立。当时，明治大学新闻学科是夜间大学，任务是对有志于当记者的青年和现行记者进行一年的专业教育。

第二次世界大战后，日本新闻事业实现了美国式的新闻自由，报纸及其他各种传媒在传播速度、质量、效果、范围、发行数量等方面都达到了很高的水平。从此，新闻教育得到空前发展。1946年早稻田大学、庆应大学，1947年日本大学、中央大学、政法大学、关西大学、京都大学、东北大学等十五六所大学先后设立了新闻学科或开设了新闻学课程。1949年5月，东京帝国大学新闻研究室改组为东大新闻研究所，小野秀雄出任第一任所长。

20世纪50年代，日本从美国引进大众传播理论后，给日本传统的新闻学教育注入了新的内容。日本的新闻教育水平跃上了一个新的台阶。

二、日本新闻教育的实践特色

日本的新闻教育，实践优先于理论。没有大学培养新闻记者的制度，培养新闻干部的组织集中在报纸和广播电视公司手中，并带有"岗前培训""就地学习"的实践性质。第二次世界大战后美国占领时期，日本试行在大学培养新闻记者的制度，1949年根据美国军政机关的命令，在三所最具权威的大学——国立东京大学、私立早稻田大学和庆应大学建立新闻系，但它们存在的时间都很短。其原因一是从传统上讲，日本的大学不欢迎实务教育，而偏重于史论；二是日本的报社及其他新闻单位在招收新闻记者的时候，并不在意本人在大学里是否接受过新闻业务教育。日本新闻记者的新闻业务教育是在新记者进入报社之后由报社自己实施完成的。所以，日本现在虽然有49所大学开设了新闻学、传播学或情报交流学课程，但专设新闻系（或传播系）的大学极少，只有东京大学和庆应大学专设有相当一级的新闻研究所（教、研并举）。其他大学大多数是在文学系或社会学系内设有新闻专业或有关课程。

日本新闻学科本科学生学制一般为四年，其课程设置面很广，但重点是史和论。大学生实践机会很少，不去报社实习，顶多到新闻单位参观，听一听介绍。

日本大学新闻学科教师少，讲课多，工作任务很重。东京、庆应、上智、东海、关西、同志社、创价、文教等大学内，集中了当今日本比较著名的一批新闻学教授、学者，大学之间互相邀请、客串教授的现象比较普遍。

日本的小学和中学，大多配有专门的新闻教育辅导员。大部分中小学有自己的"学校新闻"，即校报、校刊，编排与普通报纸相似。地方和全国每年进行学校新闻评比。通过这些活动，青少年受到了新闻启蒙教育，为新闻事业的发展培育了大批后备军。

从目前日本新闻界情况看，新闻教育的重点是在职记者教育，即继续教育。包括社内教育和新闻协会举办的全国统一的新闻教育。

社内教育首先是入社教育。入社教育的重点不是业务方面的采、编等教育，而是对刚从大学生中选拔入社的新记者进行该社传统教育、爱社教育、新闻伦理教育，从而使记者确立工作的方向。其次是业务教育。业务教育采取老记者带新手、一对一带徒弟的办法。大报主要是把新手派往地方分社，让他们在实干中得到锻炼。地方报则采取老记者带新手的方式。

不少报纸还坚持经常性的社内教育，主要方法是办短期训练班和讲座。

新闻协会举办的全国统一记者教育每年定期举行，每期两三天，参加人数从几十人到几百人不等。方式主要是讲座和研修，题目大致有编辑讲座与研究、社会部讲座与研究、经营业务讲座与研究、制作技术讲座与研究、贩卖讲座与研究、广告讲座、新闻摄影讲座、资料调查讲座等。

近年来，新闻界的见习记者活动渐渐多起来，见习活动不仅包括国内各报社之间的相互参观学习，还包括国际记者的交流活动。

1992 年，东京大学将日本新闻教育历史最悠久的新闻研究所改名为“社会信息研究所”，这标志着日本新闻传播学从 50 年代的新闻学起步，跨越大众传播学和传播学后，开始进入 90 年代的“社会信息学”时期。

响应东京大学这一举措的，是日本群马大学成立社会信息学院，下设社会与信息行为系、政策与行政信息系和经济与经营信息系。这三个系分别设置了各有特色的共修课与专业课。

进入 20 世纪 90 年代以后日本出现的上述新变动，表明日本的新闻与传播教育是紧随时代潮流而不断变革的。但另一些老资格的新闻院校（如上智大学新闻学科）仍以传统的新闻史为重点课程。这又说明日本新闻学教育呈现百花齐放、各有特色的态势。

第四节　英国的新闻教育

一、特殊的英国新闻教育体制

英国是新闻事业发展最早的国家之一，也是在当今世界最有影响的新闻大国之一。英国新闻传媒资源丰富，享誉世界的新闻传媒比比皆是，也不断涌现享有盛名的新闻记者和文笔犀利的评论家及专栏作家。

英国是西方国家中最早进行产业革命的国家，产业革命中人才的培养主要采用师傅带徒弟的方法，新闻业作为英国的大众产业之一，也保留着这种传统的教育方式。1952 年成立的国家新闻记者培训委员会专门就新闻教育通过了一项法案，规定英国新闻记者的教育和培训要由当地新闻界独立完成。因此，英国至今还没有一所大学设有招收本科生的新闻系，也没有学新闻的大学毕业生。目前只有伦敦的城市大学和威尔士的加德夫大学设有新闻研究班，招收大学毕业生。

二、晋升制是激励记者成才的重要方法

在伦敦出版的全国性大报，绝大部分记者、编辑从事新闻工作的生涯都开始于地方报纸，只有《金融时报》有少数记者直接来自牛津、剑桥等高等学府。路透社也直接招收一些大学毕业生。但不论是地方报刊的记者、编辑或大学生，他们想要参加全国性报刊或通讯社的工作，都需要首先提出申请，然后经过口试、业务考核等，合格者才被录用。因此，可以说，英国地方报纸的记者、编辑甚至主编，是英国全国性报刊业务人员的主要补充来源。不少在地方传媒工作的记者、编辑也把能到舰队街（大报集中地）工作作为自己业务晋升的目标。

三、报团或财团是培养记者的主要机构

在这种情况下，培养和训练新人的任务就由那些拥有地方报纸的报业集团承担起来。目前，除汤姆森报业集团、威斯敏斯特报业集团等设有自己的训练中心外，各地方报团还联合组成“全国训练新闻人员理事会”，负责统筹全国新闻记者的职业考核并为合格者颁发合格证书，以及指导和监督地方报纸新闻记者的培训。

新闻记者要参加培训，可以参加在职的业余课程学习。英格兰和威尔士的七所由国家新闻记者培训委员会认可的非综合性院校提供为期一年的全日制学习。1990 年以来，官方规定：如果要获得新闻职业资格，必须首先参加为期一年的全日制在职培训，然后要通过由国家新闻记者培训委员会组织的考试。英国的广播电视记者一般由报纸记者转来，其他人员要进入广播电视界也要接受相关的培训。

负责培训的有关综合性院校设置了新闻业课程，新闻教育分两类实施。一类为短期训练，参加学习的是经过地方报馆考试录用并已开始实习期的人员；一类是为期一年的学习班。新闻专业学习结束，还不能马上申请考核，而是要在地方报纸工作一段时间才能申请。根据规定，需要一年半至两年半时间。经过考核取得的职业合格证是谋求地方报馆或全国性报馆职务的重要依据。考核的内容有速记（一分钟一百个字）、新闻法、政治结构以及下列新闻业务部分：

（1）一次实习采访，写出一条 400～500 字的新闻，采访写稿必须在一个半小时内完成；

（2）将一份模拟的政府报告在一小时内摘要出 300 字；

（3）把一篇讲话的记录在一小时内编出一条400~500字的消息；
（4）书面回答有关新闻实践的大量问题。

第五节　法国的新闻教育

一、独立自主的新闻教育体制

法国实施新闻教育的院校不多。法国的《新闻通讯》杂志1995年列举了全国14所进行新闻教育的学校，其中只有半数得到法兰西记者协会的认可。在这些学校中，最为著名的是巴黎新闻记者信息中心，其他包括里尔的高级新闻学校、波尔多大学信息技术学院和斯特拉斯堡新闻信息研究中心。

法国新闻课程的设置与新闻传媒的实际需要结合紧密。巴黎新闻记者信息中心提供两年制的专业课程。第一学年，学生要完成编辑与排版技术、广播、通讯社等文字传媒与广电传媒的课程，要完成为时两个月的实习任务。第二学年，学生要完成广播、电视、通讯社的相关课程。同时，学校还为学生开设有关政治、经济、国际关系和体育等课程。教学方法除了讲授之外，还组织学生召开研讨会，写作大量评论性文章。

巴黎大学1971年开办了“表达与传播科技系”，其宗旨是对新闻传播问题进行社会学的考察与研究，其课程设置大体分为三类：第一类为报道与语言的应用，包括口语及文章的表现、广告文字的分析、报纸用语修辞学等课程。第二类为报道表现法，从表现法的入门到专门研究，分四个阶段实施，还为学生解答报纸、杂志、广播、电视和广告方面的问题。第三类为“报道的状况”，主要用心理学、社会学知识，分析对于社会现象的报道传媒应有的立场与态度。

二、灵活生动的授课方式

表达与传播科技系的教学组织得相当活泼。上课大多数为课堂讨论，专业训练课是在大学以外的专业机构进行的，比如“广播电视的问题”课，把课堂搬到了广播电台播音室。学生必须自己动手编排广播电视节目，从节目的设计、剧本的撰写到录音播出，全由学生独立完成。上“报纸研究”课时，教室里把课桌放在中间，上面放满各种报纸，让学生比较讨论，教授注意听取学生的评论，作一点总结性发言。上“口语及文章的表现”课，采用小组学习的形式，围绕“广告语言怎样才能启发人”这一论题，结合广告文案进行探

方意识的新闻、令人神经麻木的娱乐节目和无伤大雅的“脱口秀”所填充。

这种看似整齐划一的舆论环境，恰恰给了半岛卫视以极大的发展空间，尽管在西方看来半岛电视台具有官方色彩，但半岛卫视从诞生之日起，就以一种独立于政府甚至是与政府对立的姿态来传播自由、客观、未经审查的“声音”，而这种声音是中东地区广大公众从未听过、又由衷渴望听到的。这就是说，实际情况与政府的初衷背道而驰，政府封锁的结果，反而为自由传播培养了受众，提升了自由传播的公信力。

半岛电视台也深知其中的奥妙，摆出一种中间人的架势，尽量在自己的节目中展现各方意见，如既可以看到阿拉法特身着戎装在镜头前义正词严的讲话，又可以看到佩雷斯的电视专访；而在名叫“针锋相对”的政治辩论节目中，甚至把伊斯兰激进分子、阿拉伯的温和派和西方民主人士请到同一个演播室，让他们在摄像机前面吵作一团。看惯了“一言堂”节目的阿拉伯观众理所当然地非常喜欢这种节目，所以半岛卫视在很短的时间内就风靡整个阿拉伯世界也就在情理之中了。

三、“独立、自由”是打拼天下的利器

半岛卫视在任何场合都是以“独立、自由”的形象出现在公众面前，任何时候都总是毫不掩饰他们的自豪：“AI Jezeera”是中东地区最为独立、自由的媒介，他们以颇具有说服力的实践证明，他们不会因为外界的压力而放弃对新闻自由的追求。

由于半岛卫视的节目中经常出现敏感人物，并且往往把各方代表人物——狂热的伊斯兰分子、反政府武装领导人、女权运动领袖、沙特流亡者、以色列政治家等等放在同一平台上加以表现，因此受到阿拉伯世界各方的批评和打压，他们派驻中东各国的记者站也经常被关闭，各国政府还常常切断该台在当地的卫星转播以阻止观众收看他们的节目；埃及还发动了一场“反对半岛卫视的黄色新闻”的运动，把半岛卫视斥之为“一盆用性、宗教、政治和煽情的调味品拼凑成的令人作呕的色拉”。

但是，半岛卫视的回应始终强硬：“We get both sides the story.”他们希望持不同意见的人可以平等地在节目中表达，以满足公众听到不同声音的要求。

半岛卫视的独立个性为之赢得了宝贵的信息源，许多敏感人物都很乐意接受半岛的采访，他们知道自己的镜头和观点不会因为政治因素和宗教禁忌被删减，相反，他们在自己的国家则很难露面，即使上了电视，其形象和观点也总是被篡改得面目全非。因此，半岛总能播出一些其他电视台搞不到或是不敢播

的画面，正是这种“独立、自由”的个性，使它在观众中的威望与日俱增。

更让人所始料不及的是，中东各国政府逐渐认识到半岛在人民心中的影响力，不得不想方设法来利用这种影响力为自己服务；但同时，他们又或多或少地害怕半岛和自己过不去，于是往往又禁止自己的官员接近半岛，从而陷入一个用弃两难、进退维谷的怪圈。

四、西方媒介推波助澜

事实上，半岛卫视在海湾地区的观众数量是很有限的。但是，半岛“独立、自由”的办台理念和经常播出的独家新闻，以及它在海湾地区迅速树立起来的媒介形象，赢得了西方媒介的广泛注意，因而大都给予了特别关注和舆论扶持。比如，当半岛播送本·拉登录像带时，西方媒体迅即进行转播，这种二次传播效应的作用十分明显，它反映了西方世界对半岛电视台工作的肯定，使其他传媒不得不对其另眼相看。另外，CNN、BBC 等国际传媒巨头都不惜血本为半岛的节目完成阿拉伯语向英语的转换，这更加扩大了它的影响，提升了半岛的社会地位。

随着反恐战争的不断深入，西方媒介对半岛卫视的兴趣也与日俱增，半岛也从一个信息传播者的角色转变成为一个众多媒体争相报道的“新闻人物”，从而确定了其在传媒世界的特殊地位。

五、特别的观念与特殊的机制

半岛卫视的异军突起，与它拥有一批特殊人才密切相关。半岛卫视的工作人员，有不少是来自于 1995 年解散的 BBC 中东频道。这些人都较多地受到过西方新闻理论的熏陶，采访制作模仿西方记者的风格。但是，这些人又无一例外的是阿拉伯人，十分熟悉当地的风俗和传统，能够最大限度地避开伤害当地公众情感的传播发生。因此可以说，半岛的成功，是东西方文化有机结合的产物，是新的观念和新的运行机制相结合的产物。

正因为此，尽管我们从半岛卫视上可以看到许多独家新闻，但我们却绝不可能看到半岛卫视播送伤害阿拉伯世界感情的新闻。因此可以说，半岛提供了一个融东西方文化于一体的范例。

第二节 发展中国家中有重要影响的新闻思想

尽管东方有中国、印度、古埃及这样的文明古国为世界文明做出过巨大贡献，东南亚各国大多也有上千年的历史，但由于种种原因，这些地区经济发展相对十分缓慢，传播事业落后，新闻理论发展滞后，难成体系，缺乏世界性影响。至于整个非洲大地，在世界地理大发现之时，当地还处于原始状态之中，其传播方式也处在原始状态，不可能形成自己的传播思想和理论体系。因此可以说，整个发展中国家的传播事业和新闻理论与西方相比还有很大的差距。但是，面对西方咄咄逼人的新闻入侵和新闻文化殖民的严峻形势，发展中国家的人民理所当然地要奋起回应。因此，发掘、整理当地新闻理论资源，弘扬当地传统的新闻思想，就成了发展中国家理论工作者的一项重要任务。

在东方，有两个思想体系为世界所关注，它们分别是：

一、甘地的新闻思想

莫汉达斯·卡拉姆昌德·甘地（Mohandas Karamchand Gandhi，1869—1948 年），印度民族运动领袖，在印度有“圣雄”之称。生于波尔班达的土邦大臣家庭，1888 年就读于英国伦敦大学，专攻法律。1891 年取得律师资格回国，第二年在孟买高级法院任律师。1893 年应印度富商之聘，赴南非任一商行的法律顾问。很快投身于反对南非当局种族歧视的斗争，以争取印度侨民的平等权利，并首创“非暴力主义”。1915 年返回印度。二战后，1924—1934 年，1940—1941 年两度任国大党主席。同期，多次发动反英不合作运动；反对教派仇杀；提倡手工纺织和穿用土布，抵制英国机织布；鼓吹精神力量的感化和阶级和平，反对暴力革命；主张社会改良和道德复兴，大力倡导提高贱民阶层的地位。个人奉行禁欲和苦行，经常采用绝食斗争方法，曾屡次被捕。在领导印度 1947 年获得独立的斗争中起到了重要作用。由于与反对派的纠纷，1948 年 1 月 30 日被狂热分子刺杀。

甘地创办和主办了《印度舆论》、《青年印度》、《哈里詹斯》等。他的主要见解如下：

（1）他认为报纸的功能主要有三项：①反映公众对问题的看法；②唤起人民的值得向往的情绪；③揭发缺点。

（2）他强烈地呼吁废除新闻检查制度。在报纸上面不应有检察官。他说：“谁应是审判官？有用的，无用的，善的，恶的都继续共存。人们必须对它们做出选择。”

（3）他充分认识到报纸是一支强大的力量，当然也可能是破坏力量。他说：“如果运用不好，它像一股洪水，淹没农村，毁坏庄稼。一支失控的笔只能造成破坏。”因此他主张对报纸实行内部控制。这种“内部控制论”比美国的“社会责任论”早提出二十多年。

(4) 他认为与持不同意见者进行公开论战是不明智的。他说:“我是乐观主义者,我不和反对者论战。我的刊物给反对者的篇幅和给改革者的篇幅一样多。”“如果改革者有耐心,今天的反对者到明天将变成改革者。”

(5) 他清醒地觉察到,广告过多会影响报纸的独立性。因此他主张严格控制广告在报纸篇幅中的比例。

二、东盟国家的新闻传播思想

第二次世界大战后,印度尼西亚、马来西亚、新加坡等 12 个东南亚地区的国家组成一个区域性的经济合作组织,简称东盟。为了加强协调,共谋发展,东盟各国均认识到媒介蕴含的巨大作用,因此尽可能地通过传媒来沟通信息、宣传政策、表达意见,于是逐渐形成了比较一致的传媒思想。

可以说,东盟国家的新闻思想是有一定的世界影响的,在一定程度上代表了发展中国家的主张。这一传播思想体系认为,新闻应该支持建设国家并且成为国家发展的参与者;应该促进和加强东盟成员之间的合作关系;应该帮助形成一个国家的特色;应该促进社会和谐;应该有助于解释社会公众的问题和说明政府的政策;应该传递信息和教育人民;应该引导人民团结和相互友爱,防止出现各民族、种族和不同宗教团体之间的矛盾,促进社会稳定和人民团结。

第三节 关于建立世界新闻传播新秩序的争论

一、发展中国家的新秩序构想

随着世界局势的进一步变化,发展中国家明显地感到信息传播的不对等和不平等,西方的海量信息奔腾而下,蜂拥而至,无法避让,不可阻挡,严重地冲击当地的传统文化和价值观,改变着当地的意识形态甚至生活方式,而当地的信息往往无法走进西方主流传播渠道,人们从西方主流媒体中看到的发展中国家的信息,大多是灾祸、贫穷、官僚腐败、瘟疫甚至战乱,无法得到发展中国家的真实情况。于是,发展中国家强烈感受到需要建立一种新的世界传播秩序,来打破西方传媒一统天下、主宰世界传播事务的格局。这样,建立世界传播新秩序的主张率先从发展中国家提出来。

当前的实际情况是,发展中国家并未形成完整系统的新闻传播理论。根据东方各国的新闻主张,我们可以大体概括出发展中国家比较认可的一些思想。

（1）按照国与国之间和平共处、互不干涉内政的原则，从事国际新闻传播活动。国际信息交流的目的，在于增进各国的相互了解、友好与合作，反对国际新闻垄断，反对运用新闻媒介为侵略扩张服务。

（2）新闻传播媒介在整个世界的分布应力求合理，不仅发达国家拥有强大的现代化的新闻传播体系的手段，而且大多数发展中国家也要建立和发展自己的新闻事业的基础结构，建立自己的新闻工作队伍，提高各种接受工具的社会拥有量。

（3）实行平等互利、公平合理的新闻交换原则，逐步实现新闻来源的多样化和信息流动的均衡化。

（4）坚持新闻传播的真实性原则，反对歪曲、造谣、诽谤，弃绝各种国家的、民族的、政治的、文化的偏见。

（5）强调新闻的积极作用，提倡“发展新闻学”。不仅报道突发事件，而且报道发展中国家经济、科技、文化等发展状况。发展中国家的新闻传播要以维护独立、促进发展、增进团结为己任。

（6）根据上述原则和目标，各国在平等基础上共同参加制定共同遵守的国际新闻法规。

总而言之，发展中国家理想的世界新闻传播新秩序，大体上具备如下特点：①新闻来源的多样性：新闻应来自多种多样的而不是单一的消息渠道；②新闻活动的制约性：新闻采写和发布应以尊重各国的主权、促进国家的发展为限；③新闻流动的平衡性：新闻在两个国家之间的流动应是双向的，其流量应是大致相等，而不应是单向和不均衡的；④新闻报道的客观性：新闻报道必须全面、准确、可靠地提供给人们以客观世界的真实图像。

二、发达国家关于新闻传播秩序的观点

西方发达国家由于新闻起步早，新闻理论体系健全，传播事业具有世界性的影响，属于既得利益者，所以它们总是千方百计维护现有秩序，抵制发展中国家关于建立传播新秩序的主张。

发达国家认为，发生在世界各国的新闻是应该共享的信息资源，不让其他国家参与报道是不公平的，在信息全球化流通的今天更是无法阻碍的。发展中国家法制不健全、政治缺乏民主性，新闻媒体实际上没有能力发表最有新闻价值的消息，发布的消息大多是单方面的，反映的常常是国家领导人的声音，而不是民众的日常生活。如果不改变现行体制，西方国家宁愿传送真实的不幸的

消息，也不愿传送冗长的讲话和虚假的繁荣报道。

发达国家还认为，新闻媒体并没有承担慈善事业的使命，也不是文化合作机构，而是商业企业，或者至少是按商业性质经营的企业，因此需要满足大多数顾客的需求。因为顾客对发展中国家的消息，除灾祸、政变、风光以外，很少感兴趣，所以大量报道得不偿失。

这就造成了发达国家关于发展中国家的报道信息既少且又多负面的状况。

三、发展中国家与发达国家之间的理论分歧

为了实现世界新闻传播新秩序的理想，发展中国家采取了一系列具体的措施，以加强政府对于新闻传播活动的控制。这引起发达国家的强烈指责。在他们看来，现有的世界新闻传播秩序并不像发展中国家所批评的那样不均衡、不公正。发达国家指责发展中国家的措施直接威胁到了“新闻自由”的基本原则，是对基本人权的侵犯，并且严重控制和危害了世界新闻信息的自由流通。

两者的根本分歧在哪里？除了政治和经济上的原因外，还有认识上的分歧：

1. 关于自由与责任的认识

发展中国家普遍公开维护新闻自由的基本原则，但同时主张自由必须以责任、义务为条件，他们反对发达国家所持的新闻自由毫无限制的观点，反对片面强调新闻自由绝对化。在发展中国家看来，所谓绝对的不受限制的自由，只是西方保护其既得利益的一种道德屏障，坚持绝对的新闻自由，实际上意味着容忍发达国家新闻机构对发展中国家政治独立、经济发展和文化传统肆意地损害。

发展中国家关于自由与责任的认识，就其内容实质而言，与西方新闻理论界流行的社会责任理论颇为吻合，社会责任理论一个基本的理论前提，便是自由必须伴随着责任，新闻工具一方面享有独立自由，另一方面应对社会承担一定的道德义务。只有以这种责任和义务作为新闻业务的基础，新闻自由才会有益于社会；反之，如果新闻媒介不承担责任，政府就必须加以干涉。

但是，西方发达国家在国际新闻传播领域，并没有坚持在国内占主导地位的社会责任理论的基本原则。美国新闻学教授赫伯特·席勒说：“言论自由可以解释为美国的新闻工具在世界范围内传播的消息不受约束。”实际情况是，在国际新闻传播上，发达国家的新闻自由是绝对的、无条件的、不受任何外来力量干预的。显然，这与社会责任理论是直接冲突的。

总之，发展中国家主张没有绝对的新闻自由，自由必须伴之以责任，两者不可偏废；而发达国家则主张绝对自由，反对限制以责任，认为这样只会导致政府控制新闻传播，以至于危害作为基本人权的“新闻自由”。

2. 新闻价值观念的差异

《纽约太阳报》编辑约翰·博加特说过：“狗咬人不是新闻，人咬狗才是新闻。”这表明了自由竞争中西方新闻界新闻价值的取向：重视反常、意外，追求新鲜、刺激。这是由新闻媒介的私有化和营利动机决定的。既然新闻媒介是一种牟利企业，那么，在竞争激烈的市场经济社会，其新闻报道就应迎合读者心理，使新闻作品“商品化”。为了使某个事件成为新闻，就必须把它写成有销路的文章。还有一种倾向是歪曲事实，用一种最易于销售的形式来描写大家关注的事件。正是基于这种观念，西方媒介热衷于报道发展中国家的战乱、犯罪、灾难等阴暗面。

发展中国家则不赞成发达国家的观点，他们主张报道新闻时，“需要将各种事件和问题更广泛地与有关情况联系起来，从而引起注意和关心，并且保证尽可能客观地、准确地描述这些事件和问题”①。也就是说，新闻媒介在报道发展中国家时，在坚持真实性的前提下，应将其主要镜头对准发展、进步、光明的一面，既反映贫困饥荒，又要报道发展中国家战胜贫困饥荒的努力，使成功与失败、希望与困苦、顺利与挫折，得到同样的反映，保持大致的平衡。

上述争论的实质在于，发展中国家主张反对国际新闻垄断与控制，反对文化侵略与渗透，维护国家主权与独立，维护民族传统文化，保障经济发展与社会进步；而发达国家则对发展中国家的这些合理要求根本不予承认，甚至做出与发展中国家主张相反的解释，以便继续控制世界传播的主动权与主导权，为其主流价值观服务。

在某种意义上说，发展中国家关于建立世界传播新秩序的主张的提出，是第二次世界大战后国际上非殖民地运动即反帝、反殖民斗争的继续和深入，是广大发展中国家在政治、经济领域反对少数西方控制斗争的继续和深入。②

当然，这场斗争还刚刚开始，今后的路程还很长。

---

① 联合国教科文组织：《多种声音，一个世界》，1980年报告，第216页。

② 郑超然，程曼丽，王玄泰著：《外国新闻传播史》，中国人民大学出版社2000年版，第521～531页。

◎ 思考题

1. 半岛电视为何能一举成功?
2. 简述发展中国家中有重要影响的新闻思想。
3. 如何评价有关建立世界新闻传播新秩序的争论?

第十六章　求同存异，开创对话与合作的新局面

一体化是世界的潮流，多元化是世界的趋势，多极化也是世界的呼声。要建立一个全新的国际关系，为促进世界的和平与发展提供良好的环境，就要在平等互信的基础上，求同存异，开创对话与合作的新局面。

第一节　开展平等对话是时代的呼唤

一、平等对话，增进互信，是时代提出的要求

1998年5月，在美国总统克林顿访华前一个月，美国美利坚大学传播学院、哈佛大学肯尼迪政府学院和美中关系全国委员会联合会举办了一次会议，专门讨论“美国媒体的中国报道”。会议特邀了新华社对外部中国特稿社副社长熊蕾，并给她发来由三家主办单位负责人签名的邀请信。信中写道：

> 过去50年里，美中关系波动很大。美国媒介的中国报道的调子也是如此：40年代对一个战时盟国的同情；50年代对朝鲜战争中的敌国和似乎是苏联忠实的朋友的敌对；60年代对“文化大革命”过激行为的反感；70年代对乒乓外交和中美关系走向正常化的激动；80年代对贸易前景的欢欣；90年代对人权、贸易和核扩散等问题的批评。
>
> 和中国的建设性关系对美国的长期利益至关重要，两国在许多领域需要合作。然而，过去几年来，中国人对美国媒介的中国报道不公平的抱怨增多了，说这破坏了中美关系的健康发展。美国方面的反应主要是否认对偏见的指责，但是对这个问题的争论很激烈。这些争论主要是基于一些主观的看法。这次会议将把美国和中国的编辑、记者、政策制定者和学术界人士召集到一起，从而进一步推进这种讨论；重点将放在媒介有关中国报道的质量和特点、影响报道的因素、中国人和其他人对美国媒介的中国报

道的看法，以及美国媒介的中国报道如何影响舆论和外交政策上。

美国方面为什么会决定开展这样的一个活动？为什么会向中国发出这样的邀请？根本原因在于，他们已经充分认识到，通过平等对话来增进互信，是时代提出的要求，只有顺乎这一历史潮流，传媒才能为人类做出应有贡献。

二、诚恳待人，与人为善，在交流中寻求共识

显然，这个活动的策划和会议的主题也是我国有关方面正在思考的问题。因此，当邀请书传来的时候，立即引起我国有关人士的高度注意，尽管会期只有一天半，应邀者每人发言只限十分钟，熊蕾还是在朋友们的鼓励下，飞越太平洋，去参加了这个可能让她终生难忘的会议。

这个会议显示，东西方传媒不能只有对抗，应该还有对话。只有通过对话，才能求同存异，合作共进。

第二节　正视分歧，找出根源

一、承认分歧，异中求同

这次会议后，美中关系全国委员会整理了一个会议报告，报告中有如下记载：

> 整个会议过程中，中国记者一直向他们的西方同行强调改善中美关系作为他们的责任之一的重要性。一位中国与会者说，“中国媒介将为贵国总统（6月份对中国）的访问创造一个非常好的气氛……当两国在努力建设一种关系的时候，美国媒介应该起一种更积极的作用”。中国记者们强调，他们不愿意报道诸如莱温斯基之类的美国国内政治丑闻，因为它们是“内政”。其含义是，美国人相应也应避免干涉中国的内政。
>
> 西方与会者对这些评论的回应是，重申新闻记者对改善美中关系的稳定不负责任；他们坚持认为，他们的使命是“报道我们的见闻”，他们是对他们的受众负责——不是对任何政府或国家之间的友谊负责。
>
> 一位西方与会者描述西方新闻理念为，“完整，真实，深入到底，没有意识形态障碍，不存恶意”。为党和政府服务，或者有利于政府间的建设性关系，“不是我们西方所共享的目标”。国家间的友好合作当然需要，

“但那不是新闻工作者所关心的”。

从上面的报道来看，在美国新闻界眼里，中国记者们要促进中美两国人们的友谊，只是为了按政府的期望行事。他们不容忍媒体与记者有和政府保持一致的念头。因此，他们对中国记者主张的“促进友谊的责任”不屑一顾。

二、保持警惕，不失原则

由于根本观念的不一致，会上的分歧自然是明显的。

首先，美国媒体在报道中国时是否有对中国妖魔化的问题。

美国新闻界人士特别不愿承认他们的中国报道存在偏见，他们一而再再而三地说，美国媒介“没有妖魔化中国的阴谋”。他们强调，如果关于中国的报道显得太负面或消极，那首先是中国的责任——有关方面对驻中国的美国记者太粗暴，甚至时有骚扰，对他们的旅行和采访设置了太多的障碍，政府提供给外国记者的信息太少，在一些敏感问题上更是三缄其口，对消息源的控制过于严密，等等。

但在我们看来，美国对中国的报道无疑是有倾向性的。

美国对中国报道的偏颇，有一个比较典型的例子。1997 年 11 月，江泽民主席访美，当时美国所有电视频道播的几乎都是对电影明星里察·基尔的采访，而里察·基尔是人所共知的达赖喇嘛的徒弟。在江主席访问的每一站，美国电视对西藏分裂分子示威的报道似乎都同对江主席的报道平分秋色，即使示威者很少。

另一个例子是，1997 年 7 月香港回归中国，美国某大公司派出摄制组，花了数百万美元来拍摄新闻。但整个活动结束，他们遗憾“什么事也没有发生”！他们在找什么事呢？在这次会议上有与会者提到“视觉形象”，说“没有视觉形象就没有版面和时段”。一个曾驻北京的美国广播电台记者抱怨说，由于中国有关方面的严密管制，他和他的外国同行在中国很难到处走动——事先要报批，而且往往得不到批准。那就很难采访到类似新疆和西藏的骚乱、西南和东北的下岗工人示威的“突发事件”。

其次，麦卡锡主义是否还有影响的问题。

麦卡锡主义是盛行于 20 世纪 40 年代末 50 年代初的一股反共浪潮，产生于第二次世界大战结束后。1947 年，从好莱坞的演艺界开始，众院非美活动委员会对被怀疑是共产党员或同情共产党的美国人进行调查。这些人被传到国会听证，受到前所未有的政治迫害。

1946年，麦卡锡在竞选参议员时，就曾以攻击竞选对手接受美国共产党的报纸《每日工人》的赞助为赢得选票的手段之一。但他为美国公众所瞩目，还是他为竞选连任时，于1950年2月9日在西弗吉尼亚州一个共和党妇女俱乐部的集会上发表的一篇反共演讲。他声称，他“虽然不能一一指出国务院那些被指称为共产党员和间谍帮成员的人的姓名”，但是“他掌握了205人的名单，这些人要么是共产党的党员，要么肯定是忠于共产党的分子，而他们仍然在左右着我们的外交政策”。11天后，他在参议院发表了长达6小时的演讲，细数国务院的一系列共党嫌疑案，但名单上的人数却从205人降到了81人。

尽管如此，麦卡锡还是成功地左右了媒介，他的名字不时出现在“麦卡锡介绍新的猎红计划”之类的报纸标题中。

麦卡锡1954年底开始失势，1957年去世，但麦卡锡主义造成的恐共、仇共心理，至今仍有市场。

美国媒体有没有妖魔化、误导和受麦卡锡主义影响的问题，我们可以从一则关于中国的报道来做些分析。

1997年6月5日，《美国之音》记者发出一条如下的报道：

> 人权组织“自由之家”表示，中国政府加紧镇压中国的地下基督教，镇压包括监禁和折磨。“自由之家”上个月在中国五个省秘密会见了地下基督教的成员，加拿大多伦多基督教学院的马歇尔教授是这批“自由之家”专家成员的领队，他说，1994年开始，中国当局对基督教的镇压活动在一年前升级了。马歇尔说：“人们对我们说，现在对地下教会成员的普遍处罚是三年劳教，地下教会的牧师或领导人初犯时可能被处以这样的刑罚。”据保守估计，中国信奉基督教的人大约有五千万，这个数字是1990年估计的数字的三倍。他认为这个数字的爆炸性增长可以解释为什么当局最近大规模镇压基督徒。马歇尔说，这是在中国唯一一个遍布全国各地的组织，这个组织不受官方控制，中国政府非常害怕任何不在官方控制之内的活动在全国展开。

听了这条消息后，人们可能会有这样一些印象：（1）中国的地下教会在爆炸性地增长；（2）中国政府对它的镇压行动急剧上升；（3）千百万基督徒正面临着严重惩罚。但明眼人一眼就可以看出，这条消息连最基本的五个W都不具备。但是，从另一个角度看，这篇报道却十分成功地在听众头脑中建立起了上述三个结论。

怎样用最少的信息去最大限度地改变人的想法，是一门技巧性非常高的信息深加工技术，也可以称之为改变别人思想的技术。《美国之音》的上述报道，对这些技术用得非常成功，令人赞叹，在短短300字的报道中用到的技术有：暗示、逻辑圈套、对语句进行模糊处理、似乎无心的遗漏、对常识的巧妙应用以及看上去像是无意识的错误等等。此外，它还非常注意自己的声誉，在进行深加工时努力不直接损害自己的声誉，不使自己限入尴尬的境地。

表面上看起来，美国媒介注重用事实说话，但他们在选择事实方面，有很强的主观导向性。1997年江泽民主席访问美国时去哈佛大学演讲那天，中国学生学者联谊会组织大家去欢迎，场面很踊跃。但打开电视，这些欢迎的镜头一个也没有，却只看到那些“台独”、“藏独”和“民运”分子的抗议的场面，似乎到处一片喊打声。

显然，美国媒介的“报忧不报喜”与我们过去一度盛行的“报喜不报忧”形成了巨大的反差。

第三节　注意学习和借鉴西方有用的成果

一、学习西方记者的敬业精神

美国记者的敬业精神，是世人皆知的。下面，我们从《纽约时报》国际事务专栏作家弗洛拉·刘易斯1986年9月作为新华社客人应邀访问中国的过程，来看看他们敬业到何种程度。

1986年，《纽约时报》驻京记者因违反我国规定擅自进入不对外国人开放的地区采访，被我有关方面驱逐出境。而当时正值中共十二届六中全会即将召开，中国改革也正在深化，新华社接待刘易斯，当然有特殊意义。

刘易斯来到中国后，对所有游览风景名胜之类的项目安排断然拒绝。她说：“我是记者，而不是旅游者，我是来工作而不是来观光的。我要工作。我要通过和人们交谈来了解中国的改革。山水能告诉我这些吗?”结果，在为期两周的访问中，她唯一的一项游览项目是用两天时间乘船经长江三峡从重庆到武汉。而到三峡的目的也不言自明。这位年过六旬的记者在中国采访期间，每周照例写两篇评论或述评发回纽约。当时，中国的国际电信业务很不方便，她就住在可以打国际长途电话的大饭店里，以便按时同《纽约时报》联系。刘易斯到达北京的第二天，路过天安门，一眼看到城墙上的毛主席画像没有了，马上询问原因，当她了解到这是为了迎接国庆而进行例行修缮而且返回时画像已挂上时，方才释然。从这一事实可以看出她的细心。

刘易斯访华期间发回的评论中有如下的话语：“‘中国人现在是不是正在离开列宁主义?’提出这样的问题本身就是错误的。中国不准备成为资本主义。它可能对一个共产党领导的社会主义国家应该意味着什么重新下定义，因此这本身就很使人激动，并可能产生震撼世界的后果。”

实际上，美国的新闻工作者个个都称得上是“拼命三郎”。为了挖出独家新闻，美国新闻记者一旦发现受众可能感兴趣的新闻线索，就会顺藤摸瓜，穷追不舍，而不会理会官方或有关公司是否愿意披露这些新闻。

在面对面采访时，美国记者的提问会咄咄逼人，甚至让人感到带有敌意。对他们自己的政府官员直至总统是这样，对外国领导者也是这样。这并非意味着每个美国记者都怀有敌意。他们之所以要这样做，一是尽可能挖出真正的新闻，满足受众的需要；二是他们自认为有这样的义务和责任暴露事情的真相。

在1996年美国总统竞选时，共和党总统候选人多尔在一次竞选集会上，不小心从讲台上跌下来，仰面朝天地倒在地上。由于右臂在第二次世界大战中受过伤，他竟一时站不起来。而周围那么多记者却只顾抢镜头，竟没有一人过去搀他一把，这并不是因为他们没有救死扶伤的精神，而是因为他们要抢新闻。

二、借鉴灵活多样的报道方式

我们来看看美国五大电视新闻网对香港回归的报道，或许能获得一些启发。

明安香教授在他所写的《从香港回归看美国主流媒体的新闻报道》① 一文中，详细介绍了美国主流媒体的香港回归报道，主要内容如下：

在美国，各新闻单位相互竞争，信息相互封锁，但在对香港回归这样具有世界意义的重大事件的报道中采用的手法却有许多相似之处：

第一，当晚，五大电视台网均把香港回归的新闻放在头条位置予以重点报道。从美国人的角度来看，当天除了香港回归中国这一重大国际性历史事件外，在美国国内还有两件重大新闻是每一个美国人都不得不注意或不能不感兴趣的：一是美国总统克林顿宣布新的税制改革方案，这关系到每个美国人的钱口袋问题；二是刑满出狱、重返拳坛不久的拳王泰森在头天的争霸赛中，不敌

① 见顾耀铭主编：《我看美国媒体》，新华出版社2000年版。

对手霍利菲尔德的强劲攻势，情急败坏之中竟在众目睽睽之下将霍利菲尔德的耳朵咬得鲜血淋漓，引起舆论大哗。第二天，即香港回归这一天，泰森举行记者招待会，公开向霍利菲尔德赔礼道歉。这无疑是美国电视观众感兴趣的重大新闻。要是在平时，这两条中的任何一条都会成为头条新闻。但是在当晚的黄金档新闻节目中，五大电视台都毫无例外地将香港回归列为头条重大新闻，而前两条新闻分别屈居第二或第三。这对于一向以目光内向著称的美国新闻媒体来说是罕见的现象。

第二，五大电视新闻网都用了大量时间报道香港回归。从其投入的绝对时间来看，以 CNN 为最多，扣除其中的广告时间，总数达 22′18″；其次为 ABC，超过了 14 分钟。NBC13′31″，CBS9′，PBS7′55″。

第三，各大电视网在当晚报道香港的新闻节目中，几乎都动用了本台的王牌主持人。如 ABC 的彼得·詹宁斯（Peter Jennings），CBS 的丹·拉瑟（Dan Rather），NBC 的汤姆·布洛考（Tom Brook），CNN 的伯纳德·肖（Bernard Shaw）和 PBS 的吉姆·拉合尔（Jim Lehrer）等。这些在美国家喻户晓的名牌新闻主持人，一个个披挂上阵，亲自在香港作现场直播，有的还特地在香港回归前夕，赴中国大陆和香港作事前背景采访，紧接着又在香港作现场报道，如詹宁斯。

从以上对香港回归事件的报道表现形式上看，美国各大电视媒体都尊重了新闻价值规则中的首要法则，即重要性法则，动用了名牌主持人、安排了相当长的时间、在头条位置报道了香港回归这一重大历史事件。毕竟，香港回归与美国，特别是与普通美国人并没有多大的直接利害关系。一位美国老教授在私下谈到这一事件时，随口冒出一句话："那是邻国的宠物，不关我们的事。"这虽是美国人的口头语，话也刺耳，但它说出了美国人的一般心态。通常只有涉及美国人利益的信息，美国人才关心，美国媒体才报道。而对香港回归的报道显然是反常的。

再从报道的内容来看，五大新闻台网在报道香港回归的新闻事件时，也有许多相似之处：

第一，都充分肯定了香港回归中国是一次"历史性事件"。如 ABC 詹宁斯的新闻导语就很有沧桑感："历史在亚洲造就了一小块土地……在香港，英国一个半世纪的统治走到了尽头，中国开始接管。" CBS 拉瑟的新闻导语简洁明快："7 月 1 日，香港欢庆新的开始。英国人撤走，中国人进驻，（五星）红旗升起。" CNN 主持人肖的新闻导语是："我是伯纳德·肖，在香港（向你报道）。香港有了新的旗帜、新的国歌。中国收回了不列颠褪了色的殖民皇冠上的宝石。在中国首都北京，随着漫长的等待终于过去，兴高采烈迸发出来。”NBC 布洛考的导语长一点：“香港，在经历了 156 年之后，在帝国时代的终结之日，这大英帝国的最后一块殖民地交还了中国。午夜时分，（这里举行了）有皇室、国家元首和一支强大军队参加的历史性庆典。这提醒人们：中国现在已经是一个国家，两种制度。这是一个激动、悲伤和不定的时刻。但是在天安门广场，中华人民共和国的心脏，洋溢着欢庆胜利和洗清国耻的气氛。今晚的一个大问号是：中国会遵守它的承诺，让香港人及其经济保持自由吗？”PBS 的实质性导语是：“英国今天向中国归还了香港，从而结束了 156 年的殖民统治。官方的交接仪式于午夜在香港会议中心举行。在演奏《上帝保佑女王》的乐曲声中，英国国旗最后一次降下，而中国国旗则在中国的国歌声中升起。中国领导人在江泽民主席的率领下出席了仪式。查尔斯王子率领了由首相托尼·布莱尔和香港离任总督彭定康参加的英国代表团。”

第二，五大电视台网在新闻节目中实况或简要报道了 1997 年 7 月 1 日零时前后香港政权交接仪式的历史性场面，播出了英国米字旗、原香港旗徐徐落下和中国五星红旗、香港紫荆花旗冉冉升起的历史性镜头，播出了英国王子查尔斯和中国国家主席江泽民在政权交接仪式上先后致词的片断。这方面的报道，虽然在当晚的新闻节目中所占的时间很短，有的甚至一带而过，但基本上能让观众对这一历史性事件有一个全貌的了解。

第三，五大电视台网都用半是伤感半是戏谑的语气和场景，实况报道英国军队的撤出、末代港督卸任的抑郁场面和中国人民解放军驻港部队分乘一辆辆军车缓缓跨越深港边界进驻香港、香港首任特区政府就职等壮观场面。

第四，各台网都派记者分别到香港和北京，实地现场报道了两地人民群众以各种不同的方式和语言迎接和庆祝香港回归祖国怀抱的热烈场面。几乎各电视台网都报道了 6 月 30 日深夜，笑逐颜开的北京市民在人民大会堂的香港回归倒计时牌前，齐声倒数“三、二、一”的欢腾场面。

第五，各台网都在正面报道香港回归这一历史性事件的主要事实的同时，不同程度地报道了香港少数人的示威游行活动和不同声音，有的还在报道中国军队进驻香港或预测香港回归后的前途的同时，借题发挥地回顾和播放了 1989 年“六·四风波”中的某些镜头。这是美国媒体通常都要用到的所谓“平衡”的报道手法，以示媒体的“公正”和“不偏不倚”，既不只报喜不报忧，也不只报忧不报喜。

此外，五大电视台网除了在报道主要新闻事件时都大量采用了客观报道的手法外，还不谋而合地采用了以下一些相似的报道手法：

第一，特写的手法。

这几家电视台网在报道香港回归的新闻中，运用了不少特写镜头，无言而又细致入微地反映了这次历史性事件中的许多只可意会不可言传之处，给观众以深刻的印象。其中最常见的是面部和眼神特写的镜头。例如，政权交接前夕，末任港督彭定康冒雨在港督府举行露天降旗仪式。PBS 给了一个特写镜头：彭定康手捧大英帝国在殖民统治领土上落下的最后的米字旗，脸上雨水和着泪水，表情异常沉重。移交仪式结束后，彭定康及其妻女在维多利亚港与送行的人们握手告别，即将与查尔斯王子乘船离港时，NBC 的特写镜头是：彭定康再也掩饰不住感伤，泪水夺眶而出，其美丽、端庄的女儿在尽力保持淑女风度的同时也早已是泪流满面。彭定康情不自禁地用手指抹去爱女脸上止不住的泪水……

第二，对比的手法。

在五大电视台网对香港政权移交事件的报道中，运用了不少对比的手法。最经典的是人物特写的对比，如在香港政权移交时，当英国米字旗徐徐落下时，ABC 等都播放了查尔斯王子的眼神特写。那眼神虽然只是一掠而过，却让人觉出那么忧郁而又无奈。转眼，当中国国旗升起时，荧屏上又是江泽民主席的眼神特写，他的眼神是那么从容、自信和舒展……

也有历史与现实的对比。屏幕上身穿传统苏格兰方格裙礼服的英国士兵列队行进，吹奏着例行的管风笛乐曲《美好的往日》①，举行告别香港的仪式。一位前英国陆军中士、白发苍苍的杰克·爱德华兹触景生情地对电视记者说："管风笛总是让人感伤，因为管风笛正在呜咽。"紧接着，NBC 记者凯恩米勒向美国观众说道："正在呜咽帝国的逝去……一个日渐清楚的结局，及其自称的非殖民化。（这个过程）有时是暴力，有时是和平。而在香港，它开始于战争。1841 年，英国人在这个半岛上的最初行动充满着敌意。他们攫取了这块领地，作为向中国人倾销鸦片的基地。长期以来，殖民统治者们围绕着他们自己的不列颠白人优越论，创建了一个社会……将统治者与被统治者区别开来。长达 80 多年的时间，英国人禁止中国人在香港高贵的维多利亚海滩生活。仅仅只有在商界，双方才能平等地聚到一起。只有经商的自由而没有任何民主。直到 1985 年以前，这里从未举行过任何选举。"与此同时，荧屏上播放了早期英国人炮舰入侵香港、华人吸食鸦片和白人坐黄包车的历史镜头……历史与现实的深刻对比，让人们粗略了解到香港历史与中国历史的沧桑。

① 记者此时点名乐曲名显然也是别有用意的。

还有事件和事件的对比。CBS 的另一位新闻节目主持人鲍勃·西蒙（Bob Simon）在报道过程中，把当年美国撤离西贡和如今英国撤离香港作了很有意思的对比。荧屏上播放着美国人撤离西贡的历史镜头和英国关闭军营大门准备撤离香港的现实镜头。西蒙说："在越南，最后一批美国人关掉了电灯。今天在香港，英国人关掉了大门。这比我们（当年）撤离西贡要体面那么一点，但本质上没有多大差别。上一次，是把一个国家交给一个严厉的共产主义政权，而这一次，更是头一回一枪未放（就拱手交出了香港）。"这种对比的潜台词实际上是，邓小平的一国两制的构想是何等的厉害：中国不费一枪一卒即和平收回了香港。

第三，隐喻的手法。

这次在报道香港回归这一新闻事件中，美国几大电视台网都采用了比喻、隐喻或暗示的手法，含蓄地表达了美国主流媒体对香港回归后的某些疑虑或担心。

ABC 用香港回归当天的雷声作比喻。当詹宁斯在现场报道完当晚近 14 分钟的香港回归新闻节目时，香港上空响起了亚热带雨季里常见的滚滚雷声。詹宁斯即兴向美国电视观众含蓄地说道，"是的，这是雷声。我们将要看一看这（雷声）对至关重要的中美关系究竟意味着什么"。很显然，他是用雷声来代表香港回归这一重大事件，并表示了对香港回归后中美关系发展的关心。

CBS 记者巴里·彼得森（Barry Peterson）则在报道现场就一辆中国军车在进驻香港途中熄火的镜头借题发挥。他在现场报道说："……一辆中国军车熄火了。要么是倒霉要么是恶兆。共产主义的统治会不会阻碍一个过去总是跑在快车道上的城市呢?"他用军车熄火作比喻，既隐喻中国还相对落后的科学技术，也比喻政治、经济体制。他的比喻，比起詹宁斯来，就要直露得多。

1997 年 7 月 1 日凌晨香港上空的大雾，则成了 NBC 的比喻对象。主持人布洛考背对香港上空的大雾，面向美国观众说："这么浓重的大雾正笼罩着香港。这在中国实行统治的第一天，简直是再贴切不过了。要透过现在看到将来实在是太困难了。香港是如此的繁荣，人们也有足够的理由对香港抱有信心。这里的许多人确实相信，他们将一如既往地走向下一个世纪，而且下一个世纪很可能成为亚洲世纪。但是，这里回顾一下本世纪的开头，还是值得的。当时，不列颠正处于其殖民的全盛时期，中国还是个封建帝国，共产主义还只是一种理论，（美利坚）和众国仅仅是个刚成熟的小伙子，而香港还只是东方的一个小港湾。对于一切良好意愿和一再担保的言辞来说，这些都成了过眼烟云，没有任何保证。香港的繁荣来源于庞大的私人企业和与之并行的各种自由。北京的领导者一直在掌权，因为他们看重控制，而且他们是行家，实施起来经常冷酷无情。在某个问题、某个时刻，某些事情是不得不放弃的。然而究竟放到什么程度，为了什么效果是对这一新联盟的巨大考验。不过至少这一切有了一个多姿多彩的开端，除了天气。”

这些比喻，看似即兴之作，实际上成为他们在新闻报道中或是含蓄表达主观意愿的手段，或是直接表述观点的由头，绝非无意也绝非偶然为之。

当然，这几大电视台网在报道这同一事件时也有很大的差异。除了香港回归在各电视台网新闻节目中所占的时间的长短有差异外，还有报道的侧重点、报道手法、报道深度和政治倾向等方面的差异。有的侧重报道香港和中国内地各方面人士对回归的反应，有的则侧重中国人民解放军乘车进驻香港的过程；有的在报道过程中更多地用客观报道的手法，有的则侧重新闻节目主持人和电视记者的直接评论；有的集中报道新闻事件本身，有的则在报道新闻事件的同时组织了必要的背景报道等深度报道，以利于美国观众更好地了解香港回归的意义；有的在报道过程中基本保持客观、公正的态度，有的则不同程度地带有某种政治偏见。

ABC 的新闻节目主持人詹宁斯及其记者们，不仅报道了香港回归的交接仪式和英旗降落、红旗上升以及港岛烟花怒放、北京狮舞龙腾的欢庆场面，还分头采访了港岛和内地各方面人士的现场反应。一对久未谋面的香港情人借这次机会聚到一起，他们象征性地将手铐在一起，面对镜头说：“这是人们走到一起来，相互学习彼此文化的（好机会），你说不是吗?”一位正在街头值勤的香港警察说：“群众高兴，我们高兴，人人都高兴。”ABC 还在旅游者中采访到了专程从美国赶回香港参加回归庆典活动的香港一家人，男主人高兴地对 ABC 记者说：“香港已经回归中国，我们感到很高兴，因为这是我们的土地。”记者戴·芭拉王在北京、在天安门广场庆祝现场，采访了一些兴高采烈的普通人。一个学生说：“这意味着我们国家的百年大耻正在被洗刷干净。”“这意味着中国人民更加强大了，我太激动了。”另一位年轻人抢着补充说：“这就像我见到了已经失散了很久的亲人。”在北京的一个普通家庭里，男主人孙虎城（音）激动地对 ABC 记者说：“对于中国来说，这段路走得太长了。成千上万的中国人早就盼望着这一天啦。”这些普通的中国内地和香港人在美国电视荧屏上的兴奋表情和真切语言，较好地传达了中国人民对香港回归的真实感情，具有较强的感染力和说服力。

为了加强报道的深度，主持人詹宁斯还利用庆典前的周末从香港乘车到深圳采访。他边采访边报道说：“我们到深圳的第一印象是‘严厉的警察’，尽管总的来说，他们对于我们这些带着旅游相机的人并不注意。”第二印象是“哇！十年前这里只是一个小渔村，而你看现在……”接着，电视镜头推、拉、摇、移，展现了令人印象深刻的深圳市高楼林立的鸟瞰全景，以及深圳市场繁荣、商品丰富、餐馆生意兴隆的情景，主持人说：“他们建设这整个地区只用了十年时间。它正在迅速地成为世界上最大的加工区。……他们哪来的这么多钱，做所有这一切？来自香港！也许这就是为什么人们认为，香港将改变中国，而不是与此相反。”虽然，最后的议论反映了某些西方人士对香港回归后的一相情愿和政治倾向，但是新闻报道中的大量镜头语言却真实地预示了改革开放的中国为回归后的香港可能提供的光明前景。

相比之下，CNN 在其长达 22 分多钟的香港回归新闻中，用了约五分之四的时间来报道中国人民解放军进驻香港的过程、形象、影响等。主持人在半分钟电视导语的背景画面中简洁播出了五星红旗在香港升起和北京天安门广场欢乐的人群倒数计时、焰火五光十色的场景，随即转向香港深圳边界，现场报道中国军车进入香港的镜头，前后长达五分钟。接着，CNN 用 1 分钟时间播出了“六·四风波”的资料镜头和驻香港记者麦克·齐诺伊（Mike Chinoy）报道香港市民对解放军进驻香港的反应。之后，又用 3 分钟时间报道了记者安德里亚·柯佩尔（Andrea Koppel）从北京发回的现场报道：欢乐沸腾的天安门广场、五星红旗升起、文艺演出、烟花怒放、热烈的舞蹈、欢呼雀跃的学生和市民、纪念邮票发行等场面，还有记者的现场采访。一位兴高采烈的学生在回答“为什么这么高兴？”时说：“因为香港已经回归，香港人已经成为我们的兄弟姐妹。”一位北京市民说：“这说明，我们中国在世界上已经越来越强大，我们非常激动。”

此后近 13 分钟的时间，CNN 基本上用于现场报道深港边界解放军乘车进驻香港。在连续不断播出军容整齐、笔直站立的解放军战士乘坐一辆辆军车在午夜中缓缓进驻香港的同时，也播出了深港市民冒雨送迎解放军的场面：红旗、彩旗飘扬，给战士们戴上花环，敲锣打鼓、红绸飞舞，激动的泪水和雨水融成一片……也播出了该台世界事务记者拉尔夫·贝格莱特（Ralph Begleiter）和军事分析家陈太明（Tai Min Cheng）对解放军进驻香港的形象、角色、装备、地位等所做的比较客观的现场分析和评论。例如，在评论驻港部队的形象时，记者贝格莱特在现场说：“你们可以看到这支部队戴着领带和白手套……这些战士展现出的形象是一支警察部队，而不是一支军队，当然更不是一支入侵军队。”这“是一支训练有素的部队”，“一支非常威武、非常强大的力量，但是轻装的”。尽管 CNN 采用了平衡、客观的手法来报道解放军进驻香港的过程，但是由于其镜头语言长时间是一辆辆军车在深夜缓缓开进香港，因此难免给那些不了解背景的西方观众，特别是那些中途收看新闻的观众，造成香港回归就是军队进驻的印象。

从以上的分析我们不难看出，美国新闻媒介在报道新闻事件，特别是与美国国家利益没有直接利害冲突的新闻事件时，基本遵循一些共同的准则，如新闻价值准则。在报道香港回归时，各电视台网均将其列为头条新闻，均派出名牌主持人和记者，均对主要事实作如实报道，哪怕某些事实并不一定是他们愿意看到的。这说明，美国媒体由于其共同的社会、政治、经济、文化背景，在本质上、主体上必然有其共同之处，这是毫无疑义的。但是，另一方面，由于各个媒体的具体经济背景、政治倾向、发展历程的不同和媒介工作者在个人素养、阅历、观点等方面的差异，各台在具体的报道手法、报道角度、报道深度、政治倾向上又有所不同。因此，美国媒体是复杂多样的，对同一新闻事件的报道也并不总是千篇一律、铁板一块，我们对美国媒体的看法也应该复杂一些，防止片面化、绝对化。

从理论上说，美国主流媒体一贯标榜新闻的客观、公正原则。波士顿大学曼切尔教授在其编写的美国经典的新闻教科书、1997 年第 7 版《新闻报道与写作》一书中说，所谓新闻报道的客观性是指新闻报道“摆脱了记者的意见或情感，包含有事实和来源于不偏不倚的、独立的观察者的叙述”，“是可以依据某种纪录——讲话稿、会议记录、警方报告、购物发票、工资单、失业数据或其他重要的统计资料等——加以核实的新闻报道”，“是素材源于证据的新闻报道”。

关于新闻报道的公正性，美国最有影响的日报之一《华盛顿邮报》的“编辑案头必备”指出：

> 漏掉了最重要或最有意义的事实的报道，绝不是公正的报道。因此，公正性要求全面。
>
> 包含无关信息而丢掉主要事实的报道，绝不是公正的报道。因此，公正性要求相关。
>
> 有意或无意误导，甚至欺骗读者的报道，绝不是公正的报道。因此，公正性要求真实——真诚对待读者。
>
> 将记者的偏见或情绪隐藏在微妙的贬义词之后的报道，绝不是公正的报道。因此，公正性要直截了当。

但是，新闻报道作为人的主观认识对客观事实的反映，哪能做到绝对客观、绝对公正呢？只不过，新闻媒体作为人们认识客观世界的中介，要求它尽量可能做到客观、公正。说到底，客观公正，主要是一种报道观念和报道手法罢了。

三、尊重新闻价值规律

美国媒体运作的一个特点是不管媒体的大小，在新闻价值的取向上都奉行一些共同的标准。美国媒体主要根据新闻事件值不值得报（即有无新闻价值或新闻价值大小）来确定报道对象。这些标准说法各异，但主要原则大体相同。它们主要是：

1. 重要性

美国新闻理论和新闻实践认为，与人们的利害关系越大，影响到的人数越多的新闻事件和新闻人物，就越有重要性，也就是说其新闻价值越高，就越值得报道。

2. 接近性

指新闻事件和新闻人物与读者、听众、观众在地理上或感情上关系越密切，就越有新闻价值，越值得报道。美国媒体认为，人们只对身边的人物和事件或与他们有感情联系的人物和事件感兴趣。因此，美国媒体在报道国际新闻时，都要从接近性的角度看看它是否与美国的利益、价值观念有联系，关系大的就多报，有多大联系就用多大的力度报。由于这个原因，美国的新闻报道越来越内向，在冷战后更为突出。美国媒体自身也在担忧：美国的国际新闻报道在质和量上都在大幅度下降。而造成这种现状的原因是美国社会越来越不关心世界，当然新闻报道也不得不紧随其后。在 1995 年的一项针对波士顿观众可以选择的 166 个频道所做的民意测验显示，其中只有 3 个频道是新闻节目，而只有 2 个频道有国际新闻的内容。其他为：91 个频道是电影频道，24 个频道是体育频道，33 个是流行音乐频道。

在美国媒体有限的国际新闻报道中，为了适应美国公民对接近性的要求，美国媒体会千方百计地从美国利益和观点出发，从美国公众感兴趣的角度来报道国际新闻。例如，CBS 主持人拉瑟在报道香港回归事件时，除了对英国从香港的撤出和美国从越南的撤退做了有意义的比较外，还在报道的最后说了这样一段话："主编提示：过去的 156 年，香港曾是英国的殖民地，而今天从某些方面看它更像一个美国的殖民地。眼下有 37000 美国人在香港生活，而英国公民只有 22000 人。许多英国人将随着他们的国旗回家去，而在这里的绝大多数美国人将继续呆下去，为1000多家美国公司工作。”这段话显然拉近了这一国际新闻事件与美国人之间的距离。

3. 新闻事件的新奇性和反常性

美国新闻媒体认为，越是超出人们常识和常规的行为和事件，就越具有新闻报道价值。

按照这一新闻价值标准，平时人们司空见惯、循环往复的各种行为、现象和事情，很显然不是什么新闻，不具有公开报道的价值。只有那些突发的、反常的、新奇的、怪异的事情，才具有新闻价值，才值得公开报道。因为人们总是具有好奇、探密的心理。人类正是在好奇、探密心理的驱使下，不断认识了大自然和人类本身的一个又一个未知领域，不断从必然王国走向自由王国。但如果把它推向极端，就值得商榷。

报忧不报喜，或多报忧少报喜，是美国媒体追求新闻新奇性和反常性的主要表现之一。在美国媒体看来，日常生活中，有喜是正常的，有忧才是反常的。因此在报道新闻事件时，有喜有忧时则只报忧不报喜，有忧无喜时则着力报忧，有喜无忧时则要设法在喜中找出忧来。

应该说，多报忧可以使人警钟长鸣，增强人们的忧患意识，但也要有个度。

4. 强调新闻报道的及时性

西方媒介认为，新闻是时间上的易碎品。新闻和鱼一样，是非常容易变质的。越是新近发生的新闻事件，越是具有新闻价值。新闻报道的及时性，对于民主社会是至关重要的。人民需要及时知道政府官员的活动，以便及时评估他们的走向，在事情变得不可收拾以前采取行动。政府官员也需要信息的及时发布，以便及时了解公众的反馈。激烈的市场竞争，也需要信息的及时流通。因此在美国的报纸上，在新闻的报道中总是尽量报道“今天”的新闻，尽可能避免出现“昨天”等字眼。广播、电视更是如此，“最新的新闻才有价值”。它常常在新闻现场做直播，因此，电视记者很少有足够的准备时间。他们要在现场边报道边评论，因此不得不借助平时的积累和临场的发挥。

报刊记者在新闻的及时性方面赶不上现代化的电视记者，因此他们只好在新闻的深度报道上同电台、电视台和通讯社较量。他们最勤于收集新闻事实，哪怕为了一篇报道而花很长的时间也在所不惜。报刊记者发的报道常常是署名的，如果他们发了一个货真价实的独家报道，他们自己也可以得到荣誉；反之，如果其报道有误，挨骂的也是他们自己。

四、树立"受众就是上帝"的思想

美国媒体信奉"受众就是上帝"的格言。美国的媒体基本上都是私营的，因此，美国媒体又是商业机构。只不过它们是以生产和销售新闻产品为主要特征的商业机构。由于是私营企业，它们首先得设法生存，要生存就得赚钱，要赚钱就得尽可能多地占有新闻资源，尽可能多地占有新闻销售市场，尽可能多地赢得新闻受众。

传播媒介的大部分收入来自广告费，各媒介或电视台必须以事实证明自己的销量和读者实力。有些以量取胜，有些针对个别不同专业的读者或观众。因此，媒介要不断调整新闻方针，借以争取读者或收视率。

美国媒体的新闻报道强调接近性、趣味性和可读性，大多也是据此而来。为了增强新闻的接近性，美国媒体要千方百计地找角度、找联系，尽可能把国际、国内新闻同自己读者、听众、观众的切身利益、兴趣、口味挂钩；为了增强新闻的趣味性，美国媒体会想方设法增加新闻中的人情味甚至耸人听闻的成分；为了增强新闻的可读性，美国媒体会苦心孤诣地改进新闻报道与写作的技巧和手法，探讨新闻的导语只能写多长、新闻的句子最多以多少字为宜、新闻的句式是用主动句语态还是用被动句语态、是多用动词还是多用名词等等。至今这仍是美国全国性新闻与大众传播学术界研讨的一项内容。由于美国媒体把受众奉为上帝，他们的新闻报道的可读性是比较强的，这也是他们的新闻报道广为各国媒体所采用的原因之一。同时，他们也强调，"记者的职责在于完整、深入地报道事实，不要扭曲，不要有左右或说服他人的意图"①。

五、确立"信息才是硬通货"的观念

为了不断地扩大发行量或收视率，赢得受众的青睐，美国新闻界真正关心的是能否为自家的新闻媒体抓到货真价实的新闻，而不是吃吃喝喝、游山玩水。钱，对于西方记者来说，也没有多大的诱惑力，尽管美国一般记者的收入并不算很高。多年来，美国报刊、杂志记者的最低年收入不到3万美元，平均年收入不到5万美元。

他们千方百计想挖掘的是真实的新闻。如果虚假新闻太多，到头来就会搬起石头砸自己的脚——自己砸了自家新闻媒介的牌子。因此，发表没有新闻内

---

① 参阅明安香：《从香港回归看美国主流媒体的新闻报道》，见顾耀铭主编：《我看美国媒体》，新华出版社2000年版，第312页。

容的“有偿新闻”，接受大公司的好处费和三包（包差旅费、包住、包吃），对于他们来说是职业之大忌，除非你不想干这一行。相反，有些媒体为了抢到独家新闻，还要花高价去收买新闻来源。

六、把“发表叫座的新闻”作为职业追求

大路货新闻太多就会有损于自家新闻媒体的吸引力和竞争力。为了不断地扩大发行量或收视率，赢得受众的青睐，美国媒体必须不断地挖掘独家新闻，即受众在其他地方看不到的新闻，以求不断吸引和满足受众的兴趣与好奇心。

因此，一篇独家专访，只要是竞争对手没有的新闻，即使明知有些耸人听闻，甚至哪怕含有某些诽谤色彩，都会得到传播媒介的重视。为了千方百计地挖掘一些惹人注意的独家新闻，在西方媒介眼中，根本不存在有神圣不可侵犯的报道领域和题材。容或有之，亦寥寥可数。政治新闻和腐败丑闻是独家新闻的主要内容，连美国总统的财务交易或是生活都被发掘成为新闻。

不过，2011 年暴露的英国《世界新闻报》的窃听丑闻则有可能改变这一切。2011 年 7 月初，默多克旗下英国小报《世界新闻报》传出窃听公众手机丑闻，受害者达 4000 人，窃听对象包括英国王室、政坛要员、谋杀案受害者，甚至 2005 年伦敦“7. 7”爆炸案罹难者的家属都被窃听。更为严重的是，这场窃听丑闻还牵涉到伦敦警方。这场窃听案最终惊动白金汉宫，英国首相卡梅伦认为，媒体的自我监管已经失效，需要设立一个独立于媒体和政府的新机构负责监督媒体遵守行业标准，并要求对此展开调查，最终导致这家拥有 168 年历史的畅销小报被迫关闭，还引起全英甚至全世界有关新闻职业道德边界的一场大讨论。①

第四节　积极主动与美国等西方媒体交往

一、积极交往，不卑不亢

针对西方传媒特别是美国媒介的上述特点，如何能有效地同他们打交道，中国社科院新闻与传播研究所研究员明安香教授提出了如下建议：

第一，对于美国新闻媒体，要采取积极与之交往的态度。美国新闻媒体在

---

① 网易，http：//news.163.com/11/0708/06/78DVNIDA000112M.html，2011 年 9 月 25 日访问。

世界，特别是在国外舆论和公众中起着主导作用，这是一个长期以来形成的不争的事实，也是一个短期内很难改变的事实。美国的主要电视台网、有全国影响的日报和新闻期刊在美国民众和各阶层中有着广泛的影响，这是一笔巨大的潜在资源，需要我们着意去开发、去利用。开发好了，利用得好，可以使我们的产品和影响事半功倍地进入美国，那比我们单纯靠自己花巨资去做广告、做宣传的效果、效益要好得多。

接受新闻媒介的采访，不单是新闻媒介的需要，也是我们树立企业形象、地区形象乃至国家形象、民族形象的迫切需要。在深化改革、扩大开放的过程中，想方设法、积极主动运用国内外新闻媒介，特别是美国新闻媒介，树立我们的形象，扩大我们的影响，是一项不可忽视的重要工作。通过新闻媒介让国内外公众及时了解一个地区、一个部门、一个企业乃至一个国家的现状、观点、计划等，也是一种义务和责任，并非额外负担。

在电视、广播、书刊高度发达、高度普及的今天，大众传媒几乎是无处不在、无时不有、无远弗届，已经成为一类非常重要的社会资源。特别是美国新闻媒体在国际信息流通中占据着主导地位，一旦能为我们主动运用和积极开发，它在经济发展、贸易往来、文化交流和国际政治沟通中都会发挥出意想不到的作用。

利用美国和西方媒体，中国共产党已有比较成功的经验。如毛泽东同志通过接受埃德加·斯洛、安娜·露易斯·斯特朗的采访打破国内外反动派对红色革命根据地的封锁、邓小平同志两次接受意大利女记者奥琳埃娜·法拉奇的采访和其他西方媒体的采访，阐述我国改革开放的立场，有效地发挥了其政治沟通作用。江泽民书记在访美时，也主动运用美国媒体，获得广泛好评。朱镕基总理对于美国媒体的娴熟运用，也是举世公认的。在汶川地震、北京奥运和一系列重大国内国际事务中，胡锦涛主席、温家宝总理对国际媒体的有效运用，更是受到各方好评。

因此，对于美国媒体的基本态度，应该是积极主动而不是消极回避。

二、扬长避短，特别要注意发挥电视传媒的优势

明教授提出的第二个建议是，确有精彩消息时，要主动推销。如果确有精彩消息，就应该主动地将它们推销出去。关键是选择谁来报道。“新闻机构为了生存而竞争，它们最重视独家新闻。把你的新闻交给你认为最可能将消息正确报道出来的记者。假如有许多合适人选的话，那么在分配精彩的内容时要尽量公平。”一位国际传媒专家说的这番话颇有道理。

明教授指出，电视是首选媒介。在西方，电视被视为一种极有说服力且值得信赖的信息来源。

近年由美国《时代镜报》民众和新闻中心（Times Mirror Center for the People and Press）在北美和欧洲进行的民意调查表明：在电视高度发达、普及的今天，电视新闻节目的突出特色在于它能将新闻人物和新闻事件的某个精彩或不易捕捉的瞬间永久地凝固下来，给人以深刻、难忘的印象。电视被视为最可靠和最值得信赖的信息来源，甚至比教堂或国家的政治领导人更加可信。

大多数接受访问的人都相信媒介能对社会产生良好的影响，而且对当政者起着有效的“监察”作用。

依赖电视提供新闻和消息的人数，远比依赖报纸的多得多。

这项调查还发现，人们对媒介也有批评，认为它们在某些事例中有侵犯个人隐私、恶意中伤和耸人听闻的现象，但总体意见仍然明显地认为，电视有很大的信服力，值得信赖。由于电视接触面广泛、影响力强大、令人印象深刻，因此大家都清楚地认识到它在反映和影响舆论方面的重要作用。

运用电视媒介要注意以下几点：

没有把握不要上电视，除非能做到可以在电视上无拘无束地讲话。

一旦在美国电视节目中出现，就要准备接受无情的盘问。

学会适应和运用“10 秒钟一节”的电视处理手法。大多数电视台的晚间新闻节目都经过高度浓缩，因此在播出一条新闻时往往只能用一句话，多余的话即被删节。这就是著名的美国电视“10 秒钟一节”的处理手法。要学会在10 秒钟内讲清一个看法。

只要有可能，宁肯电视实况转播，也不要让他们对你的讲话进行编辑加工。否则，他们会有意无意地把你所讲的内容删节得支离破碎，甚至断章取义地发表你的见解。

1986 年美国哥伦比亚广播公司（NBC）挖苦奥迪牌 5000 型汽车性能不佳，说它“不加大油门也加速”。奥迪牌汽车因此在美国的销售额下降 69%。美国奥迪牌汽车的总经理理查德·马格抱怨说：“我们的职员与记者谈过，但是他们的精辟见解在编辑时被删掉了。”

电视急于播出，因此往往比较仓促。应该设法给他们提供尽可能全面的背景影像资料，帮助他们克服报道中可能出现的肤浅或片面。

当然，对于报刊、广播、通讯社及其记者也不要忽视，要根据发布信息的具体需要选用合适的媒介。

三、开诚布公，不作掩饰

假如出现了不利事件或把事情弄糟了，最好是老老实实地公开承认，不要躲躲闪闪或找借口，那样只会“越抹越黑”。这也是明教授给有关方面的一个忠告。

明教授指出，如果真的出了错，就应该赶在新闻媒体介入之前，自己就把已经发生并且迟早要曝光的坏消息抖搂出去，以免被动。

美国新闻媒介是靠发掘新闻吃饭的。假如你守口如瓶，他们就不得不依靠其他消息来源，而这些来源的消息很可能是片面的、不准确的，甚至是错误的、敌意的。这就会给外界造成先入为主的第一印象，以后要想纠正这种片面的或错误的第一印象，就得付出巨大的代价。

说一点总比什么都不说要好，解释一下你为什么不能回答总比遮遮掩掩要好。尽管这样会给你带来某些不便，但总比受诽谤中伤要好。

假如你不相信不利的新闻会损害一个公司甚至是跨国公司的话，可以看看埃克森跨国公司的例子。

自从“埃克森·瓦尔德”号油轮因触礁把26万桶原油泄漏在阿拉斯加的威廉王子湾以后，埃克森公司及其领导层就陷入了一场严重的媒介危机之中。

电视和报纸都把这家世界第三大实业公司描绘成一个漫不经心、毫无能耐和吝啬成性的掠夺者。股东们，包括一些严厉苛刻的机构股东，都抨击埃克森公司，甚至迫使第一把手劳伦斯·罗尔辞职。

造成这种严重后果的主要原因，固然是埃克森公司存在一些内部管理缺陷，如让不够资格的三副驾驶油轮等，但总经理罗尔在媒介关系上处理不当，造成公司在媒介上的形象恶化，也是公认的一个重要因素。

事故发生后，罗尔显然不肯对错误负全部责任，这一态度使他在处理媒介关系上铸成了一系列大错。起初，他似乎想避开新闻界。一连六天，当世界各地的记者都在报道阿拉斯加海湾的水鸟已经奄奄一息，海面上漂浮的油层面积越来越大时，代表埃克斯公司出面的发言人却是该公司不知名的航运司司长弗兰克·艾罗西。

在漏油事件发生10天后，埃克森公司才姗姗来迟地在报上发表了由罗尔签署的一份道歉广告，用了整整一个版面。其用意很明确：掩盖问题，推卸责任。他在道歉信前加了一段声明，说公司已经“迅速有力地”采取行动，清除泄漏的原油。而事实证明，公司的行动是不力的。在当时的情况下，埃克斯公司应当痛痛快快地承认错误。

等到罗尔最终在电视等新闻媒体上公开亮相时，他又因讲话不慎致使事态进一步恶化。例如，他在哥伦比亚广播公司的《今晨》节目中，以攻为守，抨击海岸警卫队和政府中的官僚，指控他们延误了清除工作。这一招带来的后果适得其反。那些官僚们对艾克森公司如此推卸责任表示愤慨，于是利用一切机会抨击该公司。

埃克斯公司在阿拉斯加原油泄漏事件上的处理不当，已成为与新闻界打交道失败的典型案例。

四、既讲合作，又讲原则

明教授的另一个忠告是，如果决定和西方媒体见面，就要事先做好接受美国新闻媒介采访的准备。这里所说的接受采访，是指企业或政府领导者个人接受新闻记者的当面访问。

只有在确有新闻发布时，才举行新闻发布会或记者招待会，新闻媒介的驻外机构一般人手都很紧张，如果记者认为自己的时间被浪费了，他们会很恼怒。

事前研究一下记者可能对哪方面的新闻最感兴趣，然后确定一个前后一致的关键性信息，把信息的发布或访谈的内容集中在正面的相关事实上。凡是前后矛盾或言语混乱的信息，都会有损形象，不利于建立良好的信誉。

说出事实真相，否则什么也别说。在新闻媒介面前公开说谎是危险的。

要同时准备如何应付敏感的和无关的话题。

事先彩排，特别是要反复排练关键性信息，改进表达方式和个人形象。

要采取合作态度，在任何情况下都不要与新闻界争斗。专家们认为，即使记者不讲道理，也不要对他们采取威胁或对抗的态度。“如果为此恼羞成怒或大动肝火，可能会付出非常昂贵的代价。”

要善于与新闻媒介和新闻记者保持良好的关系。要了解负责报道本地区、本部门、本企业或本国的新闻媒介和新闻记者，引导他们、帮助他们进行报道。要搞清楚哪些记者值得信任和尊重，相互的理解和尊重可以减少或防止报道上的偏差。

同时，任何时候也不要放松警惕。美国公众专家特意指出，必须首先考虑记者的工作，其次才是私人关系。如果有人告诉记者某某消息或评论是“不许见报的”，而记者仍然报道了它，这并不一定意味着记者存心要跟这个人作对，很可能是记者认为，让公众知道这个消息比维持私交更重要。记者合上笔记本要离开时，尤其需要注意，因为这个时候许多被采访者会放松警惕，说些严重有损于公司形象的话。

"所以，一条基本的原则就是不要说什么'不许见报'的话，哪怕记者们已经关上了录音机，收起了照相机和笔记本。只对记者讲你认为可以公布的东西。"①

◎ 思考题

1. 为什么说平等对话，增进互信，是时代提出的要求？
2. 我们应该怎样做到诚恳待人，与人为善，在交流中寻求共识？
3. 西方哪些有用的成果值得学习和借鉴？
4. 如何积极主动与美国等西方媒体交往？

---

① 明安香：《从香港回归看美国主流媒体的新闻报道》，见顾耀铭主编：《我看美国媒体》，新华出版社 2000 年版，第 318～324 页。

书目

* 新闻传播学导论
* 新编新闻采访学教程
* 中国新闻事业史
* 西方新闻理论概论（第二版）
* 新闻编辑原理与实务
* 新时期优秀新闻作品评析
* 新闻通讯员实务
* 新闻摄影实务
综合新闻实训
新闻心理学
* 电视新闻节目学
电视制作实践教程
* 电视节目策划
电视文艺编导
纪录片创作基础
影视制作技术与艺术
广播编辑与音频制作
视频录制教程
* 网络新闻标题制作
新媒体概论
* 商业博客营销与写作

* 已出书